权威·前沿·原创

皮书系列为
"十二五"国家重点图书出版规划项目

上海浦东经济发展报告（2015）

ANNUAL REPORT ON ECONOMIC DEVELOPMENT OF
PUDONG NEW AREA (2015)

自贸试验区溢出效应与制度创新

主　编／沈开艳　陆沪根
副主编／毛力熊　徐美芳

社会科学文献出版社
SOCIAL SCIENCES ACADEMIC PRESS (CHINA)

图书在版编目(CIP)数据

上海浦东经济发展报告.2015：自贸试验区溢出效应与制度创新/沈开艳，陆沪根主编.—北京：社会科学文献出版社，2015.1
（浦东新区蓝皮书）
ISBN 978-7-5097-7028-3

Ⅰ.①上… Ⅱ.①沈…②陆… Ⅲ.①区域经济发展-研究报告-浦东新区-2015 Ⅳ.①F127.513

中国版本图书馆CIP数据核字（2015）第000446号

浦东新区蓝皮书
上海浦东经济发展报告（2015）
——自贸试验区溢出效应与制度创新

主　　编 / 沈开艳　陆沪根
副 主 编 / 毛力熊　徐美芳

出 版 人 / 谢寿光
项目统筹 / 郑庆寰
责任编辑 / 郑庆寰　王　颉

出　　版 / 社会科学文献出版社·皮书出版分社（010）59367127
　　　　　　地址：北京市北三环中路甲29号院华龙大厦　邮编：100029
　　　　　　网址：www.ssap.com.cn
发　　行 / 市场营销中心（010）59367081　59367090
　　　　　　读者服务中心（010）59367028
印　　装 / 北京季蜂印刷有限公司

规　　格 / 开本：787mm×1092mm　1/16
　　　　　　印张：20.25　字数：338千字
版　　次 / 2015年1月第1版　2015年1月第1次印刷
书　　号 / ISBN 978-7-5097-7028-3
定　　价 / 69.00元

皮书序列号 / B-2011-198

本书如有破损、缺页、装订错误，请与本社读者服务中心联系更换

▲▲ 版权所有 翻印必究

《上海浦东经济发展报告（2015）》编委会

主　　任　　王　战　潘世伟　冯　伟　陆　鸣

副 主 任　　沈开艳　黄　钟

编委会成员　（按姓氏笔画排序）

　　　　　　　毛力熊　王　勇　左学金　叶　森　朱平芳
　　　　　　　李江萍　李安方　权　衡　杨亚琴　陈建勋
　　　　　　　沈桂龙　陈　维　赵山宝　胡云华　徐美芳
　　　　　　　韩汉君

主　　编　　沈开艳　陆沪根

副 主 编　　毛力熊　徐美芳

主要编撰者简介

沈开艳 博士，研究员，博导，上海社会科学院经济研究所副所长；社会主义政治经济学创新工程学科首席专家；上海市经济学会副会长、中国南亚学会常务理事，中共上海市委党校、浦东新区党校、上海应用技术学院兼职教授，上海女子教育联盟咨询专家。本科、硕士、博士分别毕业于南京大学经济系和上海社会科学院经济所。曾先后在美国麻省理工学院、印度尼赫鲁大学、英国剑桥大学等国外著名高校做访问学者。

主要研究方向为政治经济学、宏观经济学及中国经济理论与实践、印度经济等。出版有《结构调整与经济发展方式转变》《农村经济转型》《上海城市功能转型》《经济发展方式比较研究》《中国期货市场运行与发展》《就业促进与和谐社会》《中国（上海）自由贸易试验区建设：理论分析与实践探索》等十余部学术著作，在 CSSCI 上发表经济学论文数十篇，主持和承担国家级、省市级科研项目十余项，2010 年起担任"上海经济蓝皮书"主编至今。曾获上海市邓小平理论研究与宣传优秀成果一等奖、上海市哲学社会科学优秀成果二等奖、全国蓝皮书评比一等奖等。

陆沪根 教授。曾任中共上海市浦东新区委员会党校常务副校长，上海市浦东新区行政学院常务副院长，上海市浦东新区教育培训中心主任；上海市领导科学研究会副会长，上海市社会心理学会副会长，上海市沪港澳经济研究会副会长；《企业与法》杂志编委会主任，《浦东发展报告》编撰委员会副主任，《浦东论坛》杂志主编。主要研究方向为人力资源开发与管理、领导科学、管理学、社会心理学、党建理论。现已公开发表各类学术研究成果 380 余万字，其中主要论著包括《国家战略：区域制度创新探索》《领导案例》《行政案例》《现代人事心理学》《党校教育规律研究》等，有关成果曾获得 1995 年国家计委一等奖、2001 年国家人事部二等奖、1993 年全国统计科技进步二等奖、1992 年上海市科技进步一等奖；等等。

毛力熊 理学硕士，上海市浦东新区行政学院副院长，中共上海市浦东新区党校副校长，副教授，研究方向为公共管理学、社会学。在学术刊物上公开发表十数篇论文，科研成果多次被浦东新区区委、区政府采纳。曾多次参加或者主持完成国家行政学院、中国浦东干部学院、市委党校等省部级课题。参与完成国家行政学院2004~2005年度招标课题"上海特大城市区县政府管理体制改革与制度创新研究"、中国行政管理学会2005年度招标课题"中国特大城市政府管理体制创新——以上海为个案的研究"，参与2009年全国哲学社会科学规划办公室立项课题"综合配套改革中服务型政府的构建研究"，担任上海市哲学社会科学规划办公室2007年立项课题"上海率先构建社会主义和谐社会研究"课题组长等。

徐美芳 经济学博士，副研究员。1994年毕业于武汉大学保险系，获经济学学士学位；2001年、2005年毕业于上海社会科学院研究生部，分别获经济学硕士、博士学位。上海社会科学院经济研究所西方经济室副研究员，硕士生导师，浦东经济研究中心秘书长。主要研究方向为发展经济学、保险学。出版专著1部，参与专著10多部，公开发表各类学术论文20多篇。主持上海市课题1项、上海市委办局课题4项、上海社会科学院课题2项，并参与了"上海经济蓝皮书"（2011、2012、2013、2014）和"浦东经济蓝皮书"（2012、2013、2014）章节撰写、组织工作。

摘 要

《上海浦东经济发展报告（2015）》由总报告、自贸试验区篇、制度创新篇和实证案例篇四部分共15个报告组成。本书通过对国际国内经济形势的分析预测及综合浦东经济发展面临的机遇与挑战，提出2015年是浦东"十二五"收官之年，也是为"十三五"良好开局奠定基础的关键一年，浦东要抢抓机遇，不断增强闯与创的激情和勇气，坚持以改革促发展，尤其是以制度创新加强与自贸试验区的联动发展，进一步深化综合配套改革的路径突破，激发转型发展新动力，率先实现经济发展方式转变。

总报告对2015年浦东的经济增长与发展趋势进行了预测，预测2015年浦东经济增长约为9.3%。同时，总报告认为当前浦东在加快经济转型发展的过程中，面临着诸多瓶颈问题，为了解决这些问题，浦东需要加快与自贸区改革的联动机制创新，尤其是积极探索综合配套改革与自贸区改革的联动机制，不断放大自贸区的溢出效应，大力发展"四新"经济，积极培育新的经济增长点，大力推进城乡一体化发展，推动区域均衡化发展。

自贸试验区篇着力聚焦自贸试验区改革及其溢出效应。该篇首先对中国（上海）自由贸易试验区成立一年多来的制度创新进行了梳理归纳，对其创新成效进行了评估总结，并提出相应的对策。其次，从负面清单管理入手，深度分析自贸试验区建设背景下的浦东行政审批制度改革，在总结浦东新区六轮行政审批制度改革成功实践的基础上，提出一些前瞻性改革思路。再次，以功能拓展为视角，对自贸试验区成立以来在总部经济、金融和航运功能方面的建设进行了深入分析，并对自贸试验区改革与浦东"四个中心"核心功能区建设的思路进行了展望。最后，该篇还分别从金融创新和航运中心核心功能区建设方面进一步探讨自贸试验区的改革与浦东新区的联动发展。

制度创新篇着眼于以创新促改革，关注浦东经济转型发展的重点领域制度改革与创新。该篇认为自综合配套改革启动以来，浦东新区政府职能转变在诸多方面取得明显成效，未来应在行政审批制度改革方面进一步深化与突破，在监管体制改革中率先建立试点，创新市场监管模式，在"四合一"改革方面，为全市全面深化改革积累经验；认为浦东在上海科技创新中心方面具有有利条件和优势，应该坚持制度层面的改革与创新，积极发挥主力军、主战场、核心区功能，引领上海新一轮的改革与发展；认为公共服务人才均衡配置是浦东改善民生，构建新型社会公共服务体系的重要方面，应该在财政投入、人才政策等方面进行创新与突破；认为要实现城乡一体化发展，浦东应该抓住以产权改革为核心，持续推进城乡一体化规划、管理、财政、社会管理等方面的体制机制建设；认为加快浦东新区生产性服务业集群发展，要以产业链提升为方向，不断破除体制机制制约，优化配套服务体系建设。

实证案例篇侧重浦东经济转型发展的具体实践和典型案例研究，从浦东在线教育产业发展现状分析入手，以沪江网为案例重点深入研究，认为浦东新区应调整相关政策，打造优良环境，促进在线教育产业发展，以期助力战略性新兴产业的发展；以临港地区泥城镇为案例，重点研究临港地区开发对该区域农村城镇化的影响，认为依托具体地域实情，加强区镇联动发展是解决现实问题的有效途径；从社会保险改革入手，针对浦东面临的问题，认为浦东可以在全国率先实行试点"国民基础养老金制度改革"，并提出可行性方案和具体建议。

目 录

BI 总报告

B.1 2015年浦东新区经济形势分析与预测 …………… 胡云华 / 001
    一 2014年国内外宏观经济背景分析……………………… / 002
    二 2014年浦东新区经济运行态势分析与判断…………… / 005
    三 浦东新区经济转型发展面临的问题分析……………… / 014
    四 2015年浦东新区经济发展的宏观背景分析…………… / 017
    五 2015年浦东新区经济运行趋势分析与对策建议……… / 020

BⅡ 自贸试验区篇

B.2 中国（上海）自由贸易试验区：改革创新与
    瓶颈制约 ……………………………………… 沈桂龙 / 026
B.3 负面清单管理模式下的浦东新区行政审批
    制度改革 …………………………………… 毛力熊 等 / 042
B.4 中国（上海）自由贸易试验区的功能拓展研究 ……… 唐珏岚 / 063
B.5 中国（上海）自由贸易试验区金融开放的制度探索 …… 闫彦明 / 078
B.6 自贸试验区建设与上海国际航运中心核心功能区能级
    提升研究 ……………………………………… 徐美芳 / 095

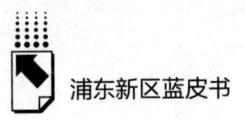
浦东新区蓝皮书

BⅢ 制度创新篇

- B.7 浦东新区综合配套改革试点中的政府职能转变
  情况评估 …………………………………… 叶 青 沈开艳 等 / 111
- B.8 浦东新区"四合一"市场监管模式的实践与
  优化研究 ………………………………………… 李江萍 邰鹏峰 / 144
- B.9 浦东引领上海科技创新中心建设的思路与对策 ………… 李双金 / 166
- B.10 公共服务人才均衡配置问题研究与
  前景展望 ……………………………………… 陆沪根 王志航 / 182
- B.11 浦东新区城乡一体化体制创新的现状、问题与趋势 …… 徐全勇 / 203
- B.12 浦东新区生产性服务业产业集群的发展现状、
  问题和建议 ………………………………………………… 周海成 / 222

BⅣ 实证案例篇

- B.13 浦东新区在线教育产业的发展与展望 ……………………… 王 畅 / 238
- B.14 临港地区开发对当地农村城镇化的影响
  ——以浦东新区泥城镇为例 ……………………… 谢华育 周佳雯 / 260
- B.15 国民基础养老金制度改革研究
  ——以浦东新区为例 …………………………………… 肖严华 / 277

- B.16 后记 ……………………………………………………………………… / 298

- Abstract ……………………………………………………………………… / 299
- Contents ……………………………………………………………………… / 302

总报告
Main Report

2015年浦东新区经济形势分析与预测

胡云华*

摘 要： 本文从国内外宏观经济背景分析入手，回顾分析了2014年浦东新区经济发展的形势与特征，并根据前三季度相关数据对当年的主要宏观经济指标进行了推估。2015年浦东新区经济发展面临的外部环境既存在机遇也面临挑战，综合各种有利及不利因素推断，2015年浦东新区经济增长总体将保持平稳发展态势，当然若要加快经济转型发展步伐，浦东新区需要克服自身存在的诸多障碍，本文据此提出了相应的对策建议。

关键词： 浦东经济 转型发展 预测分析

---

* 胡云华，博士，副教授，中共浦东新区区委党校经济教研室主任，主要研究方向为区域经济发展、创新经济。

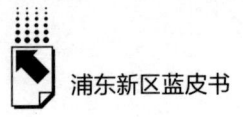

一 2014年国内外宏观经济背景分析

进入2014年,全球经济低开回稳,国际贸易逐步恢复,金融市场渐趋平稳,全球经济和投资市场有所改善,但复苏进程疲软,不均衡发展加剧,总体依旧延续弱复苏态势。从国内来看,经济转型稳步推进,但经济下行风险和压力进一步加大。国内外经济形势的新发展给浦东新区经济社会发展带来了新的挑战。

(一)国际经济总体呈弱复苏态势

1. 美国的持续复苏成为全球经济弱复苏的强心剂

进入2014年,美国延续了2013年以来明显改善的复苏态势,充当了发达经济体复苏的领头羊,全年呈前低后高的增长态势。第一季度受严寒天气影响,经济增速萎缩1%,但消费仍保持了较快增长。第二季度开始企稳回升,消费者信心和工厂订单等数据持续回升改善,而失业率则基本维持在5年来的低位。伴随经济的持续复苏,美国国际竞争力不断提升,优势地位日益得到巩固。究其原因,有周期性因素,但更多的是与美国持续的经济结构调整有关。为尽快走出危机阴影,美国大力提倡并实施"再工业化"战略,不断加大经济结构调整力度,制造业对经济增长的贡献日益显著。根据资料,2009~2012年,美国制造业累计增长15.2%,增加值占GDP的比重已由最低时的11.9%升至12.5%。① 2013年制造业就业机会首次增加。2014年,美国总统奥巴马宣布再建两个先进制造业创新中心,并公布了一项规模达6亿美元的制造业培训"学徒计划",为制造业发展再添动力。美国经济增长不仅有助于世界经济稳定增长,而且带动了发达国家产业结构的调整和优化升级。

2. 欧盟和日本复苏态势低迷

与美国持续强劲复苏不同,欧盟和日本的复苏之路依旧困难重重。从欧洲

---

① 新华网,www.xinhua.net。

来看，经济难以快速走出衰退的阴影。一方面，作为欧元区经济复苏的"定海神针"——德国经济增速有趋缓的迹象。根据数据，8月德国工业产值、出口的降幅甚至达到2009年初以来的最大值，其中工业产值下降了4%。10月，德国政府将2014年的经济增长预期从1.8%下调至1.2%。[①] 另一方面，欧洲的边缘国家对经济复苏的信心明显不足。尽管欧洲央行货币政策支持力度不断加大，失业率一度从高位逐步下行，但种种迹象表明，欧洲陷入长期通缩的可能性依然存在，这甚至引发了"欧元区解体"担忧的重现。从日本来看，安倍经济学相关政策持续刺激效应在逐步削减，经济复苏态势难显明朗，尤其是第二季度受消费税上调影响，经济增速有所放缓，尽管进入第三季度，国内居民收入和消费者信心有所改善，但难以重现光明。总体来看，日本全年经济呈弱复苏态势。

3. 部分新兴经济体经济下行压力较大

进入2014年，新兴经济体经济发展总体呈现下行态势。年初由于美联储退出量化宽松政策，国际资本加速流动，引发了全球金融动荡，新兴经济体资本市场股指、汇率下跌，通胀盛行，增长乏力。根据第一季度数据，印度GDP增长率为4.6%，CPI指数上涨近6.9%，巴西GDP同比增长1.9%，CPI指数增长5.7%，南非和俄罗斯GDP分别同比增长1.6%和0.9%，CPI指数分别增长5.6%和6.4%。[②] 目前来看，由于新兴经济体增长动能仍显疲弱、结构性矛盾短期内难以缓解，下行风险呈加大之势。除中国经济减速外，巴西经济表现低迷，全年经济增长率预计仅为0.3%。由于对大宗商品需求收缩，整个拉美经济增速都有所放缓。俄罗斯经济受到西方国家的制裁和油价下跌的冲击，正处于风雨飘摇中。昔日在应对金融危机中发挥"中流砥柱"作用的金砖国家风采顿失，部分新兴经济体货币将承受较大的贬值压力，国家金融乃至实体经济可能出现危机。

（二）国内经济进入新常态发展阶段

2014年，我国经济增长缓中趋稳，经济下行压力和风险未能得到有效缓

---

① 《21世纪经济导报》2014年10月20日。
② www.xinhua.net。

解，总体而言，经济进入"三期叠加"阶段，即经济增长速度进入换挡期、结构调整面临阵痛期、前期刺激政策进入消化期，"促改革、调结构"成为政府工作的重中之重。

1. 经济增长速度趋缓

按照季度经济运行来看，我国宏观经济运行在经历了第一季度明显放缓之后，第二季度开始回稳，但第三季度再度下探。根据中国社会科学院课题组的评估报告，2014年我国经济增长速度较2013年进一步放缓，应在7.4%左右，但仍在年度预期目标7.5%附近。从三驾马车具体来看：消费增长平稳，对经济增长的拉动作用持续增强。根据国家统计局数据，1~9月，全国社会消费品零售总额同比增长12.0%，最终消费对经济增长的贡献是48.5%，比资本形成总额增速的贡献要高7个百分点左右。社会固定资产投资延续2013年以来的放缓态势，同期全国城镇固定资产投资额为357787亿元，同比名义增长16.1%，增速比1~8月回落0.4个百分点；其中，制造业投资增长13.8%，累计月度增幅稳中趋缓；房地产开发投资增速呈逐月回落态势，同比名义增长12.5%。进出口贸易低位运行。国际贸易复苏有限，虽然进入第三季度开始逐步好转，但出口总体增长低迷。根据海关总署的数据，前三季度，我国进出口总值为19.4万亿元人民币，比上年同期增长1.8%。

2. 结构调整稳步推进

在中央"定向调控"，加大释放改革红利措施下，经济结构调整取得新进展。首先，产业结构进一步优化。第三产业延续了2013年的发展势头，尤其是旅游、文化、信息、现代物流等服务业发展进程进一步加快，对经济增长的贡献继续超过第二产业。从工业来看，尽管产能过剩的矛盾未能被全面有效地化解，但全行业内部结构不断优化，其中与投资关联度较高的采掘业、冶金、建材、化工等行业增速放缓不同，医药、电子信息、装备制造业继续保持较快增长。其次，区域结构深化调整。2014年全国各地区经济呈普遍减速态势，但东部地区增速下滑幅度总体小于中西部地区，而且先进制造业发展良好、服务业比重普遍得以提升。最后，就业稳定，社会民生持续改善。2014年物价指数稳中缓降，9月，全国居民消费价格总水平同比上涨1.6%，环比上涨0.5%，全年预期目标可以实现。就业形势良好，失业率维持在合理水平。1~8月城镇新增就业973万人，略高于上年同期水平，外出农民工人数有所增加。①

（三）上海经济转型步伐加快

在复杂的国内外环境下，2014年，上海市经济总体保持平稳运行。分季度看，第一季度增长7.0%，第二季度增长7.2%，第一至第三季度累计增长7.0%，根据上海市统计局公布的前三季度各项指标统计分析，可以判断，全年经济增速基本与上年持平或略低，转型步伐加大，具体体现在以下方面。一是第三产业增速持续走高。1~9月，第三产业增加值占全市生产总值的比重为62.8%，同比增长8.5%，投资规模为3180.56亿元，增长16.0%，占全市投资比重超过81%。其中金融业继续维持上行态势，增加值为2121.16亿元，增长8.4%。二是工业生产总体平稳。规模以上工业总产值为23927.05亿元，同比增长2.6%。其中战略性新兴产业制造业增幅走高，上半年完成总产值3882.81亿元，增长7.7%，占规模以上工业总产值的比重为24.6%。三是物价运行平稳，全年预期目标可以实现，就业形势稳定，城乡居民收入增幅高于GDP增长速度。据抽样调查，1~9月城市居民家庭人均可支配收入为35769元，比上年同期增长9.1%，增幅同比提高1.8个百分点，扣除价格因素，增长6.5%。农村居民家庭人均可支配收入为17297元，增长10.8%，增幅同比提高1.8个百分点，扣除价格因素，增长7.9%。②

二 2014年浦东新区经济运行态势分析与判断

进入2014年，浦东新区按照稳增长、促改革、调结构、惠民生的总体要求，积极应对复杂多变的国内外形势，坚持"创新驱动发展、经济转型升级"，全区经济发展总体呈现"由低到高、小幅波动"的轨迹，运行态势平稳。其中第一季度经济增速为8.6%，上半年增至9.6%，进入第三季度有所收窄，截至9月，地区生产总值达5068亿元，增长9.3%（见表1）。地方财

---

① 国家统计局网站。
② 上海市统计局网站。

政收入继续高位运行，规模增至572亿元，同比增幅达17.8%，远高于年初增长8%的目标。城乡居民人均可支配收入分别达3.65万元、1.67万元，分别增长9.8%和11.7%，[①] 继续保持超过GDP增速的增长势头，反映出浦东新区经济质量效益有所改善。

表1 2014年1~9月浦东新区主要经济指标情况

指标名称	绝对值	增长(%)
地区生产总值(亿元)	5068	9.3
工业总产值(亿元)	6662	1.0
全社会固定资产投资(亿元)	1186	2.9
社会消费品零售总额(亿元)	1186	8.7
商品销售总额(亿元)	14552	15.5
外贸进出口总额(亿美元)	1943	5.8

资料来源：浦东新区统计局网站。

具体来看，2014年浦东新区经济运行发展呈现出以下特征。

（一）工业增长低迷，转型态势不变

2014年浦东新区工业运行轨迹有所波动，但总体延续2012年以来的低迷态势，其中传统产业下滑明显，新兴产业增长态势良好。

1. 工业增长低位运行

2014年浦东新区工业整体依旧低迷。具体来看，工业总产值年初延续下探趋势，3月开始，由降转增，上半年实现了3.3%的增长，但是8月当月产值再度出现负增长，拉低同比增长率至2%，较上半年回落1.3个百分点。根据统计，截至9月，新区工业总产值约为6662亿元，同比增长再次降至1%，实现年初3%左右增长预期目标困难重重，显示浦东新区工业转型压力有增无减。具体来看，其中传统工业下滑趋势更加明显。受累于需求低迷、成本提升等相关因素，石油及精细化工制造业总产值依然延续下行轨迹，降幅达5.8%；部分劳动密集型代工企业同样受国内外需求市场的影响，产值

---

① 文中数据如无特殊说明均来自浦东新区统计局网站。

渐趋萎缩，导致电子信息产品制造业产值下降4.7%。与此同时，高新技术产业也未能走出低迷的"怪圈"，数据不容乐观。截至9月，高技术产业累计实现产值1898.02亿元，同比下降2.6%，高技术产业产值率也下降了1.4%，仅为27.6%，将难以延续历年上行递增的运行轨迹。其中，信息化学品制造业下滑最甚，达37.8%，电子计算机及办公设备制造业下降幅度次之，为19.8%（见表2）。

表2 2014年1~9月浦东新区高技术产业发展情况

单位：亿元，%

1~9月累计	信息化学品制造	医药制造业	航空航天器制造	电子及通信设备制造业	电子计算机及办公设备制造	医疗设备及仪器仪表制造
产值	0.50	237.47	8.75	741.89	786.81	122.60
增长	-37.8	12.9	14.2	16.1	-19.8	8.3

资料来源：浦东新区统计局网站。

2. 新兴产业发展态势良好

与传统工业呈下滑态势明显不同的是，浦东新区新兴产业在"调结构，促转型"的思路指导下，实现较快增长，远优于传统工业，呈现"风景这边独好"的喜人景象。首先，"三大三新"产业增长良好。截至9月，实现总产值3979亿元，增幅为3.6%，优于工业全行业表现。除电子信息产品制造业下降外，另外两大支柱产业，即汽车制造业和成套设备制造业增长率均超过了10%；生物医药、航空航天和新能源三大新兴产业工业总产值增长13%，增幅快于新区整体工业12个百分点。"三新"产业在两位数增长的同时，集聚度也进一步提高。其中，生物医药主要集聚在张江高科技园区和国际医学园区；航空航天主要集聚在自贸试验区和张江高科技园区；新能源集聚在南汇工业园区和临港产业区。其次，战略性新兴产业表现活跃。按照新区"十二五"规划目标，浦东要打造全市的"战略性新兴产业主导区"，在相关措施推进下，全区战略性新兴产业在传统制造业表现黯淡的情况下，表现出彩。1~9月，战略性新兴产业工业产值提升至1935.08亿元，同比增长12.9%，增幅快于全市约6个百分点，占全市比重的32.3%（见表3）。

表3 2014年1～9月浦东新区"三大三新"产业发展情况

单位：亿元，%

名称	产值	增速	名称	产值	增速
"三大"产业	3657.56	3.6	"三新"产业	399.86	13.0
电子信息产品制造业	1684.25	-4.7	生物医药	316.37	12.6
汽车制造业	1132.55	10.2	航空航天	8.75	14.2
成套设备制造业	840.76	10.5	新能源	74.74	15.0

资料来源：浦东新区统计局网站。

（二）第三产业继续维持快速增长，对经济拉动效应更为显著

进入2014年，浦东新区第三产业继续高歌猛进，增长态势高位运行。1～9月实现增加值3390.49亿元，占GDP的比重已达66.9%，同比增长速度达12.7%，提前实现"十二五"规划的目标，无论是规模还是速度都远优于第二产业，成为新区经济发展名副其实的主导力量。

1. 金融业继续放量增长

金融业在2013年高位增长的基础上，继续放量上行，实现较高增长，其中上半年增加值达1384.84亿元，增长9.0%，占生产总值的12.6%，稳居第三产业中的第一大行业地位。一方面，受益于自贸试验区改革效应的持续释放，浦东新区金融机构集聚的步伐不断加快，前三季度新增监管类金融机构39家，金融专业服务机构817家。另一方面，金融市场运行平稳。伴随金融改革的加快推进，自由贸易账户（FTA）体系启动，上海国际黄金交易中心落户，为浦东新区金融市场再添活力，且重点要素市场成交额继续保持较快增长。如上海证券交易所的证券市场成交额9月达81万亿元，增长32.5%。其他外汇交易所、钻石交易所等机构的交易额均有不同程度的提升。

2. 先发效应区域转型升级加快推进

作为浦东新区"二次创业"的生力军，陆家嘴金融贸易区、张江高科技园区、金桥经济技术开发区等先发效应区域加快推进转型升级和功能提升的步伐，现代服务业发展势头良好。陆家嘴金融贸易区总部和楼宇经济蓬勃发展，各类金融机构加快集聚，股权投资和融资租赁成为地方金融的支柱产业，金融航运市场体系稳步发展。张江高科技园区立足创新驱动发展，集成电路、生物

医药、文化创意、低碳环保四大主导产业营业收入增速超过25%。金桥经济技术开发区生产性服务业加快发展，1～9月实现营业收入增长12.3%，占开发区营业收入的比重提升到50%，高于上年近5个百分点。

3. 房地产市场阶段性调整加剧

进入2014年，与全国房地产市场大环境走势趋同，浦东新区房地产市场难以延续上年的增长态势，进入阶段性调整阶段，无论是预售房面积和金额，还是存量房交易面积和金额均有所下滑，而且下降幅度高达两位数，进入第二季度后，"遇冷"信号更为明显。根据浦东新区房地产交易中心备案登记数据，1～9月预售面积和金额分别为140万平方米和298亿元，比上年同期下降18.1%和16.1%。存量房交易面积和金额分别为289万平方米和535亿元，比上年同期下降36.5%和31.0%。其中低端商品住宅成交量跌幅大于中高端商品住宅。

（三）投资在上年高位增长的基础上再度攀升，实现小幅增长

作为浦东新区经济增长的重要稳定器，进入2014年，投资在2013年高位运行的基础上继续稳健运行，1～9月，全社会固定资产投资累计达1186亿元，同比增长2.9%（见图1）。

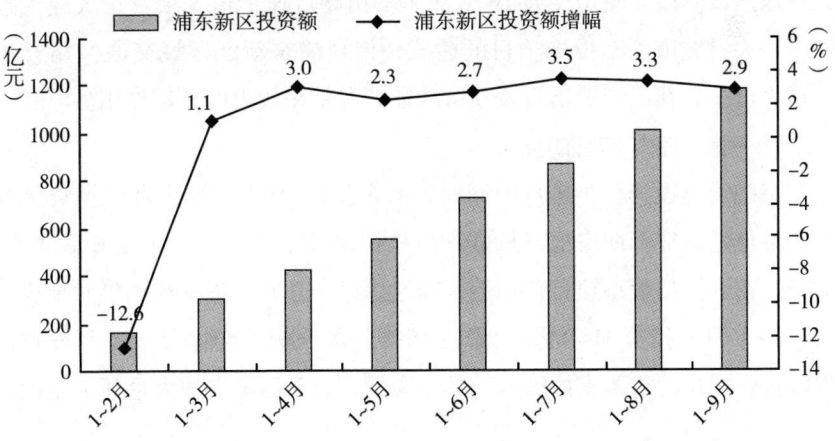

图1　2014年浦东新区固定资产投资情况

资料来源：浦东新区统计局网站。

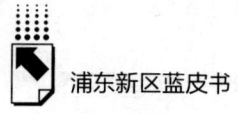

1. 新兴区域投资释放明显

伴随浦东新区空间布局上"4+3"①形态的日渐明朗，"4+3"重点区域尤其是"3"个重点新兴区域开发迅速，成为保障 2014 年浦东新区投资增长的重要因素。根据统计，1~6 月，"4+3"重点开发区投资 404 亿元，增长 9.7%，高于全区投资增幅 7 个百分点，占全区投资总额 55.4%，据初步测算，"4+3"地区全年投资将有望超过 955 亿元，下半年投资贡献超过 550 亿元。其中国际旅游度假区、世博地区和临港地区等新兴区域投资释放明显，1~9 月共完成投资 267 亿元，增长高达 34.4%。以国际旅游度假区为例，随着 2015 年底开园营业日期的日益临近，开发力度不断加快，在迪士尼主题乐园和迪士尼配套项目带动下，投资规模达 73 亿元，增长幅度为 61.4%，预计全年投资有望超过 100 亿元。

2. 基础设施保持一定规模增长

伴随浦东新区开发开放进程的推进，人口大量导入与流动加剧，大规模城市区域管理面临诸多新的挑战，如交通设施的便捷与完善提上议事日程。因此，我们看到，2014 年，浦东新区在基础设施上的投资主要是用于交通网络的完善。上半年，浦东新区城市基础设施投资 101 亿元，增长 2.4%。轨道交通迪士尼专线、东西通道、申江路高架专用道等一批重大基础设施项目，都已进入快速建设阶段，轨道交通 16 号线、罗山路快速干道等项目正式建成投入运营，一大批城市基础设施项目的建成，使得浦东新区区域交通网络日臻完善，还将对今后新区居民出行及新区功能开发带来较大的推动作用。

3. "一增一降"特征明显

在基础设施投资稳步增长的同时，浦东新区 2014 年固定资产投资呈现一个较为突出的特征，即房地产投资维持较快增长水平，而工业投资下滑严重。一方面，在一批特大型项目带动下，新区房地产开发投资延续上年的高速增长态势，1~6 月共投资 414 亿元，增长 15%，高于投资增幅 12.3 个百分点，成为保障投资增长的重要支撑因素。具体来看，由于保障房的大量开工建设，住

---

① 即 4 个先发效应地区和 3 个重点新兴区域，其中 4 个先发效应地区是指陆家嘴金融贸易区、张江高科技园区、金桥经济技术开发区和中国（上海）自贸试验区，3 个重点新兴区域是指国际旅游度假区、世博地区和临港地区。

宅投资增长最快，增幅高达30.6%；其次是办公楼投资，实现了低幅增长；而商业营业用房投资呈下降态势。另一方面，受土地资源紧张、企业利润下降等因素影响，新区工业企业扩张投产谨慎，投资降幅不断扩大，1~8月完成工业固定资产投资135.81亿元，下降23.3%，降幅比第一季度下降19个百分点。其中，设备购置投资占工业投资的52.8%，下降29.5%。

（四）消费增速平缓，新型商贸模式加速发展

2014年，在国内经济减速、出口压力加大、内需不足的影响下，浦东新区消费延续2013年的"中速"运行态势，增幅再度收窄，总体运行平稳，转型压力加大。

1. 消费增幅继续收窄

在内需难以提振的前提下，浦东新区2014年消费增幅较之2013年再度下降。1~9月，社会消费品零售总额为1186亿元，增长8.7%，同比上年两位数的增幅有所下降，并呈现以下特点：其一，新兴业态基于上年基数高的原因，增幅开始减缓。如网络零售1号店自营部分上半年实现零售额43.66亿元，同比增长33.35%，进入第三季度，增速开始趋缓。其二，传统消费无明显起色。受电子商务冲击、同质化竞争等因素的影响，传统零售企业整体销售不理想。餐饮消费转型明显，大众平民化餐饮营业收入较高档餐饮回暖快，1~9月实现同比增长20%。其三，个人高端消费保持较快增长，然而，公车改革红利的结束等原因导致汽车消费额较2013年下滑明显。如上半年全区汽车类商品实现零售额165.11亿元，同比仅增长0.9%，主要汽车销售企业业绩均出现大幅下滑，其中永达公司零售额同比下滑31.2%。

2. 进出口贸易增长明显改善

随着全球经济的复苏，国际贸易逐步回暖，2014年浦东新区的进出口贸易较2013年有了明显改善，一改上年度下行轨迹，呈现恢复性增长态势。根据统计，上半年新区外贸进出口总额为1270亿美元，增长9.1%，之后增长有所减缓，截至9月，进出口总额为1943亿美元，同比增长5.8%。具体来看，首先是进口拉动效应走强，规模和增长速度快速攀升。截至9月，进口规模为1216亿美元，占进出口贸易总额比重达62.6%，同比增长7.9%。其次，出口走出下降通道，实现恢复性增长。同期出口总量为640亿美元，实

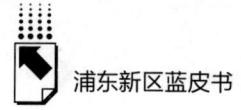

现3.7%的增长。最后，进出口贸易结构有所改善。一般贸易拉动外贸实现较快增长，同比增长9.6%。跨境电子商务、外贸综合服务等新型贸易发展加快。

3. 商品销售额快速增长

2014年以来，伴随浦东外贸进出口和工业生产的回暖，以工业原材料为主的批发贸易恢复性增长，商品销售额快速攀升。1~9月浦东新区实现商品销售总额14552亿元，同比增长15.5%，增速较上年同期上升3.7个百分点。其中，新引进的重点项目发挥了重要支撑作用，如宝洁（中国）营销有限公司和益海嘉里食品营销有限公司上半年实现销售额463亿元，增量部分对新区同期销售总额增长的贡献度约为30%。从商品大类看，汽车类、化工材料类、石油及制品类和金属材料类四大类商品是增长主力，共占新区商品销售总额的66%左右。

（五）自贸区改革效应逐步放大，综合配套改革深入推进

自成立以来，中国（上海）自贸试验区坚持制度创新，自贸试验区建设不断取得新进展。因此，如何最大效用地发挥自贸试验区的溢出效应，实现联动发展，尤其是将综合配套改革与自贸试验区改革相结合，成为浦东新区政府工作的重中之重。2014年浦东新区加快推进综合配套改革，制定并开始实施第四轮三年行动计划，力图不断扩大自贸试验区溢出效应。

1. 自贸试验区溢出效应初步显现

随着跨境人民币支付、区内小额外币存款利率上限放开、自由贸易账户（FTA）体系等正式启动，自贸试验区贸易便利化和联动发展水平不断提升，产业发展态势良好。截至9月，自贸区外贸进出口总额增长9.9%，从原本低于浦东新区平均水平转为快于新区4.1个百分点；航运物流服务增长17%；以研发、软件、维修为主的技术服务业营收增长超过15%。同时，境外投资规模也逐步显现，实现合同外资投资总额近89亿美元，增长8.9倍。更值得一提的是，伴随自贸试验区发展进入快车道的同时，相关溢出效应开始显现。以招商引资为例，在自贸试验区的带动下，2014年浦东新区招商引资增势良好。内资方面，1~9月，全区新增企业注册资本3024亿元，增长4.3倍，其中自贸区占比超过60%。外资方面，全区实现合同外资111亿美元，增长

84.1%，利用领域和方式也得到不断拓展。

2. 政府管理体制改革取得实效

着力转变政府职能是浦东新区综合配套改革的重点内容，也是自贸试验区建设的重要任务。2014年浦东新区加快了深化政府管理体制改革的脚步。其一，精兵简政，响应中央和市委相关精神，在继续优化"小政府、大社会"管理效能的基础上，积极推进区级机关"瘦身"和开发区、街道、乡镇"强身"，新区各机关累计核减了15%的行政编制，核减了16%的内设机构。其二，改革市场监管制度，自在全国范围内率先成立由工商、质监、食药监三位一体的"市场监督管理局"后，进一步完善市场监管和综合执法体制，探索把价格纳入"三合一"改革，同时制定深化市场主体准入和信用监管制度改革方案、市场主体先照后证登记管理办法等。其三，深化开发区体制改革，立足于管理效能的提升和资源的有效整合，积极探索陆家嘴金融城管理体制创新。诸多政府管理体制改革的推进，推动了区域内政府与市场的关系的良性互动，从而更好地发挥了市场在资源配置方面的决定性作用，同时政府的调控作用也得到了更有效的体现。

3. 城乡社会领域改革加快推进

在促进政府职能转变的同时，浦东新区坚持着力统筹城乡二元结构，大力推进城乡一体化发展。如在发展现代农业，确保农民增收方面，试点农村土地制度改革，制定"两线一带"宅基地置换和农村土地承包经营权确权登记试点方案。出台村集体经济组织产权制度改革实施意见，开展征地留用房试点研究，这些试点改革的推进势必会对浦东新区现代农业的发展和农民的增收发挥积极作用。此外，在公共服务人才均等化方面，针对农村公共服务人才缺乏、流失严重的情况，制定引导教育、医疗人才向偏远郊区基层流动的综合激励保障办法，以期为农村地区尤其是南片欠发达农村地区提供更高质量的公共服务产品。

综上所述，截止到前三季度的相关指标来看，浦东新区经济运行有喜有忧，但总体实现了平稳增长，展望第四季度，工业、投资、消费等主要指标运行轨迹不会发生太大变动。因此，我们预判，2014年全年浦东新区经济增长率为9.4%，难以实现年初10%的预期目标，但快于全市两个百分点的目标应能够完成。

三 浦东新区经济转型发展面临的问题分析

如前所述，2014 年浦东新区经济运行总体平稳增长，但经济下行压力有增无减，进一步研究探讨可以看到，在浦东新区加快创新驱动、转型发展的进程中，存在诸多瓶颈问题亟须突破和解决，否则，将影响到 2015 年"十二五"规划系列预期目标的完美收官，并会阻碍区域经济结构战略性调整的步伐。

（一）经济自主回升内在动力不足

一是工业低位运行态势难以改善。2014 年新区工业总体呈现低迷态势，上半年的增长主要是基于上年同期基数较低，且全年增速依然低于全市平均水平。步入转型发展期的浦东，经济发展面临的国内外环境依然十分复杂，不确定因素较多。全球经济复苏进程缓慢，国内经济下行风险难以消除等，都将影响工业经济发展，而工业在 GDP 中所占的比重超过 30%，工业低位运行将给新区经济增长带来压力。

二是投资结构不合理。近年来，全社会固定资产投资总体呈现高位运行态势，对于浦东新区经济增长的平稳运行发挥了保障作用。然而，分析其结构，可以发现全社会固定资产投资的增长主要靠房地产投资的拉动。如 2012 年和 2013 年房地产投资分别占 41% 和 49%；工业投资分别占 25% 和 20%，2014 年以来房地产投资额的占比更是接近六成。而受土地供应紧张、产业用地年限缩短、企业扩大再生产意愿降低等因素影响，工业投资额连连下降，影响了工业发展的后劲，也是形成投资结构性问题的重要原因。

三是居民收入增长放缓制约市场消费增长。近年来，浦东新区城乡居民可支配收入基本保持每年两位数的增长，然而消费支出增长相对缓慢，致使居民平均消费倾向下降。2013 年城镇和农村居民的消费倾向为 58.3%、68.6%，分别比上年下降 2.1 个百分点和 1.6 个百分点。2010~2013 年，城镇居民的消费倾向仅在 2011 年有小幅上升，后两年皆为下降；而农村居民的消费倾向则表现为连续下降。2014 年情况稍微有点变化，1~9 月，城乡居民消费倾向分别为 59.6% 和 62.8%，也就是说，城镇居民消费倾向有所提升，但农村居民消费倾向依旧延续下降趋势（见图 2）。

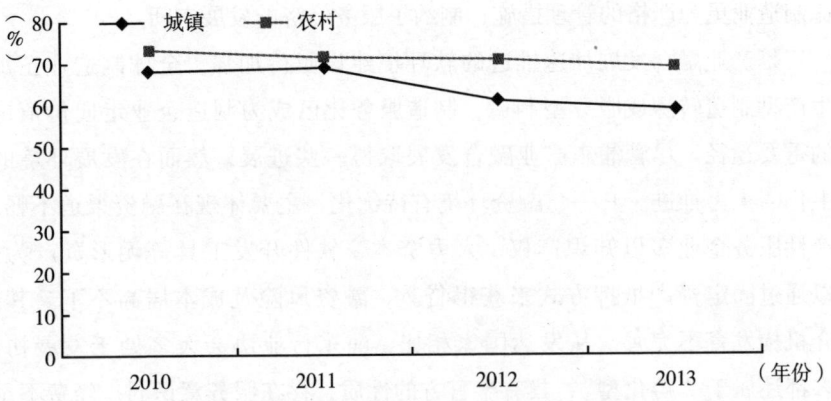

图 2　2010～2013 年浦东新区城乡居民消费倾向变化

资料来源：根据历年《上海浦东新区统计年鉴》数据计算而得。

（二）新的产业增长点尚未稳固

一是本土先进制造业核心竞争力薄弱，对经济的支撑拉动作用不明显。近年来，尽管转型步伐不断加快，但浦东新区本土先进制造业核心竞争力总体上仍显薄弱。很多应用智能化和数字化技术较好，在促进企业转型方面较具特色的企业，往往应用的是国外技术，比如生物制药中的研发软件、汽车制造中的机器人技术、3D 打印技术等。一个突出表现就是科研投入上"外资化"显著，即使在装备制造业这类国资背景深厚的基础性产业中，外资占比也超过50%。外资"势力独大"导致的直接后果是，跨国企业对国内装备制造业的发展形成技术控制和技术封锁，抑制了本土装备制造业的技术研发行为，导致生产性服务业的需求较少，从而进一步滞碍了整个产业的转型升级。

二是新兴服务业发展受到制度性瓶颈约束尚待突破。近年来，以电子商务、供应链管理、第三方支付、网络媒体等为代表的平台经济在浦东不断涌现，蓬勃发展，为全区服务业整体发展注入了很强的活力。与制造业相比，新兴服务业的发展更多受到市场法规、政府管理体制、公共服务体系等制度因素的制约，对制度环境的敏感性更强、依赖性更突出。目前浦东服务经济发展遇到的制度障碍，主要体现在政府的管制、税制、法制、体制等方面尚未根据服务经济的发展需求做适当调整，或调整较为缓慢，甚至在部分领域，政府采取了比制造业更为严格的管理措施，制约了服务经济的发展空间。

三是产业融合发展加速推进的软环境建设亟待加强。全球制造业正加快从生产型制造转型成服务型制造，制造服务化已成为制造企业走向价值链高端的重要途径。尽管浦东产业融合发展取得一些进展，然而在发展环境的优化上仍需大力推进。其一，融资环境有待优化，主要体现在融资渠道不畅通。生产性服务企业多以知识产权、人力资本、软件开发工具等无形资产为主，难以通过固定资产抵押方式来获得贷款，融资风险及成本居高不下。其二，中介机构发育不完善。从发达国家相比，浦东行业协会大多处于发展初期，许多都还属于"孵化型"，具有半官方的性质，存在服务意识弱、经费不足和专家资源闲置等问题，无法承担起开展行业自律和促进行业发展的重任，牵制了产业融合发展。

（三）区域发展不均衡显著

1. 城乡收入差距难以缩小

2009年两区合并以来，浦东新区不断加大民生投入，城镇居民人均收入和农村居民人均收入水平增幅连续超过GDP增长速度，而且农村人均可支配收入的增幅连续超过城镇居民可支配收入的增幅，但城乡居民收入差距并未渐趋收窄，绝对额反而呈不断拉大之势（见图3）。截至2014年9月，城乡居民收入差为1.98万元，继续保持扩大之势。其中，中心城区居民可支配收入在36000元以上，但由于基数较大且上升空间有限，增幅低于平均水平；北片农村地区人均可支配收入为16000~20000元，收入增幅与城镇居民平均水平基本一致；而南片农村地区在16000元以下，收入增幅高于北片，但收入水平仍较低。

2. 南北开发区发展不均衡

近年来，在"4+3"生产力的宏观布局下，浦东新区政府加快了南北联动发展，在相关具体政策的推动下，临港、康桥、南汇工业园区和上海国际医学园区等南片开发区产业能级不断提升，但与北片国家级开发区相比，发展水平差距仍非常明显。以研发能力为例，根据浦东新区第三次经济普查数据，2012年，南片开发区研发机构的数量仅为张江高科技园区的1/3，科研项目数、科技活动经费支出、申请专利数、专利授权数等指标仅为张江的6.1%、8.5%、9%和8.3%。可见，南北开发区发展不均衡问题依旧非常突出。

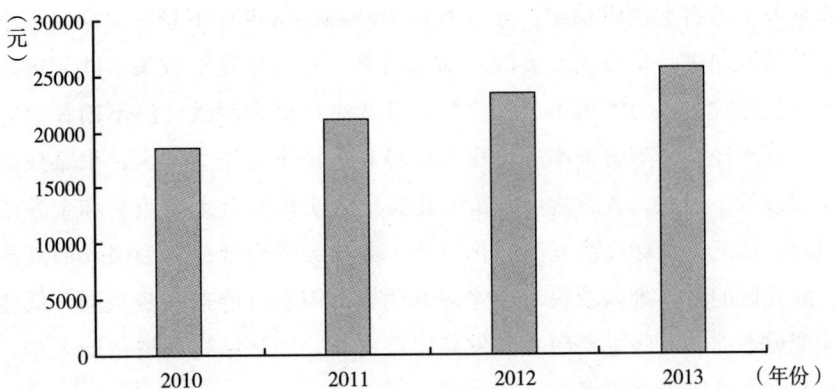

图3 2010~2013年新区城乡收入差比较

资料来源：根据历年《上海浦东新区统计年鉴》数据计算而得。

3. 镇域经济发展不均衡

作为浦东新区经济发展的重要组成部分，镇域经济的走势也是影响浦东新区转型发展的关键因素。从空间布局来看，作为上海市区域跨度最大的一个区，浦东镇域经济的发展有着明显的分布规律，存在两条区域差异明显的界限。一是外环线，外环线不但是浦东新区城域经济和镇域经济的重要分界线，也是镇域经济北强南弱的分界线。二是S32，两侧镇域经济发展水平有明显落差。S32以南的城镇，经济总量偏低，服务业占比偏低，城镇化水平偏低。要打通穿越这两条"天然"分界线的通道和桥梁，需要对浦东镇域经济发展进行顶层设计，统筹规划，真正激发镇域经济发展活力和动力。

四 2015年浦东新区经济发展的宏观背景分析

（一）从国际环境来看，尽管复苏是主旋律，但不确定性因素和风险加大

展望2015年，可以预判，世界经济发展仍然会呈现缓慢复苏态势，鉴于新的增长动力源尚不明朗，复苏会延续不均衡的分化局面，全球经济增长存在不确定、不稳定因素，下行风险仍然令人担忧，并主要表现在三个方面。第一，地缘政治冲突可能进一步加剧，对经济的不利影响有可能加大，由此

或将危及全球石油供应稳定,导致贸易中断和经济更加不景气。第二,全球货币政策取向进一步分化。美国明确退出第三轮量化宽松政策。欧元区则迫于经济复苏放缓压力不得不放松银根,日本央行也为刺激经济不断释放宽松信号。新兴经济体随着资本外流压力减轻和经济下行压力加大,很难快速收紧货币政策。因此,各方货币政策分化会加大全球资金无序流动和金融波动的风险。第三,全球经济复苏分化显著。美国经济会维持较为强劲的复苏态势,欧元区的复苏难以较快走出停滞的阴影,需求可能进一步减弱,低通胀可能变成通缩。一些主要新兴和发展中经济体,经济结构调整依旧艰难,下行风险和不确定因素增多。

(二)国内方面,新常态发展阶段下,经济下行压力难以得到明显缓解

鉴于2015年世界经济预期仍处于缓慢复苏之中,世界经济运行过程中不确定不稳定因素依然较多,对我国经济构成一定挑战,加之国内自身结构性因素难以有效缓解,我们预判,2015年国内经济下行压力加大。

1. 房地产市场延续调整态势

2014年我国房地产市场进入调整阶段,量价齐跌,地方政府纷纷救市但收效甚微。根据国际经验和房地产周期变化规律,房地产调整期一般需要3~5年。与处于和我国相同发展阶段的主要国家相比较,这些国家商品房销售额占GDP比重一般在8%左右,而2013年我国商品房销售额占GDP比重达14.3%,相比之下,反映我国房地产市场可能存在泡沫隐患。因此,可以预计,2015年我国房地产将继续调整,房地产投资增幅难改下行态势,这样一来,房地产的调整效应也将持续发酵,必定加剧上游产业的产能过剩现象,并将影响到下游的消费增长,故而对经济增长产生较大影响。

2. 产能过剩难以有效缓解

与1997年亚洲金融危机时期不同,这次金融危机后凸显的我国产能过剩问题呈现行业面广、绝对过剩程度高、持续时间长等特点,外在表现为PPI(工业品出厂价格)长期同CPI背离。表明这次产能过剩的原因并非单纯的需求不足所引发,而更多的是受到结构性的因素影响,更多的是我们长期以来经济发展模式所导致的,这也就需要突破现有的体制机制来解决。大

量资源固化于产能过剩行业,必将继续阻碍战略性新兴产业与现代服务业的发展。

3. 企业融资成本和去库存压力居高不下

为引导社会各类资金用于支持实体经济,2014年我国创新了再贷款、PSL和定向降准等结构性工具,但遗憾的是,实体经济特别是"三农"、小微企业等薄弱领域"融资难、融资贵"问题依然没有得到有效缓解。解决这一问题不可能一蹴而就,必须要持续深化金融体制改革。换言之,货币市场短期利率水平降低难以有效传导到资本市场,企业融资成本仍将居高不下,势必进一步压缩企业的利润空间,加之内外需市场回暖缓慢,企业销售难以改变下滑势头,库存还将增长,企业生产积极性会受到抑制并改变市场预期,这些问题必将对经济产生影响。

当然,尽管面临着经济下行的诸多风险和压力,可以预计,2015年中国经济增速仍会处于合理区间,原因在于,伴随着产业结构的逐步优化,以人为核心的城镇化有序推进,新一届政府对改革的重视与决心,党的十八届三中全会决定的逐步部署与实施,将释放出更多的改革红利和制度红利,这些将有力地保障经济的平稳运行。

基于上述分析,我们研判2015年国家调控主基调不变,将继续实施积极的财政政策和稳健的货币政策。也就是说,积极的财政政策要着力调整支出结构,提高财政资金使用效率,避免财政对市场经济的直接干预,重在"稳增长、扩内需、保民生"。此外,稳健的货币政策则会把重点依旧放在定向宽松上,围绕"调结构,促转型",实施定向宽松的结构性信贷政策,做到主动有效预调并有效防范系统性金融风险。

(三)上海市转型态势不变

依据国际国内背景分析,在"十二五"的收官之年,上海市经济总体运行将呈平稳态势,一方面,经济增长同样面临下行风险加大,尤其是在工业和固定资产投资难有大的起色,工业缺乏新的增长点支撑情况下,可能继续维持低位运行态势;固定资产投资随着房地产投资的下滑、建设用地指标的饱和等因素继续下探,而且从消费来看,居民收入的增长很可能继续在常规轨道上运行,进出口贸易预计与2014年持平。另一方面,上海市将继续加快推进经济转型，服务业的稳固地位将继续得到强化，服务经济尤其是"四新经济"在大力倡导和相关政策的导向下，也将成为经济运行的亮点。同时，全球科技创新中心建设的启动与推进将进一步健全区域创新体系，提升区域创新能力，更为重要的是，随着中国（上海）自贸试验区相关制度创新的可复制、可推广，相关溢出效应会强化显现，继续助力相关体制机制改革的推进，"四个中心"功能将进一步强化，国际竞争力也将进一步提升。

综合上述宏观经济背景形势预判和分析，我们可以得出结论，2015年全球经济的缓慢复苏和国内经济的总体平稳运行将给浦东经济发展带来有利的一面，但国内外经济发展可能面临的风险和压力也会给浦东带来严峻的挑战，尤其是上海市转型发展将面临诸多困境，需要浦东新区进一步发挥闯与创的激情和勇气，坚持改革与创新，深入推进"创新驱动，转型发展"，继续充当好改革开放的排头兵和先行者，为上海市的转型发展做出新的贡献。

五 2015年浦东新区经济运行趋势分析与对策建议

（一）2015年浦东新区经济发展总体判断

1. 2015年浦东新区总体经济发展状况良好

从浦东新区自身发展来看，2015年是承上启下的关键之年，同时也是"十二五"收官之年，"十三五"良好开端打基础的一年。2015年虽然面临的外部环境不容乐观，国内及上海转型发展充满挑战，形势依然严峻，但随着党的十八届三中全会决定的进一步贯彻落实，相关改革措施加快落地并实施，改革红利将进一步释放，尤其是自贸试验区建设溢出效应会进一步明显释放。

伴随自贸试验区制度创新的推进，按照"可复制、可推广"原则，自贸试验区的一系列改革措施将继续推广，浦东新区将更进一步主动承接自贸试验区的溢出效应，尤其是会推动浦东综合配套改革进一步向纵深推进，第四轮综合配套改革三年行动计划已正式启动，会更注重聚焦自贸试验区制度创新、政府职能转变和效能提高、产业转型升级、城乡一体化发展等重点领域，加强浦东综改与自贸试验区的改革联动，将自贸试验区试点经验推广到整个浦东新区复制检验。如，借鉴负面清单管理理念，推动优化内外资项目审批流程；围绕"四个中心"建设，加快提升浦东金融、航运、贸易等核心功能；扩大服务业开放，吸引中资离岸机构回归和跨国公司海外总部集聚；加强区域功能联动，发挥自贸试验区教育医疗等领域扩大开放对全市服务经济发展的带动作用等。这一系列联动改革措施的落实无疑将助力浦东政府职能转变力度和制度创新水平，全面推进浦东新区经济发展，提升浦东新区经济发展质量和效益。

因此，总体上看，结合浦东新区"十二五"规划建议制定的相关目标，经定性分析与定量预测认为，2015年浦东新区经济发展速度将维持平稳运行态势，年经济增长速度预计在9%~9.5%，能够高于全市2个百分点左右，经济总量规模基本实现"十二五"规划8000亿元的目标，产业结构进一步优化，第三产业增速快于第二产业的格局不会改变，创新驱动发展战略进一步落实，转型发展得到进一步推进。

2. 第三产业继续稳步上行

随着改革红利的释放，2015年浦东新区第三产业将维持近年来良好的发展态势，尽管2014年增长基数较高，仍然有望实现两位数的增幅，占地区生产总值比重预计继续小幅提升，超过67%，继续巩固以服务经济为主的产业结构，高质量完成"十二五"规划的预期目标。

金融业优势地位进一步显现。虽然2015年国际金融市场变数很大，但就国内和浦东新区自身发展来看，金融市场的运行预期保持良好态势，证券和期货市场的成交额将保持较快增长，同时随着新兴金融业态的不断涌现和自贸试验区金融制度创新的深入，预计全年金融业仍将保持较快增长。因此，可以预测，2015年浦东金融业将保持良好的发展态势，继续平稳增长，继续发挥第三产业稳步发展的重要推动力作用。

房地产市场继续调整。随着特大型城市资源稀缺与庞大人口基数之间矛盾的难以调和，社会治理体系建设面临诸多挑战，预计上海房地产市场暂时不会放松，因此，2015年浦东新区房地产行业将继续维持调整态势。但在城市旧区改造力度加大和大力改善民生的导向下，浦东新区保障性住房建设的指标仍将维持较大规模和一定数量的增长。在此背景下，2015年浦东新区房地产市场对第三产业以及经济发展的拉动效应会继续消减，难改低迷态势。

消费预期延续常态路径轨迹，高位回升依旧阻力重重，内外需双重乏力的阴霾难以快速消除、高端消费外流、龙头企业增速趋缓等因素也将对新区商业发展带来一定的制约，然而新的消费热点和消费模式的不断兴起将助力新区市场消费的平稳增长，自贸试验区建设的加快推进以及新开业的奥特莱斯等商业大项目都将为新区商业发展注入新动力。同时，随着4G牌照的发放、宽带中国建设以及网络信息安全保障的加强，信息服务和科学研究等高技术服务业会继续回暖，并推动新区信息服务业加快发展。预计2015年浦东新区消费将保持平稳增长，表现将和上年持平或略有提升，商品销售总额和社会消费品零售总额增长率将达14%和10%。

3. 第二产业增长预期保持低位徘徊态势

随着全球经济发展逐渐步入稳定阶段，国内外市场需求将进一步复苏，2015年，浦东新区工业停滞不前或负增长的概率不大，应该会有适度增长。但考虑到工业转型调整进入攻坚阶段，落后产能加速淘汰，低附加值企业继续外迁，部分龙头企业销售情况尚不明朗，预计新区工业仍处于转型调整期，再加上当前工业投资的下滑态势，预计全年工业总产值增长速度将基本维持低位徘徊格局。总体判断，2015年新区工业经济将有所恢复，增加值实际增长率为2%左右。

首先，"三大产业"发展继续分化。成套设备制造业在临港"双特"机制、四大开发公司"挥师南下"等相关配套政策进一步落实发挥效用的前提下，有望实现一定增长，汽车制造业在国内外市场逐步趋稳的背景下，将实现稳步增长态势，而电子信息产品制造业虽受益于国家对集成电路产业支持的利好政策，但又受外需以及转型升级推进的影响，预计较2014年增长难有太大起色。其次，"三新产业"良好发展势头继续保持。随着上海市创新驱动发展战略的加快推进，作为全市战略性新兴产业主导区，浦东新区生物医药、新能源、民用航空等战略性新兴产业预期发展加速，增速预期高于工业平均水平，有望实现两位数以上的增长。

4. 2015年投资保持平稳的态势

随着经济发展方式的加快转变，固定资产投资对经济发展的拉动效应进入下降通道，作用有所减弱，但作为目前浦东新区经济增长的重要稳定器和助推器，重点区域和重大项目的开发建设需要投资的持续跟进，据此预判，2015

年浦东新区全年社会固定资产投资将保持一定的正常增幅，从规模上来看仍居高位运行态势，预计全年完成投资1750亿元左右，超额完成"十二五"规划累计超过8000亿元的目标。

从结构组成来看，基本会延续现有格局。一是工业投资的下行轨迹预计伴随工业的低位运行态势依旧；二是房地产投资基于旧区改造的力度加大将仍占比较高；三是基础设施在轨道迪士尼专线、轨道交通等重大项目顺利推进下，预计保持一定规模增长。从区域分布来看，预计重点区域仍旧扮演着重要角色，如自贸试验区、国际旅游度假区、临港地区和世博地区，同时，伴随着新型城镇化和中部城镇带规划的逐步落实，原来投资进度相对缓慢的镇和开发区预计成为投资的主要对象。

（二）2015年浦东新区经济发展指标预测

在前述定性分析的基础上，经过定量分析工具测算，2015年浦东新区主要宏观经济指标的实际增长率结果如下。

2015年浦东新区GDP增长率（实际）为9.3%

GDP（按现价计）为7631.2亿元

第二产业增加值增长率（实际）为2.2%

第二产业增加值总量（按现价计）为2359.3亿元

其中：工业增加值增长率（实际）为2.2%

工业增加值总量（按现价计）为2114.4亿元

第三产业增加值增长率（实际）为13.4%

第三产业增加值总量（按现价计）为5289.3亿元

其中：金融业增加值增长率（实际）为13.5%

金融业增加值总量（按现价计）为1565.6亿元

社会消费品零售总额增长率（实际）为9.8%

社会消费品零售总额总量（按现价计）为1797.8亿元

固定资产投资增长率（实际）为3.1%

固定资产投资总量（按现价计）为1786.5亿元

外贸进出口总额增长率为6.8%

外贸进出口总量（按现价计）为2820.4亿美元

（三）具体对策建议

1. 加快与自贸区改革的联动机制创新，放大自贸区的溢出效应

制度创新是自贸区的最大优势，自贸区的制度红利短期内会对浦东其他区域乃至长三角地区产生明显的虹吸效应，但从长远来看，溢出效应会远远大于虹吸效应。浦东新区要积极发挥溢出效应上的"近水楼台先得月"的优势，主动承接自贸区的制度优势、辐射效应和带动作用。一是进一步建立健全综合配套改革与自贸区的联动机制，将自贸试验区试点经验推广到整个浦东新区复制检验。进一步转变政府职能，创新政府管理方式，借鉴负面清单管理理念，加快形成与国际投资贸易通行规则相衔接的制度框架。加强区域功能联动，发挥自贸试验区教育医疗等领域扩大开放对服务经济发展的带动作用。二是在空间上推进自贸区与"四个中心"核心功能区联动发展。自贸区物理空间有限无法承载所有业态，特别是医院、仓库等需要大量土地的项目，而且区内企业不受地域限制可到区外再投资或开展业务，为浦东新区承接自贸区企业入驻创造了巨大的机会。因此，浦东新区应通过联动机制创新，增加商务空间载体和办公楼宇供应，引导自贸区企业留在浦东经营，提升要素资源配置能力。

2. 大力发展"四新"经济，积极培育新的经济增长点

大力发展"新技术、新产业、新模式、新业态"经济，是2014年上海市做出的重要部署。"四新经济"将更好地契合上海的资源禀赋优势，引领上海的产业转型升级。作为全市"四个中心"核心功能区，浦东"四新"经济也应该走在全市前面，更何况，在发展"四新经济"方面浦东依然具备了良好的基础，在相关领域已有萌芽，如新能源汽车、3D打印、智能可穿戴设备产业、机器人、互联网金融等方面已有多家企业小有建树，具备一定基础。下一步，浦东新区要从以下途径入手，大力发展"四新"经济，积极培育新的经济增长点。一是制定促进"四新"经济发展指导意见。深入调研排摸，梳理浦东"四新"领域的问题，在此基础上，坚持市场导向、企业主体、政府边界明晰等理念，研究制定新区促进"四新"经济发展指导意见。二是探索"四新"经济与现有政策的对接和创新。梳理现有产业扶持政策，实现对接和覆盖，如在相关产业政策完善中，植入"四新"理念，探索财税、金融等扶持政策，推动政府部门采购等。三是完善制度环境建设。一方面，着手推进集成电路产业基金、智能制造、新能源汽车等准备相对成熟的领域率先突破,并加大研究互联网新经济的准入、监管等新需求。同时,探索推广负面清单管理,为创新创业企业发展营造更大的市场空间。

3. 大力推进城乡一体化发展,推动区域均衡化发展

浦东新区推进城乡一体化发展要按照新型城镇化的要求,坚持以人为本,促进公共资源均衡配置,构建农民增收长效机制,探索符合浦东实际的城乡一体化发展路径。一是以人力资源配置为核心,完善城乡公共服务体系。深化教育、卫生领域人事制度改革,建立面向基层、面向郊区的考核奖励、职称评定、人才培养、住房保障等方面的综合保障激励办法。二是深化农村土地和产权制度改革。完善承包地经营权确权登记和流转机制,推动农村生产经营方式改革。探索集体经营性建设用地使用权流转,稳妥探索宅基地置换试点。进一步推进集体资产股份化改革试点,增强集体资产保值增值能力。三是加强国家现代农业示范区建设。坚持高端、高科技、高附加值为内涵的都市现代农业发展定位,加快培育现代农业经营主体,加强农业基础设施建设,在创新现代农业发展体制机制、培育社会化服务平台、创新多元支持农业融资方式等方面先行先试,做到"浦东能突破、上海能推广、全国能借鉴",为全国农业发展做好示范。

参考文献

中国社会科学院经济蓝皮书"中国经济形势分析与预测"课题组:《中国经济形势分析与预测——2014年秋季报告》,2014年10月。

《浦东新区国民经济和社会发展第十二个五年规划纲要》,2011年1月14日。

历年《上海浦东新区统计年鉴》。

《浦东新区统计月报》,2014年1月至9月。

自贸试验区篇

Reports on the Free Trade

B.2
中国（上海）自由贸易试验区：
改革创新与瓶颈制约

沈桂龙*

摘　要： 上海自贸区在加快政府职能转变、扩大投资领域开放、推进贸易发展方式转变、深化金融领域开放、完善法制领域保障等方面推出重大举措，有力推动了自贸区建设，形成了一批可复制、可推广的经验，对于国家整体的改革有很大促进作用。但在改革实践中改革创新的速度与空间、可操作性、对标国际标准、碎片化等方面也暴露出不少问题，反映了问题背后的制约瓶颈：体制、机制与法制。要实现问题的突破性解决，就要从组织协调、法律保障、社会参与等方面入手。

关键词： 自由贸易试验区　改革创新　制约瓶颈

---

* 沈桂龙，经济学博士，上海社会科学院经济研究所副研究员，研究方向为国际投资与贸易。

中国（上海）自由贸易试验区（以下简称"上海自贸区"）不同于一般国境内设定的自由贸易区域，仅仅以促进货物出口、发展加工贸易或者转口贸易为主要目标，而是承担着为全面深化改革和扩大开放探索新途径、积累新经验的重要使命。因此，在上海自贸区挂牌运行一周年之后，从国家要求的制度创新角度，进一步分析改革推进的重大举措，厘清自贸区建设中的深层次制约因素，对上海自贸区在两到三年试验期的剩余时间窗口中，更好、更快地向更高阶段发展，有着十分重要的意义。

一 上海自贸区推进措施及其成效

国务院批准的《中国（上海）自由贸易试验区总体方案》（以下简称《总体方案》）对上海自贸区提出了五大任务要求：加快政府职能转变，扩大投资领域开放（包括服务业开放），推进贸易发展方式转变，深化金融领域开放创新，完善法制领域保障。《总体方案》中提到的营造相应的监管和税收环境可以归入加快政府职能转变当中。由此，可从上述五个方面进行分析。

（一）加快政府职能转变的推进措施及成效

加快政府职能转变实际上渗透和体现在其他各项改革之中，但比较突出地体现在商事登记注册制度改革和建立综合监管、执法体系两大方面。

从商事登记制度改革看，上海自贸区建立了一口受理、综合审批模式，实现注册资本认缴登记制，将"先证后照"改为"先照后证"。这项改革尽管在很大程度上是针对外资的开放和进入问题，但事实上带动了企业的准入机制从审批制向备案制的转变。"一表登记、一口受理、并联办事"服务模式加强了政府部门间的协同，在简化程序的同时，提高了办事效率，有利于释放社会投资活力。这项改革实施后，企业4天可取得备案证明、营业执照、企业代码和税务登记，比原来的平均29天，缩短了25天。自贸区的企业注册数量显示，这项改革取得了成效，进一步激发了市场力量。自贸挂牌当日仅有25家企业获颁证，而到2014年9月中旬，新设企业达12266家，暴增了480多倍，超过原上海保税区20年的注册总量。新设企业注册资本（金）超过3400亿元，注册资本在1000万元以上的企业达5200余户。

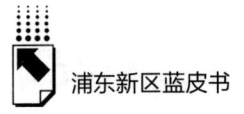

建立综合监管、执法体系主要是适应监管方式从事前转向事中、事后监管的模式，着重推进安全审查和反垄断审查、社会诚信体系、综合执法体系、综合评估机制、社会组织参与监管机制、信息共享和服务平台建设等六个方面的重点工作。综合监管、执法体系目前正在推进，还没有最终完成。综合监管、执法体系的成功建立和运行，将直接决定在进一步放开市场的同时，能确保市场竞争有序。从现实情况看，《中国（上海）自由贸易试验区经营者集中反垄断审查工作办法》《中国（上海）自由贸易试验区反垄断工作联席会议制度方案》已经出台，上海市公共信用信息服务平台已开通，信息共享和服务平台建设、企业年报公示制度、企业经营异常名录等也已经开始实施，相关管理办法也已出台。2014年9月下旬，自贸区首批企业经营异常名录已被挂上工商局网站，进入名单的企业有1467家，主要是中小企业。年报公示制度方面，自贸区完成申报公示企业9747户，公示率为79.78%，其中必须参加审计企业4107户，自愿参加审计企业3012户。

（二）扩大投资领域开放的推进措施及成效

扩大投资领域开放主要包括两个方面：一是投资体制的改革，一是服务业开放。投资体制改革重点是外资进入的负面清单管理和国内资本走出去境外投资管理体制改革，服务业开放包括6大领域23个具体行业。

投资体制改革的核心内容是"准入前国民待遇+负面清单"，营造内外资企业平等准入的市场环境，负面清单之外的领域，外商投资项目由核准制改为备案制，外商投资企业合同章程审批改为备案管理。目前，负面清单已从2013版过渡到2014版，从190条特别管理措施减少到139条，在与国际高标准的贸易投资规则对接方面迈出了一大步，开放度和透明度大幅提升。截至2014年9月中旬，自贸区外资企业达1677家，包括12家跨国公司地区总部，其中90%通过备案方式设立。新设外商投资企业占全部新设企业的13.7%，总数比2013年增加了10倍。中国企业向境外投资审批模式，国家部委下放审批权到自贸区，将一般项目的审批改为备案制，管委会在5个工作日内，就能出具境外投资项目、境外投资开办企业备案（意见）。根据上海市商务部的数据，自贸区挂牌至2014年8月底，累计办结79个境外投资项目备案，中方对外投资总额17.46亿美元，占全市比重为20%左右。

服务业开放方面，国务院《总体方案》中对金融服务、航运服务、商贸服务、专业服务、文化服务以及社会服务6大领域23个具体行业类别，采取暂停或取消投资者资质要求、股比限制、经营范围等准入限制措施，实现进一步的扩大开放。2014年在2013年23条扩大开放措施基础上又提出了进一步扩大开放的14条措施，其中航运服务领域6条、商贸服务领域3条、专业服务领域4条、社会服务领域1条。目前自贸区新设1.2万余家企业的行业分布，主要集中在批发和零售业、租赁和商务服务业，这说明服务业的扩大开放取得了一定成效。

（三）推进贸易发展方式转变的改革措施与成效

推进贸易发展方式转变的改革措施和扩大服务业开放有关联，这里主要从贸易功能深化和贸易效率提高的两个角度予以分析。

在贸易功能深化方面，自贸区推出亚太营运总部计划，搭建一批专业平台，推动新型贸易和服务贸易发展。目前亚太营运总部计划，首批20家亚太营运商获得集团总部授权，区内已集聚跨国公司地区总部、营运中心、亚太营运商等总部经济企业336家。大宗商品现货交易市场正在加紧筹建，保税商品展示交易中心有序运作，进口国别中心建设顺利实施，一般商品现货交易中心建设积极推进。新型贸易方面启动跨境电子商务试点工作，"跨境通"正式上线运作，上线商家达29家。融资租赁产权交易平台启动后，累计引进436家境内外融资租赁母公司和SPV项目子公司，累计注册资本超过328亿元人民币，租赁资产总额近85亿美元。

在贸易效率提高方面，创新"一线放开、二线安全高效管住、区内自由"监管制度，探索货物装填分类监管制度，以及国际贸易的"单一窗口"制度。目前海关已推出23项监管服务创新举措，上海出入境检验检疫局出台了23项监管制度创新，海事部门推出了15项制度创新措施。海关、检验检疫联动实施"一次申报、一次查验、一次放行"，并在一线出境、二线入区环节实现通关单无纸化，货物入区通关时间平均缩短2天。货物状态分类监管，根据保税货物、非保税货物、口岸货物三类不同货物状态，分类监管，同仓存储。"单一窗口"制度海关口岸监管方面已经实现部分功能的网上运作。这些措施的推进，对提高贸易效率起到促进作用，上海自贸区进口平均通关时间较区外减少41.3%，出口平均通关时间较区外减少36.8%。2014年1~8月，上海自贸区（企业）进出口货值为5004亿元，同比增长9.2%。增速高于全国平均8.6个百分点，高于上海市平均4.6个百分点。

（四）深化金融领域开放的改革措施与成效

深化金融领域开放的改革措施，2013年"一行三会"发布了金融支持自贸区建设的51条措施，2014年人民银行又出台了分账核算、外汇管理等7个细则文件。这些改革措施从大的方面看，主要包括金融制度创新和金融服务功能提升两个方面。

金融制度创新的核心内容主要是三块，一块是分账核算管理体系的建立，另一块是跨境资金流动制度改革，还有一块是外汇管理制度的优化。分账核算体系推出自由贸易账户，资金跨境流动采取"一线审慎放开，二线有限渗透"的监管模式。跨境资金流动制度改革主要体现在跨境融资制度改革和跨境人民币资金池以及外汇资金的集中管理等相关措施的推出。截止到2014年9月中旬，有10家中资银行已经接入了自由贸易账户信息监测管理系统，开立4110个自由贸易账户。2014年1~8月，区内人民币跨境结算金额为1563亿元，占全市跨境人民币结算总量的15%。跨境人民币境外借款为174亿元，人民币双向资金池业务为272亿元，跨境人民币支付业务4.8万笔，金额为8.5亿元。

金融服务功能方面，"推动金融服务业对符合条件的民营资本和外资金融机构全面开放，支持在试验区内设立外资银行和中外合资银行。允许金融市场在试验区内建立面向国际的交易平台。逐步允许境外企业参与商品期货交易。鼓励金融市场产品创新。支持股权托管交易机构在试验区内建立综合金融服务平台。支持开展人民币跨境再保险业务，培育发展再保险市场"。截止到2014年9月中旬，自贸区集聚了3000家左右的金融机构，持牌类金融机构有88家。目前，金融平台方面：上海国际能源交易中心、上海国际黄金交易中心等已注册成立；国际金融资产交易中心已获证监会原则同意；上海联合产权交易所已在区内设立企业；上海股权托管交易中心在区内新设项目已报金融办；中国外汇交易中心、中国金融期货交易所、上海股权交易中心、上海清算所等将在区内新设或增设交易场所。

（五）完善法制领域保障的推进措施与成效

自贸区法制领域的推进措施，在国家层面，2013年全国人大和国务院调整实施3部法律、15部行政法规、3部国务院文件的部分规定；2014年国务院又调整实施了3部行政法规、3部国务院批准的部门规章的部分规定。上海市层面，《中国（上海）自由贸易试验区条例》于8月开始实施。目前，上海国际仲裁中心已在自贸试验区设立"中国（上海）自贸试验区仲裁院"，上海市浦东新区人民法院自贸区法庭、上海市人民检察院派驻自贸区检察室也已成立。截止到2014年7月中旬，浦东新区法院自贸区法庭共受理案件257件、审结128件，投资贸易类案件有218件，金融类案件14件，充分体现了法制化的精神。

二 上海自贸区改革措施梳理与创新分析

自贸区建设瞄准国际高标准的贸易投资规则，目的是通过开放倒逼改革，核心在于制度创新。自贸区现有的推进措施大概有三类：第一类是其他地区已经进行的改革，自贸区进行拓展，并优化完善，可以称为拓展类改革；第二类改革是自贸区成立之前海关特殊监管区试验的延续，或者上海原有改革探索，在自贸区成立后空间上进一步放大，扩大试点范围，可以称为延伸类改革；第三类改革是自贸区前身的任一海关特殊监管区都未运行或者试验的措施，全国其他地区也未曾进行类似的改革，这类改革称为创新性改革。这是自贸区改革创新的核心所在，也是难点所在。

（一）拓展类改革

上海自贸区拓展类改革措施，不仅体现于政府职能转变方面，也体现于投资领域开放、贸易发展方式转变和金融领域开放中。但上述四个不同领域，上海自贸区的拓展改革所涉及的广度和深度有所不同。

商事登记制度改革是政府职能转变的重要内容，对于扩大投资领域开放有着重要的作用。但事实上，这项制度的改革可以看作全国行政审批制度改革的拓展。行政审批制度改革从20世纪80年代就已经开始，并一直延续至今，在党的十八大之后，行政审批制度改革进一步加快，力度比以往更大（见表1）。上海自贸区的商事登记制度改革实际是全国行政审批制度改革的特定内容，对企业注册登记在技术、流程和环节上进一步优化。商事登记制度改革比较早的省份是广东，2012年5月，经国家工商行政管理总局、广东省政府批准，在佛山市顺德区、东莞市、深圳市、珠海市先后开展商事登记改革试点工作。试点的核心思想实行市场的宽进严出，"先照后证"和注册资本认缴制自此开始实践探索。

表1　2002~2013年国务院取消和调整行政审批事项一览

单位：项

批次	数量	时间
第一批	789	2002年10月
第二批	488	2003年2月
第三批	495	2004年5月
第四批	186	2007年10月
第五批	184	2010年7月
第六批	314	2012年8月
第七、八、九批	165	2013年

资料来源：中国政府网等网站。

服务业开放在中国2001年加入世界贸易组织后，就有一系列的承诺，2010年，在世界贸易组织服务贸易分类的160个分部门中，中国已经开放了100个。但随着全球贸易规则的变化，以及中国服务业进一步发展的需求，近年来国家不断加大对服务业的开放程度。一些海关特殊监管区已经在金融、商贸等领域实施更加开放的策略。因此，上海自贸区的开放可以看作全国服务业开放大背景下的区域性试验，只不过该区域的开放更加全面，步伐走得更快，系统性也更强。

发展方式转变是近年来中国经济发展中的一个主线，贸易发展方式转变是其重要内容。上海自贸区推动贸易发展方式转变，有助于贸易功能深化的跨国公司运营总部计划，东部沿海发达地区早已实施。上海建设国际贸易中心的"十二五"规划中，明确要求"集聚国内外大企业和地区总部，吸引世界500强企业和跨国公司在上海设立地区总部、事业部全球总部和各种功能性机构"，并提出相应的推进措施。建设大宗商品交易平台，很多海关特殊监管区都已经搭建了相应的地区平台，比如天津保税区的粮食、煤炭大宗商品交易平台，青岛保税港区的棉花、天然橡胶的大宗商品交易凭条，等等。上海自贸区的贸易功能深化在上述改革基础上进行了拓展，结合服务业开放，推出了更为有力的措施。在提高贸易效率方面，2009年海关总署就开展了海关作业电子化的改革实践，2001年昆明就提出了"大通关"的概念，大连海关进行了"选择报关、口岸验放"模式的实践，等等。海关电子围网在2011年海关总署与广东省政府签署了《共同建设全国加工贸易转型升级示范区推进转变发展方式合作备忘录》中加以推进，以支持珠海横琴新区发展保税贸易下的现代服务产业。上海自贸区的海关监管在促进贸易便利化方面走得更远，在技术和程序的改进上更为科学合理，并形成了改革的整体效应。

金融领域开放方面，金融制度创新的跨境资金流动制度改革，总体上看也是拓展性改革。深圳的跨境融资制度改革早在2012年12月就已开展，只不过其融资来源限定为香港经营人民币业务的银行，新疆霍尔果斯也放开了跨境融资的诸多限制。人民币资金池业务实际上2012年已在北京和上海两地试点，2013年江苏昆山加入试点名单中。上海自贸区这方面的金融改革也属于拓展类改革，应进一步放宽跨境资本流动，推出更为具体而易于操作的细则。金融服务功能实际上无论是北京、上海，都早已推进，只不过这次上海自贸区的推进力度更大，政策更为超前。

（二）延伸类改革

延伸类改革尽管是指上海或者自贸区前身已经进行的改革，但实际上很多全国性改革的最早试点就放在上海，有一部分在上海率先推出改革探索措施后，又向全国其他地区推广试点。所以，很难进行严格意义上的区隔和划分。这里主要探讨贸易方式转型中有利于贸易效率提高的货物状态分类监管，以及金融开放中的金融服务功能的提升措施。

贸易方式转型中贸易效率的提高，《总体方案》中提到，要"探索建立货物状态分类监管模式"，即根据货物是保税货物、非保税货物和口岸货物的不同状态，由海关对其进行分类管理。但实际上，此前外高桥保税区已经施行该监管模式。上海自贸区实施该监管模式，只是将外高桥保税区的改革试点延伸

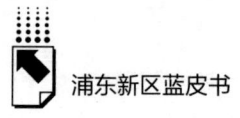

到洋山保税港区、浦东机场综合保税区等自贸区其他地方，是将局部试点在空间上扩大到整个自贸区。

金融服务功能平台建设的加强，上海已经集聚上海联合产权交易所、上海股权托管交易中心、上海股权交易中心、上海清算所、上海期货交易所等金融交易平台。上海自贸区的金融功能完善，从平台建设角度看，除了增加一些金融交易平台外，只是增设了原有平台在自贸区的交易场所或企业。因此，很大程度上体现了延伸改革的性质。

（三）创新性改革

创新性改革是上海自贸区改革措施中的突出亮点，改革的创新型和突破性更强。这主要体现在政府职能转变的综合监管和执法体系、投资领域开放的负面清单管理模式、金融领域开放的分账核算体系以及法制领域出台的《中国（上海）自由贸易试验区条例》中。

尽管过去有所涉及综合监管、执法体系，但涵义和内容都不一样。上海自贸区提出的综合监管、执法体系，涉及政府和市场的关系，政府和社会的关系，还需要诸多部门之间的协调与配合，包括垂直的纵向部门和平行的横向部门，以及技术上的支撑。综合监管、执法体系的建设，直接关系事前管制能不能顺利向事中、事后监管转变，能不能保证市场竞争的有序和有效。从这个意义上说，上海自贸区的这项改革创新，意义重大而深远，将直接影响中国未来的开放和改革。

负面清单模式是中国对接高标准贸易投资规则的有力举措，也是中美BIT谈判的重要基础。这项改革并不是一个简单的开放和行政审批的下放，而是触及了原有的市场管理体制和运行机制，涉及诸多行业和众多部门。这不仅是程序性和技术性的改革，更是思想观念的解放。这对今后政府管理方式改变、权力清单的编制都有长远意义，是上海自贸区改革创新的亮点之一。

金融领域开放的改革创新，最大亮点是分账核算体系的建立和自由贸易账户的推出。这项改革创新是整个金融领域开放的核心，直接关系资本项目的开放问题。这项改革创新措施符合金融开放"一线宏观审慎、二线有限渗透"的思想，有利于放松金融管制。没有这项改革，资本项下的货币自由流动就很难实施，金融体系的开放就很有限。这是之前所有金融领域改革未能实现的重要创新。

《中国（上海）自由贸易试验区条例》是试验区的"基本法"，这是所有其他海关特殊监管区所没有的，它既保证了自贸区改革做到有法可依，又为自贸区创新提供未来空间。这个法制保障为自贸区先行先试提供了法律依据，体现了"法无禁止即可为，法无授权不可为"的基本理念。

三 上海自贸区建设存在的问题及瓶颈

上海自贸区的一系列改革措施，有力推动了自贸区建设，形成了一批可复制、可推广的经验，对于国家整体的改革有很大促进作用。但改革实践中也暴露出不少问题，反映了问题背后的瓶颈制约。由于创新性改革具有更好的代表性，其推进中出现的问题也基本上反映了整体改革推进遇到的困难，因此，本部分将主要结合这类改革创新加以分析。

（一）改革创新推进的速度和空间低于期望

从目前改革实践看，改革创新的速度仍然比较慢，信息共享平台的覆盖范围仍然有限，征信系统没有完全统一，部门间的长期协调机制未能建立，行业协会的参与也没有实质性推进。此外，自贸区在改革实践中很多创新措施也未能全面推开，只是选择部分企业进行试点，或者对覆盖对象有一定的要求，这不仅影响改革创新推进的速度，也使得创新空间受到限制，改革创新的红利释放不能惠及更多企业。譬如，"允许中资公司拥有或控股拥有的非五星旗船，在国内沿海港口和上海港之间的沿海捎带业务"，由于条款中限定中资或者中资控股船运公司，这使得在全国范围内仅有中海、中远、中外运等几家企业可以享受该政策的红利。

（二）改革创新对标国际标准仍有较大落差

扩大投资领域开放的改革创新亮点是负面清单的推出。尽管2014版负面清单已经较2013版负面清单减少了51条，同比缩减26.8%。但在这51条中实质性减少的只有14条，其他有23条是合并和重复原有条目，有14条属区内区外一致而取消。其与国际上双边、多边自由贸易协定中的"不符措施"和"保留条款"在形式、要素、规范性等方面仍有较大差距。负面清单采用的是我国国民经济行业分类标准,而《内地与香港关于建立更紧密经贸关系的安排》和《海峡两岸服务贸易协议》的服务业开放行业分类采用的是《服务贸易总协定》分类法。国际上大多采用世界贸易组织《服务部门分类清单》(GNS/W/120) 或者《联合国临时中心产品分类目录》CPC 分类法,如《美国 - 新加坡自由贸易协定》等①(见表2、表3)。

表2 负面清单与《外商投资产业指导目录》的外资准入方式对比

方式	2014 版负面清单	《外商投资产业指导目录》
核准制	有特别管理措施行业	鼓励类行业
	社会组织和国际组织	限制类行业
		禁止类行业
		没有明确列举的行业
备案制	无特别管理措施行业	无

资料来源:中国政府网、商务部等网站。

表3 国际上负面清单的法理和惯例

类型	内容
一般例外	WTO 缔约方经常引用有:为保护人类、动植物的生命或健康所必需的措施;与保护可用尽的自然资源有关的、与限制国内生产或国内消费一同实施的措施;为保证与该总协定一致的法律的实施所必需的措施
以负面清单保留的不符措施	①国家安全审查制度;②关键基础设施保护,指对可能造成地区或国家基础设施严重破坏的事件的防范和应对,如粮食、邮政、能源、金融、供水与废水处理、教育、电信、广播电视、公共医疗等
保留措施	保障措施是指在双边或多边协议中约定,准许缔约方在特定情况下撤销或停止履行约定义务,以保障某种更重要的利益,允许缔约方对本国产业实行合理、适度的保护

资料来源:中国政府网、商务部等网站。

(三)改革创新的碎片化现象比较突出

改革的碎片化比较突出体现在各个部门的创新不能得到其他部门的有效配

---

① 上海财经大学自由贸易区研究院、上海发展研究院编《中国(上海)自由贸易试验区协同创新中心著作系列:2014 中国(上海)自由贸易试验区发展报告》,2013。

合,导致创新的效果在实际运用中难以实现。譬如,就综合监管、执法体系来说,尽管海关环节实现了通关单无纸化运作,但税务部门依旧要求纸质通关单,如跨境电商做 B2C 业务的时候,小批量出口货物往往因为缺少核销单、增值税单等纸质化单据,难以享受出口企业货物贸易的出口退税政策。再如,负面清单允许外商设立独资的医疗机构,但由于受到《外国医师来华短期行医暂行管理办法》中"外籍医师在华只能从事不超过一年期限的临床诊断和治疗业务活动"的限制而难以在现实中运作。

(四)改革创新落地的可操作性有待加强

金融领域的改革创新由于可操作性强,仅有原则性指导意见,很难使创新措施落地。自由贸易账户作为金融改革创新的一大亮点,由于缺乏细则,个人开设 FT 账户的具体执行条件和程序不清晰,同时也需要进一步完善自贸区内个人的身份识别系统建设,才可以开展个人跨境投融资。

上述改革创新的效应之所以在实践中受到抑制,深层次原因还在于存在的瓶颈制约。

(一)瓶颈制约的体制因素

中国大部制改革已经进行了很多年,最近的一次是在党的十八大召开后进行的,但从总体情况看,这个工作还有改进空间,机构设置过多、职能出现重叠的情况仍然存在。这必然会导致多头管理、交叉管理,不利于工作统筹和责任明晰。从上海自贸区的情况看,上海市层面成立了由市长任组长、各委办局参与的自贸区推进工作领导小组,以及由主管金融副市长任组长,包括自贸区管委会、央行上海总部、上海证监局、上海银监局、上海保监局、市金融办、市商务委等十多个部门作为成员的金融工作协调推进小组。国家层面并没有成立一个由国务院副总理牵头的自贸区领导小组,自贸区各项推进工作是由上海负责的。

上海自贸区从其承担的任务和角色看,与世界其他地方的自贸区有很大不同,也和中国现有的特殊监管区有很大差别。它承载的是国家改革开放的任务,需要为国家的改革深化、开放升级提供可复制、可推广的经验。因而,上海自贸区的改革创新就必然要遇到一系列国家层面的问题,各种问题的解决需要各个部门来协调。这不仅是中央和地方的关系问题，还涉及中央各部委之间的协调，以及各部委和上海市层面之间的博弈。这样的机构和体制必然使自贸区的改革实践在体制层面受到诸多制约。

（二）瓶颈制约的机制因素

与中国现行体制相适应的是目前存在的运行机制，即各部委按职能进行垂直管理，就是俗称的"条条"；各地方在相应权力范围之内进行地方管理，就是通称的"块块"。各"条"对"块"的业务有一定的制约作用，这种制约体现在各部门的规章制度上。上海自贸区的改革创新，在业务范围上要受各部门的管理和指导，譬如金融改革，国务院《总体方案》出台后，实际上金融业的开放根本无法落地，必须要有"一行三会"的具体细则来支持。从自贸区推进一年多来出台的108个制度性文件的组成可看出这种运行机制的复杂性。从层级上看，全国人大的法律文件占据全部制度性文件的1%，国务院及各部委的有34个，占比为31%，上海市出台的地方性制度文件有73个，占比为68%。从文件类型看，法律法规占5%，行政规章占9%，其他包括方案、意见、通知、公告、细则等在内的规范性文件占86%（见图1）。也就是说，很多改革创新所涉及的法律法规变更，必须要在中央部委和地方层面之间协调。

此外，由于不同部委职能交叉、管理重叠，很多工作需要在部门间协商，这不仅体现在中央层面，也表现在地方层面。拿商贸服务业的开放来说，尽管自贸区放开了"游戏机、游艺机销售及服务"，国务院取消新闻出版广电总局对"电子出版物出版单位与境外机构合作出版电子出版物"的审批，但新闻出版总署对网络游戏前置审批和进口网络游戏审批管理没有取消。此外，除了部门间的利益博弈外，由于各部门财政预算按照人头进行，自贸区综合监管、执法体系的建立，必然要取消一些部门所设的机构，也不需要过多的工作人员，但预算所导致的财政经费拨款制约了这种改革。

（三）瓶颈制约的法制因素

上海自贸区的改革创新很重要的方面就是法律保障。目前，全国人大已经暂停了三部有关外商投资的法律文件，但时间只有三年。这种法律的短暂停止，尤其是在局部领域的暂停，而不是全国性的暂停使用，使得法律的约束性

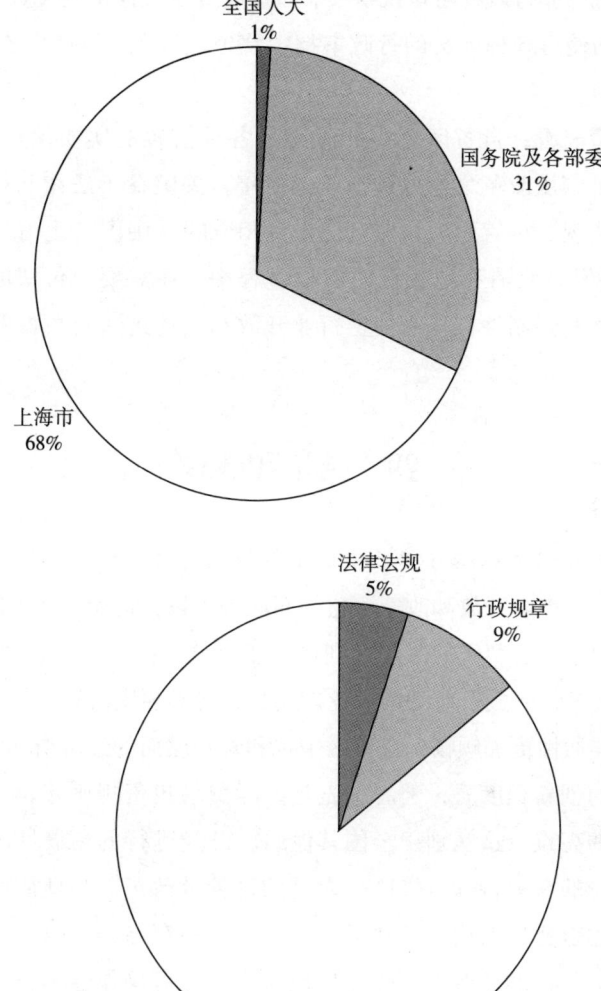

图 1　自贸区出台的制度性文件构成

资料来源：中国政府网、商务部等网站。

被削弱。法律的严肃性不够，还体现在法律受到行政规章的冲击。自贸区改革很多都涉及行政审批制度改革，但 2003 年出台的《行政许可法》，本已对行政审批的设定和实施有了明确规范。2004 年《国务院办公厅关于保留部分非行政许可审批项目的通知》发布，使得设立行政审批的主体进一步扩大，部门和地方政府以非行政许可审批事项、核准制等实质性审批设置了过多市场进入门槛,从而使得各种名义的行政审批"绕道法律",突破了《行政许可法》的防火墙作用。

从上述情况看,自贸区更多的障碍是各种前置的实质性审批。事实上,国家行政审批制度改革之所以被拖这么多年,关键在于法律和行政规章的法律效应没有体现。尽管上海自贸区已出台相应的《中国(上海)自由贸易试验区条例》,但在取消和减少行政审批过程中,还需要上位法的保证,需要法律的严肃性和强制性,从而使得行业开放和企业进入有更好的法律环境和保障。

四 结论和建议

从落实国务院《总体方案》中提出的五大任务来看,上海自贸区一年多的改革推进,在市场开放和改革深化方面取得了较大进展。在以制度创新为核心的建设过程中,自贸区的改革红利进一步释放,国内外市场主体的公平性、竞争性得到提升,开放升级的绩效比较明显,各类要素流动更加快捷便利,国内外市场的连通性更加顺畅,自贸区中观和宏观层面的经济指标向好。

从改革的创新程度看,上海率先与国际贸易投资规则接轨,是上海自贸区改革创新的亮点。这区别于全国其他地区已经进行的拓展性改革以及上海或自贸区前身的海关特殊监管区探索过的延伸性改革。与此同时,创新性改革遇到的问题也比较典型,反映了自贸区改革中存在的共通的问题,如改革进展慢、与国际标准落差大、碎片化现象突出、可操作性不强等。究其深层次原因,还在于体制、机制以及法制三方面的瓶颈制约。

为在三年试验期的剩余时间窗口内改革创新取得更大突破,上海自贸区建设应该成立国家层面的领导小组,这也为其他地区自贸区的申请做好组织层面的准备。与此同时,要更好地发挥上海自贸区推进工作领导小组的作用,发挥它的跨部门协调作用。要在与国际规则接轨过程中,提升法律的保障作用,提高程序运行的透明度。此外,要将企业、行业协会以及其他社会组织纳入自贸区的改革创新过程中来,在推动改革创新的同时,也承接更多政府机构不再承担的职能。

参考文献

《中国（上海）自由贸易试验区指引》编委会：《中国（上海）自由贸易试验区指引》，上海交通大学出版社，2014。

沈开艳、黄钟等：《中国（上海）自由贸易试验区建设：理论分析与实践探索》，上海社会科学院出版社，2014。

B.3
负面清单管理模式下的浦东新区行政审批制度改革

毛力熊 等*

摘　要： 中国（上海）自由贸易试验区负面清单管理模式的改革，要求政府根据政府管理"法无授权不可为"、市场主体"法无禁止即可为"的要求，正确处理好政府与市场的关系，最大限度地让出市场空间、激发企业活力。因此政府必须进一步改革行政审批制度，实现从事前监管到事中、事后监管的转变，同时形成一套管控市场风险、保障市场秩序的体系。本文通过对负面清单管理模式的解读，厘清负面清单管理模式的基本内涵、核心理念，分析负面清单管理模式对行政审批制度的影响，并在总结浦东新区六轮行政审批制度改革成功实践的基础上，提出一些前瞻性改革思路。

关键词： 负面清单　行政审批　浦东新区

建设中国上海自由贸易试验区，是在新形势下推进中国改革开放的一项重大国家战略，是加快推进上海四个中心建设的重大历史机遇。国务院于2013

---

* 课题组成员包括毛力熊、蒋薇薇、傅欣、嵇晨清、郑晓燕。毛力熊确定报告的选题，参与了课题讨论和报告的修改。蒋薇薇、傅欣、嵇晨清在课题的调研和报告撰写方面承担了主要工作，郑晓燕参与了课题的调研和讨论修改。毛力熊，理学硕士，副教授，浦东新区区委党校副校长，研究方向为政府职能转变、公共管理；蒋薇薇，浦东新区政府办公室副处长；傅欣，浦东新区建设交通委副处长；嵇晨清，高桥镇副镇长；郑晓燕，政治学博士，浦东新区党校副教授，研究方向为公共管理。

年9月18日批准了《中国（上海）自由贸易试验区总体方案》，要求上海市政府探索建立投资准入前国民待遇和负面清单管理模式，深化行政审批制度改革，加快转变政府职能，全面提升事中、事后监管水平，形成可复制、可推广的经验。上海市政府于2013年9月29日公布了《中国（上海）自由贸易试验区外商投资准入特别管理措施（负面清单）（2013年）》，标志着负面清单管理模式在我国正式试点。2013年11月12日，党的十八届三中全会做出了《中共中央关于全面深化改革若干重大问题的决定》，明确提出："建立公平开放透明的市场规则。实行统一的市场准入制度，在制定负面清单基础上，各类市场主体可依法平等进入清单之外领域。探索对外商投资实行准入前国民待遇加负面清单的管理模式。"至此，"负面清单"逐步成为中国经济改革的一个热词。经过一年多时间的建设和运作，上海自贸试验区在推动投资管理、贸易监管、金融改革、事中事后监管等方面制度创新上，在建立与国际投资贸易通行规则相衔接的制度框架上，取得了重要的阶段性成果。随着自由贸易区的热度不断升温，"负面清单"管理这个概念越来越多地见诸报端，成为各地政府和各类市场主体争相探究的命题和话题。从"正面清单"到"负面清单"，尽管仅仅一字之差，但对政府管理思维来说是巨大转变。

一　负面清单管理模式的基本内涵及其核心理念

（一）负面清单管理模式的基本内涵

"负面清单"（Negative List），又称消极清单、否定列表，是国际贸易和投资协定中"不符措施"（Non-conforming Measures）的俗称，是指在外资市场准入阶段不适用国民待遇等原则的特别管理措施规定的汇总单。在这份清单上，一国明确列了其不愿给予市场准入的领域（这些领域正是该国希望保护的），其余不在清单上的领域则必须充分开放。负面清单管理模式是相对于正面清单管理模式而言的一种国际通行的外商投资管理方式，是一个国家列出禁止外资进入或限定外资比例的行业清单，遵循"法无禁止即可为"的原则。它实际上是原则的例外。不符措施的"负面清单"模式在《北美自由贸易协定》（NAFTA）的服务贸易承诺中首次使用。目前全球已经有77个国家接受了"负面清单",这些国家的 GDP 总量约占全球总量的 60%、对外直接投资总量占到全球总量的 50%;金砖五国中,只有中国才刚刚开始探索"负面清单"管理方式。

我国目前正在探索中的负面清单管理模式,既强调对外商投资探索实行负面清单管理,同时又强调建立公平开放透明的市场规则,在制定负面清单的基础上,实行统一的市场主体准入制度。在这种背景下,负面清单管理模式是一种各类市场主体普遍适用的投资准入管理制度,不仅仅局限于对外商投资的管理。目前,国内对负面清单管理模式还没有权威定义,在不同语境下,负面清单管理模式的概念和具体内容差别比较大。本报告所说的负面清单管理模式的基本内涵是:政府以清单方式明确列出禁止和限制投资经营的行业、领域、项目等,清单以外的则充分开放的管理方式。

(二)负面清单管理模式的核心理念——"法无禁止即可为"

处理好政府和市场的关系是转变政府职能的关键所在,政府对市场主体的管理存在正面清单或者负面清单的管制方式。采取正面清单方式,"法无授权不可为",是基于有罪假设,往往意味着严格管制,表现在重视审批、事前管制及针对"行为"进行监管。采取负面清单方式,"法无禁止即可为",是基于无罪假设,意味着放开管制,表现为重视监测、事后管理及针对"主体"进行监管。在全球贸易投资自由化的大趋势下,不少国家的投资、贸易等领域正在逐渐放开管制。

负面清单管理模式的核心理念就是"法无禁止即可为",它明确界定了政府和市场主体的行为规则,对政府管理来说,"法无授权不可为";对市场主体来说,"法无禁止即可为"。作为同一事物的两个方面,这两者之间是相辅相成的。在负面清单管理模式中,列入负面清单的都是对政府的授权,政府必须依法对准入承担审查把关的责任;未列入负面清单的则是各类市场主体的自由,市场主体可以依法自由进入清单之外的任何领域,政府不得随意加以干涉。在负面清单管理模式下,在发挥政府应有的有限作用的同时,也给市场主体划出了一条清晰的规则底线,明确规则是什么、规则实施的方式、保证相关规则和程序可预测的一般和具体要求,这样各类市场主体知道能做什么,怎么去做,可以依照法律和市场实际,自己做出判断。

我国管理经济的方式是从计划经济脱胎而来，长期以来，对经济领域多实行正面清单管理思维模式，市场主体能做什么需要政府先"点头"。具体表现在政府管得多、管得严，管理内容不合时宜，政策透明度、稳定性较低，法律法规执行标准不统一；各类资本一视同仁的公平竞争环境、权益保护的缺失等。因此，对于没有明确规定政府管制、正面清单也没有涵盖的"灰色地带"，市场主体一般不敢轻易尝试。如果斗胆尝试了，一旦政府追究责任，会造成较大的经济损失。负面清单管理模式的出现是对政府管理传统思维模式的一次重大颠覆，明确"法无禁止即可为"，可以厘清政府与市场的边界，消除政府和市场中间的"灰色地带"，为市场主体增加对未来的可预期性和投资的安全感，让市场在资源配置中的决定性作用充分发挥出来。

二 负面清单管理模式在上海自由贸易试验区的应用现状

2013年9月，上海市政府根据国家法律法规，编制并发布了上海自由贸易试验区首份负面清单，在国内率先建立了负面清单管理模式。2013年版负面清单涉及国民经济18个行业门类、1069个小类，列明190项对外商投资保留的特别管理措施。2014年7月1日公布的2014版负面清单依然按照《国民经济行业分类及代码》分类编制，包括18个行业门类，但取消了2013版的大类和中类的细分，统一以"领域"来代替类别。负面清单进一步瘦身，由原来的190条调整为139条，减少了51条，调整率达26.8%（见表1）。

表1 2014版负面清单与2013版负面清单比较

变化一	进一步扩大开放	实质性取消14条,实质性放宽19条
变化二	分类方式调整,合并同类项	取消了2013版的大类和中类的细分,统一以"领域"来代替类别。因为分类调整，负面清单减少了23条
变化三	体现内外资一致性	取消"禁投博彩业和色情业"
变化四	进一步与国际接轨,减少模糊表述	清单中无具体限制条件的管理措施由原先55条缩减为25条

资料来源：中华人民共和国商务部网站。

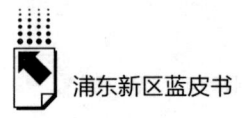

外商投资企业设立和变更，在负面清单之内的领域，实行审批管理；外商投资项目，在负面清单之内的领域，实行核准制（国务院规定对投资项目实行备案的除外）。外商投资企业设立和变更，在负面清单之外的领域，实行备案管理；外商投资项目，在负面清单之外的领域，实行备案制（国务院规定对投资项目保留核准的除外），并建立了备案信息多部门共享、备案机构定期核查等配套制度。同时，建立一口受理、综合审批和高效运作的服务模式，大大简化政府办事手续、缩短政府办事时间、提高政府办事效率。到2014年8月底，区内新设外资企业通过备案方式设立的比例超过90%，外资企业备案当场完成，比原先审批平均8天时间大大缩短。同时建立了以备案制为主的境外投资管理方式，试验区管委会可在5个工作日内办结备案手续。上海市政府已经制定了《中国（上海）自由贸易试验区外商投资企业备案管理暂行办法》，对于负面清单之外的外商投资，其备案主要由自贸试验区管理部门依托网络完成。

自贸试验区进一步深化了商事登记制度改革，工商部门实施注册资本认缴制等改革，实施了企业准入"单一窗口"制度，企业准入由"多个部门受理"改为"一个部门、一个窗口集中受理"，同时推行部分事务网上办理，投资者通过自贸试验区"并联办事系统"，内资企业和负面清单以外的外资企业可在4个工作日内就可同步办妥备案证明、营业执照、企业代码和税务登记，并可一并领取到相关证照，比原先的29个工作日有了大幅缩减。质检部门推出了组织机构代码实时赋码。税务部门推出十项"办税一网通"的创新举措，实现税务登记号码网上自动赋码。

自贸试验区建立了集质量技术监督、食品药品监管、知识产权、工商、税务等管理领域于一体的，集中统一高效的市场监管综合执法体系，并积极鼓励社会力量参与市场监督。

上海自贸试验区负面清单管理模式在开放度、透明度方面向前迈进了一大步，提升了投资自由度和便利化程度，极大激发了投资者的投资热情。自2013版负面清单实施以来，截止到2014年8月底，试验区新设外资企业已达1612家，注册资本104亿美元。新设内资企业10332家，注册资本2636亿元。总体方案确定的服务业23项开放措施全面实施后，已有283个项目落地。

上海自贸试验区作为我国高标准对外贸易和投资的试验区，其负面清单管理模式是在众多法律法规政策保驾护航的情况下实施的。外商投资管理制度是国家法律确立的,所以外商投资审批制度的改革也必须经法律的授权。对外商投资保留的限制措施,即外商投资负面清单也是依据国家法律法规和产业政策制定的,其调整也必须以国家法律法规和产业政策的调整为依据。为此,全国人大常委会和国务院分别发布决定,在试验区暂时调整实施涉及外商投资领域等行政审批的3部法律、17部行政法规、3件国务院文件、3部国务院批准的部门规章。国务院所属的10余个部门出台了20余件支持上海自贸试验区建设的规范性文件,涉及贸易监管、金融财税、商事制度、服务业开放等多个领域。在上海市层面,市人大常委会发布决定,在自贸区暂时调整实施本市有关地方性法规。市政府、相关委办局先后出台了20余件配套规范性文件,涉及负面清单、外商投资项目及企业备案、境外投资项目及企业备案、企业年度报告公示、服务业扩大开放等方面内容。上海市2014年8月1日正式实施了《中国(上海)自由贸易试验区条例》,以地方性法规的形式把自贸试验区的改革创新法制化,使自贸试验区发展更具权威性、稳定性和可预期性。在如此众多法律法规政策保驾护航的背景下,上海自贸区试验有比较广阔的改革创新空间,这一点是其他地区所无法相比的。目前,在现有法律框架下,其他地区实施外商投资准入负面清单管理模式,还是应当从改变审批方式、简化审批流程、优化审批服务、提高审批效率入手,把实质性审批转变为形式意义上的审批,通过这种变通方式来达到自贸区负面清单管理模式同样的效果。随着上海自贸试验区改革经验的不断成熟,我国必然会对一系列相关法律法规进行立、改、废,自贸试验区的负面清单管理模式在面上推广自然水到渠成。

2014年11月4日国家发改委公布新修订的《外商投资产业指导目录》公开征求意见,重点放宽了服务业和一般制造业的外资准入,限制类目录从79条大幅缩减到35条,外资股比限制中,要求"合资、合作"的限制条目由原来的43条减少到了11条,有"中方控股"要求的条目从44条缩减到了32条,这是历次修订中幅度和开放性最大的一次。跟2011版相比,新修订的指导目录重点放宽了造纸、汽车电子、名优白酒、地铁、电子商务、财务公司、连锁店、进出口商品检验等服务业和一般制造业的外资准入,复制推广了上海自贸区的负面清单试点经验。过去用限制类来组织外商淘汰落后产能、落后技术,新修订后,按照内外资监管一致的要求统一采用节能环保技术标准,这是

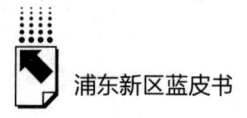

向"准入前国民待遇+负面清单"管理模式迈出的实质性的步伐。

自贸试验区负面清单管理模式重点定位于与国际贸易与投资规则相对接,因此,其负面清单必然是针对外商投资准入领域的,旨在解决外资与内资在准入前的国民待遇问题,因此在编制2015年版负面清单时,还要继续缩减对内资外资都具有普遍性禁止和限制的措施,明确细化保留的限制性措施,并在服务业和制造业领域进一步扩大开放,提出新的扩大开放举措,同时进一步改善政府服务体系,深化行政审批制度改革,提高公开性、透明度。

上海自贸试验区在转变政府职能、创新审批制度、改革监管方式等方面实施的许多创新举措,对全国范围的改革开放发挥了积极的示范引领作用,不少地方政府也大胆开展了改革探索。

案例一:上海黄浦区的"1+X"负面清单管理模式

2014年3月,黄浦区推出了《黄浦区重点服务业外商投资准入特别管理措施(第一版)》,对占比在95%以上的第三产业(服务业)实施负面清单管理,具体包括9个门类、22个大类、87个中类、211个小类、63条特别管理措施。其负面清单管理采用"1+X"模式。"1"是指一张负面清单,"X"是指一系列具体改革创新措施,包括行政审批流程的简化优化、试点政策的争取、商务环境的进一步开放等,其中率先进行审批流程简化试点的是三个行业,即商贸业、一般咨询业和设计服务业。这三个行业的外资审批量占整个黄浦区70%的以上,简化试点主要是通过实施"形式审查"来完成,基本不涉及前置审批,大大加快全区外资企业设立审批的速度。黄浦区还针对审批流程设立"绿色通道"、"快捷通道"、"特殊通道"和"一般通道"。他们还推行企业设立注册登记"三零四一"服务模式,"三零"是指零收费(企业设立)、零首付(注册资本认缴制)、零距离(审批服务);"四一"是指一门(行政服务中心一口受理)、一表(一表式受理、并联审批)、一窗(一个窗口对外服务)、一岗(充分授权、专人负责)。

黄浦区以负面清单为突破口,探索对全区内资、外资所有企业提升审批效率、优化配套服务。目前,在外商投资领域,黄浦区仍然继续对外资新设企业实行审批制,但他们通过内部流程优化,大大加快审批速度。据测算,负面清单推出后,外资新设企业的行政审批时间平均要比现在缩短70%~80%。"绿色通道"一般情况适用于三大行业所有外资新设企业，审批时限为4个工作日，比法定审批时限（20个工作日）缩短80%。

案例二：广东佛山南海区的"三单"管理模式

2013年12月佛山市南海区政府率先实行"三单"管理模式，发布了广东省首份行政审批"负面清单"、"准许清单"和"监管清单"。"三单"分别对应行政审批的事前、事中、事后，实现了对行政权力全链条的监管。

其中"负面清单"中列入了外商投资、企业投资、区域发展、环境保护、用地审批、工商登记六大领域1196项限制或禁止措施。"准许清单"中列入了政府职能部门准予个人、企业或其他组织从事特定活动的项目，包括1404项的行政审批服务事项，这份清单属于政府行政审批范畴。"监管清单"中列入了政府职能部门各种审批后续监管措施，包括分级分类管理和市场监管措施两方面，涉及餐饮服务、网吧、医疗机构、食品安全、环境保护等领域68项监管措施，这份清单属于市场监管体系范畴。

与"三单"管理相配套的还有网络问政、网络行政、网络监督"三网"融合的政府服务新格局。在南海区行政服务中心官方网站和行政审批管理系统同步运行"三单"项目。企业和群众如果想了解欲办事项是否可行、需要哪些资料手续、几天能办结等信息，他们只要上网点击或输入需办理的事项即可。"三单"管理模式通过上网公示和流程融入，将行政审批全过程向社会公开，接受企业和群众的查询和全社会监督。南海区纪委（监察局）接入行政审批管理系统后台，负责对相关职能部门办件的工作效率、完成效果、工作作风等情况进行全过程考评。南海区监察局把审批服务中出现的逾期办理、推诿、群众不满意情况等，列入其绩效考核指标中予以扣分，考核结果作为机关单位效能和领导干部绩效年度考核依据之一。

三　负面清单管理模式对政府职能转变和行政审批制度改革的重大挑战

负面清单管理模式对政府职能转变和行政审批制度改革的影响是非常深远

的。这种管理模式倒逼政府转变职能,真正体现简政放权,向有限政府、法治政府、透明政府、服务政府转变。随着这种管理模式的逐步推行,各级政府将不断推出简政放权、放管结合的措施,在做实行政审批、市场壁垒和各种"路障"方面,重点做好"减法",在做市场空间、创业天地方面,重点做好"加法",激发市场活力。负面清单管理模式将大大推进行政审批制度改革的进程,但这个改革过程也将面临以下四个方面的重大挑战。

(一)准入公平开放面临的挑战

实行负面清单管理,遵循"法无禁止即可为"的原则,各类市场主体都可以依法平等进入清单之外的领域。"负面清单"将成为统一的市场准入制度的基础,能不能进入市场的相关行业或领域的标准就是负面清单,依据负面清单,无论是外资、国有资本、集体资本,还是民间资本,都依法平等进入清单之外的领域,而不再存在多重标准,或者由政府审批决定谁可进入,谁不能进入(见表2)。鉴于此,行政审批制度改革一方面要制定和调整"负面清单"的内容,不断扩大开放度;另一方面要改革相配套的管理措施,保障负面清单管理落到实处。

表2 正面清单管理模式与负面清单管理模式比较

正面清单管理模式	负面清单管理模式
无论鼓励类、允许类、限制类,外资均需按照规定的审批权限,报商务主管部门批准	不属于负面清单范围的,只需备案;属于负面清单范围的,需报商务主管部门审批
外资享受准入后国民待遇,不享受准入国民待遇	不属于负面清单范围的,外资可享受准入前国民待遇;属于负面清单范围的,外资不享受准入前国民待遇

资料来源:中华人民共和国商务部网站。

负面清单是基于现行的法律法规和产业政策制定的,清单内容的缩减,其所依据的法律法规、政策应当同步修订。负面清单的实施最终是依赖于与之配套的管理措施的施行。对于清单内的项目如何审批,清单之外的项目取消审批后是否需要备案,后面环节的管理是否衔接得上,原来的工作流程是否要调整,这些问题都需要有相应的配套措施来解决。

（二）政府权力法定面临的挑战

相对于对市场主体管制的放松，负面清单管理模式要求对政府权力实行刚性的约束。按照"法无授权不可为"的原则，政府权力是法定的、有限的。在法律法规没有授权的情况下，政府不能滥用其行政权力。行政审批制度改革一方面要清理各部门设定的行政审批事项，取消面向市场主体的非行政许可审批事项，另一面要制作政府的"权力清单"，以法律法规为依据，进一步明确哪些事项应当由政府做，做到"权力清单"之外的事项，均由市场主体依法自主决定。同时进一步明确政府行使权力的规范，尤其是审批要素的"瘦身"和审批裁量准则的建立，实行格式化操作，不留兜底条款，在"可见不可及"的"最后一公里"，为市场主体扫清隐匿的各种障碍。

（三）规则公开透明面临的挑战

负面清单管理模式是以公开透明为条件的，必须遵循政府的决策公开、执行公开、管理公开、服务公开、结果公开的原则，以公开为常态、不公开为例外。无论是准入的"负面清单"还是政府"权力清单"都应当公开透明，并且要非常直观、一目了然。市场主体可以据此对自己的决策方案做出可为还是不可为的判断。尤其是"负面清单"中的具体的限制条件，"权力清单"中审批的自由裁量规则，必须详尽地公开，做到全方位透明、无死角，才能使负面清单管理模式发挥更大效用。负面清单管理模式的最终目的是让市场在资源配置中起决定性作用。市场机制作用的有效发挥是以信息对称为前提的。政府掌管着大量的信息资源，如果这些信息不公开，就难以为社会所利用，从而导致无法利用市场力量来规范市场秩序，甚至引发资源的错配，市场在资源配置中的决定性作用也就难以实现。

（四）监管安全高效面临的挑战

负面清单管理模式，是以政府放权为核心的改革，是要最大限度地让出市场空间、激发企业活力。政府放权意味着市场自由程度的提高。随着市场自由程度的提高，市场及其市场主体的不正当行为和风险都会随之上升。要降低经济安全风险，确保负面清单管理模式的正常运行，必须构建科学有效的监管体系，形成企业自律、社会监督、政府监管的多方共同参与的格局，以最少的行政干预进行有效的监管。包括建立权责利相统一的综合执法体制、建立分级分类管理机制、建立信息共享机制、健全社会信用体系、建立反垄断和安全审查机制等。

四　浦东新区行政审批制度改革的成功探索和面临困境

行政审批是现代国家管理经济、政治、社会、文化等各方面事务的事前控制手段，对于保障、促进经济和社会发展发挥了重要作用，是国家管理行政事务不可缺少的重要制度。但是，随着中国社会主义市场经济的建立和完善，行政审批中长期存在的问题日益突出，有些已成为生产力发展的体制性障碍。因此，迫切需要对行政审批制度进行全面深入的改革。

（一）浦东新区率先推进行政审批制度改革的成功探索

浦东新区作为国家综合配套改革试点区和上海市行政审批制度改革的先试先行区，围绕市政府提出的"两高一少"（行政效率最高、行政透明度最高、行政收费最少）目标，自2001年开展审改工作以来，按照"依法设定、市场调节、行业自律、符合实际"的基本原则，全部取消区级规范性文件设定的行政审批事项，并对通过市场竞争机制能够调节的、企业、社会团体、中介机构和公民个人能够自主决定且不损害公共和他人合法权益的，以及通过民事法律关系能够处理的，强化事后监管能够解决的行政审批事项，进行改革和调整。经过六轮改革，全区社会类行政审批事项从原来724项减少到现在的242项。平均审批环节从3.4个精简到2.8个，平均承诺审批时限从法定22个工作日压缩到8.4个工作日（见表3）。

表3　2001年与2013年行政审批情况

类别	2001年	2013年底
审批事项	724项	242项
审批环节	3.4个	2.8个
承诺审批时限	22个工作日	8.4个工作日

资料来源：上海市浦东新区区府办等网站。

浦东242项审批事项中，根据国家级依据设定的共190项，根据市级依据设定的共52项。通过一系列改革，目前由部委规范性文件设定的行政审批事项明显减少，浦东已全部取消了由新区规范性文件设定的审批事项。先后进行的六轮改革中，根据不同的特点和情况，突出重点、找准突破口，稳步推进。

第一轮审改始于2001年9月30日，全面梳理了浦东新区各级政府部门的行政审批事项，有292个事项不再进行审批；率先试行审批事项告知承诺制；完善了浦东"一门式"服务，进一步强化投资项目审批协调服务机制。

第二轮审改始于2002年7月15日，扩大了审批事项告知承诺制试点范围，率先在浦东审批权限内的鼓励类和允许类外商投资企业设立，实施直接登记方式改革；建立社会服务承诺制。

第三轮审改始于2003年11月17日，首创实行建设项目消防审批环节技术审批与行政审批相分离，消防部门的监管方式从以审批为主转变为以日常管理为主。这项改革成果在全国得到了推广。

第四轮审改始于2006年5月30日，提出了管理科学化，实施企业年检申报备案制度；同时，在张江试点企业设立"三个一"审批机制，强化部门协同。

第五轮审改从2008年6月21日开始，浦东把行政审批改革的重点放在了建设工程项目，率先取消了初步设计审批，扩大了技术审批与行政审批相分离的部门，实施了施工图归口审查。取消了232项行政事业性收费项目，浦东成了全市行政收费项目最少的地区。

第六轮审改从2010年开始，浦东全力推进行政审批标准化建设，在全市率先开发"一库两系统"（行政审批事项属性要素数据库、行政审批事项管理系统、智能导航系统），推行智慧审批，让审批过程更公开透明、规范有序。试行企业设立登记工商、质监、税务"三联动"模式；外资准入实现"五证联办"。2014年开始推进扁平化审批改革。

浦东新区的行政审批制度改革，不断突破改革难点，取得了良好的社会效益和示范效应，体现在以下四个方面。

一是创建一个工作模式，即在区、各开发区管委会、街镇均实现了"一口受理，并联审批"，实现了高效运作，全面提速的目标。

二是突出两个重点领域的改革，即企业最为关注的企业设立和基本建设项目。不断降低市场准入门槛,提高市场的开放度;优化基建审批程序,审批周期大幅缩短。

三是推行三项措施,保障改革实施到位。包括:(1)运用"制度加科技"工作方式,建立"建设项目网上联合审批系统"、"一库两系统"。(2)开展审批标准化建设,编制行政审批操作标准业务手册和行政审批办事指南。(3)强化审批效能监督,落实审改第三方综合评估报告机制。

四是实现四个转变,即集权向分权转变、管理向服务转变、重审批向加强监管转变、自由裁量向规范标准化转变。区层面进一步向开发区管委会、大市镇简政放权;各部门建立批前引导、项目跟踪服务措施,服务方式与内容不断丰富优化;转变以批代管的惯性思维,加强执法监督;通过对每个审批事项的办事流程和审批条件梳理,减少审批自由裁量的空间。

(二)浦东新区进一步推进行政审批制度改革所面临的困境

随着上海自贸试验区建设的推进以及浦东全面推进上海"四个中心"核心功能区建设步伐的加快,对服务型政府建设的要求越来越高,作为行政体制改革、政府职能转变的重要突破口,浦东在行政审批制度改革方面迫切需要有更大程度的创新和突破。当前浦东面临着新的改革困境。

1. 审批事项和审批时限的精简空间很小

浦东在经历了减少审批项目、创新审批方式、转变政府职能、建设审批制度四个阶段,可以取消的行政审批事项越来越少,可以压缩的审批时限和审批环节几乎没有了空间。然而,行政审批制度改革只能在法律框架内探索。经区审改办梳理,保留的242项审批事项中,根据国家级依据设定的共190项,其中:法律设定的83项,行政法规设定的78项,国务院规范性文件设定的5项,部门规章设定的21项,部委规范性文件设定的3项;根据市级依据设定的共52项,其中:地方性法规设定的44项,地方政府规章设定的8项(见图1)。

通过一系列改革,目前由部委规范性文件设定的行政审批事项明显减少,浦东自开展审改工作以来,已全部取消了由浦东新区规范性文件设定的审批事项。对部分依据法律、法规设定的审批事项要进行改革,必须由设定机关进行修改或废止,否则一旦引发行政诉讼或行政复议,存在较大的法律风险。

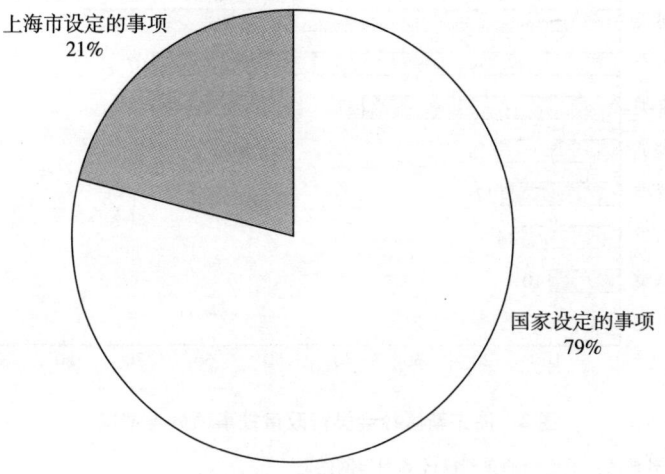

图 1　行政审批事项设定情况

资料来源：上海市浦东新区政务网等网站。

2. 审批事项和审批要素依然不断新增

政府具有审批性的管理行为可归纳为审批、核准、审核、备案等四大类。审批又包括许可、认定、核准、登记等。目前，我国仅对设定行政许可进行了立法。《行政许可法》规定，法律、行政法规和地方性法规可以设定行政许可，省、自治区、直辖市人民政府规章可以设定临时性的行政许可；行政法规、地方性法规和规章可以对实施上位法设定的行政许可做出具体规定。但是在工作实践中，除了按上述规定设定的行政许可类审批事项外，存在大量的非许可类行政审批事项。在242项行政审批事项中，行为许可类77项，占审批事项总数的32%；准入类67项，占审批事项总数的28%；技术核准类37项，占审批事项总数的15%；日常管理类18项，占审批事项总数的7%；资源配置类17项，占审批事项总数的7%；资质资格类14项，占审批事项总数的6%；权利确认类10项，占审批事项总数的4%；救济类2项，占审批事项总数的1%（见图2）。

当前，行政审批制度赖以成立的法制基础还未改变，新颁布实施的各类法规、规章、规范性文件不断出现，虽然一些审批事项被削减，但同时新增的非许可类行政审批事项或要求提供的审批材料等要素又不断出现。

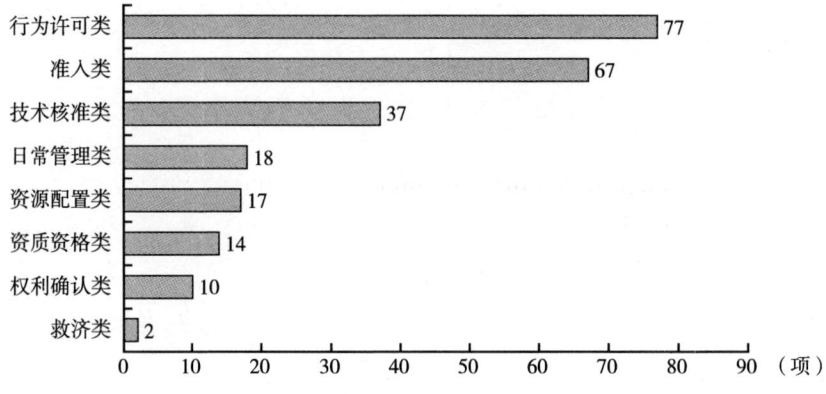

图2 浦东新区社会类行政审批事项分类情况

资料来源：上海市浦东新区政务网等网站。

3. 上下之间和部门之间改革缺乏联动

我国行政审批制度改革的整体措施还没有正式出台，行政审批制度改革缺乏上下"一盘棋"的整体思路。上级部门开发审批业务系统并没有考虑浦东先行先试的需要，存在诸如条线部门各自开发系统，各部门间的审批信息和数据不对接、不共享等问题，这些问题对新区在块上统一设计审批流程、探索实施并联审批、共享审批信息数据的实现带来困难。另外，部分政府职能部门在进行改革时往往更多的是考虑自己部门利益，这种利益纠结使他们对行政审批制度改革缺乏热情与动力。普遍存在改与不改一个样，改得多、改得大，与条线部门矛盾就多，这是自找麻烦的思想。多年来，都是通过浦东的整体改革来推动相关部门的改革，但是部门与部门、部门与地方之间仍缺乏有效沟通、联系和互相监督，改革工作举步维艰。

4. 社会组织和诚信体系建设缺少配套

政府的过多干预直接造成了行业协会等社会组织在自律发展中的积极作用难以得到有效发挥。行业协会组织目前虽然是我国规模最为庞大的社团组织，但其作用往往仅限于培训、咨询、调查、统计、会议交流等浅层次，与改革设想中的地位和作用相去甚远。行业协会的服务水平也未得到企业的普遍认可，很难承担政府委托的参与制定行业规划，制定、修订国家标准和行业标准；参与行业生产、经营许可证发放、资质审查等职能。同时，我国的企业诚信体系建设还在起步阶段，综合信用评价、失信惩戒制约、守信激励机制和相关的法律法规等均不完备，企业为自身利益最大化，损害消费者利益的事件时有发生。

五 在负面清单管理模式下推进浦东新区行政审批制度改革的路径选择

作为转变政府职能的突破口，行政审批制度改革是释放改革红利、打造中国经济升级版的重要一招，也是进一步推进浦东创新驱动、转型发展，走出制度创新之路的关键一步。

负面清单的重要意义并不仅仅在于列出禁止或限制的投资领域目录，更重要的是从管制型向服务型政府转型的重大思维方式转变。作为浦东新区，在吸收相关地区好的做法的同时，更要发挥主场优势，按照国际通行规则，发挥市场主导作用，坚持先行先试、率先突破的要求，遵循负面清单管理模式核心价值理念，以负面清单管理模式作为扩大开放、深化改革的抓手，合理编制"负面清单"，明确改革的"正面"义务。

（一）按照准入公平开放原则，制订浦东重点领域负面清单

负面清单模式最显著的优点，就是能够极大地增强市场开放的透明度，对排除在外的行业或行为一目了然。目前已实施的负面清单，主要针对外商投资准入，负面清单管理模式将着力于将负面清单推广应用到其他管理领域，对那些不适应市场经济发展的审批事项，逐步向"负面清单"管理迈进，做到审批清单之外的事项均由市场主体依法自行决定。利用浦东先行先试的战略优势，率先复制和推广在上海自贸区试验比较成熟的几十个改革创新事项。

2015年上海自贸试验区还将在2014年负面清单的基础上，进一步缩短负面清单的限制措施，在服务业和制造业领域进一步扩大开放，提出新的扩大开放举措。浦东要充分利用综合配套改革优势，在具备基础和需求的服务行业，率先进行复制和开放。可以率先开放融资租赁、旅行社、人才中介服务、投资管理、演出经纪、娱乐场所、教育培训、职业技能培训、医疗服务等领域。

可以在建设工程监督管理领域引入"负面清单"管理模式。扩大覆盖面，以专项评估评审为起点，逐步拓展到方案审批、设计审查等环节。

（二）按照权力法定透明原则，列出并公布政府权力清单

列出权力清单是全面深化改革的一个新起点，也是推动政府职能转变、建设廉洁政治的重要一步。对目前无法实施负面清单的行政审批领域，权力的公开透明是关键。浦东可以分步梳理列出和补充完善权力清单。

第一步，浦东率先对242项《新区社会类行政审批事项》的审批要素进行清理和改革，并公布审批事项及要素清单。行政审批要素包括审批的条件、标准、材料等内容，决定着行政审批的繁简程度，对申请办理的事项和审批制度本身的科学化水平起着直接的影响。因此，改革的基本原则是，对于审批部门本行业管理没有直接关系的条件、标准、评估评审报告和有关证明材料，以及要求申请人填报的信息等，原则上予以取消。需要其他部门审批文件的，可以通过政府内部途径来解决。

第二步，全面公布权力清单，不断加以补充和完善。对政府及其各部门所有行政审批事项进行清权和确权后，将政府依法履职的权力清单以及权力运行流程予以公开，并根据法律、法规、规章等设定依据的新增和变更，及时修改、调整、补充和完善。

通过公布权力清单，使政府的权力真正被关进制度的笼子，促进政府权力行使的公开化、透明化，更有效地规范政府自由裁量权，使广大公职人员养成在"放大镜、聚光灯"下行使权力的习惯，杜绝"暗箱操作"、公器私用，防止权力被滥用。

（三）按照审批精简高效原则，减少审批事项和改革审批方式

根据2013年9月国务院下发的《关于严格控制新设行政许可的通知》文件精神，挖掘可以改革的资源和潜力，继续清理可以合并、取消、改变审批方式的事项。

对于通过严格执行现有管理手段和措施能够解决的事项及通过技术标准、管理规范能够有效管理的事项，应取消相关行政审批。

对同一事项，由一个行政机关实施行政许可能够解决的；对可以由一个行

政机关在实施行政许可中征求其他行政机关意见解决的事项；对同一事项或在一个管理环节设定行政许可能够解决的，应取消其他相关部门的审批。

在改革的方法上，可以对不同的领域和行业采用不同的改革措施，比如，对于准入类的事项，能参照负面清单的就参照，能不批的就不批，能备案的就备案；对于技术核准类的事项，可以采取"标准告知、先行备案、合格发证"的方式，将事前审批改为事后监管；对于资质资格类的事项，可以结合社会组织的培育和发展情况，逐步转移由社会组织和行业协会承担。

对取消审批的事项，不得以非行政许可审批为名，实施变相的行政审批，比如备案、登记、年检、认定、认证、审定等形式。

（四）按照促进政社分开原则，加大培育社会组织力度

党的十八大提出要加快形成政社分开、权责明确、依法自治的现代社会组织体制，这对引导社会组织健康有序发展具有重要意义。加强政府与社会组织之间的分工与协作，政府的事务性管理工作、适合通过市场和社会提供的公共服务，应该以适当的方式交给社会组织、中介机构、社区等基层组织承担。进一步培育和发展社会组织，调动其自身能力建设的积极性，以满足行政审批制度改革和政府体制改革的承接需求。

一是改革创新社会组织登记管理体制，加大社会组织扶持力度，进一步明确重点培育和优先发展社会组织的种类和数量，配合行政审批制度改革和社会体制综合改革，推动社会组织的发展。

二是大胆试点向社会组织转移职能，对完全具备条件的优先转移，基本具备条件的稳妥推进，暂不具备条件的设定过渡期。明确向社会组织转移职能事项的认定条件、转移方式、事项的种类、承接单位应具备的条件、转移事项经费的申请、监督管理与绩效评估等重要的问题。

三是按照国际惯例，充分发挥行业协会在行业自律管理中的主导作用，通过质量评价、专业指引等手段解决行业中存在的问题，加强和完善自律性业务质量检查制度建设，提高执业水准，提升行业形象，增强社会公信力。

四是建立主要由社会公众人士组成的监督委员会，既独立于政府又独立于行业协会，对行业自律实施公众监督。

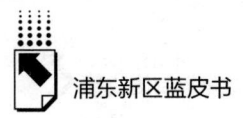

（五）按照监管科学有效原则，加强诚信体系建设

完备的诚信体系是政府不断简政放权、减少对微观经济干预的重要支撑和保证。社会诚信体系应当覆盖政府审批和社会经济生活的各领域。

一是重视诚信体系建设，切实履行监管责任，提高市场监管能力，对企业准入、经营、退出行为进行全过程的动态监管；不断推进市场主体数据库建设，构建上下互动、横向互通的联动监管机制。

二是加大政府信息公开力度，根据《信息公开条例》规定，对企业的设立、相关行政审批的结果、监督检查和行政处罚的情况等予以公开。

三是加强对失信行为的惩戒，形成"一处失信、处处制约"的失信惩戒机制。对失信行为，政府监管部门做出行政性惩戒，对失信主体在投融资、土地供应、政府采购，招投标等方面依法依规予以限制，对严重违法失信主体实行市场禁入。

四是充分发挥新闻媒体、舆论监督在建设诚信体系、弘扬诚信文化方面的积极作用。

五是通过正面宣传和引导，不断提高企业和个人遵守法律、尊重规则、尊重合同、恪守信用的意识，提高全社会诚信水平，共同维护市场秩序，共建和谐社会环境。

（六）按照依法行政原则，为推进改革创新保驾护航

根据《行政许可法》第十三条规定，通过以下四种方式能够予以规范的，可以不设行政许可：一是公民、法人或者其他组织能够自主决定；二是市场竞争机制能够有效调节；三是行业组织或者中介机构能够自律管理；四是行政机关采用事后监督等其他行政管理方式能够解决。法律尽管做出了具体规定，但实际上很难操作。参照负面清单管理模式，对虽有法律、法规依据，但符合上述规定及被社会公认为不适应社会发展的，拟提出取消的行政审批事项，行使《行政许可法》第二十条、第二十一条赋予的跟踪评估和请求停止实施的权力，主动取消或请求停止实施，为改革提供法律支撑。

建议市政府授予浦东新区可以按照法律、行政法规和地方性法规的规定，享有与市级部门相当的制定有关行政审批操作性的规范性文件的权利，赋予浦

东在审批要素、程序、方式等方面享有更大的改革空间。同时坚持浦东先行先试的原则，允许浦东自行开发建设适合改革需要的审批业务系统，整合审批业务系统的互联互通和信息共享。

（七）按照激励约束原则，提高行政审批改革的实效

深化行政审批内部监督制约和外部促进机制。建立新区统一的行政审批改革效能专项监察办法，对各单位落实行政审批改革措施情况进行定期和随机监督、检查。同时，充分发挥新闻媒体、社会公众、企业，以及各类审批对象的监督促进作用，鼓励社会各界提出改革创新的需求和建议。建立行政审批制度改革创新评估制度。以社会满意度为导向，对重点改革项目和政策措施，及时委托第三方评估，并将评估意见作为完善改革措施的重要依据。建立行政审批制度改革激励机制。抓紧落实市人大常委会《关于促进改革创新的决定》，一是设立改革创新奖，二是将改革创新工作作为部门考核、个人职务晋升和奖励的依据之一，三是保障改革创新，宽容失败。建立和规范行政审批人员专业化管理制度，提高行政审批人员整体素质。建立审批业务部门的干部选拔任用与审改工作挂钩的机制，改变"改与不改一个样，多改多错"的局面，从干部选拔任用制度上解决改革的主动性、积极性不高的问题，从根本上促进审批效率和服务质量的提升。

推进行政审批制度改革，减少事前监管，必然提出加强和完善事中事后监管的问题。浦东新区要进一步加快转变政府职能，按照市场经济和更加开放的要求，逐步建立和完善由基础性制度、专业监管制度等组成的事中事后监管制度体系，构建开放条件下的安全监管网，更加高效、透明、规范地维护市场秩序，防范系统性风险，实现好国家改革开放的总体部署。

参考文献

〔美〕史普博：《管制与市场》，余晖等译，格致出版社、上海三联书店、上海人民出版社，2008。

〔美〕史蒂芬·布雷耶尔：《规制及其改革》，李洪雷等译，北京大学出版社，2008。

陈富良、吴佐文：《中国产业规制政策执行研究——新政治经济学视角》，《管理现代化》2012年第6期。

曾广录、李映辉：《论公共产品供给中政府规制的价值逻辑》，《求索》2013年第1期。

张步峰：《基于实定法解释的"行政审批"概念分析》，《法学杂志》2013年第11期。

杨一卉：《关于行政审批事项分类管理的研究——以西安市人民政府政务服务中心行政审批事项的管理为例》，《法制与社会》2013年第5期。

王佳宁、罗重谱：《行政审批制度改革背景的地方操作：京津沪渝证据》，《改革》2013年第5期。

骆梅英：《行政审批制度改革：从碎片政府到整体政府》，《中国行政管理》2013年第5期。

唐明良：《标准化与行政审批制度改革：意义、问题与对策》，《中国行政管理》2013年第5期。

《中华人民共和国行政许可法》，2003年8月27日修订。

《中共中央关于全面深化改革若干重大问题的决定》，2013年11月12日，十八届三中全会审议通过。

《中共中央关于全面推进依法治国若干重大问题的决定》，2014年10月23日，十八届四中全会审议通过。

B.4
中国（上海）自由贸易试验区的功能拓展研究

唐珏岚*

摘　要： 自贸试验区建设是我国扩大开放、促进改革的重要举措，是上海城市转型发展的重大历史机遇，也是浦东提升"四个中心"核心功能区能级的良好契机。自贸试验区的功能拓展主要体现在：增强总部经济功能，推升国际贸易功能，培育国际金融服务功能，发展国际航运与物流功能，以及拓展其他生产性服务功能。自贸区运行一周年已经取得了巨大成就，但在提高总部吸引力、转变贸易发展方式、开放创新金融领域、提升航运服务功能等方面还有待于进一步加强。

关键词： 自由贸易试验区　功能拓展　四个中心　核心功能区

2013年9月29日，中国（上海）自由贸易试验区正式挂牌成立。这是我国进一步扩大开放、促进改革的一项重大举措。上海浦东新区作为自贸区的"驻地"，其本身在上海市"十二五"规划中就被定位为上海"四个中心"的核心功能区、战略性新兴产业的主导区和国家改革示范区，自贸区的成立对浦东的发展来说无疑是个重大利好，如何以自贸区为依托，结合浦东自身的特点与实际，为上海建设成为"四个中心"发挥核心功能区作用，是一个值得探讨的重要问题。

---

* 唐珏岚，经济学博士，教授，中共上海市委党校经济学教研部副主任，主要研究方向为区域经济、公共经济。

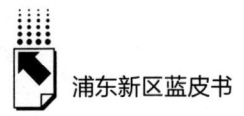
浦东新区蓝皮书

一 自贸区为浦东"四个中心"核心功能区建设提供契机

（一）自贸区功能拓展提升"四个中心"核心功能区能级

自贸试验区建设与上海"四个中心"建设是互为良性促进关系。浦东新区作为上海"四个中心"建设的核心功能区，自贸区的成立必将为其加快发展提供强大动力。

1. 自贸区有助于拓展浦东服务贸易功能

浦东作为国际贸易中心建设核心功能区，当下面临的短板是贸易服务功能较弱。自贸区是上海国际贸易中心建设的重要平台。在国务院批复的《中国（上海）自由贸易试验区总体方案》（以下简称《总体方案》）中，要求自贸试验区积极培育贸易新业态、新功能，打造国际贸易竞争新优势。自贸试验区成立后，按照《总体方案》要求，积极建设国际大宗商品交易平台、保税展示交易平台，大力发展离岸贸易、对外文化贸易，鼓励跨国公司建立亚太地区总部、结算中心，并努力拓展跨境电子商务、全球维修、服务外包等服务贸易功能。自贸区的贸易功能创新有利于浦东新区培育跨境贸易电子商务服务功能，并助推"国家电子商务综合创新实践区"建设。

2. 自贸区有助于增强浦东金融服务功能

《总体方案》要求"建立试验区金融改革创新与上海国际金融中心建设的联动机制"。自贸区所在的28.78平方公里范围内，除了银行网点外，原先并无太多金融机构。随着自贸区金融领域扩大开放，大量金融机构开始集聚到位于浦东新区的自贸区。而金融改革开放制度创新的推进，也有助于互联网金融、财富管理、融资租赁等新兴金融业态在浦东的发展。自贸区的建立拓宽了浦东金融中心核心功能区的发展空间，进一步优化了浦东金融发展环境。

3. 自贸区有助于提升浦东航运服务能级

作为航运中心建设的核心功能区，浦东港口吞吐量巨大，但服务能级过低，高端航运服务发展严重滞后。《总体方案》要求自贸区提升国际航运服务能级。通过更好地发挥外高桥港、洋山深水港、浦东空港之间的联动作用，提升航运国际竞争力。自贸区的建立，将促使全球知名的航运功能性机构集聚于浦东，从而支撑起与航运有关的金融、保险、咨询、海事法律等高端航运服务业的发展。

4. 自贸区有助于加大浦东总部经济吸引力

《总体方案》要求自贸区鼓励跨国公司建立亚太地区总部，建立营运中心。自贸区示范引领作用的发挥，有助于浦东新区营造适合总部经济发展的经济生态系统，进一步提升浦东跨国公司地区总部的能级和全球资源配置能力，从而提升浦东在全球产业链、价值链上的位次。

（二）核心功能区的优势推动综合配套改革升级

浦东作为上海改革攻坚排头兵和创新探索先行者角色下的核心功能区，其自身有着无可比拟的优越性，而作为中国首个综合配套改革试点，浦东历经9年的实践探索，建立了国内领先、与国际接轨的金融市场体系和金融生态环境，口岸监管模式不断创新，贸易便利化程度大大提高，总部经济逐渐向亚太总部能级转型，外汇管理体制改革不断深化，这都为上海自贸区内的金融开放，服务贸易的发展打下了坚实的制度基础。

不仅如此，在浦东综合配套改革环境的基础上，上海自贸区总体方案提出的诸多重大制度突破，都可以看作综合配套改革的升级版，比如跨国公司资金集中管理试点等，这为自贸区的进一步发展提供了参考。浦东探索在全国可复制、可推广的自贸试验区建设经验，可以说是浦东推进上海自贸区建设中最艰巨的任务。上海自贸区在"四个中心"核心功能区的有利腹地上，将有效推动金融、贸易、投资、航运等领域的创新与发展，在自贸区与浦东内外联动的基础上，也将推进浦东核心功能区的升级，同时也为浦东探索全国可复制、可推广自贸试验区建设经验提供第一手素材。

二 自贸试验区功能拓展的主要成就及需要探索的问题

在制度创新的基础上，自贸试验区将功能拓展与强化上海国际金融中心、贸易中心、航运中心和经济中心功能密切结合，着力培育国际金融、国际贸易、国际航运与物流、专业服务、高端制造等功能及相关的功能载体。

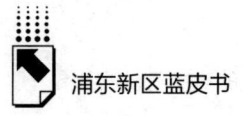

（一）主要成就

自2013年9月29日挂牌以来，自贸试验区在功能拓展上取得了巨大的成就。

1. 推出首批亚太营运总部

具有总部性质的跨国公司位于全球价值链的中心，是培育国际投资、转口贸易、离岸贸易、物流分拨、交易结算及离岸金融等枢纽功能的核心载体，也直接关系到所在城市对全球经济的影响力。上海要成为国际经济中心，需要吸引跨国公司总部和地区总部的入驻，充分借助其全球网络体系，增强城市在全球资源配置中的影响作用。

至2013年末，在上海落户的跨国公司地区总部达445家，投资性公司283家，外资研发中心366家。当年新增的跨国公司地区总部42家；投资性公司18家；外资研发中心15家。[①] 上海是中国大陆投资性公司和跨国公司地区总部最集中的城市。由于不具备资金结算功能，在上海的跨国公司地区总部并非真正意义上的总部。通过自贸试验区金融等制度创新，能将真正具有资金结算、订单管理功能的总部吸引到上海来。

对上海自贸试验区的一个未来定位是打造成为亚太营运中心。计划用3年左右的时间培育出100家左右拥有足够实力，能够统筹国内、国际市场，统筹在岸、离岸业务，统筹贸易、物流和结算功能的亚太区营运总部，提升中国在全球经济格局中的国际竞争力。自贸区亚太运营商计划推出后，至2014年初，首批20家企业获得了各自集团总部对其亚太营运总部（或营运中心）的正式授权，成为集团总部亚太区经营及供应链管理的核心枢纽。例如，以前全球最大的滚轴生产商瑞典斯凯孚公司中国市场的贸易结算由香港公司完成，物流由新加坡的分拨中心支持。现在，该公司在自贸试验区建立了东北亚分拨中心，成为具有物流、贸易、结算功能的东北亚营运总部。

至2014年6月底，在上海累计设立的跨国公司地区总部达470家，投资性公司为291家，研发中心有375家，上海仍是中国大陆投资性公司和地区总部最集中的城市，其中浦东新区占比近一半——累计落户浦东新区的跨国公司地区总部达220家。而2013年下半年以来，浦东新区获颁"上海市跨国公司

---

① 《2013年上海市国民经济和社会发展统计公报》。

地区总部"证书的企业中,超过半数是注册在自贸试验区内的。

2. 提升国际贸易功能

"十二五"期间,上海要"建成具有国际国内资源配置功能、与我国经济贸易地位相匹配的现代国际贸易中心"①。从外贸总额、港口货物吞吐量、集装箱吞吐量等指标来看,上海已经初具国际贸易中心的基本条件,但上海一方面面临大陆其他城市迎头赶上的境遇,另一方面与香港等城市的国际贸易功能相比又有一定的差距。自贸试验区的建立,为上海国际贸易功能提升提供了契机。

自贸区挂牌后,主要从国际商品采购及分拨配送功能、进口商品保税展示及完税交易功能、跨境电子商务功能等方面培育国际贸易功能。

第一,培育国际商品采购与分拨配送功能。

为满足跨国公司"供应链整合、集中大量采购、零进整出、及时供应"的需要,自贸区建立了以保税或滞后纳税为特征,具有口岸功能、保税仓储及物流功能、保税加工等功能的国际商品分拨配送中心。

第二,培育进口商品保税展示与交易功能。

自贸试验区建设了进口商品保税展示及完税交易市场,以规范的商品进口渠道及分销等贸易模式,拓展了外国商品入境直销渠道,增加了国际贸易的直接机会,降低了企业和消费者的交易成本,提高了运作效率,促进了存储物流、采购、批发、零售等国际贸易全产业链发展。

保税商品展示交易中心有序运作。"设立保税展示交易平台"是自贸试验区总体方案中明确的一项重要创新举措。目前该平台已经在"森兰商都"成功落地运作。森兰商都保税商品展示交易中心,采用前店后库(区外商店展销及体验、区内保税仓库存货)、保税展示、完税销售的直销模式,价格比境内区外商场低20%~30%。若森兰商都内的商品3个月内未售出,可返回保税仓库存储或由商户调往境外。此外,浦东机场日上免税、保税、完税一体化运作模式实现试运行。

进口国别中心建设顺利实施。澳大利亚国别馆已于2014年5月启动运作,展销澳大利亚特色食品、农牧产品、皮毛制品、日用品、红酒及文化艺术品,提供培训、产品发布、贸易洽谈、进口代理、移民、旅游、教育和法律等方面

---

① 《上海市国民经济和社会发展第十二个五年规划纲要(2011~2015年)》。

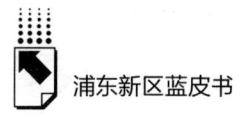

的服务。俄罗斯、智利、泰国、新西兰及立陶宛进口商品馆已经完成签约，意大利及波兰进口商品馆也在推进中。

第三，启动跨境电子商务试点工作。

国务院批复的自贸试验区总体方案要求通过海关监管、检验检疫、退税、跨境支付、物流等支撑系统的试点，加快培育跨境电子商务服务功能。自贸区加快培育跨境电子商务功能，是促进外贸稳定增长的重要举措，也是推动海关改革创新的内在需要。

2013年12月28日，自贸试验区跨境电子商务试点有了实质性的启动。全国首个跨境贸易电子商务试点平台——"跨境通"正式上线运营。至2014年6月底，来自韩国、澳大利亚、美国、意大利、法国和中国香港等地的29家商家已上线。"跨境通"已显露了一定的品牌集聚效应，例如，中国免税品（集团）有限责任公司、香港大昌行、韩国现代百货集团等国内外大型商户已经上线运行。

"跨境通"有"直邮"与"自贸"两种购物模式。"直邮"购是境内消费者通过平台购买境外商品，以国际运输的方式将商品直接送抵消费者手中；"自贸"购是指境外的商品入境后暂时以保税方式存放在自贸区内，境内消费者购买该商品后即以个人物品运出自贸区，以国内物流的方式将商品送达消费者。值得一提的是，在"自贸"购模式下，境内消费者购买的商品已经在上海自贸区内完成保税仓储，在商家接到境内消费者订单后将商品直接从国内发货，可以大大减少物流时间。所有这些国外商品进口时，均按个人物品行邮税征税。

自贸区在跨境商务"一般货物进境、行邮税出区"的进口模式初具规模的基础上，还在进一步探索"快件出口、集中退税"的出口模式，以此为国内外贸易商、消费者提供更为便捷的服务。

3. 培育国际金融服务功能

"十二五"时期上海国际金融中心建设的发展目标是："瞄准世界一流国际金融中心，全面拓展金融服务功能，加快提升金融创新能力，不断增强上海金融市场的国际内涵和全球影响力，力争到2015年基本确立上海的全球性人民币产品创新、交易、定价和清算中心地位。"[①]《"十二五"时期上海国际金

---

① 《"十二五"时期上海国际金融中心建设规划》。

融中心建设规划》确定了显著扩大金融市场规模、明显提高金融国际化程度、明显增强金融服务、明显优化功能金融发展环境四大预期性指标。自贸试验区的成立为上述目标的实现创造了有利条件。

自贸试验区深化金融领域开放创新的主要目标是金融支持实体经济发展、深化改革和扩大开放、建立可复制、可推广的金融管理模式。围绕此目标，自贸试验区将创新金融制度、扩大金融服务领域开放、增强金融服务功能作为主要任务。自贸试验区挂牌后，"一行三会"等中央金融管理部门先后制定出台了总计51条支持自贸试验区金融开放创新的有关制度政策。坚持以"风险可控、稳步推进、适时有序组织试点"为原则，出台相关实施细则，平稳有序地组织实施。自贸试验区根据实体经济需求和已经出台的创新制度，积极探索并大胆开展金融业务创新，国际金融及相关服务功能已雏形初现。

一是面向国际的金融交易市场正在起步。2013年11月22日，上海国际能源交易中心在自贸区正式挂牌，拟推出的第一个交易品种为原油期货。2014年9月18日晚，上海黄金交易中心国际板正式上线。此外，国际金融资产交易中心已获证监会原则同意，上海联合产权交易所已在区内设立企业，上海股权托管交易中心在区内的新设项目已报市金融办，中国外汇交易中心、中国金融期货交易所、上海清算所、上海股权交易中心等将在区内新设或增设交易场所。面向国际的金融交易市场的启动，不仅有助于我国掌握大宗商品的定价权，也有助于推进人民币国际化。

二是启动自贸试验区融资租赁产权交易平台。融资租赁是集融资与融物、贸易与技术更新于一体的新型业态。自贸试验区支持融资租赁的主要举措包括：第一，在租赁服务方面，允许和支持各类融资租赁公司设立项目子公司并开展境内外租赁服务。第二，在税收支持政策方面，试验区将区内注册的融资租赁企业在区内设立的项目子公司纳入出口退税试点范围；对区内注册的国内租赁公司（或租赁公司设立的项目子公司），在经过国家有关部门批准后，从境外购买空载重量在25吨以上并租赁给国内航空公司使用的飞机，可以享受相关进口环节增值税优惠政策。第三，在最低注册资本金方面，公司在试验区内设立的单机、单船子公司不设限制，这有助于推动更多单机、单船项目公司成立。第四，允许融资租赁公司兼营与主营业务有关的商业保理业务，有助于融资租赁公司开展多元化业务。

通过一系列支持措施的推进，自贸试验区融资租赁业务呈现良好的发展势头。至2014年6月底，自贸试验区内已累计引进436家境内外融资租赁母公司和SPV项目子公司，累计注册资本超过328亿元人民币，租赁资产总额近85亿美元。

4. 发展国际航运与物流功能

上海港货物的吞吐量、集装箱的吞吐量已连续多年位居世界第一，但航运服务功能等方面与国际航运中心相比，仍有相当差距。

自贸试验区总体方案要求"提升国际航运服务能级"。提升国际航运服务能级，有利于促进货物贸易增长、加快货物流转效率，又因国际航运及其衍生产业大多属于现代服务业范畴，推动国际航运服务的全面发展，还能够起到加快服务业成长、优化服务贸易结构的作用。国际航运和物流所产生的巨大物流、资金流、信息流是培育国际航运、贸易、金融等服务功能的重要基础。其中，集装箱的转口拆拼及出口集拼等国际物流增值服务，可大幅降低船公司或航空公司以及货主的运输成本，是国际航运中心和国际金融中心的核心功能和核心竞争力的重要标志，伦敦、香港、新加坡等概莫能外。

自贸试验区以培育国际集装箱及快件中转集拼功能为核心，重点发展了国际航运及物流相关功能。2014年上半年，航运物流服务收入为535亿元，增长19%。

一是推动国际中转集拼业务。2013年，进出港的外籍船舶39452艘、中国籍国际航行船舶2065艘；完成水水国际中转1527万标箱，增长9.6%，占集装箱总量的48%；完成国际航线集装箱吞吐量2442万标箱，其中，国际集装箱中转集拼237万标箱，增长32%。2014年上半年集装箱吞吐量1589万标箱。

二是培育国际船舶登记功能。当前我国实施的是严格的船舶登记制度，只有在中国境内有住所或者主要营业所的中国公民、依据中国法律设立的主要营业所在中国境内的企业法人、中国政府的公务船和事业单位的船舶才有资格在中国进行船舶登记。船舶只有通过登记取得中华人民共和国国籍，方可悬挂五星红旗航行。在我国登记的船舶，船东中资比例不得少于50%，并对登记船舶有严格的船龄限制。同时，我国税收政策对从国外建造或进口船舶还要征收高额的进口关税和进口环节增值税。这些因素造成20世纪90年代中期以来，中资船舶大量移籍海外，悬挂"方便旗"营运，在一定程度上限制了船舶运输业的发展。

《中国（上海）自由贸易试验区总体方案》明确提出"在试验区实行已在天津试点的国际船舶登记政策"，交水发〔2013〕584号文进一步明确"适当放宽登记主体、船龄范围等登记条件，完善船员配备、登记种类、登记收费、船舶航行区域等登记内容，优化船舶营运、检验与登记业务的相关流程，促进符合条件的船舶在上海登记"。2014年1月6日，国务院决定在自贸试验区暂时调整《中华人民共和国船舶登记条例》《中华人民共和国国际海运条例》，这从法律层面为自贸试验区开展国际船舶登记制度改革铺平了道路。

洋山保税港区作为船籍港，为注册在港区的企业拥有的从事国际航运业务的进口船舶和国内制造入区退税船舶办理登记业务。2012年10月起，成功为"冠海朝阳"轮等5艘船舶办理了以"中国洋山港"为船籍名称的登记业务。如能进一步协调好相关关系，该功能的培育有利于促进跨境船舶租赁业务发展，有利于中资国际航运方便旗船舶回归，降低登记成本，壮大我国国际船舶队伍，提升我国航运企业的国际竞争力，促进航运金融及服务业的发展。

5. 拓展其他生产性服务功能

自贸试验区在进一步发展高端制造业的基础上，促进了加工贸易的服务业化，推进了检测与维修、研发设计、专业服务等其他高附加值生产性服务业的发展，培育了相关功能。

全球维修检测功能。建立了包括飞机、船舶及设备维修的混合型全球维修检测基地，实施了帮助企业节省大量担保费用、简化核销手续等措施，已有外高桥旧机电全球维修、上海波音整机维修中心、洋山船舶维修等30多家企业开展检测维修服务。

研发设计功能。适用设备全进口，主要实验品需进口且易耗、种类多、批量小、时间紧的研发活动。自贸试验区已有德尔福等40多家研发中心。

专业服务及社会服务等其他服务功能。德勤财务咨询有限公司等国际专业服务企业、南中文化传播等演出经纪服务企业、钮海电子等增值电信服务企业、润元船舶管理等国际运输管理及船舶管理服务企业、艾摩珂海洋工程设计等外资工程设计企业、地中海邮轮旅行社等中外合资旅行社、百家合信息技术

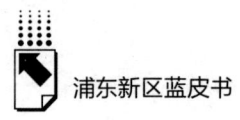

等外资游戏游艺设备生产销售、德国阿特蒙（Artemed Group）医院等外资项目正在促进相关功能的形成。

（二）需要进一步探索的问题

自贸试验区挂牌后，在功能拓展上已经取得了明显成效。但对照"四个中心"建设的目标要求，还需进一步提升功能，探索自贸试验区建设与上海"四个中心"建设的联动机制。

1. 在贸易功能提升方面，需改善新型贸易业态发展环境

良好的外部软环境是促进新型贸易业态发展的重要条件，尤其是在其孕育和成长的初期。当前，从外部环境来看，新型贸易业态发展正面临如下瓶颈。首先，制度建设的滞后性，例如，税收政策、市场准入制度、法律法规等有待进一步完善。具体而言，在税收政策方面，境内税普遍高于境外的现状不利于贸易新业态、新模式的发展与集聚；在市场准入方面，部分新业态准入退出缺乏依据；另外，部分业态的法律地位还不够明确，如中远期交易等。其次，新型贸易业态的监管、服务尚未到位，政策支持度有待提高。分割的、多龙治水的监管方式不适应新型贸易业态发展需要，且存在不少监管空白点与不明朗的地方；社会信用体系发育程度偏低，难以充分满足新型贸易业态的高层次需求；公共服务技术平台、共性技术平台等服务也有待改善。最后，以垂直型为特征的管理体制需要加以改革。其主要原因在于贸易新业态、新模式往往具有跨业融合、跨地发展的要求，需要"水平型"的管理模式，通过对行业直接管制的减少，赋予企业更大的创新空间。

针对上述问题，主要的解决思路为：进一步优化制度环境，加强与贸易便利化有关的税收政策、市场准入、监管方式、法律法规等方面的制度建设；以加强信用服务体系建设、共性技术平台建设为抓手，提供有利于新型贸易业态发展的优质服务；健全管理体制，按照新型贸易业态发展的趋势，打破部门分割，形成适应时代要求的管理框架。

虽然自贸区为发展离岸贸易提供了一定条件，但是管理基础比较薄弱，离岸贸易企业运作管理规则还未建立，离岸账户设立存在诸多限制。加上离岸贸易服务提供商对税收敏感性大，离岸货物的税收优惠、企业征税优惠等措施尚为空白，都影响了离岸贸易的进一步发展。

2. 在金融服务功能培育方面，要积极落实金融制度创新

金融是上海自贸试验区改革开放的重要窗口。随着金融改革创新举措的逐步落实，自贸试验区金融为实体经济服务、金融为投资和贸易便利化服务的能力定会明显增强。下一步自贸区要重点搭建面向使境外投资者能直接参与的金融市场交易平台，放大融资租赁以及期货保税交割等功能，放开对民营银行、民营资本的准入。需要注意的是，自贸区的一系列金融创新举措并非意味着要在28.78平方公里的范围内构建一个国际金融中心，而是希望通过一系列金融制度创新能够吸引更多金融机构集聚于上海，并提升上海的金融服务功能。

自贸试验区金融制度创新的落实，离不开金融机构、企业、个人等市场主体的积极参与。既要积极推动国内证券、保险等非银行金融机构以自由贸易（FT）账户为基础开展分账核算业务，也要积极推动境外机构以FT账户进入境内证券、期货市场等开展投资活动，同时，也要积极推动自贸区内符合条件的个人通过设立本外币自由贸易账户对境内外证券期货市场进行双向投资，以此促进自贸试验区金融业的双向开放。

3. 在航运服务功能提升方面，需进一步突破体制机制瓶颈

上海目前正处在国际航运中心建设的关键阶段，尽管上海的集装箱吞吐量、货物吞吐量始终居于中国大陆城市首位，但面临诸多瓶颈，若不积极创新、改革，上海就难以建成国际航运中心。上海自贸试验区的设立，可以提升上海国际航运服务的功能。加强自贸试验区与上海国际航运中心建设的联动，需要重点解决好以下两大问题。

一是通过自贸试验区制度创新突破国际航运中心建设所面临的体制机制瓶颈。与世界公认的国际航运中心城市（如纽约、伦敦、香港）相比，上海在航运功能等方面的差距，与航运制度缺陷有较大关系，如服务业开放程度不高、船舶登记条件过于苛刻等。只有通过制度创新化解这些约束，才能推动国际航运能级的提升，增强上海国际航运中心的竞争力。

二是发挥自贸试验区航运平台的辐射与外溢效应。十大专业贸易平台、国际大宗商品交易平台、洋山深水港等有形平台，以及跨境电子商务（跨境通）等无形平台，对提升航运功能有重要作用。自贸试验区内及区外的企业，要通过多种途径积极对接、利用好上述平台；各个平台在运行中也要适应国际航运中心建设的要求，更好满足新形势下企业在航运、物流方面的需要。

4. 积极发挥港区联动作用

早在2009年成立上海综保区管委会时，就已明确将外高桥保税港区、洋山保税港区，以及浦东机场综保区纳入统一管理，并力推"三区"与外高桥港、洋山深水港、浦东机场空港"三港"的联动，这也被认为是上海综合保税区相比其他保税区的优势所在。自贸试验区成立后，再次提出试验区要发挥外高桥港、洋山深水港、浦东空港枢纽的联动作用。

在推进港区联动过程中，面临以下一些难点问题有待研究解决：一是联动程度需要提高。尽管自贸试验区对三港、三区实行了统一管理、统一运营，但港与区之间、港与港之间的联动还不够紧密。港与区之间，对非保税货物服务有限制，不仅割裂了企业内部的业务链，也给监管增加了难度。港与港之间，因对各港口的定位、航班航线、产业配套等不够明晰，影响了海港与海港，以及海港与空港的联动。二是政策与监管的统一。当前，由于各港、区内的政策、监管流程不尽一致，区、港之间的协作分工、运作效率受到较大牵制。例如，外高桥保税区的特点之一是离岸退税，即货物装船后就可办理退税手续，区内对非保税货物可提供相关服务；但洋山港保税区、浦东机场综保区都是进区退税，即国内货物进入园区可办理退税手续，区内仅对保税货物提供服务。三是公共信息服务平台的构建。现代化信息技术手段对航运业发展起了越来越大的作用。目前，自贸试验区缺少能对各港区信息统一交流的服务平台，企业与企业之间也缺乏能进行业务信息互通的渠道，航运业务的发展受到了抑制。四是集疏运体系的进一步完善。目前，上海港按照吞吐量计算，公路、水路、铁路三种运输方式的比例依次为62.5：37.1：0.4，相应的比例鹿特丹约为49：45：5。可见，上海港公路运输比例偏高。就原因而言，这与上海港集装箱来源的腹地主要在周边尤其是长三角有关，但更重要的因素是，与上海港相关的铁路、水路运输面临多种制约有关。具体而言，铁路运输面临运能不足、尚未与港口"无缝"衔接等问题，而水路运输因长江、沿海的适航条件有别，导致内河运输船舶不能直接抵达洋山港，被迫在外高桥改成"穿梭巴士"倒驳，短线接驳不仅产生费用增加、时间不确定等问题，也直接拖累了上海港航运的时效性与经济性。

要进一步增强港区联动性，关键在于从体制、政策、监管、服务等多方面入手，推进资源整合、优势互补，发挥协同优势，提高整体竞争力。主要对策思路为：明确各个港区的功能定位，通过一定程度的错位发展，实现功能互补；尽可能统一港区间的制度资源、监管方式；加快建立健全统一的公共服务信息平台，打造"智能港"，实现信息共享；完善腹地交通支持网络体系，提高交通便捷度、降低物流成本。

三 提升浦东作为核心功能区能级的路径选择

上海自贸区的建设，其重要的制度红利突出表现在经济辐射作用和试点推广作用上。浦东作为自贸区的驻地，其本身担负的上海"四个中心"核心功能区的角色，为提高其作为核心功能区的经济辐射和渗透作用，承担起探索在全国可复制、可推广的自贸试验区建设经验的重任，提供了一个良好的契机与平台。

（一）创新体制机制，释放创新潜力

中国（上海）自贸试验区建设为上海"四个中心"、全球有影响力的科技创新中心建设提供了新机遇。上海自贸区是向改革要动力的试验田。一方面，以投资、贸易、金融、监管等管理体制改革为突破，更好地处理政府与市场的关系，完成向成熟市场经济体制的转型升级。另一方面，通过自贸试验区与国际高标准贸易投资规则接轨的探索，服务于我国的开放战略，更好参与全球价值链重构和贸易投资规则的重塑，成为中国经济转型升级的新的发动机。浦东新区作为上海"四个中心"建设的核心功能区，也要在制度创新上下功夫，而非靠政策优惠实现自身发展。要做好"两自"联动工作——以自贸区的制度创新更好地激发张江国家自主创新示范区的创新潜力，有效消除集成电路、生物医药等传统支柱产业发展面临的制度瓶颈，构建有利于互联网金融、移动互联网等新技术、新产业、新模式、新业态发展的制度环境。通过体制改革，理顺政府与市场间的关系，激发经济活力，促进可持续发展，实现其经验的可复制、可推广。

（二）构建区内区外联动机制，扩大溢出效应

放大自贸试验区的效应，需要在园区镇域、企业产业、机制体制以及政策法规等方面，探索自贸试验区与浦东新区之间的区内外联动机制，可重点考虑

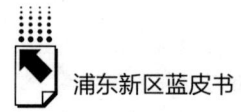

将自贸试验区内先行先试的投资管理、贸易便利化、金融改革创新、综合监管等方面的改革，先行复制推广到浦东新区的重点开发区域，乃至整个浦东新区。浦东新区的国资国企改革、开发公司转型要与自贸试验区内外联动考虑，一方面通过自贸试验区与国际对接，以国际化、市场化的营商环境倒逼国企治理制度改革，另一方面以"总部在区外，区内设分公司"的模式让浦东新区的企业更多地分享试验区的改革红利，构建区域利益共享通道，实现浦东新区内部各开发区之间的均衡发展。依据自贸试验区功能拓展、产业发展的需求，选择临近区域，适当建设与教育、医疗等有关的社会配套项目，以及具有保税展示等功能的项目。同时，浦东新区还要借助自贸试验区的制度创新与功能提升，通过区内外功能拓展、区域联动，以及区港联动等多种方式，进一步集聚要素资源，大力发展高层次的现代服务业，增强"四个中心"核心功能区功能。例如，可通过自贸试验区企业"区内注册、区外经营"，优化产业布局；可以借鉴类似于香港贸发局的管理服务模式，在浦东新区设立关于金融、贸易、航运等服务的法定机构，既为面向国际国内的投资、贸易、金融活动搭建了管理服务平台，也提升了浦东的国际影响力。

（三）转变政府职能，处理好政府和市场的关系

上海自贸区的核心问题是如何处理好市场与政府的关系。使浦东快速与自贸试验区联动的关键在于转变政府职能，所以，要想政府既在自贸区建设中起到主导作用，又在浦东"四个中心"核心功能区中发挥应有职能，就要建立"最开放、最透明、最高效"的公共服务型政府。深化行政管理体制改革，坚持区级政府轻型化、面向基层扁平化，"上面简政、下面强镇"，努力构建特大城区高效的行政管理体制。根据两区合并后的生产力布局，调整优化开发区管理体制，进一步提高行政效能；深化行政审批制度改革，要"轻审批、重监管"，在企业市场准入、建设项目审批、行政事业性收费等重点领域，进一步下放审批权限，推进审批标准化、信息化，使权力运行更加公开、透明、高效；深化社会领域改革，坚持"小政府、大社会"，加强社会组织培育，支持社会组织参与公共产品和公共服务的提供，推进形成政府与社会"共建共治"的新格局。以自贸试验区面向企业的"负面清单"管理理念的提出为契机，探索浦东版的针对政府的权力清单，在更好厘清政府与市场、政府与社会关系

的基础上，规范权力运行的程序、环节、过程，运用法治思维和法治手段，建立公开、透明、可问责的行政体制，让权力在阳光下运行。

参考文献

上海市社会科学界联合：《中国（上海）自由贸易试验区 150 问》，格致出版社、上海人民出版社，2013。

《中国（上海）自由贸易试验区指引》编委会：《中国（上海）自由贸易试验区指引》，上海交通大学出版社，2014。

沈开艳、黄钟等：《中国（上海）自由贸易试验区建设：理论分析与实践探索》，上海社会科学院出版社，2014。

教材编写组：《中国（上海）自由贸易试验区干部读本》，上海市委党校领导干部班使用稿，2014 年 11 月。

B.5 中国（上海）自由贸易试验区金融开放的制度探索[*]

闫彦明[**]

摘　要： 自贸试验区建立以来，在金融改革开放与制度创新方面取得了显著成效，这些成效主要体现在新型金融机构加速集聚、相关法律制度初步形成、资本账户管制稳步开放、跨境投融资汇兑便利化、人民币跨境使用途径快速拓展、利率市场化取得突破等方面，不仅对自贸试验区内外的实体经济发展产生了积极的推动作用，也为形成"可复制、可推广"的创新示范效应奠定了基础。与国家战略要求及国际竞争环境相比，目前仍需要在完善金融监管制度、创新人才管理制度、探索开放资本项目管制、调整现有法律制度等方面进一步加以探索。

关键词： 自由贸易试验区　金融开放　金融制度

　　设立自贸试验区是中央在对国际国内形势进行总体判断基础上做出的重大战略决策。根据中央的战略要求，在28.78平方公里的面积上设立上海自贸试验区，就是要使这里成为我国推进改革和提高开放型经济水平的试验田，成为新时期我国经济升级发展新的"发动机"和对外开放的"新标杆"。通过开放倒逼改革，形成我国新一轮经济发展的新路径。自2013年9月29日正式挂牌

---

[*] 本报告所引用资料均为政府网站、相关年鉴、有关学术文献公开发布的资料。
[**] 闫彦明，经济学博士，上海社会科学院经济研究所研究员，研究方向为区域金融。

运作以来，自贸试验区在金融开放的制度探索取得了宝贵的成绩，这为进一步的金融改革开放和其他省市金融发展提供了重要的条件。

一 "开放倒逼改革"：自贸试验区重在制度探索

近两年，我国经济发展出现了明显的转型特点，经济增速有所下降、驱动要素有所转变，同时也面临着国际竞争环境的严峻挑战。尤其是以美、欧等西方发达经济体所发起的一系列国际投资与服务贸易新规则正在逐渐主导国际投资贸易新体系，主要涉及《跨大西洋贸易与投资伙伴协议》（*Transatlantic Trade and Investment Partnership*，TTIP）、《跨太平洋伙伴关系协议》（*Trans-Pacific Partnership Agreement*，TPP）等多边协议，以及主要发达经济体之间签订的各种双边投资协定（BIT）等。其最大的挑战就是通过设立投资市场准入的"美、欧版高标准"，对中国及其他发展中国家在迈入新的全球贸易与投资规则体系之前设立一道"高门槛"。这些新的协议的设立将致力于重构全球服务贸易新体系并努力维持已有衰落迹象的美元等西方货币为核心的全球金融系统。

由于新的规则对双边和多边金融领域的开放性要求很高，这将对中国加快金融改革开放带来极为严峻的挑战。如果错失了加入新规则谈判的时机，我国将可能面临在新国际贸易体系中被边缘化的危险。

进一步从国内金融改革情况看，经过30余年的改革探索，整体已经步入了"深水区"，利率市场化、汇率市场化、资本项目可自由兑换、金融市场创新、金融服务实体经济等一系列重要领域都亟待破题，而每推进一步都会涉及多方面利益群体的既有分配格局。通过在风险可控前提下深入推进关键领域的金融开放是非常有效、切实可行的推进路径，其实质就是利用更大限度上的开放与融入国际金融体系，来倒逼国内金融领域的各项改革。因此，金融开放在自贸区总体框架中被赋予了重任，同时也是各方最期待有实质性推进的领域之一，正如《中国（上海）自由贸易试验区总体方案》中所提出的，在金融服务等6大领域扩大开放，"经过两至三年的改革试验，把上海自贸区建设成为具有国际水准的投资贸易便利、货币兑换自由、监管高效便捷、法制环境规范的自由贸易试验区"。在推进路径上，也体现了从对外开放到国内改革，从局部开放、协同推进到逐步的全面开放，从试点探索到全面复制、推广等特点。

二 金融资源快速集聚：自贸试验区运行以来成效显著

（一）金融机构集聚情况

作为国家重大战略布局，自贸试验区建设伊始就吸引了来自全球金融业的目光。同时，自贸区的金融发展也离不开一定数量有规模、有影响的金融机构的支撑，要通过业务探索推动自贸区金融创新的不断开展。2013年9月29日，在自贸试验区正式启动之时，就有11家金融机构首批落地，包括8家中资银行（工商银行、农业银行、中国银行、建设银行、交通银行、招商银行、浦发银行、上海银行）、2家外资银行（星展银行、花旗银行）、1家融资租赁公司（交银租赁）等。

在自贸试验区成立近一年的时间内，与实体企业争相涌入区内的高涨热情相似，国内外的各类金融机构始终呈现了纷至沓来的集聚趋势。根据上海银监局发布的信息，截止到2014年9月29日，自贸试验区内已累计有43家银行业和非银行业金融机构获批设立了49家营业性网点，这些金融机构的行业分布情况见表1。

表1 自贸试验区金融机构营业性网点数量与结构

单位：家

营业性金融机构类别	机构数量	
银行业机构	中资银行分行	15
	中资银行支行	5
	外资银行支行	23
	民营银行（国内首家:华瑞银行）	1
非银行业金融机构	金融租赁公司	2
	企业集团财务公司	2
	资产管理公司分公司	1

资料来源：根据上海银监局披露的信息整理而成。

除了这些营业性金融机构网点之外,更具有影响力和凝聚力的一批金融市场平台机构在筹划、落户的进程之中。这些机构主要有:上海国际能源交易中心(已挂牌成立)、上海国际黄金交易中心(办理工商注册登记进程中)、上海国际金融资产交易中心(筹建中),以及拟新设增设交易场所的中国外汇交易中心、中国金融期货交易所、上海清算所、上海股权托管交易中心等机构。

(二)金融机构集聚的主要特点

进一步从入驻的金融机构网点结构看,主要特点有以下几个方面。

(1) 商业银行类网点占据绝对优势,占区内金融机构营业网点总量的90%。

(2) 入驻的金融机构层级较高,主要体现为银行分行、民营银行总部、其他类金融机构分公司等,其中区内共有7家银行是同时在上海分设了两家一级分行。

(3) 外资银行踊跃入驻,其在自贸试验区内的营业网点数量占银行机构总网点数量的比重达53%(同时,这些外资银行网点占上海市辖区内外资银行支行总数的比重也高达20%),来源国分布在亚、欧、美等不同地区。另外,还有一批金融机构在积极申请将分支网点落户自贸区。

(4) 从金融机构入区"节奏"看,2014年以来呈现加快发展的特点,其主要动因在于自贸区金融业务的"先发优势"。如2014年1月入区的汇丰上海自贸试验区支行,在短短几个月内就已经全面开展了人民币境外借款、人民币跨境资金池和集中收付汇、外币资本金意愿结汇、外币跨境资金池和集中收付汇、对优质企业提供更为便捷的跨境结算服务等五大类业务。

(5) 在集聚的过程中监管部门加强风险筛查。随着区内银行业金融机构不断增多、业务规模不断扩大,对金融监管也提出了新的更高要求。除了注册登记等方面的程序审查外,上海银监局等部门还针对自贸区业务特点进行了监管方式的调整。目前拟在原监管手段基础上,委派监管团队入区,就近开展银行业金融机构监管,并提供走访调研、现场检查、法律咨询等相应的指导监管服务,同时结合实际部门金融创新和风险防范的监管服务诉求调整监管方式。

三 金融开放的制度探索：主要领域与内容

与传统以主要依靠各种优惠政策而发展起来的各类园区显著不同的是，自贸试验区的设计思路是聚焦于制度创新，通过在开放进程中不断释放开放红利、改革红利和制度红利来取得发展。因此，自贸试验区的金融创新也不再是通过财税政策等方面的优惠来凝聚创新动能，而是依靠更大的开放勇气和开拓创新魄力来吸引国内外金融机构的集聚，并形成创新争先的区域生态环境。从金融领域来看，自由贸易试验区建设的核心是制度创新，主要体现在投资管理制度创新、货币汇率制度创新、金融市场制度创新和金融监管制度创新等一些方面。

（一）相关法律法规与规章制度概况

为了规范、有序推动自贸试验区金融开放，中央和上海市地方层面有关机构都在大量实地调研、专家论证的基础上，以部门规章、实施意见乃至法律条文等形式出台了一系列相关规定。主要体现为：第一，在法律层面，立法机构已经暂时停用关于外资企业的3部法律，以及调整了与自贸区业务相关的17部行政法规、3部国务院文件、3部国务院批准的部门规章等的有关内容；上海市第十四届人大常委会第十四次会议于2014年7月25日表决通过了《中国（上海）自由贸易试验区条例》，并决定于8月1日起施行，从而首次以地方立法的形式对自贸试验区建设涉及的制度创新内容进行了全面规范。第二，在专业监管制度方面，"一行三会"按照《中国（上海）自由贸易试验区总体方案》的要求，在推动资本项目可兑换、人民币跨境使用、利率市场化和外汇管理改革等方面出台了相关实施细则，主要涉及人民银行出台的"金融30条"及分账核算、外汇管理等7个细则文件，银监会出台的简化准入、风险评估等4个实施细则，以及证监会、保监会等发布的相关操作办法（见表2）。

（二）自贸试验区成立以来推动金融制度开放的主要举措

从自贸试验区成立以来，中央有关监管部门及上海市地方层面积极开展"部市合作"，在坚持宏观审慎、风险可控的前提下，针对自贸试验区金融改

表2 自贸试验区金融立法及实施细则情况

名称	发布部门	发布时间	内容提要	备注
《中国（上海）自由贸易试验区产业发展规划》	中国（上海）自由贸易试验区管委会	2014年9月15日	从规划视角对自贸试验区产业经济发展思路、发展目标、发展定位、发展重点进行部署。提出了"四个形成""三大产业集群"等战略	规划期限为2013~2015年。指标部分参见表3
《关于本市进一步促进资本市场健康发展实施意见的通知》	上海市人民政府	2014年9月15日	33条，从总体要求、提升上海资本市场开放水平、增强上海多层次资本市场的服务功能、支持证券期货服务机构增强核心竞争力、推动本市企业创新发展、加强和改进政府服务等方面做出规定。特别强调了促进资本市场在自贸试验区进一步开放等内容	自2014年10月1日起施行，有效期至2019年9月30日
《中国（上海）自由贸易试验区条例》	上海市第十四届人大常委会	2014年7月25日	共57条，包括总则、管理体制、投资开放、贸易便利、金融服务、税收管理、综合监管、法治环境	—
《中国（上海）自由贸易试验区分账核算业务实施细则（试行）》	中国人民银行上海总部	2014年5月22日	35条，包括总则、分账核算管理、自由贸易账户管理监督管理、附则等方面内容	央行细则
《中国（上海）自由贸易试验区分账核算业务风险审慎管理细则（试行）》	中国人民银行上海总部	2014年5月22日	38条，包括总则、试验区业务验收、试验区分账核算业务的审慎合格标准、业务审慎合格评估及分账核算管理、资金异常流动的宏观审慎管理、试验区分账核算业务的风险监管、资金异常流动的临时管制措施、持续性评估与监测、附则等。此外还有2个附件	央行细则
《关于进一步简化行政审批并支持中国（上海）自由贸易试验区发展的通知》	中国保监会	2014年5月15日	从试点开发航运保险，取消事前审批并改为备案管理，取消自贸区内保险支公司高管人员任职资格的事前审批改为事后备案管理等角度进行规定	—

续表

名称	发布部门	发布时间	内容提要	备注
《关于试行中国（上海）自由贸易试验区银行业监管相关制度安排的通知》	上海银监局	2014年5月12日	从试验区业务的总体监管要求、试验区风险监管评估要求、试验区银行业特色监测报表体系、区内机构的监管要求、试验区银行的功能布局及资源支持等方面做出规定，并包括《关于简化中国（上海）自由贸易试验区内相关机构和高管准入方式的实施细则》等三个附件	—
《关于在中国（上海）自由贸易试验区反洗钱和反恐怖融资工作的通知》	中国人民银行总部	2014年5月10日	从重要意义、六大措施、组织领导等三个部分进行规定	央行细则
《关于印发支持中国（上海）自由贸易试验区外汇管理实施细则》	国家外汇管理局上海分局	2014年2月28日	23条及附件，包括总则、经常项目业务、资本项目业务、外汇市场业务、附则等方面做出规定	央行细则
《关于在中国（上海）自由贸易试验区放开小额外币存款利率上限的实施意见》	中国人民银行总部	2014年2月26日	10条，包括制定依据，做好风险预案，从区内居民界定、客户资质审核、外币利率定价机制、建立利率风险管理体制、报送备案、外币利率每日报价机制、外币存款统计与利率监测、动态监测与防范系统性风险、监管手段等方面对人民银行总部监管提出要求	央行细则
《关于支持中国（上海）自由贸易试验区扩大人民币跨境使用的通知》	中国人民银行上海总部	2014年2月20日	10条，包括政策适用性、经常和直接投资项下跨境人民币结算、个人跨境人民币业务、跨境双向人民币资金池、跨境人民币集中收付业务、跨境电子商务人民币结算业务、跨境人民币借款、外商直接投资项下跨境人民币结算、交易服务信息报送、关于反洗钱反恐融资和反逃税等	央行细则

续表

名称	发布部门	发布时间	内容提要	备注
《关于上海市支付机构开展跨境人民币支付业务的实施意见》	中国人民银行上海总部	2014年2月18日	从总则、业务主体、开办条件、备案材料、业务内容、备付金管理、风险管理等方面进行规定	央行细则
《关于金融支持中国（上海）自由贸易试验区建设的意见》	中国人民银行	2013年12月2日	包括总体原则，创新有利于风险管理的账户体系，探索投融资汇兑便利，扩大人民币跨境使用，稳步推进利率市场化，深化外汇管理改革，监测与管理等部分	金融30条
《关于中国（上海）自由贸易试验区银行业监管有关问题的通知》	中国银监会	2013年9月29日	8条，包括支持中资银行入区发展，支持区内设立非银行金融公司，支持外资银行入区经营，支持民间资本进入区内银行业，鼓励开展跨境投融资服务，支持区内开展离岸业务，简化准入方式，完善监管服务体系等	—
《关于资本市场支持促进中国（上海）自由贸易试验区若干政策措施》	中国证监会	2013年9月29日	5条，包括筹建国际原油期货平台，鼓励有关主体双向投资于境内外期货市场、境内期货市场发行人民币债券，支持证券期货经营机构在区内注册设立专业子公司，支持证券期货经营机构面向境内客户的大宗商品和金融衍生品的柜台交易等	—
《中国保监会支持中国（上海）自由贸易试验区建设》	中国保监会	2013年9月29日	8条，包括试点设立外资专业健康保险机构，保险公司在自贸区内设立分支机构，自贸区保险机构开展境外投资试点，发展专业性保险中介机构，发展航运保险、创新保险产品，完善保险市场体系，建立联动机制等	—

资料来源：根据政府部门网站公布信息整理而成。

表3 自贸试验区产业经济发展主要预期指标（金融相关指标）

模块	指标	单位	2012年基数值	2015年目标值	备注说明
总部经济集聚	跨国公司地区总部数	家	31	90	力争在2~3年试验期突破100家
	亚太营运商对外业务比重	%	—	25	实现离岸业务与在岸业务联动发展
	总部经济经营收入	亿元	5899.67	9000	占自贸试验区经营总收入比重超过50%
新兴产业发展	金融机构数	家		3700	2015年金融机构达100家，类金融机构达600家，与金融相关的企业3000家。
	融资租赁资产规模	亿美元	25	150	力争2~3年试验期超过150亿美元，占全市比重超过30%
	跨境贸易电子商务交易额	亿元	—	1000	力争实现年均20%以上的增长
对外投资促进	境外投资总额	亿美元		30	2015年力争达30亿美元，占全市比重进一步提升
	境外投资企业数和项目数	家	—	150	力争在2~3年试验期内支持150家左右的国内龙头企业"走出去"、拓展国际市场

注：上述指标是弹性的、预期性的，主要由市场决定，通过市场主体的自主行为来实现。
资料来源：《中国（上海）自由贸易试验区产业经济规划》。

革开放的总体部署和实际需求，在现有的金融制度框架下，探索推出了一系列创新举措，特别是在自由贸易账户体系、投融资汇兑便利、人民币跨境使用、利率市场化、外汇管理改革等5个方面取得了一定的突破，大体形成了"一线放开、二线审慎管理"的金融制度框架和监管模式，为下一步的开放与改革探索打下了良好基础。

1. 自由贸易账户体系

长期以来，我国实行了较为严格的资本账户管制制度，主要是基于对跨境投资行为风险防范的考虑，该制度曾在全球金融危机中对稳定国内金融体系发挥了非常重要的作用。但总的趋势来看，逐步、有序推动资本项目可兑换是金融开放必须突破的一个环节。2014年5月22日，央行同时发布《中国（上海）自由贸易试验区分账核算业务实施细则（试行）》和《中国（上海）自由贸易试验区分账核算业务风险审慎管理细则（试行）》，从而以自贸试验区区域限定的方式在资本项目可兑换方面取得了实质性进展。从制度框架来看，

"自由贸易账户分账核算"无疑是自贸试验区金融开放极为重要的核心环节，因此也是各方面高度关注的领域。从业务性质来看，分账核算体系相当于为自贸试验区提供了基于审慎监管理念的"电子围网"，以缓冲资金大进大出存在的潜在风险。6月18日，在通过中国人民银行上海总部风险合格审慎评估与验收后，中国银行上海市分行、工商银行上海市分行、建设银行上海市分行、浦东发展银行上海分行、上海银行等首批5家银行实现了开立自由贸易账户功能，这意味着自贸区分账核算体系正式落地。随后的几个月中，该账户体系发展迅速，开立账户数量不断增加。例如，6月，上海黄金交易所将其在自贸区开展的国际黄金业务结算业务纳入了自由贸易账户体系；虽然是境内在岸交易市场，但在将有关业务接入央行系统及自贸区自由贸易账户体系后，黄金交易所将为符合条件的境外和自贸区内投资者参与黄金交易提供便利①。从交易币种来看，目前仍仅限于人民币业务，根据央行与外汇管理局发布的信息，将随着业务不断成熟，择机启动外币业务。根据央行发布的实施细则，自由贸易账户分账核算账户单元主要涉及了"FTE""FTN""FTU""FTI""FTF"等不同类别，具体情况可参见表4。

表4 账户单元中的主要类别

主要分类	具体类别	具体内容
机构账户	区内机构自由贸易账户	适用对象为区内机构和在试验区内注册的个体工商户。账号前缀标识为"FTE"
	境外机构自由贸易账户	适用对象为境外机构，只要开立在区内金融机构，账号前缀标识为"FTN"
	同业机构自由贸易账户	适用对象为其他金融机构的试验区分账核算单元和境外金融机构。账号前缀标识为"FTU"
个人账户	区内个人自由贸易账户	账号前缀标识为"FTI"
	区内境外个人自由贸易账户	只能开立在区内金融机构。账号前缀标识为"FTF"

资料来源：根据《中国（上海）自由贸易试验区分账核算业务实施细则》内容整理而成。

① 高改芳：《上海自贸区启动自由贸易账户业务》，《中国证券报》2014年6月19日。

2. 投融资汇兑便利

自贸试验区自建立以来，有关方面对投融资汇兑便利展开了许多切合实际的探索。

第一，根据"一行三会"有关细则，在自贸试验区管委会、上海市金融办及有关部门的推动下，出台了自贸区境外投资项目备案管理办法等跨境投资的便利政策，包括投资审核制改为备案制，"一表申请、一口受理"跨境投资申请等，使自贸区内企业跨境投资流程得到大幅度简化，跨境投资活动效率大幅度提高。例如，弘毅创领（上海）股权投资基金合伙企业以"聚力传媒"（PPTV）项目为试点，探索私募股权（PE）投资基金的自贸区境外投资路径取得良好效果，该业务仅需四个步骤——设立区内基金管理公司、设立基金公司、对外投资备案、换汇出境等；由于简便易行，该方法可为其他投资机构广泛应用，可成为自贸区金融创新"可复制、可推广"的经验。近期，该公司还将继续探索自贸区"外投内"（美元入境）的架构搭建及操作路径，实现自有资金在自贸区的双向流通①。

第二，外汇资金集中运营。5月16日，和央行、外管局与自贸区管委会共同启动了自贸区跨国公司外汇资金集中运营（即"外币资金池"）的试点工作，并颁布了参与试点企业的资格认证办法，这意味着自贸试验区对投融资汇兑便利等方面取得了新的进展。该试点业务操作中体现为两方面：一是跨国企业的国际外汇资金主账户可与境外自由划转，无额度控制；二是其国内、国际两个账户资金之间可有限融通，可在规定的外债和对外放款资金额度内划转，为境内外成员融通资金提供便利。

通过以上两方面及其他有关举措，将有助于形成合力，为实体经济提供更为便捷的金融支持。目前，国内企业融资成本一般在6%～10%甚至更高，境外融资成本则往往低于4%，其间存在一定幅度的利差，在开通境外融资便利业务后，将有助于较大幅度降低企业融资成本，这可以在一定程度上缓解国内企业"融资难""融资贵"的问题。根据央行发布的信息，截止到5月底，依托自贸试验区累积发生了跨境人民币境外借款45笔，总额达101亿元；参与

---

① 参阅自贸试验区"弘毅创领（上海）股权投资基金合伙企业（有限合伙）境外投资创新案例"。

跨境双向人民币资金池试点企业17家，资金池收支额78亿元；区内经常项下结算546.84亿元，直接投资项下结算206.53亿元；区内跨境人民币结算总额为800亿元，同比增长1.7倍，占上海市的12.7%。

3. 人民币跨境使用

随着人民币国际化的提升，国内外经济、金融界对扩大人民币跨境使用范围与规模等提出了迫切需求，自贸试验区在这个领域的主要创新体现在跨境人民币双向资金池业务方面。在央行《关于金融支持中国（上海）自由贸易试验区建设的意见》（"央行30条"）公布后仅3日，跨境人民币双向资金池业务即于2013年12月6日正式启动，这也是自贸试验区各项金融创新的首个落地项目。"央行30条"是跨境人民币双向资金池业务的主要依据，如"上海地区银行业金融机构可在'了解你的客户'、'了解你的业务'和'尽职审查'（展业三原则）基础上，凭区内机构（出口货物贸易人民币结算企业重点监管名单内的企业除外）和个人提交的收付款指令，直接办理经常项下、直接投资的跨境人民币结算业务"，"区内金融机构和企业可从境外借用人民币资金，借用的人民币资金不得用于投资有价证券、衍生产品，不得用于委托贷款"，"区内企业可根据自身经营需要，开展集团内双向人民币资金池业务，为其境内外关联企业提供经常项下集中收付业务"。在该业务启动后1个月的时间内，汇丰银行、花旗银行等外资银行在上海自贸区内即加快推出了跨境人民币双向资金池业务；其后，苏格兰皇家银行（RBS）、渣打银行等一些外资金融机构也纷纷推动区内分支机构开展了相关业务。特别是随着自由贸易账户分账核算制度的推出，将给金融机构和企业进一步集中调度和运用人民币资金带来便利，企业按照规定可有望将海外投资账户、债券增值账户、贷款账户和自贸区的专项账户打通。图1以集团模式为例简要体现了"跨境人民币双向资金池业务"的流程与参与方。

业务流程可以概括为：第一，集团总部指定其在自贸区内注册的某成员企业，在自贸区银行开立一个人民币一般存款账户，此即集团内跨境双向人民币资金池主账户。第二，集团的境外成员企业在当地银行开设人民币账户，并在跨境人民币资金池系统中签约成为境外群组账户（图1中的群组a账户）。第三，集团境内成员企业（可分为区内、区外成员）在银行开立人民币账户，并在跨境人民币资金池系统中签约成为境内群组账户（图1中的群组b/c账

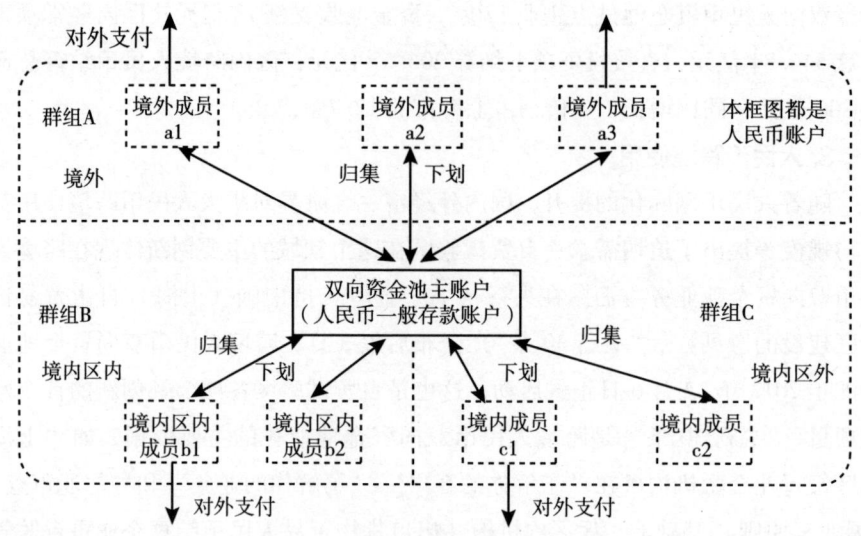

图 1　跨境人民币双向资金池业务流程

资料来源:"圆石金融研究院(中国)有限公司"博客,《双向人民币资金池的构建准备及主要功能》,2014年1月21日。

户)。第四,有关成员根据规定参与人民币资金的跨境划转,主账户归集的人民币资金应为其生产经营活动和实业投资活动的现金流。

在跨境人民币双向资金池业务外,近来金融机构还通过第三方支付等方式探索跨境人民币支付结算业务。如银联电子支付、快钱公司等第三方支付机构,根据央行关于支付机构开展跨境人民币支付业务的相关政策,积极探索与商业银行合作开展跨境电子商务人民币支付结算业务,也在一定程度上有助于提高跨境人民币结算效率与安全。

4. 利率市场化

利率市场化是一个我国金融市场化、国际化过程中的关键一步,但对经济基础、货币政策调控能力等有着较高要求。近年来我国加快了利率市场化,2004年10月29日放开了金融机构贷款利率上限(城乡信用社除外)和存款利率下限。2013年7月20日起我国进一步全面放开了金融机构贷款利率管制,目前唯一的限制就是人民币存款利率上限。借助自贸试验区改革东风,根据国务院批准,中国人民银行决定于2014年3月开始,放开自贸试验区内300

万美元以下的小额外币存款利率上限,由此率先在全国实现了外币存款利率部分市场化,由此也开启了我国利率市场化最后的"破冰之旅"。政策发布后,3月1日,中国银行即在自贸区内办理了首笔个人小额外币存款业务,客户通过"议息"方式进行了存款,目前各银行均开展了此项业务。

除了以上几个方面,我国各监管部门还在汇率市场化、资本市场开放等方面进行了一系列探索。例如,2014年9月15日,上海市政府在《关于本市进一步促进资本市场健康发展实施意见的通知》中就明确提出,"推动中国(上海)自由贸易试验区内金融机构和企业按规定进入上海地区的证券和期货交易场所进行投资和交易,推进区内符合条件的个人按规定开展跨境双向投资,积极推进上海证券交易所设立国际金融资产交易平台。"上海市政府网站信息还显示,将研究出台相关细则,推动境外机构和自贸试验区注册企业的境外母公司在境内发行人民币债券、推出面向全球投资者的产品与业务、逐步扩大QFII、RQFII参与金融期货产品的范围等一些实质性市场开放举措。

四 自贸试验区金融开放面临的主要挑战

从对接国际服务新规则、探索金融改革开放新经验,以及中央提出的尽快形成"可复制、可推广"的自贸试验区改革模式等战略要求来看,目前自贸试验区金融开放仍任重道远,并面临诸多现实问题的制约与挑战。

(一)有效参与国际投资与服务贸易新体系仍面临挑战

我国快速启动上海自贸区建设,重大战略考虑就是通过改革开放来积极参与以美、欧主导的TPP、TTIP等为代表的全球新一轮服务与投资贸易谈判。但要有效"融入"这些新的协议将给中国带来一些新的挑战。第一,就金融领域而言,放开资本项目管制、利率市场化、汇率市场化等虽然是大势所趋,但短期内是阻碍我国参与美欧主导的新规则过程中最大的问题,同时又不是"一蹴而就"的事情。第二,就市场规制而言,实行"准入前国民待遇"及"负面清单管理"管理模式是参与国际规则的必然要求,但彻底转变行政审批为特点的管理制度还需加大改革力度,并需要行政立法方面的改变;在金融领域推行"准入前国民待遇"则比一般领域有着更高的难度。第三,在反腐败、劳工保护、知识产权保护等方面，我国均处于国际中下游水平，短期内要达到国际高标准仍存在一定难度。这些方面如果不符合新协议要求，中国将极易在新一轮规则谈判中被边缘化。现有的金融政策虽然在这些方面已做出了极大的努力，但与国际标准仍存在较大差距。

（二）推动自贸区金融开放仍面临加强跨部门协同的挑战

从金融业支持自贸区的政策情况看，各部门均显示了很高的行政效能。但还应当看到的是，随着我国金融发展，金融机构、业务、产品、市场等的种类日益繁多，涉及的领域也日趋多样，这对我国"分业监管"模式提出了日趋严峻的挑战。特别是上海自贸区作为我国全面推进金融改革开放的重要平台，区内大量的新金融业务都属于跨监管部门的交叉领域，这导致单个部门的金融监管无法覆盖全部业务，单个部门的金融政策也难以有效解决各类交叉业务发展中的现实问题，迫切需要各部门在政策配套、组织协调、业务对接、信息共享等方面协同推进。例如，FT账户在操作中必然涉及人民币跨境过程和资本项目的双向开放问题，相应地会影响到银行、证券、保险、期货等各类金融市场和金融主体，需要各有关金融部门加强协同管理、消除跨部门制约的"玻璃门"现象。这类问题的解决，一方面需要系统梳理已出台的金融政策，构建起跨部门联合行动机制，形成联合监管、协同服务的格局；另一方面，可以探索在自贸区内构建具有跨部门功能的新型监管平台，以全面协调各类自贸区金融政策，最大限度地发挥政策合力。

（三）探索加快金融开放仍面临风险失控的挑战

全球金融危机爆发后，国际经济金融的系统风险仍然非常突出，对于金融领域的改革我国政府也极为慎重。在《中国（上海）自由贸易试验区总体方案》中明确提出，"按照先行先试、风险可控、分步推进、逐步完善的方式，把扩大开放与体制改革相结合、把培育功能与政策创新相结合"的思路；在央行《中国（上海）自由贸易试验区分账核算业务实施细则（试行）》中，也提出：投融资汇兑业务中涉及其他相关部门业务的，央行将根据"成熟一项、推出一项"的原则，支持各有关部门分别制定相应的具体实施细则，充分利用自由贸易账户予以推进；在FT账户方面，也将遵循"先本币、后外币"的原则推进自由贸易账户业务，即从本币起步，等到条件成熟时扩展至外币。同时也应该看到，参与国际新体系的最佳时机稍纵即逝，这无形中对上海自贸区加快金融改革开放提出了迫切要求，但自贸区金融政策也只能在坚持安全第一原则与加快改革开放之间做出"刀刃上的平衡"。

（四）有效服务贸易便利化和实体经济仍面临诸多挑战

我国设立自贸试验区的重要目标是促进贸易和投资便利化，其中金融领域将发挥较为重要的服务作用，并需要紧密围绕区内、外企业开展跨境贸易和投资的多元化需求，积极探索金融方式的创新。但在实践中，金融产品、金融服务与实体企业的要求仍存在一定的差距，特别是随着自贸试验区建设进程的推进，在离岸贸易、转口贸易等领域将获得更快发展，而人民币国际化进程的提速也将在跨境结算中获得更为广泛的使用，这些都对金融服务提出了更高的要求，特别是需要在离岸金融、企业跨境投融资（如发行本外币债券）、人民币跨境再保险、航运金融、金融租赁等方面加快探索，为企业的"走出去"战略保驾护航。

五 思考与展望

作为新时期我国推进改革和提高开放型经济水平的试验田，自贸试验区在金融开放领域肩负着探索与创新的重任，而面对复杂多变、竞争激烈的国际金融环境，如何在确保安全可控的前提下加快推进金融开放，考验着决策层的智慧及操作部门的执行能力。虽然在建立一年多的时间内，自贸试验区在金融改革开放的各个领域取得了显著成效及局部突破，但与激烈的国际竞争形势、国内金融改革开放的内在需求，以及中央提出的尽快形成"可复制、可推广"创新示范效应的要求相比，仍需加大探索创新的力度。

针对目前存在的主要问题，可在如下方面加以推动。第一，探索金融监管制度创新，构建符合自贸区金融业开放创新特征的金融业监管体制。该体制强调各监管部门的实时监管、联合监管、信息共享，以有效解决"分业监管"制度下跨部门业务衔接中的机制障碍及金融衍生产品创新涉及的多部门联合监管等问题，实现安全、集中、高效的创新业务监管。第二，探索自贸区人才管理体制创新,加快集聚一批专业精通、有国际背景的高层次金融人才。自贸区金融创新活动日新月异,现有人才结构难以满足发展需求,可加快梳理制定《自贸区金融引进人才目录》,并在个人所得税、人才奖励基金、健康医疗、子女就学等方面参照国际惯例给予政策支持。第三,探索有序推动资本项目管制制度创新,可借鉴前海、横琴前期推行开放有关经验,推动上海自贸区在人民币跨境投融资汇兑业务领域的先行先试。如探索放宽区内企业与其海外子公司在本外币之间跨境汇兑方面的管制,加快推动"沪港通"政策实施并进一步探索区内与海外主要金融市场的对接合作路径,拓展境内机构开展包括直接投资、证券投资、金融衍生品投资等各类境外投资业务等。第四,探索推动法律制度完善与创新,进一步对涉及自贸区业务的相关法律法规进行调整。在已经调整的十余部法律法规及《中国(上海)自由贸易试验区条例》基础上,参照国际法惯例,建立完善法律研究机制,重点针对金融创新业务与现行法规不符的现象进行深入调研,特别是针对工商及金融注册审批、知识产权保护、传统金融业务范围约束等方面,可在安全原则下适度放宽限制。

B.6
自贸试验区建设与上海国际航运中心核心功能区能级提升研究

徐美芳*

摘　要： 上海国际航运中心核心功能区建设具有五大优势：国内最具优势的航运发展体制和机制、国际一流的港口条件和区位优势、"五龙汇聚"的现代化港口集运体系、功能相对完备的产业体系和金融中心的平台优势。上海自贸试验区建设通过进一步完善集疏运体系、助力航运金融发展、加强区域合作和体制机制创新，来提升上海国际航运中心核心功能区的枢纽化、高端化、区域化和国际化水平。

关键词： 自贸试验区　核心功能区　国际航运中心

2009年，浦东提出建设上海国际航运中心核心功能区，并围绕"1轴、2系、4块"开展了大量探索和实践活动。自贸试验区建设为上海国际航运中心建设带来新契机，也为核心功能区能级提升带来新机遇。

一　国际航运中心核心功能区由来及现状

建设上海国际航运中心是继浦东开发开放后又一项与上海密切相关的国家战略。2009年，国务院出台19号文《国务院关于推进上海加快发展现代服务业和先进制造业建设国际金融中心和国际航运中心的意见》，再次提出加快推

---

* 徐美芳，经济学博士，上海社会科学院经济研究所副研究员，研究方向为保险、发展经济学。

进上海国际航运中心建设。结合上海社会经济"十二五"规划和上海国际航运中心"十二五"规划及浦东经济发展现状，浦东新区从"十二五"起明确提出了核心功能区建设的目标。

（一）核心功能区建设由来

浦东新区提出建设上海国际航运中心核心功能区，是加快推进上海国际航中心建设和浦东新区经济转型发展需要的结果。

1. 加快推进上海国际航运中心建设的需要

2009年4月14日，国务院颁布《国务院关于推进上海加快发展现代服务业和先进制造业建设国际金融中心和国际航运中心的意见》，明确提出"上海加快发展现代服务业和先进制造业，建设国际金融中心和国际航运中心"。5月8日，上海市政府随之出台《上海市人民政府贯彻国务院关于推进上海加快发展现代服务业和先进制造业建设国际金融中心和国际航运中心意见的实施意见》，进一步明确"全力配合国家有关部门，加快推进国际航运枢纽港、现代航运集疏运体系和现代航运服务体系建设，努力增强国际航运资源整合能力，提高综合竞争力和服务能力。到2020年，基本建成航运资源高度集聚、航运服务功能健全、航运市场环境优良、现代物流服务高效，具有全球航运资源配置能力的国际航运中心。"随着国务院19号文的深入落实，上海国际航运中心建设加快，并进入提升基础设施能力与完善服务软环境阶段。

但面对日益激烈的国际竞争，上海国际航运中心建设过程中出现的体制机制问题也日益突出。基于此，2012年5月，上海市出台了第一个航运中心建设规划——《上海市加快国际航运中心建设"十二五"规划》，这也是上海开展"四个中心"建设以来首次专门针对某个中心建设而出台的规划。该规划明确提出"建成具有较强服务功能和辐射能力的国际航运中心"的目标。此后，上海市、区县紧紧围绕这个目标积极进行探索，并取得了举世瞩目的成绩。如2009年开始国际航运发展综合试验区建设、2014年邮轮游客突破100万人次，等等。在此过程中，区县积极性再次得到激发，产生了一定的竞争效应，发挥的作用也日益明显。作为集疏运体系最为完备、港口条件一流、产业体系好的浦东新区，也对如何推动加快国际航运中心建设进行战略思考和部署。正是在这样的背景下，浦东新区提出了核心功能区建设的目标。

2. 浦东新区经济转型发展的需要

浦东开发开放以来，一直重视航运业及相关领域发展。2009年国务院19号文出台后，浦东就提出以核心功能区建设为抓手，进一步推进航运业发展，但当时没有正式出台相关规划。2012年，上海市"十二五"规划、浦东新区"十二五"规划及上海国际航运中心"十二五"规划相继出台，浦东新区正式公布了"核心功能区布局"，将浦东航运在"十二五"期间定位为"国际航运中心推进的主战场、全球航运资源配置核心区、现代航运服务高地、国际航运发展综合试验区、航运文化发展示范区"。

（二）浦东新区建设核心功能区的优势

1. 国内最具优势的航运发展体制和机制

浦东新区在上海国际航运中心核心功能区建设的过程中，已对加快推进国际航运中心建设做了大量的探索和实践，特别是有关体制和机制创新方面，具体事件有航运综合试验区建设和上海综合保税区成立。

航运综合试验区建设始于2009年，空间区域包括洋山保税港区、外高桥保税区、浦东机场综合保税区。航运综合试验区能全部位于浦东新区，无疑是上海对浦东新区航运业发展的肯定和期望。之后，上海航运综合试验区建设逐步推进，特别是在2012年，随着国际航运中心建设的推进及前期部分政策效应的逐步显现，国际航运发展综合试验区建设实现了许多突破。例如，2012年3月中国洋山港"保税船舶登记"启动；2012年4月期货保税仓单质押业务也在洋山保税港区正式启动运作；2012年8月1日起青岛前湾港、武汉阳逻港与上海洋山保税港区之间试行启运港退税政策；2012年8月10日，中国交通运输部与上海市人民政府联合签署加快推进国际航运中心建设深化合作备忘录；等等。这些实践活动，为浦东建设国际航运中心核心功能区创新创造了良好的体制环境。

与此相伴随的是，上海综合保税区管理委员会的成立和运作。2009年11月，上海综合保税区管理委员会作为上海市政府派出机构，正式挂牌。综合保税区管理委员会的成立，并不是简单的"三区"合并，而是区域管理模式和发展方式的探索改革，以实现"三港三区"联动发展，推动产业结构优化升级。例如，综合保税区管委会不断优化审批程序和流程、推广告知承诺和并联审批、减少审批事项，提高审批效率，同时，还积极推动"三区"统一立法，

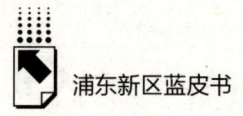

等等。这种区域管理模式和发展方式的探索改革，为核心功能区建设提供了机制创新空间。

2. 国际一流的港口条件和区位优势

基于国际、国内、上海市三个层面，浦东均具有国际一流的港口条件和区位优势。这不仅为浦东建设核心功能区提供了硬件优势，也使浦东承担上海国际航运中心核心功能区重任成为必然。

从国际层面看，上海距离西欧和北美的路程相等，是国际航运主干线的重要起讫点。如世界上有亚欧航线、太平洋航线和大西洋航线三大干线，其海运量占全球贸易总量的80%。上海港正好位于亚欧航线和太平洋航线的起点。另外，与香港、新加坡等国际中转港相比，上海背靠中国最发达的经济地区——长江三角洲，有着广袤长江经济带作为支撑。2013年，沿长江九省二市GDP约占全国的45.6%。

从国内层面来讲，上海港处于中国海岸线中心，拥有南北货物的中转和与世界其他商埠交往的有利区位。上海地处北亚热带季风带，气候温和湿润，是中国海岸最北的终年不冻港，胜过天津、青岛和大连港。与南方各港口相比，上海又因距离黄浦江口仅14英里，不易受台风的侵袭，成为天然良港。另外，上海很少出现耽误船舶航行的大雾。近年来，为了满足船大水深条件，上海还相继完成洋山深水港三期工程建设，拥有多个12~16米深的码头，具有国际一流的港口作业平台。

与宁波等周边港口相比，上海港的区位优势也很明显。例如，上海位于长江出海口，能很便捷地通过长江这一黄金水道进入富庶的长江流域，宁波港则缺乏长江依托这种地利优势。有当代地理学者曾用"背靠陆地、面向海洋、依临长江、内怀黄浦"概括上海市空间要素。这种空间要素有利于水水中转，也容易实现水、陆、空多式联运。

与上海市其他区县相比，浦东新区的优势更加明显，如浦东新区的海岸线距离最长，岸线占全市岸线的2/3。目前，浦东新区海岸线开发利用率超过80%。浦东新区的岸线功能分布又非常齐全，按照岸线功能可分为五类：产业岸线、生态岸线、生活岸线、市政岸线以及预留岸线。

3. "五龙汇聚"的现代化港口集运体系

浦东新区目前已拥有相当完善的现代化港口集运体系。表现一，港航设施建设成绩显著。如东海大桥通车，洋山深水港区一期、二期、三期，外高桥四期、五期、六期等重大工程项目相继投入使用。这些设施全部在浦东新区。表现二，公路建设进展顺利。如"十一五"期末，"两环、九射、一纵、一横、两联"的高速公路网基本覆盖浦东新区。表现三，铁路建设全面提速。浦东铁路将跨越长江，连通崇明和江苏南通，向南连接浙江乍浦，成为沿海大通道的重要组成部分。2005年12月浦东铁路一期工程完成，2010年浦东铁路Ⅱ期工程建成投入运营。表现四，航空枢纽建设步伐加快。上海拥有浦东、虹桥两大国际机场，位于浦东新区的浦东国际机场货邮吞吐量连续多年位居全球第三，国际航空货运枢纽地位基本确立；2013年旅客吞吐量达47498157人次，居全球第21位。

4. 功能相对完备的产业体系

浦东新区基本形成陆家嘴、洋山临港、外高桥和临空地区四大航运服务集聚区的发展格局，航运资源和产业要素相对集中。

浦东新区目前已集聚了大量航运及相关服务企业，功能相对完整、具有一定的相互配套能力的产业体系基本形成。从空间布局看，这些产业体系分别分布在四个区域：600余家航运服务企业集聚洋山及临港地区，国际航运发展综合试验区效应初显；包括挪威、汇丰、花旗银行等近150家航运金融企业和中国船级社上海分社、上海海事法院、中国海事仲裁委员会上海分会、上海船舶运输科学研究所、上海组合港管理委员会等上百家航运机构和组织，共计近500家航运相关企业及机构落户陆家嘴航运服务发展区，航运金融服务初具规模；外高桥保税区则集聚上千家航运物流类企业，贸易物流服务功能显著。临空航运服务发展区的航空产业特色突出，目前已集聚400余家各类航空配套服务企业。

5. 金融中心的平台优势

航运业是一个资金密集型行业，港口和船舶建设需要大量资金，航运投资、融资、结算和海上保险等高端服务业最具潜力。另外，运输生产本身也是国际范围内资金流转的过程。浦东新区已成为全国金融产品最丰富、金融市场最健全的地区，截至2014年3月底，浦东新区已经成为国内持牌金融机构和股权投资及管理企业最密集的地区，拥有监管类金融机构803家，各类股权投资企业1601家，融资租赁企业192家，财富管理公司334家。①

---

① 上海市十四届人大常委会第十五次会议公布的资料。

（三）核心功能区主要任务

1. 在高端航运服务方面实现跨越式发展及重大突破

本研究认为，所谓具有全球航运资源配置能力，必须具有一定的话语权。当前，最重要的话语权通常表现为两个方面：一是定价权，二是规则制定权。而高端航运服务业，不仅具有高附加值，而且更能影响定价，其规则制定，也更具全球性。因此，发展高端服务业，是建成具有全球航运资源配置能力的国际航运中心的重要载体。

近年来，上海集疏运体系及物流园区建设取得较大发展，依托陆家嘴金融中心航运金融也有所发展，但整体而言，上海国际航运中心的现代服务业水平仍离国际航运中心的目标有较大的差距。因此，浦东国际航运中心核心功能区建设的第一个主要任务是在高端航运服务方面实现跨越式发展并找到重大突破口。

2. 加强区域合作

上海国际航运中心建设，不仅要满足上海社会经济发展的需要，也应更好地满足周边地区和全国国际航运发展要求。但受制于行政体制及历史原因等，我国区域合作效果长期得不到体现。例如，现代航运集疏运体系中，交通运输规划和港口、城际轨道交通等重点专项规划缺乏区域合作；尽管上海港 EDI 中心及电子口岸平台一直走在全国前列，但上海港与长江干线港口在港口、航运、物流、监管等信息共享和应用方面，缺乏共享平台。

基于此，浦东国际航运中心核心功能区建设的第二大任务是加强区域合作。

3. 加快国际化进程

国际航运中心，必须是全球性、国际性的中心。加快国际化进程无疑是浦东国际航运中心核心功能区建设的另一重大任务。

二 国际航运中心核心功能区建设面临的主要挑战

（一）国际国内竞争加剧

1. 国际竞争出现加剧趋势

成熟的国际航运中心，纷纷提出重振高端航运服务业。例如，伦敦积极筹划、举办国际航运周，组团参与希腊海事展、挪威海事展等一系列活动，伦敦还加强公共部门与私营部门前所未有的共同合作，英国政府则成功完成了船舶吨位税制度改革，等等。资料还显示，目前，落户伦敦航运中心的全球政府间专门国际航运组织达15个之多，承接航运保险业务的全球顶尖保险公司有20家。成熟的国际航运中心重振国际竞争力，无疑加剧了国际航运中心的竞争。

区域性国际航运中心，充分利用已有优势进一步提高区域竞争力。例如，新加坡在失去集装箱吞吐量世界第一的情况下，利用长期积累的吞吐量世界地位、中转优势及自由港政策，已成功衍生出了许多附加功能和业务，极大提升了国际航运中心的综合服务功能。目前，航运资金结算、船舶融资等业务已取得了长足进步，并成为航运企业总部在亚洲布局的首选之地。

2. 国内竞争史无前例

继上海提出建设国际航运中心以来，大连、天津、厦门、青岛先后提出建设国际航运中心。2008年，大连首先提出《大连东北亚国际航运中心发展规划》；2011年《国务院关于天津北方国际航运中心核心功能区建设方案的批复》（国函〔2011〕51号）正式下发；2012年福建提出全力推进厦门东南国际航运中心建设〔见《福建省人民政府关于支持厦门东南国际航运中心建设十条措施的通知》（闽政〔2012〕50号）〕；在"2014中国·青岛海洋国际高峰论坛"上，山东海运联盟成立，并提出"以航带港，加快建设青岛'第四代国际航运产业服务集聚区'"的战略构想。尽管这些国际航运中心前面冠以"东北亚""东南""北方"等字样，但它们的加入，无疑加剧了国内国际航运中心的竞争。

除此以外，国内区域性国际航中心建设也不断推出，进一步加剧了沿海、沿江国际航运中心建设的竞争。例如，《国务院关于依托黄金水道推动长江经济带发展的指导意见》明确提出加快上海国际航运中心、武汉长江中游航运中心、重庆长江上游航运中心和南京区域性航运物流中心的建设。

（二）区域竞争激烈

近年来，随着加快建设上海国际航运中心及市区两级行政体制改革的推进，多个区县推进国际航运中心建设的积极性明显增强，成效也相当显著。

资料显示，虹口区、宝山区、黄浦区2014年在国际航运中心建设方面取得了显著成绩,成为浦东新区潜在的竞争者。以虹口为例,虹口原来就有数量较多的航运服务企业及航运服务平台,如,中海集团、中海财务、航交所等。依托这些企业,虹口区政府近年来不仅助力航交所等服务平台推出一系列走在全国前列并跻身世界先进行列的信息交易系统、运价指数等衍生产品,还充分利用区内财富管理中心平台,大力引进各类金融机构,打造航运金融新增长点。《虹口航运服务业"十二五"规划》明确提出在"十二五"期间,虹口以"高端航运服务业为中心,优化航运产业机构,提高航运产业能级","将北外滩打造成上海中央核心商务区之一,聚集高端航运服务业,不断提升北外滩航运服务能级,集聚金融服务要素",要使"北外滩在上海国际航运中心和上海国际金融中心中的地位更加突出"。国际航运中心建设在多个区县的切实推行,一方面促进上海国际航运中心核心功能区的建设,另一方面也给浦东新区带来了竞争压力。

(三)体制机制制约

1. 国际航运中心建设的体制约束仍然存在

分析发现,核心功能区建设面临的体制约束依然存在。主要表现为:①缺乏与国际接轨的完善的法律体系。目前,上海仍没有能力根据国际航运规则,参考本国或本市的实际情况,制定和实施体现国际化、公开化的航运法律、法规和制度。但这些恰恰是上海国际航运核心功能区建设所需要的制度保障,也是实现上海国际航运中心建设实现国际化的重要指标。②缺乏完善监管体制。有了健全的航运法令,还必须有相应的监督机制与之相配合,否则成效必然不佳。目前,落户浦东的国际航运组织仍不多,基本仍属于原有框架下的监管体制,制约了核心功能区可持续发展。③航运服务体系有待进一步提高。充分、合理、公平竞争的航运交易、航运融资、海事保险、航运经纪、航运咨询、船舶管理、海事法律、航运人才、口岸服务等服务体系,不仅能提高上海航运服务业水平,还能以低成本提供高效率的航运服务。

上述体制方面的挑战,部分是可以由浦东新区进一步完善的,但较大部分已超出了浦东新区管辖范围,是国家层面上的体制改革问题。对此,浦东在建设国际航运中心核心功能区建设时会面临更大挑战,也更需要充分利用中国(上海)自贸区溢出效应,尽早尽好地承接制度红利。

2. 国际航运中心建设的机制约束并没有完全消除

综观世界国际航运中心形成和发展，两种模式比较突出：以伦敦和纽约为代表的市场主导型发展模式和以新加坡、东京等城市为代表的政府主导型发展模式。随着人们对市场和政府关系的进一步认识，世界经济发展变化及全球治理模式的转换，公私合营的 PPP 模式得到越来越多的关注和实践。上海国际航运中心建设，从整体上讲，可以归入政府主导型。如，1996 年 1 月，以上海为主体，浙江和江苏为两翼的上海国际航运中心建设正式启动，是在国务院的直接组织指挥下进行的；初期建设，又是在各级政府政策支持下顺利进行。必须承认，这种以政府主导为主的发展模式，卓有成效地推进上海国际航运中心建设，但也必须看到，在这个过程中，市场也提供了重要力量支撑，且需要发挥越来越大的作用。

上海国际航运中心核心功能区建设，无疑需要发挥政府和市场两种资源和两种力量。但目前，如何协调这两种资源和力量，仍存在许多障碍。如区域联动发展需要江浙沪三地政府协调，目前行政区域特征仍相当明显；多式联运需要海、陆、空三种运输方式和运输单位通力合作，但目前各方管理机制、技术标准、考核评价均存在差异。因此，机制约束是国际航运中心核心功能区建设的又一挑战。

三 上海自贸试验区建设对国际航运中心核心功能区的影响

"十二五"期间，浦东航运功能建设从以集散功能为主向集散功能与服务功能并重转型，随着上海自贸试验区建设的推进，浦东充分利用地理优势和前期积累，承接制度红利，推动航运中心核心功能区建设，进一步提升航运能级。

（一）进一步完善集疏运体系：提升上海国际航运中心核心功能区的枢纽功能

2013 年是浦东继世博配套建设之后，重大工程建设规模最大的一年。进入 2014 年，浦东新区并没有满足于现状，而是从实施"十二五"规划及浦东二次创业出发，抓住自贸区建设契机，聚焦区内重大项目，在集疏运体系建设方面又上了一个台阶，进一步提升上海国际枢纽港地位。

1. 进一步提高国际枢纽港地位

从全球港口集装箱吞吐量来看，上海港自2010年首次超过新加坡港成为世界第一后至今仍保持领先位置。截止到2014年9月，上海港集装箱吞吐量为2644万标箱，货物吞吐量为4.08亿吨①。根据2014年上半年集装箱吞吐量全球前十大港口排名，上海港同期超过排名第二的新加坡港72.86万标箱（见表1）。国际枢纽港地位进一步得到提高。

表1　2014年上半年集装箱吞吐量全球前十大港口排名

单位：万标箱，%

排名		港口名称	2014年上半年		2013年上半年	
2013年	2014年上半年		数量	同比增长	数量	同比增长
1	1	上海	1723.46	5.51	1633.50	2.01
2	2	新加坡	1650.60	4.37	1581.44	1.09
4	3	香港	1111.40	2.59	1083.30	-8.22
3	4	深圳	1096.43	-0.64	1103.52	2.05
6	5	宁波－舟山	961.82	13.08	850.54	5.94
5	6	釜山	911.47	3.48	880.84	3.00
7	7	青岛	836.82	7.96	800.15	10.43
8	8	广州	771.11	8.20	712.64	1.54
10	9	天津	688.76	5.87	650.6	11.12
11	10	鹿特丹	601.40	1.88	590.30	0.77

资料来源：上海港口网。

2. 进一步巩固在长三角、长江流域枢纽港地位

2014年，浦东完成的一系列重大工程中，如基本完成中环线浦东段建设的60%，做好申江南路两个区对接项目等。其中，最重要的一项工程是大芦线航道建设，进一步巩固了上海在长三角、长江流域枢纽港地位。

大芦线航道由临港新城段和大治河段组成，发源于黄浦江，流经浦东新区直至芦潮港内河集装箱港区同盛大道。大芦线航道不仅是上海市"一环十射"

---

① 上海港集团网站，http：//www.portshanghai.com.cn/jtwbs/webpages/server_teu.html。

规划干线航道之一,也是长江三角洲地区高等级航道网的主要组成部分,成为贯穿洋山深水港区和江浙两省重要国家级集装箱运输主通道。如果说,前者的意义仅限于上海,紧迫性还不是很突出,但后者的作用就非同小可。2007年和2010年上海港先后获得并一直保持货物吞吐量和集装箱吞吐量全球第一以来,上海国际航运中心建设从数量规模向质量效率推进。首要路径即提高物流中转效率,降低物流中转成本。国际经验显示,水水中转方式是最为经济的发展方式。但上海港公路、水路和铁路运输方式按照吞吐量计算,比例依次为87∶10∶3,而鹿特丹为58.6∶30.5∶10.9,安特卫普50.0∶43.0∶7.0。因此,大芦线航道的建设,不仅提升上海集疏运体系功能,更将促进长三角、长江流域的水水运输方式发展。

2014年初,大芦线航道一期工程(临港新城段)正式完工交付使用,不仅水深达4.5米,可通航千吨级船舶,而且因港口停泊区泊位长约1公里,同时可满足15艘500吨级建材船舶及15艘90标箱型船停靠。由洋山港区输运至江苏、浙江部分地区货物可由大芦线航道直接通过内河集装箱船舶完成,最大量可达港区设计吞吐量的1/10,极大缓解了上海陆上交通压力,还显著降低了物流成本。另外,该航道还建有浦东首个,上海最大规模的内河水上港口服务区,该服务区有3200平方米的加油加水站,3000平方米的综合区,港航管理站和安全监控指挥中心都配有船舶交通管理系统等信息化设备。这个服务区显著提升了浦东在长三角流域内河航线的枢纽地位。2014年9月,大芦线航道整治二期工程(老港书院段)初步设计获批复,标志着大芦线航道(大治河段)正式启动。

(二)助力航运金融发展:促进上海国际航运中心核心功能区的高端化

自贸区挂牌运行来,金融制度创新取得了积极进展,并成为自贸区制度创新的重中之重。其中,助力航运金融发展促进了上海国际航运中心核心功能区高端化。

1. 航运金融业务规模进一步扩大

根据渠道划分,航运融资可分为银行融资、租赁融资、出口信贷机构融资和PE四种类型。通常,银行融资占了较大比重。受欧洲银行对船舶融资的收紧政策影响,2014年,全球银行融资占比降低,但从国内来看,仍占26%左右规模；融资租赁和出口信贷机构融资呈上升趋势，以工行融资租赁为例，截止到2014年9月，共管理船舶286艘，涵盖散货船、集装箱船、LNG船、豪华邮轮、LPG船和钻井平台等。另外，PE渠道也发展迅速。据估计，2014年将实现140亿美元的融资额，比2013年53亿美元增长了168%①。2014年，航运保险也有了一定进展。继中国人保、中国太保、中国平安、阳光产险及永安保险之后，华泰财险成为第6家在沪设立航保中心的险企，2014年6月，华泰财险航运中心在自贸区正式成立。至此，全国所有的航运中心均落户上海。2013年全国约25%的航运险在上海实现。

2. 上海航运金融产业基地助推航运金融产业发展

2014年10月14日，上海航运金融产业基地在浦东陆家嘴金融贸易区成立。截止到2014年10月，已经集聚3000多家各类金融机构和金融专业服务机构。

上海航运金融产业基地不仅为行业内客户提供一站式服务综合体，来全面降低经营成本，同时还提供一个有效的信息交流、知识积累、业务拓展和人脉网络的平台。例如，上海航运金融产业基地创建了友好的咖啡间等开放空间和实施完备的会议场所，为行业内的公开交流和私密商业会议提供理想的场所；除了在图书室和公共展示区域提供展示公司产品和服务的空间，还为企业在相关行业论坛峰会、研讨会、聚会以及相关新闻和消息发布渠道上提供免费赞助名额和演讲机会，并将相应的产品和服务推向目标客户。

3. 陆家嘴航运金融高端服务功能集聚进一步突现

截止到2014年10月，陆家嘴金融贸易区集聚法人外资金融银行总部机构18家，财富管理公司300多家，多家第三方支付，以及包括大智慧、四大会计事务所在内的456家金融专业服务机构。另外，陆家嘴金融贸易区还与伦敦金融城合作，成立政策咨询委员会。依托和借力这些金融资源和良好的金融经营环境，陆家嘴航运金融高端服务功能集聚进一步突现。

（三）加强区域合作：提升上海国际航运中心核心功能区的区域联动功能

上海自贸区建设推动上海国际航运中心核心功能区区域联动发展。

---

① 此处数据均为全国数据，来自2014年陆家嘴航运论坛资料。

1. 带动长三角、长江流域发展

中国（上海）自贸试验区挂牌在上海，但以外向型经济为主的长三角不仅是上海自由贸易试验区的强大腹地，而且也是上海自由贸易试验区可推广、可复制政策的首要溢出效应地。长三角、长江流域联动发展，无疑是自贸区承载的一个重要任务。2014年，上海国际航运中心核心功能区建设也加强了对长三角、长江流域的服务，积极探索进一步联动发展机制，实现长三角更好的联动发展。

如上所述，2014年，浦东加强内河水运建设，为推动长三角流域水水中转提供了强有力的基础设施条件；2014年5月，海关总署明确表示将研究区域通关一体化改革，将自贸区探索的通关经验重点向长江流域符合条件、发展潜力大的地区设立口岸推广实施。

2. 四大航运服务集聚区加强互动

"十二五"期间，浦东新区已基本形成陆家嘴、洋山临港、外高桥和临空地区四大航运服务集聚区的发展格局。相对集中的航运资源和产业要素，促进了四大服务航运服务集聚区各自的服务功能特色，持续增强了浦东新区航运经济的贡献能力。如洋山及临港地区和陆家嘴航运服务发展区分别集聚大量航运服务企业和航运相关企业及机构，外高桥保税区集聚上千家航运物流类企业，临空航运服务发展区则以各类航空配套服务企业为主，航空产业特色突出。

为加强四大航运服务集聚区联动，2009年，上海航运服务管理体制实行改革，包括洋山保税港区、外高桥保税区（含外高桥保税物流园区）及浦东机场综合保税区在内的航运服务集聚区合并组成综合保税区。但由于体制机制及浦东区域较大等原因，这四大航运服务集聚区联动效应仍然有限。中国（上海）自由贸易试验区建设，则较快推动了浦东四大航运集聚区的互动。首先，自贸区管委会从外高桥搬迁到临港，从区域位置看，进一步增强了临港与外高桥的联系；其次，由于自贸区内制度创新带来的示范效应显著，四大航运集聚区积极参与，容易找寻到互动点；最后，自贸区建设带来的贸易和投资便利化，不仅对外高桥物流园区产生直接的带动作用，而且产生大量高端航运服务需求，区内区外企业需求成为四大航运集聚区互动的内在动力。

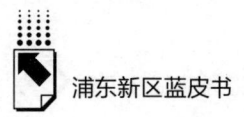

（四）体制机制创新：提升上海国际航运中心核心功能区的国际化水平

国际航运中心建设必须面向国际，从政府角度来看，提升国际化能级，必须实施与国际接轨的规章制度、监管体制。

1.法律法规体系的新探索提升了航运话语权

自贸区挂牌以来，适合试验区的法律体系也在积极探索中，除了暂停部分法律外，试验区推出了一系列自贸区内适用的、与国际法则接轨的法律法规和商业管理规则。如按照国际惯例，许多纠纷处理，可以由协会调解，或国际仲裁机构仲裁，只有涉及特定事项时，政府才能依法处理。2013年底，我国首家航运保险协会——上海航运保险协会在自贸区成立，它不仅为保监会出台促进自贸区建设的细则落地提供了平台，也标志着航运保险业市场化程度的进一步提高。部分航运保险纠纷可以通过这个协会协调，或由这个协会出面提交国际仲裁机构。

更为重要的是，这种"去行政化"的商事机构，一定程度提高了上海国际航运话语权。成立于2003年的中国海事仲裁上海分会（注册地在浦东），自贸试验区成立后，积极探索在自贸试验区建立与国际接轨的高效海事仲裁程序管理模式，依托各方面力量，拓展海事仲裁的增长空间，努力将上海建设成中国的海事仲裁中心，打造成亚太地区的海事仲裁中心。2014年，中国海事仲裁上海分会发布了"标准船舶融资租赁合同"，这是我国航运业首次发布的标准合同，被称为"上海格式"的合同文本。这合同文本首创人民币结算、推荐适用中国仲裁解决争议，突破了波罗的海航运公会等权威组织尝试未果的难题，标志着中国航运业不再完全照搬沿用西方国家的合同、标准，而是积极参与或制定中国规则。

2.创新监管模式，营造良好的监管环境

浦东开发开放以来，一直担负着为全国面上的改革探索点上的经验的战略任务。2014年9月，国家发展改革委总结40条全国综改经验，其中11条经验来自浦东。如表2所示，2014年上半年，浦东各区级机关累计核减行政编制299名，核减内设机构39个，精简率分别达到15%和16%。调研发现，与此同时，37家浦东区级机关共选派100多名干部下沉到基层，使年轻干部有平台接受锻炼和考验。

表2　2014年浦东政府机构和人员精简情况

指标	核减	精简率(%)
行政编制	299名	15
内设机构	39个	16

在此基础上，浦东新区还充分发挥中国（上海）自贸试验区在浦东的优势，率先复制、推广上海自贸试验区的改革创新成果，积极、主动对接自贸试验区首批可复制可推广的项目。以海关监管创新制度为例。截止到2014年8月，上海海关共在自贸试验区内推出23项监管创新制度①，并从2014年8月18日起，向全市推广17项措施。其中，浦东作为上海四个复制推广示范区之一，共承接了其中8项制度红利，占比达47%，包括总部经济、平台经济、高端服务业等领域。具体包括：张江空运服务中心复制自贸试验区"先进区、后报关"制度；金桥（南区）复制了自贸试验区"区内自行运输"和"一次备案、多次使用"等制度；钻交所等海关特殊监管区和内新国际博览中心、世博展览馆等"海关监管指定展馆"，成功复制自贸试验区"保税展示交易"制度；康桥地区还重点复制推广"加工贸易工单式核销"。这些制度使浦东新区物流、货代、园区建设实现多元化发展，也促进了浦东加工贸易转型升级，为浦东下一步开展融资租赁，以及迪士尼项目和奥特莱斯项目开展保税业务奠定基础。从企业经营成本来讲，则直接降低了物流成本，资料显示，2014年1~6月上海自贸试验区企业物流成本降低了10%。②

四　展望

上海国际航运中心核心功能区建设是一个长期过程，也是一个历史过程。随着上海国际航运中心建设进一步推进及转型发展，核心功能区的主要任务也必须随之调整。展望2015年，上海国际航运中心核心功能区将有以下趋势。

---

① "自主保税、海关重点稽核"制度于9月推出。
② 《海关复制推广自贸试验区监管创新》，中国（上海）自由贸易试验区网站，http://www.china-shftz.gov.cn/NewsDetail.aspx? NID = a961ed2a - e918 - 4d38 - 86f6 - 3b61a22df18b&CID = f672f518 - 99a3 - 4789 - 8964 - 1335104906b4&MenuType = 1。

1. 区域化功能进一步加强

2014年8月，国务院出台《国务院关于依托黄金水道推动长江经济带发展的指导意见》，促进经济增长空间从沿海向沿江内陆拓展、推动我国经济提质增效升级。为此，肩负综合配套改革试点的浦东新区必将进一步发挥引领作用。2015年，又是自贸区挂牌两周年，新一轮制度创新必将推出，浦东在承接制度红利的同时，必将发挥更强的示范带动效应。

2. 国际话语权将进一步提升

形成具有全球航运资源配置能力的国际航运中心，必须具有国际话语权。在充分利用自贸区建设的契机，总结2014年国际话语权提升的经验基础上，2015年上海国际航运中心话语权将进一步提升，一方面，"上海格式"的船舶融资租赁合同将成为一种常态，另一方面，航运保险条款有望成为下一个突破口。

参考文献

沈开艳主编《上海经济发展报告（2014）》，社会科学文献出版社，2014。
沈开艳主编《上海城市功能转型》，上海人民出版社，2013。
旭莲：《伦敦国际航运中心重振竞争力》，《航海》2010年第10期。

制度创新篇

Reports on Institution Innovations

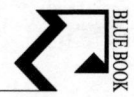

B.7

浦东新区综合配套改革试点中的政府职能转变情况评估

叶青 沈开艳 彭辉 邓少岭 于琼*

摘 要： 浦东作为全国第一个国务院批准的综合配套改革试验区，是新时期国家深化改革的重大战略部署，也是上海在更高起点、更大范围、更高层次上进行制度创新、先行先试的主要地区。根据上海市人大常委会2014年度工作要点，对本市贯彻实施《上海市人大常务委员会关于促进和保障浦东新区综合配套改革试点工作的决定》（以下简称《决定》）情况进行执法检查被列为常委会重点监督项目之一。本课题通过评估《决定》

---

* 叶青，法学博士，上海社会科学院副院长、法学研究所所长，研究员，主要研究方向为刑事诉讼法、证据法；沈开艳，经济学博士，上海社会科学院经济研究所副所长，研究员，主要研究方向为宏观经济、政治经济学；彭辉，法学博士，上海社会科学院法学研究所副研究员，主要研究方向为知识产权；邓少岭，法学博士，上海社会科学院法学研究所副研究员，主要研究方向为法理学、法哲学；于琼，上海社会科学院法学研究所硕士研究生。

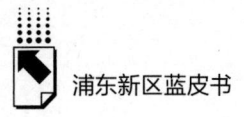
浦东新区蓝皮书

的落实情况，重点检查贯彻《决定》对于转变政府职能的落实情况，通过评估起到促进浦东新区为全市深化改革和扩大开发探索新思路、新途径，形成可复制、可推广试点经验的作用。

关键词： 综合配套改革　政府职能转变　评估

上海浦东作为中国改革开放的象征和社会主义现代化建设的缩影，在我国改革开放进程中具有特殊地位和战略意义，其每一步改革发展都备受外界关注。浦东综合配套改革试点是国务院批准的第一个全国综合配套改革试验区，是新时期国家深化改革的重大战略部署，也是上海在更高起点、更大范围、更高层次上进行制度创新、先行先试的重大机遇。《上海市人大常务委员会关于促进和保障浦东新区综合配套改革试点工作的决定》（以下简称《决定》）自2007年实施以来，对落实国务院批准上海浦东新区进行综合配套改革试点工作，支持、促进、引导和规范浦东新区综合配套改革，为浦东新区综合配套改革突破体制性障碍和先行先试提供法制保障都具有重要意义。

2014年，浦东综合配套改革已进入第10个年头。市政府和浦东新区先后制订和实施了三轮"三年行动计划"，滚动推出了200多项改革任务，在重点领域和关键环节迈出了实实在在的改革步伐。根据市人大常委会2014年度工作要点，对本市贯彻实施《决定》情况进行执法检查被列为常委会重点监督项目之一。本课题组受市人大法制委委托，旨在评估《决定》的落实情况，聚焦浦东能突破、上海能推广、全国能借鉴的重点改革事项，结合浦东综合配套改革试点工作推进情况，重点检查贯彻《决定》对于转变政府职能的落实情况，通过本次评估，总结提炼改革成果，宣传推广改革经验，积极营造改革氛围，促进浦东新区为本市全面深化改革和扩大开发探索新思路、新途径，从而在全市形成可复制、可推广的试点经验。

一　评估工作的实施步骤及思路

评估工作主要对《决定》中转变政府职能情况从大部门制改革、区域管理体制、简政放权改革、行政审批流程、监管体制优化、权力公开透明、社会组织培养、基层治理机制等 8 个维度进行综合分析评估，总结《决定》实施以来市政府和浦东新区在转变政府职能方面的重大举措和改革措施。市政府和浦东新区根据《决定》授权制定相关规范性文件及其实施和备案情况，以及浦东新区在转变政府职能、转变经济运行方式过程中遇到的主要困难和需要解决的问题，提出进一步完善《决定》，加快推进和更好地保障浦东新区综合配套改革试点工作的意见和建议。

转变政府职能的总体目标是构建从事经济调节、市场监管、社会管理、公共服务的责任政府，注重制度环境建设和改造的服务政府以及依法行政的法治政府。围绕正确处理政府、市场、社会三者关系，进一步转变职能、优化体制、提高效能，打造职能科学、结构优化、廉洁高效、人民满意的服务型政府。为此，课题组根据《浦东综合配套改革试点总体方案》，构建了《决定》实施情况评估指标体系，一级指标为本市促进和保障浦东新区综合配套改革试点工作之转变政府职能水平；二级指标为大部门制改革、区域管理体制、简政放权改革、行政审批流程、监管体制优化、权力公开透明、社会组织培养、基层治理机制等 8 项内容，见图 1；三级指标为相应二级指标的进一步细化和分解。经统计，本课题所设计的指标体系有一级指标 1 项，二级指标有 8 项，三级指标有 33 项（见表 1）。

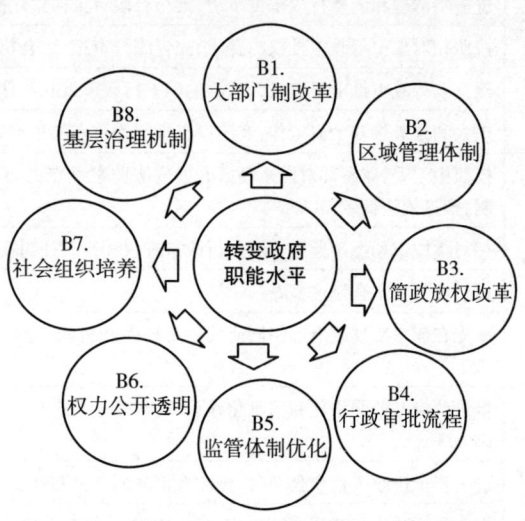

图 1　浦东综合配套改革评估二级指标

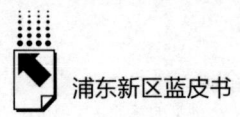

表1　《决定》实施情况评估指标体系

一级指标	二级指标	三级指标
本市促进和保障浦东新区综合配套改革试点工作之转变政府职能水平A	大部门制改革B1	建立科学的政府绩效评估指标体系,使政府行政部门的绩效考核最终体现在落实科学发展观上C1
		按照"经济调节、市场监管、社会管理、公共服务"的要求,创新政府组织架构C2
		优化行政组织的社会管理和服务功能C3
	区域管理体制B2	建立科学的决策程序、高效的执行系统、强有力的监管体系C4
		争取海关、检验检疫、质量监督、金融等中央管理部门将浦东作为行政管理改革的试点区域,创造适应国际通行规则的经济运行环境C5
		探索建立条块互补、职能整合的行政管理体制,形成市、新区、功能区域、街镇职能互补的结构C6
		逐步完善功能区域职能和事权,做实功能区域,实施扁平化管理C7
		全面理顺政事分开、管办分离,理顺政府部门与行政执法类、社会公益类、经营服务类事业单位的关系C8
	简政放权改革B3	理顺上海市与浦东新区的关系,赋予浦东新区更大的自主发展权C9
		加快推进企业投资项目核准制和备案制,落实企业投资自主权C10
		在部门领域,争取国家对非限制类且不使用中央财力投资项目管理权限的下放C11
	行政审批流程B4	深化行政审批制度改革,减少和规范行政审批C12
		进一步清理和调整行政审批事项,推行行政审批格式化操作C13
		按照相对集中行政审批权的要求,完善综合审批、综合执法工作机制C14
		建立以行政审批电子监察为核心的网上行政审批和管理应用系统C15
		扩大和推进告知承诺工作,实施以申报制为重点的年检制度改革C16
	监管体制优化B5	按照中纪委、监察部对浦东新区开展依法监察试点的要求,健全行政监督机制,推进依法行政C17
		相对集中市场经济监管领域的行政检查权和行政处罚权C18
		试行经济检察官制度C19
		率先在浦东实现政府部门同所属的市场中介机构、行业协会、事业单位脱钩C20
	权力公开透明B6	推进政府办公网络化和信息化建设,逐步建立政府与公众之间的互动回应机制C21
		进一步推进政务信息公开,推进政府信息网上公布制度化C22
		探索推进政府行政程序简单化、统一化改革,推进政府业务网络化C23
		通过电子化渠道实现政府内部的相互沟通,提高政府内部运作效率C24

续表

一级指标	二级指标	三级指标
本市促进和保障浦东新区综合配套改革试点工作之转变政府职能水平 A	社会组织培养 B7	实行政企分开、政资分开、政事分开以及政府与市场中介组织分开 C25
		将一部分专业行政管理部门和事业单位转为提供公共服务的社会组织 C26
		健全由居民和介入社区事务的社会服务机构等构成的社区自治组织 C27
		推动非营利性社会组织的改革和发展，积极探索稳步发展非营利性社会组织 C28
		积极培育公益性、服务性社会团体，建立科学的治理结构和运行模式 C29
	基层治理机制 B8	深化乡镇机构和街镇行政管理体制改革，推进街道办事处职能转变 C30
		实行社区建设实体化和管理网格化 C31
		推进社区信息化建设，合理配置和整合行政、社会资源，实现网格内各类资源共享、工作协同 C32
		构建反应灵敏、处置有方、管理高效、服务优质、保障有力的工作机制 C33

二 转变政府职能中已推进的实施事项梳理

政府自身改革是浦东新区综合配套改革的关键所在。近年来，浦东新区以正确处理政府与市场、政府与社会的关系为主线，以"转职能、提效能、提高透明度"为重点，确定了梳理优化政府职能基本原则：凡市场和社会组织能够发挥作用的方面，政府的管理职能应逐步弱化；凡政府能够事后监管的事项，政府的管理职能应由事前审批向事后监管转化；凡政府必须事前审批的事项，应改进工作流程、提高办事效率、降低企业成本。按照这个原则，浦东新区要不断深化行政管理体制改革，加快推进政府职能转变，努力打造小政府、效能政府、服务型政府。课题组通过调研、分析、研究，梳理出浦东新区转变政府职能已推进实施事项 134 项，具体情况见表 2。

表 2 浦东新区转变政府职能已推进实施事项梳理

二级指标	三级指标	指标完成情况	推行时间
大部门制改革 B1	建立科学的政府绩效评估指标体系，使政府行政部门的绩效考核最终体现在落实科学发展观上 C1	推进政府绩效预算改革，以完善部门预算为重点，扩大绩效评估试点范围，完善绩效评价体系，加大评价结果公开力度，探索跨年度预算平衡机制	2008~2014

续表

二级指标	三级指标	指标完成情况	推行时间
大部门制改革 B1	按照"经济调节、市场监管、社会管理、公共服务"的要求,创新政府组织架构 C2	结合两区合并,推进"大部门"区级机构改革,制订和实施区级机构改革方案,确定了"小政府、大社会"的机构设置理念和编制管理约束机制	2009
	优化行政组织的社会管理和服务功能 C3	推进区级机关"瘦身"和基层"强身"工作,将区级机关编制和内设机构核减15%,优化内设机构设置,推动干部和编制资源下沉	2013~2014
区域管理体制 B2	建立科学的决策程序、高效的执行系统、强有力的监管体系 C4	探索优化开发区管理体制,两区合并后,根据新浦东所处大规模开发建设、"二次创业"发展阶段的客观实际,先后建立"4+3"生产力布局,对开发区实行管理层面的整合、统筹和联动;明确开发区管委会管理事权	2009~2010
	争取海关、检验检疫、质量技监、金融等中央管理部门将浦东作为行政管理改革的试点区域,创造适应国际通行规则的经济运行环境 C5	推动"三港三区"联动发展体制创新,设立上海综合保税区管理委员会	2009
	探索建立条块互补、职能整合的行政管理体制,形成市、新区、功能区域、街镇职能互补的结构 C6	进一步调整优化地区工作体制机制,成立地区工作党委,作为区委工作部门,强化区级层面对地区工作的统筹协调	2014
		探索功能区域管理体制	2007~2008
		完善世博地区管理办公室运作机制,统筹管理周边街道经济管理和相关审批职能,建立和三林镇的联动机制	2012
		落实临港地区特别机制和特殊政策,完善临港地区开发管理体制,在临港地区将申港街道和芦潮港镇整合合并为南汇新城镇,并与临港地区开发建设管理委员会合署办公,创新"管镇合一"管理体制	2012
		完善外高桥森兰地区管理体制,委托综保区管委会行使森兰地区开发建设和相关行政管理审批事权,建立与高桥镇的联动机制	2012

续表

二级指标	三级指标	指标完成情况	推行时间
区域管理体制 B2	逐步完善功能区域职能和事权，做实功能区域，实施扁平化管理 C7	推进"强镇优街"工作，强化各镇整合资源、统筹发展的综合管理能力，提高街道精细化管理服务水平	2012~2013
		探索建立"大市镇"体制，对应迪士尼项目，将川沙新镇部分行政区域和六灶镇整体行政区域整合为新的川沙新镇；对应大飞机项目，把祝桥镇整体行政区域和川沙新镇部分行政区域整合为新的祝桥镇	2011
		构建多层次、全覆盖的政府"一门式"服务平台，成立浦东市民中心，采取"一门受理、分流承办、集中收费、限时办结"的方式，为市民提供"一站式"政务服务；以市民中心为基础，建立了包括市民中心和各街镇社区事务受理服务中心在内、覆盖全区的"一门式"服务平台	2006
	全面理顺政事分开、管办分离，理顺政府部门与行政执法类、社会公益类、经营服务类事业单位的关系 C8	全面剥离街道招商引资职能，实行"提高公共财政保障，实施部门预算管理"的模式。强化街道综合管理、监督专业管理、组织公共服务和指导自治组织等职责，促进街道工作重心放在社区服务、社会稳定、社会养老、抚平帮困、社会救助等公共服务职能上	2006
简政放权改革 B3	理顺上海市与浦东新区的关系，赋予浦东新区更大的自主发展权 C9	理顺市区两级事权，市政府先后两次向浦东新区下放事权	2007~2008
		深化城市养护作业市场化改革，出台《关于进一步深化浦东新区区级养护作业市场化改革的实施方案》	2014
	加快推进企业投资项目核准制和备案制，落实企业投资自主权 C10	推进实施内资企业投资项目核准、备案制	2008
		取消外商投资项目可行性报告审批，压缩项目申请和合同章程的审批时间	2008
		推进企业注册登记环节工商、税务、质检三部门联动，登记企业只需一次提交申请材料，即可一次领取"一照两证"	2010
		探索商事登记制度改革，推进注册资本分缴制和"零首付"制	2010
		在张江高科技园区试点信用自评系统，探索通过政府搭台、政企合作，形成政府、金融机构、企业各方认可的信用产品，帮助科技型中小企业解决信用积累和融资难等问题，也为政府简政放权、释放市场主体活力进一步创造条件	2013

续表

二级指标	三级指标	指标完成情况	推行时间
简政放权改革 B3	在部门领域,争取国家对非限制类且不使用中央财力投资项目管理权限的下放 C11	—	—
行政审批流程 B4	深化行政审批制度改革,减少和规范行政审批 C12	清理行政审批事项,通过法律依据调整、市区两级审批合并、事前审批改事后备案、合并事项、改内部征询、改日常管理服务等方式,减少了一批行政审批事项,社会类行政审批事项从最初的724项减少到现在的203项	2005~2014
		减免行政收费,率先在张江高科技园区探索减免企业各类行政费用;在全区推广减免行政收费	2004~2008
		探索技术审批和行政审批相分离,取消建设工程初步设计,对技术性审批事项全部委托审图机构实施	2007~2009
		探索"管办分离"和"一门式办结"行政审批服务模式,在张江高科技园区率先开展项目综合审批和项目化跟踪服务的改革试点	2008
		探索基建领域审批流程再造,创新优化"四个集装箱"建设项目审批程序	2010
		清理和改革社会中介组织评估和评审,按照分阶段并联审批方式,强化审批协同	2011
		创新住所登记方式,推进集中登记,允许同一地址登记为两个或两个以上企业的住所;探索不涉及前置审批的企业住所与经营场所各自独立注册登记的方式	2013
	进一步清理和调整行政审批事项,推行行政审批格式化操作 C13	探索压缩区级前置审批事项,对没有法律法规依据的前置审批予以取消;对确需保留但法律法规未明确先证后照的前置审批事项纳入并联审批和后置审批范围	2008~2013
		通过压缩时限、精简环节、优化流程等方式对审批事项进行调整	2005~2014

续表

二级指标	三级指标	指标完成情况	推行时间
行政审批流程 B4	进一步清理和调整行政审批事项，推行行政审批格式化操作 C13	开展开发区建设工程专项评估评审改革，先后发布了《关于在浦东新区产业园区开展建设工程专项评估、评审改革的实施意见》及相配套的贯彻落实通知，将建设工程审批中企业反响特别强烈的9项"类审批"纳入改革范围，对于已完成区域性评估的地块内的建设项目和符合专业管理标准的建设项目，取消或简化建设项目的专项评估、评审，真正有效地减轻企业负担，加快项目落地	2012
		推进审批事项规范管理，率先编制行政审批标准化建设业务手册、办事指南，率先开发运行"一库两系统"（行政审批事项数据库+行政审批管理系统、"小博士"智能导航系统）	2012~2014
	按照相对集中行政审批权的要求，完善综合审批、综合执法工作机制 C14	探索建立城市管理领域的协调机制，研究解决共性问题和城市管理突发事件，在小陆家嘴地区建立了以街道为载体，公安、交警、城管、市场管理等多方执法力量整合下沉的运作机制；在世博地区成立世博地区城市综合管理领导小组，探索完善世博地区城市管理综合执法机制	2011~2013
		推进外商投资企业设立和变更一口受理，推动企业联动登记在商务、工商、税务、质监、食药监环节的"无证联办"	2014
	建立以行政审批电子监察为核心的网上行政审批和管理应用系统 C15	完善一门式审批服务机制，整合各委办局电子政务网络，构建电子政务、阳光政务平台；推进工商注册、税务登记、企业代码登记等重点审批服务部门进驻市民中心，建立集中受理、协同办理和全程代理服务机制	2008
		建设电子审批服务平台，率先开发运行"建设项目网上联合审批系统"	2009~2012
		开展网上联合审批系统建设，推进市区两级平台与开发区内部审批系统的对接和相关信息数据共享	2013~2014

续表

二级指标	三级指标	指标完成情况	推行时间
行政审批流程 B4	扩大和推进告知承诺工作，实施以申报制为重点的年检制度改革 C16	深化企业准入告知承诺改革，启动行政审批告知承诺信用监管系统开发，完善告知承诺改革配套制度建设，实施告知承诺审批方式的审批事项范围不断扩大，目前经上海市政府批准并进行实际操作的审批事项达 16 项	2009~2010
监管体制优化 B5	按照中纪委、监察部对浦东新区开展依法监察试点的要求，健全行政监督机制，推进依法行政 C17	建立相关部门开工并联审批和竣工联合验收制度，强化事后监管和责任追究	2008
	相对集中市场经济监管领域的行政检查权和行政处罚权 C18	成立城市管理行政执法局和城管执法大队，统一行使市容市政、环境保护、城市规划建设管理、交通、建制镇城市管理等方面的城市管理行政处罚权及相关的权力，促进执法重心下移；同时建立城市网络化管理监督重心和指挥中心，形成城市管理的快速发现和处理机制，强化城市管理综合执法体系建设	2007
		在全市率先启动市场监管体制"三合一"改革，将工商分局、质监局、食药监分局整合成立浦东新区市场监督管理局，统一行使原三局职能，由垂直管理调整为属地管理。完善"一门式、一窗口、一张网、一套表"的市场监管服务模式和综合执法体系，探索构建贯穿生产、流通、消费全过程和行政审批、执法监督、技术支撑相互衔接的监管机制	2013~2014
	试行经济检察官制度 C19	—	
	率先在浦东实现政府部门同所属的市场中介机构、行业协会、事业单位脱钩 C20	对政府职能强化、弱化、转化的内容和方式进行分类梳理，推进政企、政资、政事、政府与中介组织"四分开"，界定政府、市场、社会的权力和责任	2008

续表

二级指标	三级指标	指标完成情况	推行时间
权力公开透明 B6	推进政府办公网络化和信息化建设,逐步建立政府与公众之间的互动回应机制 C21	在国家监察部直接指导下,推进行政电子监察系统试点工作	2006
	进一步推进政务信息公开,推进政府信息网上公布制度化 C22	启动"电子政府"建设,推进全区统一电子系统的开发使用,推进权力运作的网上公开、网上办公和网上监管	2007
		推进政府部门的权力公开透明运行,按照"内容分级分类、时间分期分批"原则,对公共事务决策、执行以及审批服务事项实现全面公开、全程公开	2008
		开展政务公开和政务服务试点,在理清权责基础上,建立和完善统一的电子政务平台,并充分利用平台全面、准确发布政府信息公开事项,实时、规范办理主要行政职权和便民服务事项,实现电子监察全覆盖	2012
	探索推进政府行政程序简单化、统一化改革,推进政府业务网络化 C23	开展"四项制度"建设。以监察部试点为契机,制定实施行政效能投诉制、评估制、问责制和监察制,建立体制内监察、体制外投诉、社会化评估、自上而下问责的制度	2007
		完善依法行政运行机制,出台《关于建立和实施依法行政年度工作报告制度的意见》,推进行政决策科学化、民主化、法治化	2010
	通过电子化渠道实现政府内部的相互沟通,提高政府内部运作效率 C24	建设镇级财政资金监管系统,推进各镇将财政性资金全部纳入系统中运行,强化资金的使用和监督	2008~2011
社会组织培养 B7	实行政企分开、政资分开、政事分开以及政府与市场中介组织分开 C25	梳理界定政府和社会组织的基本职能和职责边界,出台政社合作规范性文件,推进政府与社会组织在主体、机构、职能、资产、住所、人员的"六分开"	2006

续表

二级指标	三级指标	指标完成情况	推行时间
社会组织培养 B7	将一部分专业行政管理部门和事业单位转为提供公共服务的社会组织 C26	探索政府购买公共服务运作新机制,形成"政府承担、定项委托、合同管理、评估兑现"的公共服务提供机制	2011
		探索明确政府购买公共服务平台及职能,赋予和强化市民中心在整合政府购买服务方面的平台功能	2011~2013
		制定具备承接政府转移职能的社会组织清单(《上海市浦东新区社会组织承接政府购买服务资质一览表2013版》)	2013~2014
	健全由居民和介入社区事务的社会服务机构等构成的社区自治组织 C27	在城市化地区,探索社会共商社区共治机制,以社区居民代表会议为载体,调动社会各方力量参与社区公共事务共商、公决、公治	2008~2009
		在农村地区,完善"1+1+X"基层治理模式,推进村级事务民主管理、民主决策、民主监督等一系列制度建设	2010~2012
	推动非营利性社会组织的改革和发展,积极探索稳步发展非营利性社会组织 C28	完善以浦东公益服务园为代表的社会组织孵化机制,促进枢纽型社会组织集聚	2006~2013
		推进社会组织登记管理制度改革,形成登记管理办法,通过制作办事告知单,提前告知申请程序和所需材料,推进民办非企业前置审批办理程序简化;推进四类社会组织直接登记	2007~2014
	积极培育公益性、服务性社会团体,建立科学的治理结构和运行模式 C29	积极打造国家级公益示范基地,先后建成了浦东公益服务园、浦东基金会服务园、社区公益服务(塘桥)园和浦东公益街	2008~2014
基层治理机制 B8	深化乡镇机构和街镇行政管理体制改革,推进街道办事处职能转变 C30	建立基层居委会建设经费保障制度,规范街镇居委会成员酬薪待遇和居委日常工作经费	2007~2008
	实行社区建设实体化和管理网格化 C31	探索川沙新镇、三林镇"镇管社区"模式试点,建立社区委员会等基层共治组织,将地区性、公益性、群众性、社会性事项转移到社区,完善社区民主决策机制	2007~2009
	推进社区信息化建设,合理配置和整合行政、社会资源,实现网格内各类资源共享、工作协同 C32	整合城市管理信息资源,建立和完善网格化的联动管理机制,搭建城市管理信息研判和共享平台,完善城市公共管理体系	2009~2011
	构建反应灵敏、处置有方、管理高效、服务优质、保障有力的工作机制 C33	在人口快速导入地区,规范和完善"镇管社区"模式,出台指导意见,推进配套制度建设,探索在更大范围内推广模式	2012

三 转变政府职能特点分析

（一）单一年度事项与跨年度事项比较：阶段性工作和持续性工作相结合

2007年至2014年5月底，浦东新区已完成政府职能转变138项，在转变政府职能已实施事项中，单一年度完成的事项有110项，占总数的79.7%；跨年度事项28项，占总数的20.3%。浦东新区政府在发挥市场的决定性作用下进行深化行政体制改革，并基于政府职能模块化理念，打造精简高效的区级政府机构，通过取消前置性审批、再造审批流程、分离技术审批事项、打造透明政府等措施，推动政府职能转变。浦东新区政府在这一过程中所要面临的问题的难度和复杂程度都比较突出，除在单一年度即可完成的事项外，仍有许多需要通过若干年的行动计划来完成，如C28指标要通过连续8年的行动计划才能加以推进，C12、C13、C29指标也要通过连续多年的行动计划才能加以推进。由此可见，浦东新区转变政府职能不能毕其功于一役，而是要通过持续不断的渐进式改革加以推进，才能取得显著成绩。

（二）指标细化推进程度比较：各项指标几乎都有相对应的措施保障

在33个指标中，有1项指标（C12）要通过7项措施加以贯彻落实；有2项指标（C6和C10）要通过5项措施加以贯彻落实；有1项指标（C13）要通过4项措施加以贯彻落实；有4项指标（C7、C15、C22、C26）要通过3项措施加以贯彻落实；有6项指标（C9、C14、C18、C23、C27、C28）要通过2项措施加以贯彻落实；有17项指标，要通过1项措施加以贯彻落实；有2项指标，没有相对应的措施加以贯彻落实。由此可见，本市对浦东新区转变政府职能方面迈出了实实在在的改革步伐，重要领域和关键环节改革突破令人印象深刻，较好地推动和完成了《决定》中政府职能转变的各项改革任务。

（三）改革领域推进程度横向比较：行政审批流程和培养社会组织是重点

（1）推进大部门制改革领域有10项，占总数的7.2%，其中2008年有1项、2009年有2项、2010年有1项、2011年有1项、2012年有1项、2013年有2项、2014年有2项。由此可见，大部门制改革是困扰浦东新区政府职能转变的一个瓶颈，因而近年来推进大部门制改革的力度呈现逐步扩大态势。从平均数而言，推进大部制改革的力度低于转变政府职能的力度。

（2）改革区域管理体制领域有14项，占总数的10.1%，其中2006年有2项、2007年有1项、2008年有1项、2009年有2项、2010年有1项、2011年有1项、2012年有4项、2013年有1项、2014年有1项。由此可见，改革区域管理体制总体推进较为平稳、有序，每年至少有1项事项加以推进和落实，其中2012年是改革区域管理体制的重要时间点，在世博会结束之后，世博地区、外高桥森兰地区、临港地区等区域的管理体制如何进一步转变政府职能是重中之重。改革区域管理体制的力度略微低于转变政府职能的平均力度。

（3）开展简政放权改革有8项，占总数的5.8%，其中2007年有1项、2008年有3项、2010年有2项、2013年有1项、2014年有1项。由此可见，简政放权虽然是一项依靠长期改革才能化解的重点，但在2008年和2010年改革数量较为突出，其余时间较为平稳。开展简政放权改革的力度低于平均力度。

（4）优化行政审批流程有48项，占总数的34.8%，其中2007年有4项、2008年有7项、2009年有6项、2010年有6项、2011年有6项、2012年有7项、2013年有7项、2014年有5项。由此可见，历年来优化行政审批流程是转变政府职能的重中之重，而且每年优化行政流程都有新亮点、新突破，这一持续性的努力已经成为推动本市转变政府职能的强大动力之源。优化行政审批流程改革的力度远远高于平均力度。

（5）优化监管体制有5项，占总数的3.6%，其中2007年有1项、2008年有2项、2013年有1项、2014年有1项。由此可见，优化监管体制不是转变政府职能的重点工作，优化监管体制改革的力度远远低于平均力度。

（6）透明权力公开有10项，占总数的7.2%，其中2006年有1项、2007年有2项、2008年有2项、2009年有1项、2010年有2项、2011年有1项、

2012年有1项。权力公开透明的本质是依法行政，也就是党政机关应当依据党内法规、国家法律法规和部门、地方规范性文件，按照机构改革"三定"方案，全面清理和规范单位以及岗位权力事项，编制职权目录，制作权力运行流程图，并向社会公布，接受社会监督。这一事项的推进应该是一个自上而下的过程，从浦东新区自身改革而言，如果在缺乏顶层设计的前提下实施改革其难度不小，因而这一领域的改革推进力度有待进一步加强。优化监管体制改革的力度低于平均力度。

（7）培养社会组织有34项，占总数的24.6%，其中2006年有1项、2007年有2项、2008年有4项、2009年有4项、2010年有4项、2011年有6项、2012年有5项、2013年有5项、2014年有3项。社会组织的存在和发展，既能在一定程度上弥补政府失灵，又能在一定范围内弥补市场失灵；既能减少政府成为社会矛盾焦点的概率，又能较好处理市场不能或无力处理的问题和矛盾。从这个角度而言，培养社会组织是政府转变职能的重要工作，从统计信息来看，浦东新区改革也将这一领域作为改革的重要环节，培养社会组织改革的力度高于平均力度。

（8）完善基层治理机制领域有9项，占总数的6.5%，其中2007年有2项、2008年有2项、2009年有2项、2010年有1项、2011年有1项、2012年有1项。基层综合治理工作机制是有效化解社会矛盾的迫切需要，是破解基层综治工作薄弱的有效举措，也是加强和创新社会管理的应有之义。因而，完善基层治理机制是《决定》实施所关切的，因而得到了切实有力的解决，随着该问题的破解，近年来该领域的改革力度有所下降。目前，完善基层治理机制的改革力度低于转变政府职能的平均力度。

改革领域推进程度横向比较可参见表3。

表3 改革领域推进程度截面数据比较

改革领域	已实施量/占比	时间分布
大部门制改革B1	10项/7.2%	2008年1项、2009年2项、2010年1项、2011年1项、2012年1项、2013年2项、2014年2项
区域管理体制B2	14项/10.1%	2006年2项、2007年1项、2008年1项、2009年2项、2010年1项、2011年1项、2012年4项、2013年1项、2014年1项

续表

改革领域	已实施量/占比	时间分布
简政放权改革 B3	8 项/5.8%	2007 年 1 项、2008 年 3 项、2010 年 2 项、2013 年 1 项、2014 年 1 项
行政审批流程 B4	48 项/34.8%	2007 年 4 项、2008 年 7 项、2009 年 6 项、2010 年 6 项、2011 年 6 项、2012 年 7 项、2013 年 7 项、2014 年 5 项
监管体制优化 B5	5 项/3.6%	2007 年 1 项、2008 年 2 项、2013 年 1 项、2014 年 1 项
权力公开透明 B6	10 项/7.2%	2006 年 1 项、2007 年 2 项、2008 年 2 项、2009 年 1 项、2010 年 2 项、2011 年 1 项、2012 年 1 项
社会组织培养 B7	34 项/24.6%	2006 年 1 项、2007 年 2 项、2008 年 4 项、2009 年 4 项、2010 年 4 项、2011 年 6 项、2012 年 5 项、2013 年 5 项、2014 年 3 项
基层治理机制 B8	9 项/6.5%	2007 年 2 项、2008 年 2 项、2009 年 2 项、2010 年 1 项、2011 年 1 项、2012 年 1 项

（四）改革领域推进程度纵向比较：推进工作持续展开

（1）2007 年转变政府职能已实施事项有 13 件，占总数的 9.4%，其中区域管理体制 B2 有 1 项，简政放权改革 B3 有 1 项，行政审批流程 B4 有 4 项，监管体制优化 B5 有 1 项，权力公开透明 B6 有 2 项，社会组织培养 B7 有 2 项，基层治理机制 B8 有 2 项。

（2）2008 年转变政府职能已实施事项有 22 件，占总数的 15.9%，其中大部门制改革 B1 有 1 项，区域管理体制 B2 有 1 项，简政放权改革 B3 有 3 项，行政审批流程 B4 有 7 项，监管体制优化 B5 有 2 项，权力公开透明 B6 有 2 项，社会组织培养 B7 有 4 项，基层治理机制 B8 有 2 项。

（3）2009 年转变政府职能已实施事项有 17 件，占总数的 12.3%，其中大部门制改革 B1 有 2 项，区域管理体制 B2 有 2 项，行政审批流程 B4 有 6 项，权力公开透明 B6 有 1 项，社会组织培养 B7 有 4 项，基层治理机制 B8 有 2 项。

（4）2010 年转变政府职能已实施事项有 17 件，占总数的 12.3%，其中大部门制改革 B1 有 1 项，区域管理体制 B2 有 1 项，简政放权改革 B3 有 2 项，行政审批流程 B4 有 6 项，权力公开透明 B6 有 2 项，社会组织培养 B7 有 4 项，基层治理机制 B8 有 1 项。

（5）2011 年转变政府职能已实施事项有 16 件，占总数的 11.6%，其中大部门制改革B1有1项，区域管理体制B2有1项，行政审批流程B4有6项，权力公开透明B6有1项，社会组织培养B7有6项，基层治理机制B8有1项。

（6）2012年转变政府职能已实施事项有19件，占总数的13.8%，其中大部门制改革B1有1项，区域管理体制B2有4项，行政审批流程B4有7项，权力公开透明B6有1项，社会组织培养B7有5项，基层治理机制B8有1项。

（7）2013年转变政府职能已实施事项有17件，占总数的12.3%，其中大部门制改革B1有2项，区域管理体制B2有1项，简政放权改革B3有1项，行政审批流程B4有7项，监管体制优化B5有1项，社会组织培养B7有5项。

（8）2014年转变政府职能已实施事项有13件，占总数的9.4%，其中大部门制改革B1有2项，区域管理体制B2有1项，简政放权改革B3有1项，行政审批流程B4有5项，监管体制优化B5有1项，社会组织培养B7有3项。

改革领域推进程度纵向比较可参见表4。

表4 改革领域推进程度时间序列数据比较

时间	已实施量/占比	改革领域分布
2007年	13项/9.4%	区域管理体制B2有1项，简政放权改革B3有1项，行政审批流程B4有4项，监管体制优化B5有1项，权力公开透明B6有2项，社会组织培养B7有2项，基层治理机制B8有2项
2008年	22项/15.9%	大部门制改革B1有1项，区域管理体制B2有1项，简政放权改革B3有3项，行政审批流程B4有7项，监管体制优化B5有2项，权力公开透明B6有2项，社会组织培养B7有4项，基层治理机制B8有2项
2009年	17项/12.3%	大部门制改革B1有2项，区域管理体制B2有2项，行政审批流程B4有6项，权力公开透明B6有1项，社会组织培养B7有4项，基层治理机制B8有2项
2010年	17项/12.3%	大部门制改革B1有1项，区域管理体制B2有1项，简政放权改革B3有2项，行政审批流程B4有6项，权力公开透明B6有2项，社会组织培养B7有4项，基层治理机制B8有1项
2011年	16项/11.6%	大部门制改革B1有1项，区域管理体制B2有1项，行政审批流程B4有6项，权力公开透明B6有1项，社会组织培养B7有6项，基层治理机制B8有1项
2012年	19项/13.8%	大部门制改革B1有1项，区域管理体制B2有4项，行政审批流程B4有7项，权力公开透明B6有1项，社会组织培养B7有5项，基层治理机制B8有1项

续表

时间	已实施量/占比	改革领域分布
2013年	17项/12.3%	大部门制改革B1有2项,区域管理体制B2有1项,简政放权改革B3有1项,行政审批流程B4有7项,监管体制优化B5有1项,社会组织培养B7有5项
2014年	13项/9.4%	大部门制改革B1有2项,区域管理体制B2有1项,简政放权改革B3有1项,行政审批流程B4有5项,监管体制优化B5有1项,社会组织培养B7有3项

四 浦东新区转变政府职能取得成效评估

（一）大部门制改革取得重要进展

1. 在区级层面坚持和完善"大部门"制

一是在区级部门设置上，新区始终坚持精简高效原则。从特大型城区的客观实际出发，坚持扁平化导向，探索建立"大部门制""大管委会""大市镇"的行政管理架构，两区合并前，原浦东区政府有13个内设工作部门，原南汇区政府有28个。两区合并后，开展新一轮机构改革，严格控制机构人员编制，区政府设工作部门19个，相当于其他区县的2/3；万人行政编制数3.8人，不到全市平均数一半。2013年以来，为向基层简政放权，促进资源下沉，新区在全市率先推进区级机关"瘦身"和街镇"强身"工作，将区级机关内设机构和人员编制核减15%，通过干部和编制资源下沉、审批事权下沉，倒逼区级机关转职能、提效能，充实基层一线的管理服务力量。二是区级机关根据政府职能转变需要和工作重心转移，对内设机构做局部优化。目前，区级机关"瘦身"和街镇"强身"工作进展顺利，区级部门内设机构精简后的"三定"方案已下发，各区级机关行政编制精简率达15%、内设机构精简率近16%，超额完成任务，相关人员已经全部下沉基层。

2. 探索完善城市管理综合执法机制

一是强化综合执法体系建设。针对多头执法的问题，成立了城市管理行政执法局和城管执法大队，统一行使市容市政、环境保护、城市规划建设管理、交通、建制镇城市管理等方面的城市管理行政处罚权及相关的权力，促进执法重心下移，同时建立城市网络化管理监督中心和指挥中心，形成城市管理的快速发现和处理机制。二是理顺管理体制提升城市管理能力。近年新区选取陆家嘴、世博等地区探索更有效的城市管理综合执法体制。其中，在陆家嘴地区建立了以街道为载体，公安、交警、城管、市场管理等多方执法力量整合下沉的运作机制；在世博地区，成立世博地区城市综合管理领导小组，探索完善世博地区城市管理综合执法机制。

3. 在开发区层面实行"大管委会"体制

一是探索实行开发区"大管委会"体制。通过将功能定位相近的国家级开发区与市级开发区实行统一行政管理，充分发挥国家级开发区的品牌效应和政策优势，凸显开发区的主导作用，探索采取规划联、资本联、政策联、产业联、项目联、行政联等方式，形成发展空间的整合效应、产业联动的集聚效应、政策延伸覆盖的叠加效应、服务效率提升的放大效应，推进开发区联动发展，提升开发区综合竞争力。二是构建分工明确、运行顺畅的工作机制。坚持开发主导、产城联动，在区、开发区和街镇之间建立完善协同运作的联动机制。配合市有关部门，落实好临港特别机制和特殊政策，加快推进"两聚一强化"，形成了有利于产业发展、人才引进、产城融合的运作机制。三是调整优化相关开发区事权关系。专门出台了临港、森兰地区的财权事权和世博地区管理事权调整等一系列政府规范性文件，进一步促进了开发区及周边地区的联动发展。

4. 结合镇域区调整，探索强镇扩权、管镇合一试点

一是创新"管镇合一"管理体制。按照行政区划与主动功能相对应的原则，2011年对应迪士尼项目，将川沙镇部门行政区域和六灶镇整体行政区域整合为新的川沙新镇；对应大飞机项目，把祝桥镇整体行政区域和川沙新镇部分行政区域整合为新的祝桥镇。2012年，在临港地区将申港街道和芦潮港镇整体合并为南汇新城镇，并与临港地区开发建设管理委员会合署办公，提高区域统筹开发力度、强化产城融合。二是赋予镇级政府更大管理权限。在重大产业项目所在镇探索"大市镇"体制，出台明确大镇管理事权的规范性文件，比照开发区管委会，委托川沙新镇与祝桥镇行使相关管理事权，增强统筹资源、自主发展的能力；在临港地区探索创新"管镇合一"管理体制，提高区域统筹开发力度、强化产城融合。

（二）区域管理体制改革平稳进行

1. 市、新区、功能区域、街镇条块互补、职能整合的行政管理体制逐步形成

一是小政府、效能政府、服务型政府逐步显现。政府自身改革是浦东综改的关键所在。按照"有利发展、方便群众、促进和谐"原则，理顺新区委办局、功能区域和街镇的事权关系，围绕正确处理政府与市场、社会关系这条主线，浦东以"转职能、提效能、提高透明度"为重点，深化行政管理体制改革，加快推进政府职能转变，减少职能重叠，做优功能区域、做实街镇，实现分工互补、权责一致、运行高效。二是管理机制改革不断深入与拓展。优化完善与"四个中心"建设功能布局、产业布局相适应的开发区管理体制，深化陆家嘴金融城管理体制创新，完善业界共治、多方参与的治理机制；探索建立开发区与属地镇之间责任明确和利益共享的协调机制，进一步处理好管理主体和开发主体的关系；完善临港地区"管镇合一"管理模式，探索完善与国际旅游度假区发展阶段相适应的管理体制；建立地区分类考核制度，强化对不同地区的功能导向和差别化指导；深化完善陆家嘴、世博等重点地区的城市管理综合执法体制，凸显功能定位，优化事权配置，实现资源下沉。三是进一步理顺开发区与周边镇关系。以张江为试点，研究开发区与周边镇分工协作机制，以实现开发区对镇级工业区的统筹，强化社会管理和城市管理属地化，建立开发区与周边镇之间的利益联动机制。

2. 政事分开、管办分离，政府职能全面界定和厘清

一是率先开展项目综合审批和项目化跟踪服务的改革试点。建立了"管办分离"和行政服务中心"一门式受理、一门式办理、一门式办结"的建设工程综合审批服务机制，提升了行政效能和发展活力。二是剥离街道招商引资职能。自2006年以来，新区在全市率先全面推行剥离街道招商引资等经济职能的改革，全面实行"提高公共财政保障，实施部门预算管理"的模式，重新调整街道管理职能，强化综合管理、监督专业管理、组织公共服务和指导自治组织等职责，促进街道工作重心放在社区服务、社会稳定、社会养老、扶贫帮困、社会救助等公共服务职能上。三是事业单位改革有序推进。浦东作为上海市分类推进事业单位改革试点单位之一，在完成事业单位清理规范工作的基础上，基本完成事业单位分类，将现有事业单位划分为承担行政职能、从事生产经营活动和从事公益服务三个类别,其中公益类事业单位根据职责任务、服务对象和资源配置方式再细分为公益一类和公益二类,为进一步深化事业单位管理体制和运行机制改革创造条件。

(三)简政放权机制日趋完善

1. 在新区层面,推进简政放权和效能提升

一是赋予新区充分的改革发展自主权。围绕扩大新区的改革发展自主权,市政府加快转变政府职能,不断加大简政放权力度,先后制定出台了《关于完善市区两级管理体制,赋予浦东新区更大发展自主权的意见》和《关于对浦东新区进一步下放事权和加大政策支持力度的意见》等文件,在规划、土地、环保市容、项目审批、社会事业发展等方面下放相关管理权限。二是构建多层次、全覆盖的公共服务平台。完善区级市民中心和街镇社区事务受理服务中心功能,实行一门式服务和统一管理,方便市民和企业办事。三是遵循"开发区事,开发区办"的原则。新区对开发区管委会坚持充分授权,除土地控详规划、系统性和全区性市政项目等需市区统筹的事项外,相关事权均下放至开发区管委会,同时工商、税务、人才、出入境等部门入驻开发区集中办公。四是新镇管理模式取得重要进展。进一步突出区域主导功能和扁平高效管理,破解快速城市化带来的城市管理和公共服务难题。

2. 在市委办局层面,行政审批事项下放试点工作积极推进

加强市区联动协调机制,市各职能部门与浦东新区之间建立了工作沟通和信息交流机制,把有关改革事项放到浦东先行先试,赋予浦东新区更大的改革自主权,合力推进浦东综合配套改革试点。如市发改委探索实施负面清单管理模式,编制形成全国首份负面清单,对负面清单以外的外商投资项目核准和企业合同章程审批改为备案制管理,开展了注册资本认缴制改革试点,实施企业准入"单一窗口"制度。市科委支持浦东在体制机制方面的探索和先行先试。支持浦东新区开展高新技术成果转化项目和技术合同的认定服务工作,下放相应审批权限。在市联合会审之前,浦东负责企业遴选和初审工作,再进入市联合会审程序,增强浦东原有行政窗口的审批权限和职能。市商务委推动商务部首批商业保理试点工作在浦东开展,会同浦东新区政府、市工商局联合发文并实施《上海市浦东新区设立商业保理企业试行办法》,指导商业保理试点工作

开展，预计2014年放款可突破100亿元。市金融办积极争取国家金融管理部门支持，在浦东先行开展金融改革创新试点，提高金融服务水平。市工商局在历年支持浦东新区综合配套改革试点的政策中多次提出"优化直接等级制、并联审批制以及联动登记制度"，鼓励浦东积极探索优化外商投资准入机制的改革创新措施，极大地提升了办事效率。市民政局争取民政部政策，支持浦东先行先试，突破了浦东无法登记设立行业协会的限制，目前，正在推动筹备成立中国信息服务行业协会落户浦东，浦东长三角半导体照明（LED）产业联合会筹建工作也在开展。市规划局授权新区组织编制国家级开发区控制性详细规划，报市规划局备案。市规土局同意新区建立土地交易市场分中心，制定具体实施标准和管理办法，采取招拍挂交易方式分割转让开发区成片开发的土地使用权。市人保局将人才居住证审核权限下放新区，先行先试居住证与户籍的衔接办法。

3. 在国家部委层面，上下联动，形成合力，协同推动改革试点

加强与国家有关部委的沟通协商，积极争取国家的指导和支持。国家发改委和上海市政府先后三次联合召开浦东综合配套改革试点部市合作推进工作会议，推动国家层面重点改革事项在浦东先行先试。商务部、科技部、人民银行、银监会、证监会、保监会、国家外汇管理局、海关总署、国家质检总局等20多个国家部委，在新区先行先试了一系列重点改革事项。

（四）行政审批流程改革不断推进

1. 不断压缩审批时限以提升办事效率

浦东新区作为国家综合配套改革试点区和上海市行政审批制度改革的先行先试区，始终围绕市政府提出的"两高一少"（行政效率最高、行政透明度最高、行政收费最少）、"两高两少两尊重"（高效服务、高度透明，少审批、少收费，尊重市场规律、尊重群众创造）目标，按照"问题导向、需求导向、项目导向"的工作方法，从2001年起，经过13年6轮改革，浦东的社会类行政审批事项从724项精简到203项，行政事业性收费减少232项，平均审批环节从3.4个精简到2.8个，平均承诺审批时限从法定22个工作日压缩到8.4个工作日，减少了60%，除涉及公共安全、社会稳定等个别事项外，所有事项的承诺时限均小于法定时限；招拍挂用地建设项目审批时限从原来的280多个工作日减至不足100个工作日,继续保持在全市行政审批中事项最少,通过减少审批事项,向市场放权、激发市场主体活力。

2. 不断深化企业准入制度改革以降低市场准入门槛

一是创设告知承诺制度。启动行政审批告知承诺信用监管系统开发,在全市率先将信用监管纳入审批制度改革范畴,对6个行业14类企业的设立、开业所涉及10个审批事项试行告知承诺制,目前,告知承诺制度数量已扩展到9个部门,截止到2014年5月30日,按"告知承诺"流程办结的项目187项。二是实施内资企业设立"三联动"登记模式。登记企业只需一次提交申请材料,即可一次领取"一照二证",企业设立登记平均办理时间由法定的35个工作日缩短为4~5个工作日。三是实施外商投资企业设立并联审批模式。2011年对外资企业设立审批阶段环保局的"准予环境影响行政许可通知书核发"、卫生局的"公共场所卫生许可证核发"等5项前置审批事项实行并联审批。2014年开展设立和变更一口受理试点,按照"一口受理、告知承诺、格式审批、统发证照",建立外资审批、企业登记及代码、税务登记及相关前置审批部门的联动工作机制,进一步简化外商投资的准入环节。现在,浦东外资项目批准时间比国家法定审批时间缩短90%,在全国外商投资行政审批中实现了六个"最":外资企业获取"出生证"时间最短、联动部门最多、行业覆盖面最广、受理事项最齐全、办事流程最透明、制度创新最彻底。四是实施"工商16条"新政策。2012年6月推出了"工商16条",企业受益面不断扩大。五是率先探索减免行政收费。2008年以来新区共取消和停止征收252项收费项目,成为全市行政事业性收费最少的地区,截止到2013年底,因实行行政审批和政府服务项目"零收费"政策而为企业减免各类费用积累近5000万元。

3. 不断优化建设项目审批程序以提高产业项目落地效率

一是实行技术审批与行政审批相分离。全面实行"施工图设计文件归口审查制度",将原由政府开展的规划、消防、卫生等技术性审查全部转由审图公司审查,政府部门做好检查、抽查等监管工作,进一步促进政府"智能卸载"。二是推行"四个集装箱"并联审批。由新区规土局和建交委分别牵头负责前后两个"集装箱"的"一口受理、并联审批"的联合办理方式,提高审批协同度,实现"多个部门、一个政府"。三是试点建设项目专项评估评审改革。将企业反响特别强烈的9类专项评估审纳入第一批改革范围,率先开展环境影响评价等5项目"类审批"改革试点,对已完成区域性评估地块内的建设项目和符合专业管理标准的建设项目,取消或简化专项评估评审,有效减轻了企业负担,加快了项目落地进程。四是实行重大产业项目告知承诺制改革。不断扩大实施告知承诺审批方式的事项范围,对备案制和核准制的产业项目,按照《上海市行政审批告知承诺办法》的相关规定,采用告知承诺制。目前已有16个投资项目完成立项,预计将为开工落地节省近半年时间。上述改革措施探索了以企业诚信为导向、以契约为形式的行政管理方式,降低了企业准入门槛,提升了开办效率。

4. 不断细化审批标准化建设以增强审批服务规范透明

一是启动行政审批标准化建设。组织各审批部门编制行政机关实施行政审批操作标准的"业务手册"和行政相对人申请行政审批具体依据的"办事指南"。二是开发运行"建设项目网上联合审批系统"。目前已有16家审批单位和部门、316个审批用户开通网上联合审批操作权限,16个办理环节在网上打通。新区现有的203项目事项中,约有70%实现了网上审批,年度网上审批数量平均占比近84%,提升了政府审批信息公开和服务水平。三是开发"一库两系统"。构建行政审批事项属性要素数据库、行政审批事项管理系统、"小博士"智能导航系统的标准化管理、信息化操作、智能化服务和规范化审批,让审批过程更加公开透明、规范有序。四是积极制订"深化市场主体准入和信用监管制度改革"方案。进一步放宽市场准入条件。五是推进区域化扁平化行政审批服务平台建设。按照经济规模适度、经济功能优先原则,构建开发区和大市镇为主的区域化行政审批服务平台,构建近距离、扁平化、便捷高效的新型行政审批格局。

(五)监管体制不断拓展延伸

1. 积极开展分类监管、信息化监管、协同监管

一是坚持"宽进严管"的思路。把市场监管体制改革与推进政府职能转变、深化浦东综合配套改革相结合,进一步创新市场准入制度、优化区域营商环境。二是率先试点外资企业设立和变更登记一口受理。实现外资批准文件、营业执照、组织机构代码证、税务登记证、食品前置许可"五证联办",将涵盖范围延伸到企业变更,进一步扩大了改革创新受益面,全程办理时限由原来的12个工作日缩短至5个工作日，提速60%，其中外资项目批准时间由4个工作日提速至2个工作日，浦东成为全国外资准入效率最高的区域之一。三是完善"分类监管"制度。按照企业所属行业、信用记录，实施力度不同的监管，将执法资源聚焦于最危险的"隐患点""风险点"，缓解监管量大面广而人力资源有限的矛盾。四是探索"信息化监管""信用监管"。研究建设统一的综合监管业务平台，完善市场主体信用信息共享平台建设，加强新区各委办局、街镇间的信息共享和信用信息公示。五是强化市场监管局与各部门间的"协同监管"。优化对企业的行政指导，推动形成"部门协同、行业自律、社会监督、企业自治"的长效化管理格局。

2. 贯穿生产、流通、消费全过程监管逐步形成

一是率先试点市场监管体制改革。2013年9月以来，浦东新区围绕全面深化改革大局和综合配套改革要求，顺利完成原工商、质检、食药监三局合并，挂牌成立浦东市场监督管理局，新局成立后，充分发挥先行先试作用，坚持精简、高效、统一原则，着力构建贯穿生产、流通、消费全过程和监管、执法、技术支撑相衔接的监管新机制，加快形成"一体化、广覆盖、专业化、高效率"的市场监管体制。二是探索"集约化"监管模式。通过整合原三个局的监管职能、业务，实现"一次出动、多项检查"，如改革前需要三个部门，至少6个人分3次到同一超市检查的食品、计量器具、广告宣传等事项，合并后只需要一个部门2个人检查一次。三是整合职能、资源。着力减少监管环节、优化资源配置，以食品药品监管一体化、产食品质量监管一体化、公众诉求处置一体化、执法办案一体化、市场准入一体化等"五个一体化"为重点，初步形成了全过程、一体化、高效率的市场监管新机制，有效破解了原来的"分段管理""多头执法"弊病。

3. 市场监管体制改革逐步深入

一是率先启动市场监管体制"三合一"改革。将工商分局、质监局、食药监分局整合成立浦东新区市场监督管理局，统一行使原三局职能，由垂直管理调整为属地管理，并推动执法力量进一步下沉基层，初步构建起"大市场、大监管"体制，将原来按生产、流通、消费环节划分的分段监管模式改为以对象为中心的一体化监管模式，完善了市场监管领域的行政审批和综合执法体制，提高了监管效率，减少了监管漏洞。二是完善政府投资管理制度建设，就区级建设财力投资项目的管理和投资监理制定实施了一系列规范性文件，形成了多部门的责任分工体系，建立了财务（投资）监理制度，增设稽查办作为开展政府投资项目财务监理、代建单位管理和项目后评价的主体，探索建立政府投资项目的事中事后监管体系。三是创新政府事中事后监管制度。将原来按生产、流通、消费环节划分的分段监管模式，转变为以对象为中心的一体化监管模式，完善市场监管领域的行政审批和综合执法体制，构建贯穿生产、流通、消费全过程，行政审批、执法监督、技术支撑相互衔接的监管机制，提高了监管效率。

（六）权力透明公开力度不断增强

1. 监管网络体系进一步健全

建立体制内监察、体制外投诉、社会化评估、自上而下问责的制度，有效提高了行政行为的规范性；各委办局、街镇权力事项通过政府门户网站向社会全面公开，环保、水务、市政、绿化、环卫、城管执法等领域的行政处罚率先实现网上运行；建设镇级财政资金监管系统，强化镇级财政资金的使用和监督，此项改革试点得到了国家监察部的高度评价，并在全国推广。通过这些改革强化了对政府权力部门的有效监督，有利于监管部门及时准确地发现和掌握异常情况，方便了公众办事和公众对政府工作的监督，使得权力运行更加公开透明。

2. 权力公开透明运行机制进一步完善

加大政府信息公开力度，推进政府部门的权力公开透明运行，按照"内容分级分类、时间分期分批"原则，对公共事务决策、执行以及审批服务事项实现全面公开、全程公开，提高了信息公开和共享的程度，消除了"信息盲区"，解决了信息不对称、"暗箱操作"等问题，使社会公众对各政府单位的办事项目、办事流程、办事条件和办事期限等有了较为便利的了解渠道。

（七）社会组织培养不断改进成熟

1. 扶持力度进一步加大

一是稳妥把握改革中"放"与"管"的关系。拓展社会组织成长空间，加大培育发展力度，推进政社合作互动，引导和支持社会组织参与社会治理，出台了转变政府职能建立新型政社合作关系、政府购买公共服务、社工人才培养、社会组织财政扶持等一系列政策。二是重点扶持培育社区公益性、枢纽型、支持型、行业性四类社会组织。目前，新区登记注册的社会组织数1694家，约占全市总量的1/7，其中民非组织1334家。三是进一步完善政府购买服务办法。出台政府购买公共服务的规范性文件，制定政府购买服务目录，形成"政府承担、定向委托、合同管理、评估兑现"的公共服务提供机制，切实提高社会组织适应社会需求、参与社会服务的能力。据统计，2014年新区共安排各类政府购买服务预算资金33.8亿元，同比增长近40%，项目主要涉及基本公共服务、社区事务服务、城市维护服务、行业管理和协调事务、技术服务以及政府扶助技术性事务等6个领域，有效发挥行业协会、科技中介组织等社会组织的积极性，有效承接政府职能，实现政、社互动。四是强化对社会组织的人才支持。率先成立民间发起、自主运作的社会工作者行业管理机构和内地首家民间社会工作服务机构，率先在全国建立社工专业的实训基地和见习基地，新区研制的"社会工作者职业标准"成为国家标准的雏形。目前，新区具有国家职业资格证书的社会工作者已发展到2000多人，拥有专业社工机构数约占全市的60%。

2. 营造成长生态

一是梳理界定了政府和社会组织的基本职能和职责边界。出台政社合作规范性文件，推进政府与社会组织在主体、机构、职能、资产、住所、人员的"六分开"，从简化登记程序、公益园孵化培育、加强党建和监管等方面加大对社会组织的培育支持。二是社会组织发展培育生态链逐步显现。新区正在逐步形成上游有基金会，中游有支持型、枢纽型、示范性社会组织，下游有丰富多样的社区操作型、实务型社会组织的生态链。如集浦东公益服务园、基金会服务园、公益街及社区公益服务（塘桥）园为一体的浦东公益示范基地，被市民政局授予全市唯一一家"上海公益社会组织示范基地"称号，获得"中国地方政府创新奖""上海社会政策十大创新项目"等荣誉。

3. 搭建发展平台

一是探索建立"供需对接一站式服务"平台。撮合供方（社会组织）与需方（政府、社会组织、基金会、企业）有效对接，探索"项目导向、契约管理、综合评估"的购买服务机制。二是完善社会组织服务中心联动平台。率先成立市民中心，定位为"两个窗口""六个平台"，将个各委办局的办事项目和行政审批事项统一受理，采取"一门受理、分流承办、集中收费、限时办结"的方式，为市民提供"一站式政务服务"。三是搭建社会组织交流展示平台。通过公益活动月、公益文化周等活动展示公益形象、凝聚公益价值。

4. 突破发展瓶颈

一是突破"一业一会"限制。率先探索区级行业协会登记制度改革，已发展现代物流、生物产业、石油制品等行业协会23家，全区已有157家社会组织获得3A以上评估等级。二是社会组织直接登记管理办法初步形成。对行业协会商会类社会团体、科技类社会团体和民办非企业单位、公益慈善类民办非企业单位和城乡社区服务类民办非企业单位等四类社会组织开展了直接登记研究，完善了政府服务机制。三是优化社会组织审批流程。内部审批环节减少到3个以内，审批时限减少到15天以内，做到全市民政系统最优。

（八）基层治理机制日益健全完善

1. 基层体制机制逐步理顺

一是加强区委对地区工作的领导。探索建立地区工作党委，着力理顺区与街镇的关系，发挥区级层面统筹协调、当好街镇"娘家"的作用。二是深化"强镇优街"工作。推动机关"瘦身"与基层"强身"，按照"重心下移、力量下沉、保障下倾"的要求，将两个15%的机构"瘦身"后精简下的部分编制充实到相关镇，引导一批机关后备干部、青年干部到社区一线，增强开发区和街镇管理力量，推动政府转变职能、提高效能。三是因地制宜推进"镇管社区"模式。针对特大型镇的具体情况，设置"两委一中心"（社区党委、社区委员会、社区中心）构架，着力理顺街镇、社区与居村关系，全区已有7个镇开展"镇管社区"实践，将地区性、公益性、群众性、社会性事项转移到社区，完善社区民主决策机制，并起到了较好的示范引领作用。

2. 居村自治功能显著提升

一是居村换届选举成功率进一步提高。全区参选率95.2%，一次选举成功率91.4%，居委会直选率97.8%、海选率42.6%，村委会全部实行"海选"。二是居（村）委会自治家园建设深入推进。24个居委会被评为市级示范点，组织开展自治家园创意大奖赛，推广陆家嘴街道居委会自治金、合庆镇"1+X"村民自治、三林镇居民自治"三色项目"等成功经验，形成了阿婆茶室、睦邻点、戴老师议事厅等一批自治活动品牌，引导基层用协商的方式解决社区难点、焦点问题，受到了基层群众的欢迎，形成一道维护农村社会和谐稳定的"防火墙"。三是居委会保障力度逐步加大。出台《浦东新区进一步规范居委会建设经费的实施意见》，加大居委会建设和自治经费财力保障，着手研究《居民自治专项经费管理办法》，鼓励居（村）委会按照项目化推进、参与式治理的方式推进居住自治工作。开展居（村）委会减负增能工作，一方面剥离不必要、不合理的负担，另一方面提升自治能力，培育社区建设主体，较好地引导了群众参与和推动基层民主政治建设。

3. 社区共治体系日渐完善

一是社区委员会提议、协议、建议、评议的"四议"功能逐步强化。运用社区联席会议、听证评议会、沟通协商会、监督评议会等多种形式，鼓励和支持社会各方面积极参与社区协商共治，形成了塘桥"潮汐式停车"、潍坊"楼宇党建"、高桥"以外带外、以外管外"等共治典型经验。二是社区委员会运作活力日益显现。在成熟的城市化地区，率先建立基层居委会建设经费保障制度，出台文件规范街镇居委会成员酬薪待遇和居委会日常工作经费，探索建立政府支持、社区参与、基金会资助、社会组织服务、特殊人群受益的社区公益生态链，为社区委员会"决议"提供资金保障；在人口大量导入的快速城市化地区，探索"镇管社区"试点，通过建立社区委员会等基层共治组织，将地区性、公益性、群众性、社会性事项转移到社区，完善社区民主决策机制；在农村地区，建立同村级事务民主管理、民主决策、民主监督等制度，推进形成"村情民知、村策民决、村财民理、村绩民评、村利民享"的村级治理机制，实现村级事务管理民主化、决策科学化、实施透明化。

五 浦东新区政府职能转变需要进一步深化的方面

行政审批是相关政府机构履职的具体表现，因而行政审批制度改革在政府职能转变中具有重要意义。在国家和上海市的领导和部署下，浦东新区以加快转变政府职能、促进浦东经济社会快速发展为目标，积极推进行政审批制度改革。浦东新区审批制度改革作为综合配套改革的重要组成部分，经历了一个从技术流程改良到管理理念创新，再到体制机制突破的过程，在许多方面取得积极成效，为促进政府职能转变、政府管理创新发挥了重要作用。但是，在制度改革推进实施的过程中，有更多需要深化的方面。

（一）现有审批体制必须适应"二次创业"的发展速度

据统计，目前浦东新区面积为1307.87平方公里，下辖24个镇，12个街道办事处，并设有"6+1"个开发区管委会，辖区人口达504.44万。浦东新区区级管理幅度过大，审批权限又主要集中于委办局，限制了市场活力和社会活力，不适应"二次创业"的发展速度。为此，2014年1月，区委第74次常委会明确提出行政审批制度扁平化改革的要求。该扁平化改革项目也被列出上海市2014年重点工作。

（二）审批材料有待进一步精简，审批流程需要进一步优化

一方面，由于审批申请材料比较复杂，很难一次性备齐报审材料，报审往往需要往返多次；另一方面，现在的审批流程仍然不够优化，"串联审批"的现象依然存在，经常造成相同材料重复报送。此外，改革后审批时限虽然得到了压缩，但一些审批环节未得到实质性减少。比如在招拍挂建设项目基本建设程序审批中，虽然简化了规划设计和初步设计方案的审批程序，但在审图公司审查施工图时，如果政府职能部门对这两个方案提出不同意见，建设单位仍需重新对两个方案进行修正，依然无法从实质上提高工作效率。

（三）审批部门应加强协调及审批业务的系统衔接

部门间的协调不足和审批业务系统户不对接、互不共享，是导致审批材料的重复提交、部门间的串联审批直接原因。这个问题也对浦东新区统一设计审批流程、探索实施并联审批、共享审批信息数据等诸多方面造成障碍。比如浦东新区正在开发的"建设项目网上联合审批系统"，在系统对接、数据获取上

有较大的困难，需要进一步的协调解决。目前还存在一些政府机构设置不合理、部门职能交叉、权责不统一的问题，致使一些政策在执行时责任部门不明确、缺乏牵头单位和在执行中出现推诿扯皮等现象。

（四）审批信息需更加全面公开，信息获取途径需更加透明畅通

通过对审批现状的评估调查，超过六成的企业对信息透明度的满意度较高，但仍有57%的企业觉得获取全面信息比较困难，存在咨询电话难打、办事人员回答不够详尽、信息不全或有误等问题。比如，在建设项目审批中，项目的总投资额越高，涉及的事项越多，就越难获取全面信息。

（五）审批的外部监督主体需要积极培育

行政审批不仅要关注环节的减少、时间的缩短，更重要的是要建立推动行政审批改革的有效体制。建立起与行政审批相关的主体，包括民众、企业等参与的监督、反馈行政审批效能的体制和信息平台，通过行政相对人的积极参与来保障行政审批的规范与高效。尽管在浦东建立和完善了投诉、问责、评估和监察四项制度，但是，目前在浦东新区改革工作中，由于社会中介组织发育滞后、服务对象缺乏制度化的监督渠道，行政审批改革缺乏刚性化的外在监督主体。

（六）综合监管体系建设职能需要突破瓶颈

"大市场"迫切需要"大监管"+"大信用平台"作为制度支撑，发挥市场在资源配置中的决定性作用、探索形成公平开放透明的市场规则是开展浦东综合配套改革工作的重要方向之一，而市场的良好运作还有赖于一套成熟有效的监管体系的形成。2013年底，浦东新区顺利完成原工商、质监、食药监三局合并，次年1月正式挂牌成立浦东市场监督管理局。新局成立后，充分发挥先行先试作用，坚持精简、高效、统一原则，着力构建贯穿生产、流通、消费全过程和监管、执法、技术支撑相衔接的监管新机制，加快形成"一体化、广覆盖、专业化、高效率"的市场监管体制。随着浦东市场监管局的各项职能逐渐展开，实践过程中也发现一些亟待解决的现实问题，成为深化监管体制改革的瓶颈。

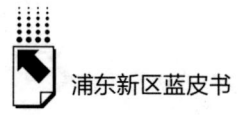

1. 综专结合问题尚待破解

合并后的市场监督管理局业务综合面向广，单项专业化程度高，一线工作人员、干部都不同程度地存在知识结构不匹配、心理不适应等问题，监管执法工作效能面临极大考验。如何面对改革后的新职能、新形势，如何调动基层的工作积极性，真正做到综合监管与专业监管相统一，切实保障和提升综合执法能力需要进一步关注和研究。

2. 职能承载能力问题亟待突破

综合监管机构改革后，浦东新区市场监督管理局日常监管对象近24万户，其中高风险监管对象超过5万户，监管量大面广与人力资源配置有限之间的矛盾较为突出。据悉，浦东新区下一步还计划探索将物价监管等纳入统一的市场监管。如何进一步厘清工作重点、合理配置资源、提升监管效能，是当前亟待着力研究解决的一个重要问题。

（七）社会组织培育工作需要更准确把握

社会组织是承接政府职能转移的重要主体，社会组织的数量和组织能力，不仅关系到公民社会的成长，也与政府职能能否真正转变到位紧密相连，作为浦东综合配套改革工作的重要领域，政府职能转变需要培育成熟的社会组织来承接政府职能以外的事务。另外，不同社会组织能够反映不同的具体利益诉求，稳妥地发展民间组织，充分发挥社会团体、行业协会、商会和中介组织的作用，有利于通过利益的表达和博弈来化解社会矛盾，以保持社会的均衡发展，更好地建设和谐社会。

浦东新区在综合配套改革过程中，致力于形成"小政府、大社会"的格局，社会组织无论在数量上，还是在质量上，都有着长足的进步。但是，由于社会组织发育成长的渐进性，加上事业单位改革的滞后和新的市场要素、产业在浦东的集聚，这些都对社会组织的进一步发展提出了要求。以事业单位改革的滞后为例，新区"小政府"虽然减少了机构，却未能从总体上减少政府职能。比较普遍的情况是，一些政府机构把有些行政事务转移到了所属事业单位，致使一些事业单位不断行政化和相对膨胀，出现了"小机构、大尾巴"的情况。这种情况直接挤压了社会组织的成长空间。

此外，在政府将职能转给社会组织的过程中，又存在"揠苗助长"的现象。目前一些社会中介组织发展尚不成熟,但在"招拍挂"建设项目基本建设程序的审批中,为了缩短行政审批时间,把一些环节机械地划给尚未发育成熟的社会中介组织,这样虽然看起来实现了政府职能下放的目标,事实上却是这些中介机构由于自身能力有限而无法很好地完成相关事务,从而给整个综合配套改革工作蒙上一层阴影。

B.8 浦东新区"四合一"市场监管模式的实践与优化研究

李江萍 邰鹏峰*

摘 要: 党的十八届三中全会提出"改革市场监管体系,实行统一的市场监管",为市场监管体制改革指明了方向。作为改革开放前沿阵地的浦东在监管体制改革中率先试点,创新市场监管模式,在"四合一"改革的做法、成效、挑战等方面,为全市全面深化改革积累了丰富经验,提供了有益借鉴。

关键词: "四合一" 市场监管 体制改革

市场监管作为现代政府的基本职能,依据监管对象的不同,可以将其分为经济性监管与社会性监管。不言而喻,前者往往针对能源、金融等经济部门,后者是指与经济部门密切相关的安全、健康、环境等内容。具体到我国的行政体制构架,经济性监管职能往往由能源局、证监会、银监会、保监会等机构来承担,社会性监管职能主要由工商、质监、食药监、知识产权、安监机构等来负责。政府的社会性监管主要有分段监管、分事项监管、分品类监管三类,其中分段监管的不足在于段与段之间的缝隙易产生,难消弭;分事项监管对工作的专业性要求相当高;分品类监管的难点在于品类的划分。总之,无论哪一种监管方式都存在利与弊,问题的关键在于整合这三类监管方式的优势,破除三类监管方式的不足与劣势,这也是当前行政体制改革的方向。

---

* 李江萍,副教授,浦东新区区委党校教学处处长,主要研究方向为行政体制改革;邰鹏峰,博士,浦东新区区委党校教学处讲师,主要研究方向为体制改革与公共服务。

一 浦东新区市场监管体制改革的背景

（一）当前我国市场监管体制存在的问题

1."九龙治水"的多重执法现象久拖不决

西方国家的社会性监管主要是对终端产品的质量安全进行监管，对于主体资质、资格、行为的标准、认证等则交给市场和社会组织来监管。在中国社会性监管则是对企业主体资质、生产经营行为、产品本身进行全方位监管。如在2014年新版《医疗器械监督管理条例》颁布前，医疗器械生产企业要从工商部门申领营业执照、到食药监管部门进行实质性备案，还要通过质监部门的强制性安全认证（3C），这里面既包括对主体资质的确认、对生产行为的限制，也包括对产品本身的监管。监管职能存在于多个部门，职能交叉、监管真空难免会出现，这一类情况在社会性市场监管领域普遍存在，必然会导致企业守法成本提高、政府行政资源浪费，也可能带来监管执法的不公平。

2.当前的社会性市场监管体系缺乏系统性与信息的对称性

与中国的国情相适应，许多社会性监管部门实行属地管理，加之地方保护主义的盛行，监管体制的缺陷自然会被放大，信息本土化问题呈现越来越严重的趋势，如市场主体违法信息往往呈现"村里知道说不知道，乡镇不知道装知道，县里想知道还真不知道"的层层递减分布。

总之，横向与纵向监管体制本身存在的问题，迟迟没有得到妥善解决，产品质量、食品药品安全、消费者权益保护等问题日益严峻。

（二）当前市场监管体制改革的三类新模式

党的十八届三中全会提出"改革市场监管体系，实行统一的市场监管"，为改革指明了方向。在2014年国务院第20号文件《国务院关于促进市场公平竞争维护市场正常秩序的若干意见》（国发〔2014〕20号）中指出，加快县级政府市场监管体制改革，探索综合设置市场监管机构，原则上不另设执法队伍。目前体制改革正在积极推进：在国家层面，中央已明确中编办、工商总局牵头落实十八届三中全会改革任务；在地方层面，深圳、上海、浙

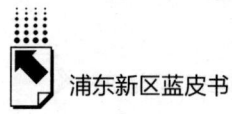

江、天津、辽宁、吉林、重庆两江新区、武汉东湖新区等地纷纷整合工商、质监、食药等部门，组建市场监督管理局（委），试图用一个强有力的部门打破地方保护。

目前，地方层面进行的体制改革模式存在差异，各有千秋，大致形成三类模式，如表1所示。其中，在机构设置上，深圳模式呈现上下统一、中间分开的"纺锤形"（见表1、图1），浙江模式呈基层统一、上面分立的倒金字塔形（见表1、图2），天津模式呈全行政区域内的垂直管理的圆柱形（见表1、图3）；在改革的主要内容方面，仅有浙江模式保留了工商、质监、食药监的三块牌子；在改革的优势与亮点方面，深圳模式充分考虑了普通商品与食品、药品之间的不同，对食品药品实现了专业化监管，浙江模式一方面使各部门的优势得以发挥，这其中包括工商部门覆盖到乡镇街道的优势、质监部门的检验检测优势、食药监部门的专业优势，另一方面执法资源得以充分整合，而天津模式则是着力于健康产品的统一监管；在改革中面临的挑战方面，深圳模式主要在于队伍建设的瓶颈、基层监管方式的变革等，浙江模式主要集中于属地管理带来的地方保护主义、食品药品安全工作的重要性被降低、专业性被削弱等问题，天津模式主要集中于内部行政流程，有学者认为，改革只不过是将部门间的推诿扯皮变成部门内的协调。具体内容在表1中有所体现。

表1 市场监管体制改革模式比较

类别	深圳模式	浙江模式	天津模式
改革的主要内容	工商、质监、知识产权三局整建制整合，成立深圳市市场监督管理局，并将餐饮环节食品安全监管、酒类市场专卖管理、查处无证无照经营等职能划入	在县（市、区）整合工商行政管理局、质量技术监督局、食品药品监督管理局的职能和机构，组建市场监督管理局，保留原三局的牌子	整合天津市食药监、工商、质监三局的机构和职责，以及卫生局的食品安全职责，成立天津市市场和质量监督管理委员会，不再保留食药监、工商和质监三个市局
改革的优势与亮点	a 分类监管，充分考虑了普通商品与食品药品的区别，实现了专业化监管； b 统一了执法监督队伍，提升了监管的公平性； c 注重宏观政策设计与微观监管有机结合	a 发挥了各部门的优势； b 有利于整合市场监管执法资源，在加强专业监管的基础上推进综合执法	a 具有明显的政治导向性； b 实现健康产品的统一监管

续表

类别	深圳模式	浙江模式	天津模式
改革面临的挑战	a 合并前的差异会带来行政许可、行政执法、行政处罚的标准不同和风格的冲突；b 工商队伍的瓶颈可能会上升为政治问题；c 工商部门惯用的监管方式被广泛应用于基层市场监管；d 行政流程的再造	a 大部门制的理想改革效果难以实现；b 食品药品的专业性被削弱；c 食品药品安全工作的重要性被降低；d 容易滋生地方保护主义	内部行政流程整合
改革机构设置图示	纺锤形	倒金字塔形	圆柱形

资料来源：财新网，http：//opinion.caixin.com/2014-08-11/100715262.html。

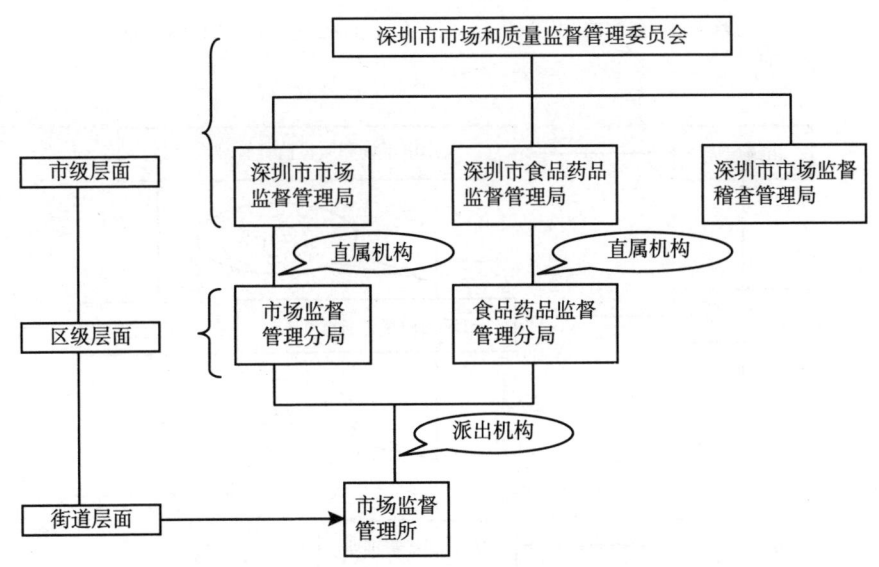

图1　深圳市市场监管体制改革机构设置基本情况

资料来源：财新网，http：//opinion.caixin.com/2014-08-11/100715262.html。

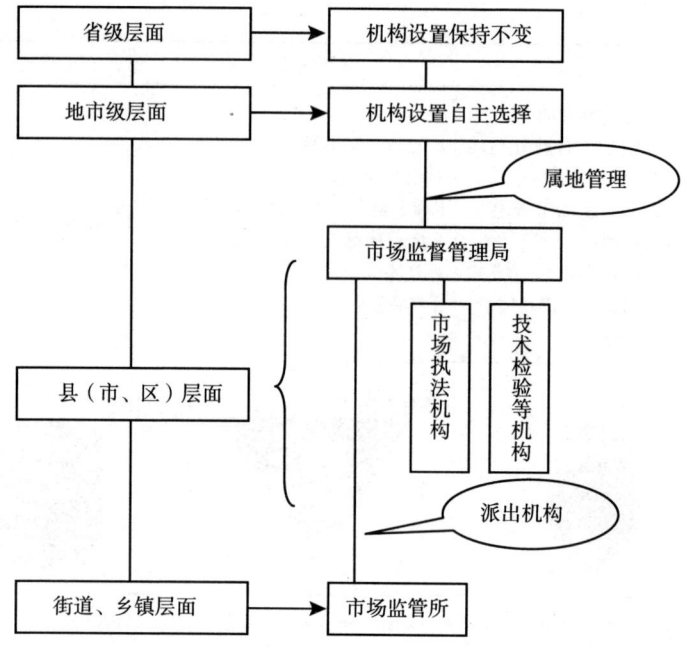

图 2　浙江省市场监管体制改革机构设置基本情况

资料来源：财新网，http：//opinion.caixin.com/2014-08-11/100715262.html。

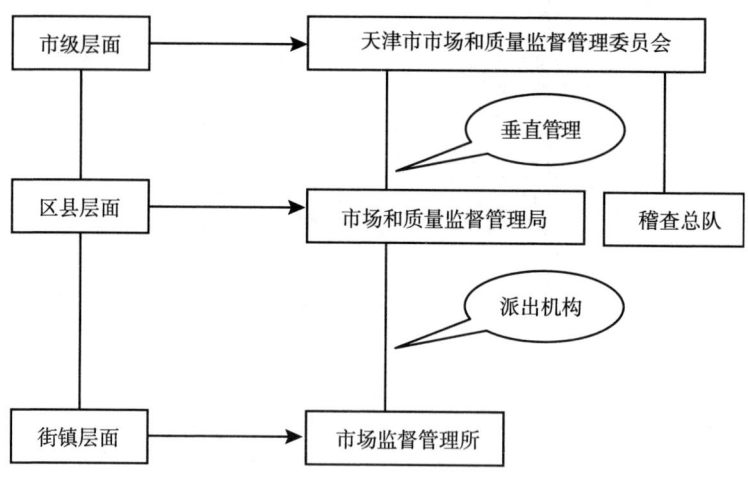

图 3　天津市市场监管体制改革机构设置基本情况

资料来源：财新网，http：//opinion.caixin.com/2014-08-11/100715262.html。

二 浦东"四合一"市场监管模式的构建

为了解决市场经济发展存在的市场诚信缺失问题,亟须构建更加统一高效的市场监管体制,不断强化监管力量,实现政府治理的自我创新。作为全国经济中心、国际化大都市的上海,肩负着"改革开放的排头兵""创新探索的先行者"等诸多使命,而作为改革开放前沿阵地的浦东,自然在监管体制改革中率先试点,为全市全面深化改革积累经验。

(一)构建"四合一"市场监管模式的基本思路

基于国家层面提出"转变政府职能","改革市场监管体系、实行统一的市场监管"这一战略布局,结合浦东综合配套改革和上海食品药品监管体制的改革,在充分调研的基础上,浦东新区形成了市场监管体制改革的基本思路与主要目标:以"公开透明、百姓得益、公平正义、权力制约"为基本要求,以"守住安全底线、促进经济发展、维护公平竞争、服务保障民生"为职能定位,坚持"综"与"专"结合、"条"与"块"结合、"宽进"与"严管"相结合,探索创新浦东新区市场监管体制,优化市场准入方式,强化事中、事后监管,整合市场监管执法资源,构建贯穿生产、流通、消费全过程和监管、执法、技术支撑相衔接的监管机制,形成"一体化、广覆盖、专业化、高效率"的市场监管体制。

(二)"四合一"监管体制改革的主要内容

浦东市场监管体制改革的内容主要涉及三个方面:一是管理机构的调整,将浦东新区工商分局、质监局、食药监分局统一调整,设立浦东新区市场监督管理局,统一行使三部门职能,同时将物价局的价格监督检查职能划入市场监督管理局的内设机构——市场规范监督管理处。二是管理重心的下沉。在原工商所的基础上,组建基层市场监督管理所,将相关的人员、职能下沉到基层,基层一线得以充实,力量得以加强。三是管理方式的调整,三部门实现了由上海市局垂直管理到浦东新区属地管理方式的转变;同时整合行政执法资源与职能,实现了"综合执法"。具体情况如图4。

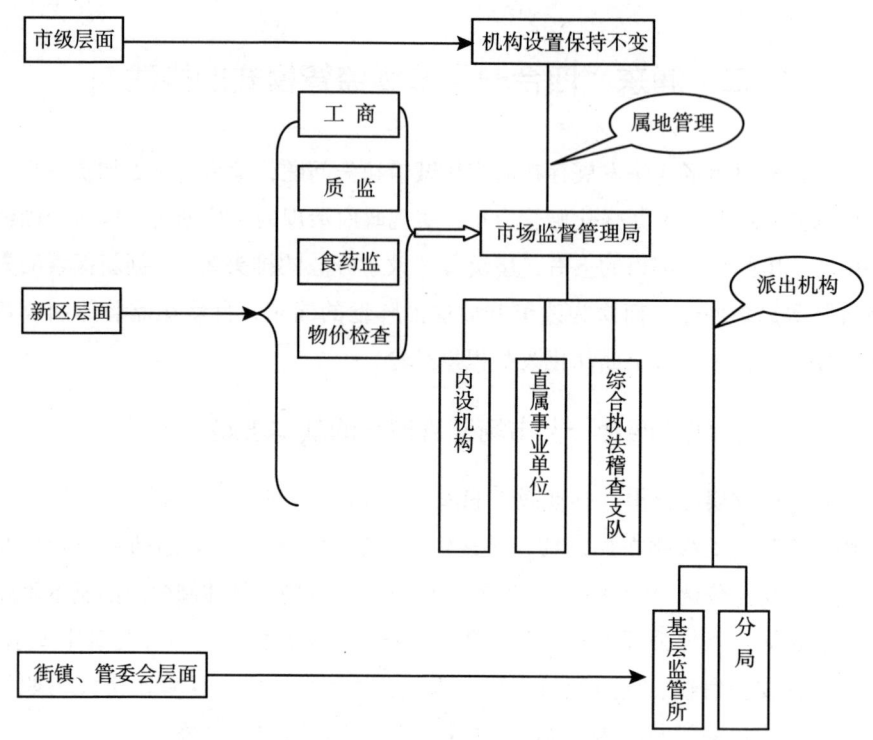

图4 浦东新区"四合一"市场监管模式机构设置情况

资料来源:浦东新区市场监管局办公室。

(三)"四合一"监管体制改革的主要举措

浦东新区在推进市场监管体制改革的过程中,注重计划、重点与时间节点,使整个改革进程保持了平稳、有序、高效(见表2、表3)。

1. 事前

一是精心制订方案,加强顶层设计。依据上海市委常委会通过的《关于本市改革完善食品药品监督管理体制的实施意见》,浦东新区区政府结合试点的要求,专门成立调研小组,就改革展开专题调研,在充分借鉴国内外相关经验的基础上,于2013年9月初制订了《浦东新区市场监管体制改革的总体工作推进方案》。在方案中,对改革的主要任务、推进机制和工作计划予以明确,对改革的时间表和路线图做了系统阐述。

二是汇聚多方合力，加强组织保障。鉴于存在的改革涉及面较广、改革难度较大的情况，在上海市委、市政府有关领导的关心支持下，浦东新区区政府在组织和保障两个方面采取了强有力的措施为改革保驾护航。设立专门的改革保障机构。2013年9月27日，浦东新区成立由分管副书记、副区长为组长，区委组织部（编办）、区纪委、区发改委、区人保局、区财政局、区法制办、区审改办、区机管局、区委宣传部等十多个部门参与的改革领导小组，为浦东新区市场监管体制改革的顺利推进提供强大的保障与支撑。在具体操作方面，成立浦东新区市场监管联合党组，该党组由分管副区长任书记，工商、质监、食药监三局班子成员为党组成员，在该党组下设立组织保障、法制保障及综合保障三个组，具体负责改革的推进工作。在此基础上，2014年7月启动了"3+1"市场监管体制改革，将原来隶属于新区发改委的价格监督检查职能、人员整体划入市场监管局。

2. 事中

一是充分注重"上下""左右"的主动、全方位对接。在协调各方中，处理好属地管理与条块结合之间的关系，特别是把握好与工商、质监、食药监、物价四个市局之间的关系，确保改革不影响工作的正常开展，不影响与三个市局的业务对接。在市局与各方的共同支持下，在浦东新区各方的共同努力下，明确了市场监督管理局的机构框架，梳理、编制了市场监督管理局的工作职能，科学配置了市场监督管理局的工作人员，整合了浦东四个局的法律文书，实现了"统一服装、统一标识、统一信息平台、统一财务管理、统一办公场所、统一规章制度"六个统一，改革工作得以有序、高效运行，2014年1月1日，浦东新区市场监督管理局及其派出机构全部挂牌运行，标志着机构改革正式完成，改革步入新阶段。2014年10月20日浦东新区市场监管局按照市委市政府统一部署加挂了"浦东新区质量发展局"的牌子。

二是坚持以人为本，加强队伍融合。人是改革的主体，也是改革成败的关键因素。基于此，浦东的市场监管体制改革始终将"做优做强队伍"作为改革的突破口与重点内容，着力夯实改革的基础。在思想融合方面，在机构改革、人员变动的敏感时期，从开展深入细致的思想工作入手，主动关心和解决大家的具体问题，坚持"工作需要与个人意愿相结合"的原则进行人员安排，并于10月13日召开了"3+1"体制改革人员欢迎会，实现了队伍建设与队伍融合状况超过预期；在业务的整合方面，基于机构改革后监管职能将更多、工作任务将更重的情况，不断开展覆盖全面、针对性强的法规培训、技能培训与实战练兵，实现干部与员工尽快适应新业务、做到"一专多能"。同时编印《基层执法手册》，该手册一套三本，涵盖了市场监督管理局的主要业务；编辑《价格监督检查实务》（上、下两册），并形成了基层人员价格执法检查工作规范，下发全局干部进行先期自学；编订了食品安全监管等"标准化监管"模板和操作规程，确保了机构改革后工作有方向、有标准，实现干部发现问题、有效监管能力的不断提升；在文化融合方面，完善、加强基层党组织建设，在全局开展"共同价值观"大讨论，推进形成"追求卓越、争创一流"的团队共识，提升全局的凝聚力、向心力。

三是把握关键时机，加强推进力度。这次改革涉及三个不同的部门、近千名干部、职工以及数十个内设机构，既有机构的重组，也有职能的整合，内容繁多，工程浩大。在整个改革过程中，始终注重把握关键时机、关键环节，要有计划、有步骤地推进，保持改革呈现稳妥、高效的良好局面。在机构改革的初期，注重对时间节点的控制和把握，联合党组每周召开一次例会，商讨改革的推进工作；领导小组定期召开会议，听取工作进展，协调改革事宜，从2013年9月到2014年1月，短短几个月的时间里，机构改革顺利完成。

3. 事后

机构改革完成后，注重第一个百日内部建设，实施"百日整合"，推动内部机构与人员的整合、磨合、融合，制定了"百日整合"时间表（包含窗口建设、业务建设、基层建设等6个大项、42个小项），实现了深化体制改革的良好开局。

表2 浦东新区市场监管体制改革前后部分基本情况对比

改革项目	市场监管体制改革前	市场监管体制改革后
内设机构	原工商、质监、食药监三局内设机构为29个	新局内设机构精简为17个
	原浦东新区发改委物价检查所	在新局市场规范监督管理处（网络商品交易监督管理处），加挂"价格监督检查处"牌子；在综合执法稽查支队增设1个大队
职　能	原工商、质监、食药监三局职能	统一由市场监督管理局行使
	浦东新区物价检查所行使的价格监督检查	市场监督管理局价格监督检查处行使价格监督检查职能

续表

改革项目	市场监管体制改革前	市场监管体制改革后
人员	原三局机关编制264名	机关编制为198名
	原浦东新区价格监督检查所共有工作人员43名	2名人员至机关市场规范监督管理处（价格监督检查处），其余人员全部充实基层，下基层比例占95.34%，其中13名至稽查支队，28名人员到各基层市场监管所
投诉热线	浦东新区12345、工商12315、食药监12331、质监12365、价格监督12358五条热线	自主研发了"公众诉求处置平台"
外资登记全程办理时限	12个工作日	4.7个工作日
所有内资登记事项办理时限	8~23个工作日	4.9个工作日
执法检查	工商、质监、食药监三个部门，至少六个人分三次（一次检查至少需两人）到同一超市检查流通商品、计量器具、保健品化妆品等事项	机构改革后到同一超市检查流通商品、计量器具、保健品化妆品等事项只需要一个部门两个人检查一次

资料来源：浦东新区市场监管局办公室。

表3　浦东新区"四合一"市场监管体制改革时间节点

关键时间节点	改革具体进程
2013年9月12日	上海市委、市政府正式印发《关于改革完善本市食品药品监督管理体制的实施意见》，明确提出调整完善浦东新区市场监督管理体制
2013年9月初	浦东新区区政府结合试点的要求，专门成立调研小组，就改革展开专题调研，在充分借鉴国内外相关经验的基础上，制订出《浦东新区市场监管体制改革的总体工作推进方案》
2013年9月27日	浦东新区成立由分管副书记、副区长为组长，区委组织部（编办）、区纪委、区发改委、区人保局、区财政局、区法制办、区审改办、区机管局、区委宣传部等十多家部门参与的改革领导小组，为浦东新区市场监管体制改革的顺利推进提供强大的保障与支撑
2014年1月1日	上海市浦东新区市场监督管理局及其派出机构全部挂牌运行，标志着机构改革正式完成
2014年3月	浦东市场监管局复制、推广自贸区经验，在全市率先试点外资企业设立和变更登记"一口受理"，实现"五证联办"

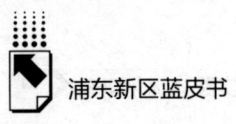

续表

关键时间节点	改革具体进程
2014年5月	浦东市场监管局试点对全局职能范围内的所有内资登记事项一个窗口"一口受理",平均办结时限从8~23个工作日缩短到4.9个工作日,企业办事更为便捷
2014年7月	浦东启动了"3+1"市场监管体制改革,将原来隶属于新区发改委的价格监督检查职能、人员整体划入市场监管局
2014年8月	在浦东市场监管体制改革先行先试的基础上,上海市委、市政府出台《关于推进本市中心城区市场监督管理体制改革试点的实施意见》,提出上海市8个中心城区开展工商、质监、食药监、物价监督检查"四合一"改革
2014年9月底前	物价监督检查12358热线系统已纳入市场监管局公众诉求处置平台
2014年10月13日	浦东市场监管局召开了"3+1"体制改革人员欢迎会
2014年10月17日	在全局开展干部参加的价格监督检查培训
2014年10月20日	浦东"3+1"市场监管体制正式运作的第一天,浦东新区市场监管局的执法人员即启动了以价格监督检查为主的综合执法行动
	浦东新区市场监管局按照市委市政府统一部署加挂了"浦东新区质量发展局"的牌子

资料来源:浦东新区市场监管局办公室。

(四)"四合一"监管体制改革的主要创新

1. 着力于提高执法效能,探索"集约化"监管方式

由局监管处牵头,每一个业务处室把年度检查计划报区层面统一搭建的业务信息平台。基于"合并同类项"的原则,对同一家企业进行检查时,相关处室共同参加。通过梳理与合并,可进行日常集约式执法检查的任务有57项,可实现对企业生产经营活动的干扰降到最低这一目标。

2. 着力于提升行政服务水平,统一市场准入和窗口服务

浦东市场监管局成立前,市场准入和对外服务业务是由各个部门分别负责的。以开办餐饮为例,机构改革前,工商局负责核名、办理工商营业执照、食品流通许可证等手续,食药监局负责办理餐饮服务许可证等手续,办理人可能需要往返多次,时间成本与经济成本都比较高;机构改革后,所有业务集中在市场监管局办理,通过流程再造,从串联到并联,实现企业"出生证"同步,全过程申请、提交文件、补正、领证都只需在市场监管局的窗口办理,减少了往返递交材料的时间和程序。

3. 着力于构筑全过程监管体系，职能无缝衔接

打破原先市场监管分段管理模式，构建起了"全过程"的监管体系，这是"四合一"改革的一大亮点。这有效解决了原先因为职能分散、交叉、缺位和错位的问题，填补了监管的"真空"与"盲点"，也使百姓得到了实惠。首先，食品安全是百姓关注的热点，更有效的监管是改革的重点。过去是分段而治，质监局管生产环节，工商局管流通环节，食药监管食品消费环境，改革后，只有一个市场监管局，责任更加清晰，破解了"九龙治水"的弊端。"四合一"实现了食品"生产－流通－消费"全过程监管，破解了长期困扰执法监管的"前店后场、集中配餐、现制现售"等环节交叉的经营业态监管难题。其次，浦东市场监管局在改革中，着力减少监管环节、优化资源配置，以食品药品监管一体化、产商品质量监管一体化、公众诉求处置一体化、执法办案一体化、市场准入一体化等"五个一体化"为重点，在机制创新上不断探索。比如产品质量监管方面，整合原分属质监、工商的生产、流通两个环节的质量监管职能，建立了产品商品质量问题从生产领域到流通领域、从流通领域到生产领域的"双向追溯"机制，建立《浦东新区重点产品（商品）质量监督目录》，统一不合格产品处理制度，建设产品质量追溯体系，对伪劣产品"堵源截流"。

4. 着力于提升食品安全保障水平，统一食品安全监管

市场监管体制改革前，食品安全监管是由质监、工商等多个部门共同承担的工作，职责不清晰导致推诿扯皮现象时有发生。生产、流通、消费（含餐饮环节）三个阶段的食品安全监管由一个局统一监管、统一执法，实现了食品监管的无缝衔接，消弭了过去一直不清晰、也难以理清的职责边界，这其中包括诸如前店后厂、集中配餐、饮品的冲调制售等经营行为与业态；实现了质监的技术力量与工商丰富的人力资源、完善机构体系的优势互补；实现了原有联动监管机制障碍的消除与生产、流通、消费（含餐饮环节）的连续监管。

三 浦东"四合一"市场监管模式的创新成效

浦东市场监管体制改革推进过程中，注重抓计划、抓重点、抓节点，确保了整个改革平稳、有序、高效。浦东市场监督管理局成立后，紧紧围绕"宽

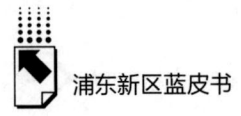

进严管"、"整合资源"的改革思路和"守住安全底线、促进经济发展、维护公平竞争、服务保障民生"的职能定位,经过三个月的运行实践,取得了市场更有序、百姓得实惠的初步成效,改革的系统效应初步显现。

(一)简政放权进一步落实,监管重点、薄弱环节与一线监管力量得到加强

改革中,大力推进简政放权、职能下沉、夯实基层,市场监督管理局内设机构精简了41.4%,机关编制精简了25%,在全区设立了36+X(36个街镇和国际旅游度假区、临港地区)个基层派出机构,80%的人员在基层一线从事监管执法工作,实行属地化综合管理,并在原工商所职能的基础上,逐步将特种设备、计量、质量监管和食品、药品、化妆品监管、价格监督检查等职能下放到基层所,实现了监管重心下移,全面加强了重点、薄弱领域和高风险环节的监管力量,监管网络更加严密,监管力度、频次进一步加强,具体情况可参见表格4。在特种设备监管方面,全区共有135家特种设备生产单位,10715家使用单位,9万多套电梯、塔吊、起重机等,机构改革前,这些监管主要依靠质监局的一个处的力量进行监管;机构改革后,则可依托覆盖全区的基层所。

(二)登记制度改革进一步深化,政府职能转变得以加速推进

根据党的十八届三中全会提出的全面深化改革、建立更加开放透明的市场规则等要求,基于让企业和百姓受益的理念,浦东新区市场监督管理局坚持"宽进严管"的思路,结合国家注册资本登记制度改革、浦东综改及新一轮审批制度改革,在创新市场准入制度、优化区域营商环境方面取得了新成效。

一是企业业务办理更加高效了。整合原工商、质监、食药监三部门所有登记、许可机构的处室与人员,设立注册许可分局,同时整合各项窗口业务。自2014年1月1日起,原三局进驻市民中心的企业登记、食品药品许可、组织机构代码证办理窗口完成整合,初步实现"一口受理、一表申请、一门办理"。目前,原分属工商、质监、食药监三局的食品生产、流通、餐饮许可已实现"统一受理",企业办事更加便捷、高效。

二是准入条件进一步放宽了。研究创新市场准入制度,形成了《关于浦

东新区商事登记制度改革的实施方案》，内容包括探索"先照后证"登记制度改革、住所和经营范围登记改革、以"负面清单"管理模式进行外资登记制度改革等。

三是业务办理期限进一步缩短了。浦东新区市场监管局积极推广自贸区经验，会同区商务委、区税务局在全市先行试点外资企业设立和变更登记一口受理，实现外资批准文件、营业执照、组织机构代码证、税务登记证、食品前置许可"五证联办"，全程办理期限由原来的12个工作日缩短至5个工作日，这也是加强浦东综合配套改革试点与自贸试验区建设联动的首个改革创新举措。正如首批获益于新政的环付通市场营销咨询（上海）有限公司负责人所言，对企业来说，"时间就是金钱"，这一点，怡高包装器材（上海）有限公司的经办人员体会更深。该公司由于未及时办理营业期限延期，大批产品因海关登记证过期而无法办理出口手续，公司面临高额违约赔偿。一口受理窗口在了解企业困难后，立即与商务委沟通协商，仅用1个工作日就完成了批准证书及营业执照变更的全部流程，使企业的出口产品得以如期报关、发运，避免了因违约造成的经济损失。

（三）原有职能与资源进一步整合，市场监管效能逐步提升

针对改革后市场监督管理局统一行使原来三部门职能的特点，立足与浦东的区域面积、市场主体数量相比，监管力量仍然相对薄弱的现实，着力减少了监管环节、优化了资源配置，初步形成了一体化、全过程、高效率的市场监管新机制，产生了比较好的成效。

一是行政效能明显提高。以食品安全监管一体化、产品质量监管一体化、公众诉求处置一体化、市场准入一体化、执法办案一体化"五个一体化"为核心，统一监管标准，整合监管职能，再造管理流程，促使程序更优、效率更高。如产品质量监管方面，整合了原分属质监、工商的生产、流通两个环节的质量监管职能，建立了《浦东新区重点产品（商品）质量监督目录》，统一了不合格产品"后处理"制度；公众诉求处置方面，整合了"12345、12315、12331、12365、12358"五个投诉热线操作系统，建立启用了新的"公众诉求处置平台"，实行"统一流程、统一文书、统一归口分派处置"。

二是"多头执法"难题得以化解。"四合一"改革，实现了食品、药品等

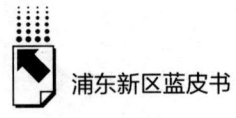

领域的"生产－流通－消费"全过程监管,有效破解了原来的"分段管理""多头执法""九龙治水"的弊病,进一步促进了监管到位。如原来三局分头负责生产、流通、餐饮环节食品安全,现在由一个局实施全过程食品安全监管,部门间存在的职能交叉、执法扯皮等现象不复存在。

三是执法资源配置更加合理。通过充分整合监管职能、业务,实现"一次出动,多项检查",监管效能更优,目前大部分基层所干部在执法时能做到"以一当三"。

(四)监管机制进一步创新,市场监管模式转型步伐加快

根据党的十八届三中全会提出的"深化行政体制改革,创新行政管理方式"的要求,注重在市场监管体制改革中创新管理方式方法,推动市场监管模式转型,全面提升事中事后监管力度。

一是实现了监管矛盾的有效缓解。在摸清监管底数的基础上,加快整合原四部门的监管业务系统数据库,按照企业的所属行业、信用记录,实施力度不同的监管,将执法资源聚集到最危险的"隐患点""风险点",对信用良好企业则日常少检查、不检查,从而缓解监管量大面广而人力资源有限的矛盾。

二是监管手段更加有效、便捷。对内,正在研究建设统一的综合监管业务平台,通过信息手段促进各项业务的进一步整合;对外,探索构建信用监管信息系统,不断完善市场主体信用信息共享平台,加强与新区各委办局、街镇间的信息共享与对社会信息公示,通过信息化手段加强信用制约。

三是形成了新的监管格局。推进发挥新区、街镇两个层面的食安委、食安办的作用,加强联勤联动,促进对食品安全等问题的及时发现和处置,研究拓展遍布全区的居村委联络点功能,深化市场监管的社会参与,进一步优化对企业的行政指导,推动形成"部门协同、行业自律、社会监督、企业自治"的长效化管理格局。

(五)服务民生进一步突出,社会对改革的认同度不断增强

机构改革中,注重加强宣传、服务民生,这凸显了社会认同、百姓得益的初步成效。

一是改革的内容引起了社会各界的共鸣。自2013年9月浦东新区启动市

场监管体制改革以来,各类新闻媒体对这一改革陆续报道了上百篇次,社会公众对改革普遍知晓,尤其对新的监管局如何发挥职能整合优势保障百姓"舌尖上的安全"、更高效地解决公众诉求以及市场准入领域改革、精兵简政、简政放权等内容反响强烈。

二是改革的初步成效获得了公众认同。浦东新区市场监督管理局在改革中,坚持将涉及百姓健康安全、切身利益的领域作为履职重点,将确保全区"食品药品、产品质量、特种设备、百姓消费"四个安全作为履职重点和底线,并在改革中不断推出便民措施的做法,获得了企业和百姓的认同。

三是改革的示范效应获得了充分肯定。正如上海市委书记韩正所言,上海的各项改革,都要努力按照中央要求,立足于可复制、可推广,做到"浦东能突破,全市能推广,全国能借鉴",为全国深化改革多做贡献。2014年8月,在浦东市场监管体制改革先行先试的基础上,上海市委、市政府出台《关于推进本市中心城区市场监督管理体制改革试点的实施意见》,提出上海市8个中心城区开展工商、质监、食药监、物价监督检查"四合一"改革(见表4)。

表4 浦东新区"四合一"市场监管体制改革主要成效情况

时间节点	监管类型	市场监管体制改革成效
2014年元旦、春节以及人大、政协会议期间	计量器具	各基层所检查的民生领域计量器具数量相当于原来三年的总和
2014年3月	投诉处理	通过公众诉求处置平台高效处置了央视"3·15晚会"转办件24件,最快的45分钟内完成处理
2014年1~6月	"一口受理"	设在浦东市民中心的"一口受理"窗口共受理申请332户,其中企业设立120户,变更212户
2014年1~6月	商品质监	共统一协调22个市场所配合完成国家质检总局、市质监局和市工商局组织开展的对12类产商品的质量监督抽查工作任务
2014年1~6月	食品安全	共检查食品经营者28000多户次,开展从业人员培训8103人次;捣毁食品地下黑窝点29个,成功处置疑似集体性中毒突发事件9起
2014年上半年	产品监管	川沙市场监管所在对某建材经营户进行日常巡查时,发现其提供的人造板工业产品生产许可证复印件涉嫌伪造,第一时间在业务处指导下启动追溯程序,发现该产品生产企业涉嫌无证生产,实现了产品质量全过程、高效能监管

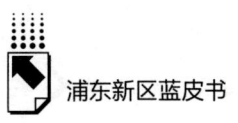
浦东新区蓝皮书

续表

时间节点	监管类型	市场监管体制改革成效
2014年1~8月	"一口受理"	一体受理食品药品许可申请15600件
2014年1~8月	食品安全	浦东市场监管局责令停业无证照餐饮1420户、立案查处419户,取缔地下食品加工窝点38个
2014年端午节前夕	食品安全	取缔一地下食品加工窝点,现场查获10吨、6万余只粽子,避免了存在安全隐患的食品流入百姓餐桌
2014年1~8月	特种设备	开展监察9275户次,比上年同期增长27.7倍
2014年1~8月	食品药品	检查食品经营户33188户次,对药品零售企业检查比上年同期增长4倍多,对医疗器械经营企业监管同比增长111%
2014年1~8月	产品质量	对不合格产品整改复查与行政处罚"双管齐下",共对48家产品质量不合格企业启动了立案调查程序,是上年同期的5倍,有力打击了产品质量方面的违法行为
2014年1~8月	投诉处理	通过公众诉求处置平台高效处置各类诉求8342件
"福喜事件"曝光后	食品	探索一定时间内集中人力物力,对高风险食品企业进行全方位、全过程"彻查"的新模式,对首批4家食品企业的彻查发现问题55起,一一督促整改并立案查处4起
2014年10月20日	首次价格执法行动	检查了两个综合性商业广场数十个柜台,发现涉嫌价格违法行为4起,已全部责令整改并将进一步调查处理

资料来源:浦东新区市场监管局办公室。

四 "四合一"市场监管体制改革存在的问题与挑战

浦东的市场监管体制改革,总体来讲进展顺利、初见成效,但是由于改革涉及的内容多、部门多、环节多,改革的力度空前,必然会存在一些难点,在改革的过程中需要重点关注。

(一)缺乏统一的配套法制保障

当前浦东的市场监管体制改革尽管在日常监管中初步实现了"四合一"综合执法、公众诉求"五线合一"处置,但是仍然存在两个突出的问题:一是受无地方立法权所限,在监管执法依据上仍然沿用原四部门的数百部法律法规,缺乏统一的配套法制保障,而不同法规设立的执法时限、流程各有不同,给制度的创新与改革的深入推进带来了客观障碍。二是法规体系滞后形成新的问题与瓶颈。在法规体系方面，现行法规的执法主体均无"市场监管部门"，这也是影响新的市场监管部门履行职责的深层次因素。

（二）政府职能的优化仍有空间

政府职能转变是市场监管体制改革的核心要义。浦东在"四合一"监管体制改革中致力于探索"宽进严管"，加强事中事后监管。当前"四合一"的职能整合已经基本完成，但是职能的优化仍有空间。与相关部门的职能划分尚需进一步厘清。虽然实行了"大部制"，部门间的职能交叉、重复等进一步减少，但在具体工作中，仍旧涉及职能划分不清的情况。比如，在食品监管过程中，在初级农产品、私宰窝点等方面，与农业、城管等部门依旧存在职能模糊的现象与空白、交叉地带，监管的实效仍会受到影响。

（三）综合监管与专业监管的挑战

尽管在优化统筹协调机制方面已经做了很多工作，改革至今也已经组织了大量的实务培训，基层强身取得了明显效果，但是面对大量下放的职能、事权，如何真正做到综合监管与专业监管相统一、切实提升综合监管效能，基层监管执法人员仍不同程度地存在知识结构不匹配、心理不适应等问题，亟待在后续的改革过程中研究解决。

（四）扩大改革效应的挑战

浦东的市场监管体制改革，立足于"浦东能突破，全市能推广，全国能借鉴"，压力可想而知。市场监管体制改革的根本目的是筑牢社会公平正义底线，让百姓得到实惠，只有得到百姓认同、产生积极的社会效应，改革才能真正成功。因此在改革推进过程中，如何在形成改革共识、增进内部认同的同时，进一步体现惠民、利民，取得更加广泛的社会认同，也是迫切需要研究的问题。

（五）与上级部门的工作对接存在诸多不便

市场监管局成立后，由于职能的整合，要与上级多个部门对接，比如，在上海市层面就要对接市工商局、市质监局、市食药监局（餐饮）。这些工作所

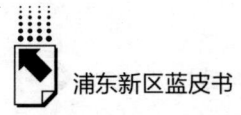

带来的问题，一是工作量的增加，这既包括对上联系的工作量，也包括综合性的会议（法规、党建等）的内容重复；二是工作思路、部署与上级的不一致，上级分段监管的思路、部署与浦东的无缝衔接监管思路、部署难以有效对接，往往就会使上级工作的针对性、有效性与指导性大打折扣，甚至形成负面影响。

五 "四合一"市场监管模式的优化与思考

纵览国外市场监管体制改革的历程，无论是德国、法国，还是英国，都具有不同特色的市场监管体制，在市场监管方式上对浦东的市场监管体制改革具有重要的借鉴意义。浦东市场监管体制的改革才刚刚起步，改革之路任重道远。从长远来看，还需围绕"公开透明、群众得益、公平正义、权力制约"的改革方向，从以下几个方面实现改革的系统性成效。

（一）突出政府职能的转变，提高监管的执行力

从某种意义上讲，市场监管体制改革要着力于加大执法力度、加强基层执法力量，要从资源配置上向这两个方面倾斜，浦东的做法堪称典型，所以改革后成效显著。

要依据监管工作的实际，循序渐进推进机构改革。深圳在2009年大部门制改革中将食品安全监管职能纳入市场监管局，但在2014年又将该项职能划转给新组建的食品药品监管局，其主要原因是食品安全监管与普通商品监管的模式完全不同。本轮地方体制改革中，安徽等地较早在县区市试点工商、质监、食药"三合一"，但由于弱化了食品药品监管力量，实践中暴露出诸多问题，已被紧急叫停。地方试点的经验和教训值得我们高度关注，如果地方为机构改革而改革，不考虑监管实际，将来很可能要"返工"。因此，要循序渐进开展机构改革，现阶段不急于推进统一市场监管体制改革。

随着市场监管局的成立与职能的有机整合，推进监管工作的整体化、系统化与创新监管机制是当务之急。一是基于业务流程的再造，着力于梳理业务流程，形成清晰的工作链条；二是要致力于合理配置资源，提高监管效率、降低监管成本，实现监管的多环节的可追溯；三是要创新监管模式，跨前一步，建立事前、事中与事后的全过程、全覆盖监管；四是要在重心下移的同时，理顺

综合监管与专业监管的关系。一方面要研究如何更好地把握属地管理与条块结合的关系，加强对条线职能的整合统筹，切实体现"四合一"体制优势；另一方面，要根据职能特点和履职要求，理顺综合监管与专业监管的关系，关注提升基层执法人员的积极性和执行力，促进综合性和专业性的互补，提升综合监管能力。监管流程创新的前提是依法行政。在工作程序上，要在现有的法律框架内，进行执法程序和监管流程的再造，化繁为简，使市场监管更加规范统一、有序高效。

（二）突出执法队伍的整体履职能力，提升监管的专业性

要加强执法队伍的能力建设。一要充分借鉴法国执法监管方面的履职成效。法国的市场行政执法监督虽然起步晚，但是监督机构的权力很大，可以进入企业调查，检查人员配备必要的武器，将调查结果移交法院判决，对市场经营者具有充分的约束。二要打造一支业务精、作风硬的市场监管队伍，这是市场监管体制改革成败的关键。为此，要进一步加强市场监管部门的能力建设，提升队伍综合素质；要加快团队文化建设，加速思想融合。尽快形成良性的用人激励机制。完善选人用人制度，在职级、待遇上给予干部平台空间，保持队伍的相对稳定和人才吸引力。加强对队伍的监督、培训与教育，培养队伍良好的职业操守，强化对行政权力的制约，提升依法行政水平。

改革中要突出食品药品监管的专业性，可适时成立健康产品监管局，最终与市场监管局并列。例如，美国政府设有监管一般市场秩序的联邦贸易委员会（FTC），同时专门设置监管健康产品的食品药品监管局（FDA）；英国政府设立专门的药品和医疗器械监管机构（MHRA）；日本由厚生劳动省监管除食用农产品之外的食品安全。尽管各国实践不同，但都将食品药品等健康产品作为特殊商品进行监管。从理论上说，市场监管的对象是各类市场主体交易行为，目的是维护市场秩序和环境；而健康产品监管的对象是特定产品质量安全，属于公共安全范畴，两者的定位和范式截然不同。

（三）推进市场监管手段的信息化，提高监管工作的法制化

要着力解决工作对象不断出现的新情况与行政资源相对不足的矛盾，就必须引入办公自动化、市场准入、行政监管三大信息系统，推进监管手段的信息

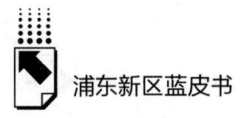

化,将市场监管的创新成果以信息化的形式固定下来,既提高了工作效率,形成了工作对象的数据库,也可以对监管人员形成再监管,最终实现行政成本的节省、资源的共享和及时发现问题、解决问题。

将监管工作全面纳入法制化。德国堪称法制建设的典范。德国对法制建设的重视,对市场竞争有序化的严格要求,对于当前深化浦东新区的市场监管体制改革具有重要的借鉴意义。与市场监管管理体制改革的要求相适应,大力推进制度建设,将市场监管体制改革的成果与经验以制度的形式固化下来,既为下一步的改革提供保障,也为其他地区的改革提供借鉴,对于全国将有积极的示范意义。

(四)加强市场治理的第三种力量,注重改革的示范效应

市场治理的过程,是一种互动过程,其中包括政府与市场、政府与企业、政府与社会,因此,政府的行政执法、行业协会的自律、公众参与和舆论监督才是市场监管的应有之义。从某种意义上讲,政府监管成效的高低与社会舆论、公众参与等密切相关,所以要广开言路,通过公开听证、民意调查等多种渠道让社会公众参与。同时,要加强对市场监管机构的问责与评估,引入独立于政府之外的第三方,建立问责与评估机制,推进市场监管机构的规范化与市场监管的社会化。在食品快速检测等技术领域加大政府购买服务力度,深化与社会组织、市场主体的协作关系,完善政府购买社会服务的机制。

要及时梳理体制改革过程中的成效、经验与问题。浦东市场监管体制改革要致力于形成可复制、可推广的经验,需要深化改革与总结宣传同步进行,通过梳理改革过程中的成效、经验和问题、不足,促进改革的自我完善和后续改革的开展;需要及时关注社会反响,增进社会认同,以确保改革的实效性、长效性,让群众共享改革的成果。

改革要突出地域特征,突出浦东特色,形成具有代表性的可借鉴模式。就统一市场监管体制带来的影响而言,大城市与中小城市不同,发达地区与欠发达地区也不同。浦东要充分评估整合工商、质监和食药监的政策效果,对整合中和整合后可能出现的问题有充分准备,顶层设计与微观基层创新相结合,分类指导和分步实施相结合,提炼出具有代表性的浦东模式。

参考文献

王志彦：《浦东"三合一"改革进入"2.0 版"》，《解放日报》2014 年 7 月 9 日。

曹继军、颜维琦：上海浦东：《"三合一"让群众真正受益》，《光明日报》2014 年 8 月 15 日。

牛一兵、胡跃平、陈杰、禹伟良、孔祥武、靳博：《行政审批不留灰色地带》，《人民日报》2014 年 6 月 17 日。

宋世明：《国务院改革市场经济意见解读：完善顶层设计（下）》，《中国县域经济报》2014 年 7 月 14 日。

吴胜斌、邱文、倪伯龙、刘维善：《大市场新服务凸显"五个统一"新亮点》，《中国消费者报》2010 年 3 月 10 日。

《深圳市场监管大市场新服务凸显"五个统一"新亮点》，http：//www.lawtime.cn/info/xiaofeizhe/dongtai/201009155684.html. 2012 - 09 - 13。

邝兵：《关于深圳市市场监管体制改革的思考》，《中国工商管理研究》2010 年第 7 期。

柳劲松：《我国市场监管体制的解读与重构》，《现代企业教育》2009 年第 6 期。

梁彩云：《镇（街）安监机构大部制改革研究》，硕士学位论文，华南理工大学，2011。

肖健、邱文：《执法更高效服务更便捷》，《深圳商报》2010 年 3 月 15 日。

郭宇华：《试论食品安全与政府监管》，《今日药学》2008 年第 5 期。

李亚平：《关于妇联组织参与社会管理和公共服务的思考》，《妇女研究论丛》2008 年第 2 期。

李长健、干静：《完善我国农产品质量安全政府监管的对策——以服务型政府理念为理论基础》，《青岛农业大学学报》（社会科学版）2011 年第 1 期。

B.9 浦东引领上海科技创新中心建设的思路与对策

李双金*

摘　要： 一直以来，浦东在上海实施"科技兴市"战略、建设创新型城市的过程中都发挥着主力军、主战场的功能，具有推动科技创新实践的重要基础和经验，但是也面临着创新资源整合力不足，创新服务机构整体发展滞后，创新项目的市场化筛选、培育机制落后等困难。浦东应进一步解放思想、形成市场化改革的统一认识，围绕形成"合力"做文章，通过优化创新创业环境、支持创新创业企业成长，强化人才服务和激励机制，促进各类企业共同发展、推动市场化创新合作，引导风投机构发展、构建良好的金融生态系统等手段，转变政府职能，增强市场力量，发挥建设具有全球影响力的科技创新中心的主力军、主战场、核心区功能，引领上海新一轮的改革与发展。

关键词： 引领　科技创新　创新中心

继"四个中心"、自由贸易区等重大发展战略之后，中央又对上海提出了建设具有全球影响力的科技创新中心的新要求新任务。对浦东而言，如何在这一新要求、新任务中找准自己的定位和着力点，积极融入并切实引领上海的科技创新中心建设，是未来一段时期浦东经济社会发展需要思考的重要问题。

---

* 李双金，经济学博士，上海社会科学院经济研究所副研究员，主要研究方向为企业发展、创新经济学等。

一 浦东引领上海科技创新中心建设的有利条件

融入上海科技创新中心建设,并在此过程中起到引领作用,必须首先深刻地理解和把握科技创新中心的内涵与特征。

全球科技创新中心是全球创新资源的集聚地和配置中心,国际化的高端人才、研发机构、科技型企业、风险投资和科技服务机构等高度集聚。全球科技创新中心是引领全球创新活动的风向标。科学前沿的深入探索、对产业发展有重大带动作用的关键性技术突破和运用都在科技创新中心率先实现;新技术、新产品、新业态和新商业模式企业不断涌现,主导和控制着全球重要产业的创新链、价值链和产业链,对全球创新活动和产业发展具有强大的影响力、辐射力。全球科技创新中心还是充满活力的创新生态系统,具有自由开放、多元包容的创新氛围。创新思想、创意行为、创业模式充分交融,创新主体密切互动,科技进步与经济社会发展高度耦合,是创新资源价值实现的重要舞台。

一直以来,浦东在上海实施"科技兴市"战略、建设创新型城市的过程中都发挥着主力军、主战场的功能,具有推动科技创新实践的重要基础和经验。对照全球科技创新中心的主要特征,浦东具有如下有助于其发挥引领作用的有利条件。

(一)多重国家战略交汇,高新技术产业实力不断增强

自浦东开发开放以来,上海每一次重大的战略发展都与浦东密切相关。浦东当之无愧是上海改革开放的先锋和前沿阵地。

自上海正式确立"四个中心"发展战略以来,浦东的战略地位更加突出。金融中心、航运中心直接以浦东为主战场,一系列重要政策和机构相继落户浦东,全面推动了浦东的产业发展。2003年,上海通过了《上海实施科教兴市战略行动纲要》,确立了科教兴市主战略,并将"科教兴市"战略作为建设"四个中心"的主导战略和重要手段。在实施科技兴市主战略过程中,浦东充分发挥张江高新技术开发区的优势,起到了良好的引领带动作用。

2009年,在国家战略引导下,上海颁布了高新技术产业化政策,浦东成为上海发展高新技术产业和战略性新兴产业的主要阵地。商用飞机、迪士尼等

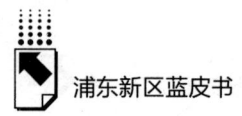

一批重大项目落户浦东，中科院上海浦东科技园启动建设，进一步夯实了浦东的高新技术产业基础。目前商飞项目总部已落户陆家嘴，设计研发中心落户张江，总装制造中心落户祝桥。浦东新区还专门成立了高新技术产业应用研究院，推进国内民营机构参与大飞机项目机载设备、发动机等方面的国产化。

2011年，张江获批成为国家级自主创新示范区，浦东创新创业型企业的发展不断提速。2013年9月，浦东成为首批国家自由贸易区试点区域，投资便利化、贸易便利化改革加速，政府职能转变的压力进一步加大。2013年底，浦东新区又被确定为新一批（2013年12月至2016年11月）国家知识产权试点城区，是全国入选的6个地级城市（城区）之一。

多重战略的交汇，不断夯实着浦东科技产业尤其是高新技术产业的基础和实力，各类产业基地的建设处于全市领先地位。在前期高新技术产业化基地建设的基础上，浦东进一步规划建设了6个重点领域的高新技术产业化基地，包括南汇工业园区新能源产业化基地、康桥工业园的新药生产基地，上海国际医学园区的医疗器械与医疗服务产业化基地；临港、祝桥地区的航空配套产业化基地、临港地区的海洋高新技术产业化基地、金桥网络视听和下一代移动通信产业化基地等。2013年，全国23家高新技术产业化基地通过国家科技部年度复核，被评为国家A类高新技术产业化基地。上海的两家国家A类高新技术产业化基地均位于浦东新区，分别是位于张江高科技园区的上海国家半导体照明高新技术产业化基地，以及位于南汇工业园区的上海浦东新区国家新能源高新技术产业化基地，显示了浦东高新技术产业发展的强劲实力。

目前，浦东张江示范区聚集着2000多家高新技术企业、260多家技术先进型服务企业，形成了新一代信息技术、高端装备制造、生物、节能环保、新材料五大主导产业集群和新能源、新能源汽车两大先导产业集群。其中，生物医药、集成电路和新能源汽车产业在全国继续领先；高端装备制造、新能源、新材料、节能环保产业处于全国先进行列。以集成电路产业为例，浦东张江园区目前已成为我国最大的集成电路产业园区。据不完全统计，该园区已集聚了集成电路设计、芯片制造、封装测试和设备材料等企业共140余家，其中设计企业近100家。2014年一季度，张江园区集成电路产业销售额占上海总量的50%，占浦东总量的83%，其中设计业销售收入达31.38亿元，占上海的70.5%。2014年公布的上海市集成电路行业企业排名榜中，张江园区共有10

多家企业上榜，占总数的一半。中芯国际、展讯通信、华虹宏力、格科微电子、环旭电子、昂宝电子等6家企业入选行业经济效益前十榜单，利润总额达25.98亿元，占行业整体利润总额的46%。① 张江园区的集成电路产业链已涵盖设计、制造、封装测试和设备材料等行业，与国内外众多高校、研究机构和技术中心具有合作关系，形成了集群化发展的良好态势。

（二）多元化创新主体碰撞，企业主体地位逐渐确立

创新是多元化创新主体之间充分互动的过程。重要的创新主体包括企业、科研机构、大学、风投机构、金融机构、科技服务机构等。

浦东各类科研机构密集，企业技术中心数量众多。2013年，浦东新区新认定各级企业研发机构41家，总数达524家。2006~2013年，浦东210家中小企业累计获得227次科技小巨人工程立项，立项总数居全市第一，其中小巨人工程53项，小巨人培育工程174项，市、区两级立项资助金额为5.07亿元。立项项目集中分布在电子与信息、光机电一体化、新材料、生物医药四大领域，中小科技型企业发展态势良好。② 高校数量偏少是浦东的弱项，自2003年上海中医药大学整体迁入浦东张江园区后，浦东一直积极争取大学的落户。复旦大学、上海交大等一批国内外知名高校与园区建立了战略合作关系，并在张江设立校区，引入了与园区主导产业紧密相关的学院和学科。2013年，以创新体制为办学理念的国际化研究型大学上海科技大学开始招生，致力于教育、科研、创业的深度融合。作为金融中心建设的主战场，浦东汇集了大量的金融机构总部和全球重要金融机构分支机构。

在企业集群化发展、拓展创新网络的同时，一批平台机构也纷纷落户浦东，进一步增强了集群网络化创新优势。2013年11月，位于张江高科技园区海外创新园内的"上海张江-伯克利工程创新中心"正式揭牌。该创新中心由上海张江（集团）有限公司与美国加州伯克利大学工程学院共同创建，将致力于探索国际前沿科技研究及产学研用的创新实践和发展，推动科研成

---

① 上海市企业联合会，http://www.shec.org.cn/jeecms/hydwxx/1717.jhtml。
② 上海市浦东新区科技认定服务中心，http://www.stcc.org.cn/NewWeb/content.aspx?id=430&code=500001。

果转化。

多元化创新主体的汇聚与交流，推动着企业创新主体地位的逐渐形成。在2014年4月颁布上海市科技进步奖中，浦东新区有58项科技成果获奖，占全市奖项总数的1/5，其中9个项目获得科技进步一等奖，占全市总数的1/4，居全市各区县首位。在58项获奖成果中，有40个项目由企业牵头完成，约占获奖项目总数的70%，从一个侧面说明浦东企业正日益成为科技创新主体，成为承担各类科技项目的主力军，成为科研经费的投入主体以及创新成果的产业化主体。另外，浦东还有12项科研成果获得2013年度国家科技奖，相比上年增长了140%，占全市获奖总数项目的23%。获奖项目中有3项以企业为第一完成单位，另外2项以企业为参与单位，打破了以往国家奖项几乎被大学和科研机构垄断的局面。此外，12个获奖项目中有两个国家技术发明奖，占全市该奖项获奖总数的30%。国家技术发明奖十分注重技术的原创性，浦东在该奖项上的突破显示出浦东企业原始创新能力的增强。[①]

多元化创新主体交流碰撞的另一个直接体现是浦东创新创业企业的迅速成长。2013年12月，德勤公司（Deloitte Touche Tohmatsu Limited）公布了2013年《亚太地区高科技高成长企业500强》名单。中国大陆地区上榜的128家企业分布在7个省市，其中上海仅有10家企业上榜，位居全国第五，与北京的51家存在显著差距。虽然上海整体的表现不佳，但是在上海上榜企业内部，浦东企业占据了较大比重。2013年，浦东有4家企业入选，占上海总数的40%；2012年浦东的入选企业数是5家，占上海总数的一半以上，居全市各区县首位，显示了浦东高科技高成长企业的发展优势（见表1）。

表1 上海高科技高成长企业名单

企业名称	行业领域	排名（2013）	排名（2012）	所在区域
上海中彦信息科技有限公司	互联网	41	26	浦东
汇付天下有限公司	互联网	45	无	浦东
上海宝尊电子商务有限公司	互联网	55	无	闸北
上海诺姆四达人才服务有限公司	其他	56	198	闸北

---

① 上海科技，http：//www.stcsm.gov.cn/info/iList.jsp? cat_id=20127。

续表

企业名称	行业领域	排名（2013）	排名（2012）	所在区域
时代光华	媒体和娱乐	229	234	徐汇
诺亚（中国）控股有限公司	互联网	257	158	浦东
上海东硕环保科技有限公司	绿色科技	274	无	徐汇
上海诺姆四达人才服务有限公司	软件	280	无	闸北
辉源生物科技（上海）有限公司	生物医药/医疗设备	423	无	浦东
上海谱尼测试技术有限公司	软件	458	431	徐汇
上海春宇供应链管理有限公司	互联网	无	293	浦东
芯原股份有限公司	半导体、零件和电子产品	无	371	浦东
桑迪亚医药技术（上海）有限责任公司	生物医药/医疗设备	无	446	浦东
长胜纺织科技发展（上海）有限公司	纺织科技	无	463	松江

（三）多样化创新资源集聚，知识产权优势显现

作为上海的人才高地，浦东无疑具有较大的人才吸引力。在人才是第一生产力的时代，其他各类创新资源的流动与人才的流动之间呈现较强的相关性。抓住了人才就抓住了创新的根本。

张江示范区国际化人才试验区建设是浦东人才工作的重要内容。2013～2014年，浦东积极研究张江建设国际化人才试验区实施意见和办法，提出了多条拟争取国家支持在张江率先试点的人才政策。目前，依托园区、企业及高校院所，浦东建立了11个国家级和18个市级海外高层次人才创新创业基地，分别占全市的91.7%和90%。张江园区大专以上学历人员达74.9万人，占从业人员总数的57.6%；中科院"百人计划"杰出科学家、国家自然科学基金"杰出青年"、国家"新世纪百千万人才工程"、上海领军人才中的60%以上在张江工作。还有380名国家级和310名市级"千人计划"人才、200余名两院院士在张江工作。①

人才的集聚带动了多样化创新资源的集聚，促使浦东形成了相关产业的知

---

① 《上海科技进步报告2013》，第64页。

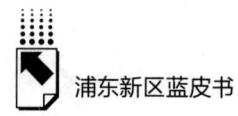

识产权优势,科技发展的技术原创能力日益显现。上海市知识产权局数据显示,2013年浦东新区发明专利申请量为9687件,占全市发明申请量的24.7%,位居区县首位;发明授权量为3074件,占全市发明授权总量的27.2%,浦东发明专利申请数量逐年稳步增长。至2013年底,浦东新区每万人口发明专利拥有量23.22件,超过全市平均的20.32件。①

2013年,浦东有五家企业认定为市级知识产权优势企业,分别是:中芯国际、安集微电子、联创汽车电子、波汇通信和昂宝电子,占全市总数的22.7%。截至目前,浦东一共有14家市级知识产权优势企业,占全市总数的25.9%,居全市领先地位。此外,浦东新区有10家企业入选首批(2013年12月至2015年11月)国家级知识产权示范企业和优势企业,其中国家级知识产权示范企业1家(上海微电子装备公司),占全市总数的1/3;国家级知识产权优势企业9家,分别是外高桥造船、中国商飞、宝信软件、上海日立、中信国健、信谊药厂、微创医疗、电气集团印刷包装机械公司、耀华皮尔金顿等,显示出浦东企业强大的知识产权优势。②

在产业知识产权发展方面,目前浦东七大战略新兴产业发明专利储备量近两万件。据统计,2000年1月1日至2013年6月30日期间,浦东新区授权有效和已公开的中国发明专利共有28819件。其中,七大战略性新兴产业共19987件,占比69.4%,主要集中在新一代信息技术产业和生物产业,占七大战略性新兴产业专利总量的66.3%和18.7%;新材料产业、新能源产业、节能环保产业、高端装备制造产业的专利量占比较为均衡,均在3.6%左右;新能源汽车产业拥有专利量较少,占比为0.5%。③

知识产权发展的优势为浦东开展知识产权质押融资创造了条件。2013年,浦东开展了知识产权质押融资试点,研究制定了《浦东新区知识产权质押融资风险补偿和奖励操作规程》,设立了浦东科技融资担保公司,整合银行、保险、投资、担保等各类金融服务资源,组建了科技金融服务联盟,形成浦东科技金融综合服务平台。

---

① 浦东科技网,http://www.techpudong.gov.cn/site/show.aspx?Code=100101&ID=6632。
② 上海市知识产权局,http://www.sipa.gov.cn/gb/zscq/index.html。
③ 浦东科技网,http://www.techpudong.gov.cn/site/show.aspx?Code=100101&ID=6532。

(四)多项创新政策先行先试,创新治理能力不断提升

一直以来,浦东承担着多项政策先行先试的重任。2013年,《上海张江国家自主创新示范区发展规划纲要(2013~2020)》获国务院批复,一核三带的空间布局基本形成;市政府发布了新一轮《张江国家自主创新示范区企业股权和激励试行办法》《关于进一步深化上海国资改革促进企业发展意见》,明确鼓励张江示范区内符合条件的企业参与股权和分红激励试点,示范区外的国有创新型企业、高新技术企业参照实施。张江示范区的股权激励试点已经引发了上海国资国企新一轮的制度改革。

在财税政策改革方面,浦东张江园区获得了企业研发费用加计扣除、职工教育经费税前扣除、股权奖励、个人所得税分期缴纳、中央级事业单位成果处置权和收益权管理改革等五项国家重大财税政策落地;在管理体制创新方面,启动了市级行政审批权下放张江园区的试点工作。浦东协调涉及下放权限的10个职能部门制定实施细则和相关文件,逐步将13类20项市级行政审批权和配套服务下放至园区,实现"园内事项园内办结"。目前,预防性卫生审批、企业登记注册、环境影响评价三类事项已下放至金桥园、杨浦园等9个园区。

2014年,随着张江宝山园、黄浦园、静安园和世博园的获准新建,张江国家自主创新示范区增至22个园区,覆盖上海所有区县。但是其管理机构仍然维持着成立之初的小型规模,公务员编制仅有29个,实际在编人员为18人,显示出管理部门不断增强的创新治理能力。

二 引领科技创新中心建设:浦东面临的问题

一直以来,在上海整体的改革开放过程中,政府的主导力量十分明显。不可否认,这是上海取得巨大经济社会成就的重要因素。但是在经济发展形势变化更加快速、不确定性因素不断增强的趋势下,经济发展的新常态要求市场机制逐渐在资源配置中起到基础性、决定性作用。如何进一步提升市场力量,转变政府职能,促使政府在思想意识、行为模式等方面做出相应调整,以适应未来科技创新中心建设的需要,是包括浦东在内的各级政府部门需要思考的深层

次问题。整体上看，浦东具备引领上海科技创新中心建设的基础条件，但是也面临着创新的体制机制、创新软环境、创新人才集聚、创新服务体系建设等方面的问题，需要进一步解放思想、形成合力、率先突破。

（一）重大战略之间协调共进的思路需要进一步厘清

如前所述，浦东是上海诸多重大发展战略实施的主阵地。这是浦东引领上海改革开放的重要优势条件。对此，浦东应进一步深入思考这些重大战略之间的相互关系，如何形成重大战略之间的协同效应，以及如何进一步发挥这些重大战略推动改革向深层次拓展、促进经济社会协调发展的作用。

例如，上海的"四个中心"战略与当前建设具有全球影响力的科技创新中心之间的关系是什么。科技创新中心与"四个中心"是并列的关系，还是科技创新中心在内涵层次上高于"四个中心"，是指导"四个中心"建设的主线。"四个中心"能够为科技创新中心建设创造怎样的条件，科技创新中心的建设又将如何促进浦东金融中心、航运中心建设的深入推进。再者，浦东的自由贸易试验区建设将为科技创新中心建设提供哪些有利条件，它们相互之间存在怎样的协调关系。这些都是需要明确的重要问题。对此，浦东有必要组织力量共同参与、广泛交流、积极论证，为进一步的创新实践扫清思想认识上的障碍。

（二）市场的创新资源整合力仍显不足

作为上海技术创新活动最为活跃的区域，尽管浦东在产业基地的建设、资源的拥有量等方面具有优势，但是各类创新资源之间相互碰撞、整合和协同的力量还远远不够，资源的协同效应偏低，未能发挥其应有的潜能，突出表现在创新成果的转化不顺畅上。

从根本上讲，资源的协同效应低，创新成果转化率低是市场力量不足的表现。政府主导的创新活动使得创新主体在很大程度上不得不遵循政府的意志。当政府的思路、意见不能反映市场的方向和需求时，科技与市场脱节就不可避免地出现了。

创新活动中政府主导力强，市场力量弱的主要表现有：在科技创新资金的投入方面，政府的资金占主要地位，其他社会性资金尤其是风险投资资金的投入量明显不足；在推动产学研合作方面，政府的行政力量起到了决定性作用，企业尤其是民营企业自己牵头组建的市场化产学研合作平台十分缺乏；在科技与金融的结合方面，以与政府相关联的银行信贷服务为主，风险投资、天使基金等市场化金融服务还十分欠缺。

因此，如何进一步促进政府职能转变，率先在全市走出一条向市场放权、给市场留空间的路径，是浦东未来经济社会发展以及引领科技创新中心建设需要解决的根本问题。

（三）创新服务机构的整体发展滞后

浦东中小型企业，尤其是中小创业型企业的数量和质量都居于全市前列，是浦东经济发展的重要依靠力量。但是，主要针对中小企业创新创业活动的市场化服务机制还不完善，突出表现在科技服务业的整体发展较为滞后上。

一是对科技服务业的行业地位认知不足。科技创新体系中重科学研究、重技术创新、轻科技服务的倾向一定程度上存在。并且，目前科技创新中的大项目导向也使得科技成果的直接转化形式存在较大空间，进一步导致市场对科技服务的有效需求不足。

二是在科技服务业的发展推动力上，政府与市场的力量存在失衡现象，即政府强市场弱。一些科技服务机构脱胎于政府附属机构转制或政府职能剥离，与政府存在千丝万缕的联系，在服务机制和模式上还没有真正脱离政府的痕迹，真正市场化的科技服务机构数量较少，独立性较低，企业增强自身服务能力的动力不足。

三是对科技服务业的激励扶持政策针对性不强。目前的一些政策主要针对中介服务业、专业服务业等行业大类，还不能完全适应科技创新服务业的具体要求。政策覆盖领域、政策扶持对象和政策优惠力度等方面还存在结构性问题，例如对小微型科技服务业的金融支持、人才激励政策等相对缺失。

（四）创新项目的市场化筛选、培育机制落后

创新是一种高风险的市场化活动。从分散市场风险的角度看，这意味着创新活动的主体必须尽可能地多元化，创新资金的来源也必须尽可能地多元化。一直以来，浦东新区在扶持企业创新、加大企业创新投入等方面做了大量工

作，但是距离主体的多元化、资金来源的多元化还有较大差距。一个重要原因是政府主导的创新主体培育、筛选机制对市场存在挤出、抑制效应，市场化的风险投资机构发展滞后，致使风险投资培育、筛选具有较高创新水平项目和企业的功能缺失。

作为全球知名的创新中心，硅谷集中了全美40%以上的风险投资机构，自由开放的竞争环境以及浓厚的行业氛围，促使该地区形成了有利于风险投资发展的机制。许多风险投资家、创业投资基金的管理人出身于工程师、科学家或企业家，对技术创新的方向、趋势以及市场的需求潜力等有较深刻的理解和把握，形成了各具特色有效的风险投资筛选机制。相比之下，张江园区作为浦东最大最具活力的高新技术开发区，风险投资机构的发育还十分滞后，致使对潜在优势项目的关注不足，一些有价值的创意创新项目流失或消失。

三 浦东引领科技创新中心建设：总体思路

创新并不是一个单纯的技术问题，而是市场与技术的有效结合。这种结合的困难往往才是创新的真正困难所在。技术与市场的结合在很大程度上依赖于各类"合力"的形成和发挥。合力形成了，市场化力量增强了，一些制约科技发展的因素就更容易化解和突破。因此，在全市的科技创新活动中起到引领作用，浦东应更加注重发挥市场机制的作用，围绕"合力"做文章，在促进经济与技术的结合方面率先取得突破性进展。

总体上讲，浦东应进一步解放思想、形成市场化改革的统一认识。注重科技体制改革与经济社会领域改革的协调推进，克服各领域、各部门科技创新活动中存在的分散封闭、交叉重复等碎片化现象；强调以科技创新为核心，全方位推进产品创新、品牌创新、产业组织创新、商业模式创新，把创新驱动发展战略落实到经济社会发展的各个方面和整个进程。具体而言，可围绕以下三个方面开展工作，创造市场机制的合力。

（一）着眼于激发活力，形成企业内生的创新能力

企业的发展不仅需要外部的市场化竞争环境，更需要企业内生的能力。创新能力是企业内生能力的重要体现。目前，浦东中小企业尤其是科技型中小企

业在互联网、软件等领域发展较好较快,这些领域恰恰是市场开放度较大、竞争较充分的领域。开放的竞争环境激发着企业的创新成长欲望。这表明,激发企业的活力需要进一步增强市场环境的开放度和竞争度,促使企业自发地产生创新动力。

对政府而言,激发企业的创新活力,意味着不能仅仅追求高研发投入、追求高专利数,仅仅围绕"量"做文章,而应该更加注重培育企业内生的创新动力和能力;在发展理念上不能一味偏大、偏洋、偏引进,应更加注重中小微企业、本土企业的培育和发展。

(二)着眼于创新平台建设,形成市场化合作机制

合作创新是当前创新发展的主要趋势和形式。在促进市场主体力量成长,增强其内在创新激励,进而解决创新合作相关难题的过程中,平台的功能不可忽视。平台是一个多种市场力量平等对话的空间,是市场主体充分博弈充分交融的场所,因而有可能成为突破创新合作中一系列深层次问题的重要抓手。突破合作中的问题必须从根本上依靠市场机制、依靠在市场中行动的各方自身的力量和激励。创新平台包括创新研发平台与创新服务平台。市场化平台的建设,将有助于形成市场化的合作机制。

值得注意的是,平台的建设必须更多地依靠市场自身的力量,政府应鼓励具备条件的企业牵头建设创新平台。对此,政府要敢于放手,勇于承担,宽容失败,一是可支持相关服务类企业转型为平台型企业,二是可前期投入平台建设启动资金,吸引社会化的资本加入投资团队,逐渐在建设、经营管理过程中引入多元化股权主体,促进平台经营和管理的市场化。

(三)以科技创新为核心,鼓励多种形式的创新相结合

科技创新中心所包含的创新绝不仅仅只是技术的创新,而应当包括管理创新、商业模式创新、产业组织创新、营销创新、品牌创新等各类创新活动。

对企业而言,技术创新硬实力与创新管理软实力的有效结合是其实现快速成长的重要手段。加强创新管理软实力,要求企业组织结构与企业战略模式的相互匹配,在此基础上实现商业模式、服务机制的创新。2013年入选亚太地区高科技高成长企业名单的上海企业中,非研发类创新企业的表现较为突出。

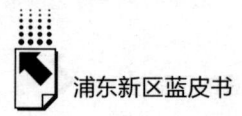
浦东新区蓝皮书

例如，汇付天下作为首家获得证监会批准开展网上基金销售支付结算业务的企业，通过准确把握小微企业的现实困境及其对金融支付服务的迫切需求，创新推出了"直销与外包相结合"的金融信息服务模式，构建了一套具备国际先进水平的基于云端的平台。这种针对市场需求、准确定位的创新思维和模式，为中小企业的创新活动提供了良好的示范效应。

浦东应充分利用自贸区制度创新的独特优势，深入思考如何以科技创新为核心，结合其他各类创新活动，实现创新引导新的生产方式、开辟新的消费方式、形成新的生活模式，从而在上海科技创新中心建设中起到切实的引领作用。

四　浦东引领科技创新中心建设的对策建议

浦东的开发开放始于思想解放，浦东发展的每一个重大战略背后也都隐含着思想的解放。2015年将是浦东继续深入推进"四个中心"和自由贸易试验区建设，以及全面建设具有全球影响力的科技创新中心的重要一年，浦东应当在进一步解放思想的基础上，研究讨论浦东相关重大战略之间的相互协调关系，制定协调推进改革发展的规划，进一步转变政府职能，拓展政府的服务功能，促进市场化力量的进一步增强，完善市场功能，让市场成为促进创新活动、推动科技、经济和社会全面发展的重要力量。

（一）优化创新创业环境，大力支持创新创业企业成长

创新创业企业的不断涌现和快速成长是浦东保持创新活力的根本所在。一直以来，行业竞争对手的抄袭、政策限制、专利和知识产权保护不力是阻碍企业创新的三大主要因素。对此，浦东可抓住知识产权创新区建设的有利条件，率先打破政府政策限制的弊端，放权给市场、放权给企业，集中精力完善和优化创新价值实现的制度环境和政策环境，加大对知识产权的保护力度，进一步完善创新创业企业资金支持机制，形成政府投入与社会资本相结合的支持体系，激发企业内在的创新动力，促进创新创业型企业快速成长。

对此，浦东可尝试建立高科技企业成长监测体系，帮助相关部门了解科技型企业发展的整体状况，为金融服务和科技服务机构寻找合适的客户创造基础

条件。浦东可依托上海市"科技小巨人"立项企业及其他相关数据库，建设浦东新区科技型企业成长数据库，定期采集企业数据，持续跟踪其成长性，将其中持续保持高成长性、研发能力强的企业作为后续政策重点关注的对象。

加大对创新创业企业在改制、上市及股权激励方面的支持。对具有行业领先优势和核心竞争力、保持高成长性的优秀企业，考虑将其纳入张江高新区股权激励试点范围，有效激发科技与管理人才的积极性和创造性。

推动资本与创新创业企业的有效结合，破解融资难困难。鼓励更多有眼光、有能力关注长期投资的机构投资者介入新兴科技产业；关注企业并购活动，促使创业企业通过并购实现更大发展，进而释放出企业家等创业资源，寻找下一轮的创新创业活动。

（二）率先突破人才服务及激励机制

人才流动在很大程度上引领着创新资源的流动。抓住人才就抓住了创新的资源。人才优势就是科技优势、创新优势和产业优势。浦东不仅是上海的人才高地，同时也是成本的高地。包括人才成本在内的创新成本不断攀升，是浦东必须面对的现实约束条件。这迫使浦东必须在人才的服务与激励方面有所突破，通过政策激励增强浦东的人才吸引力，通过优化服务留住人才，化解创新成本高创新资源流失的难题。

对此，浦东应进一步关注人才团队的建设，更加注重对创新团队的激励。一方面创新团队是培养创新型人才的载体。着眼于对创新团队而不是创新个体的激励，有利于研发型人才、技术型人才的共同成长，有利于形成稳定的人才结构。另一方面，着眼于创新团队建设和团队激励，有助于重大项目的集体攻关和突破。

创新不仅需要高端的技术研发人才，还需要更大量的产业技术工人类人才。浦东集聚了上海多个高新技术产业化基地，产业技术工人的整体素质在很大程度上影响着创新活动的最终实现。加强对产业技术工人类人才的培育、激励力度，形成合理的研发、工程师和技术工人人才结构，对浦东进一步建设高新技术产业化基地、促进成果转化具有重要意义。

浦东还需进一步提升人才的生活服务水平，运用多种手段有效解决户籍、教育、医疗、养老等领域中存在的突出矛盾。建立有利于吸引高端科技人才的户籍制度，比如对科技人才实施资格认定制，取消后续的审批程序等；通过多种手段协调解决高端人才子女入学入托等实际问题。

此外，企业家群体也是一类特殊人才。不同于其他专业型人才，企业家的特质在于其企业家精神。企业家精神难以通过专业化的教育培训获得，是自由竞争、公平开放的商业环境长期熏陶的结果。只有在这种市场化氛围中，蕴含在企业家人才身上的企业家精神才可能蓬勃生长，不断寻求实现其价值的载体。自2012年起，浦东启动了年度经济人物的评选活动，在全社会倡导企业家精神、鼓励创新创业活动，形成了良好的社会效应。今后浦东应结合张江国际化人才示范区建设，结合自贸区建设的人才战略，进一步优化人才服务与激励机制，为浦东引领上海科技创新中心建设创造条件。

（三）促进各类企业共同发展，推动市场化创新合作

科技创新的主体是企业，引领科技创新中心建设的主体也应该是企业。因此，促进各类企业的共同发展就显得尤为重要。而要使企业真正成为创新的主体，成为市场的主体，政府就必须有意识地退一步，放一步，留出更大的空间和自由度给中小微型企业、民营企业、创新创业企业等各类。企业发展起来了，市场化的创新合作才能发展起来，制约合作创新的诸多矛盾，例如解决成果转化率低、社会化创新资金支持力度不足等问题就能找到突破口。

当前，浦东应进一步创造条件，给予各类企业平等竞争各种创新基金、参与创新活动的机会；邀请更多来自企业方面的专家参与创新项目的评审、认定工作；吸引企业在创新活动的前期就介入创新活动中，增强企业在创新项目选择、创新方向确立、创新路线设计等环节的主导性。政府创造了条件、放出了空间，市场化力量就会自然地生长，企业就会自然地去寻找自己的可为空间，成为真正意义上的市场主体、创新主体。

（四）着力引导风投机构发展，构建良好的金融生态系统

活跃的风险投资机构是良好金融生态系统的重要环节，也是建设科技创新中心不可缺少的市场主体。作为上海建设金融中心的主战场，浦东应深入引导、促进风险投资机构的发展，解决金融生态系统建设中的短板问题。

对此，浦东可创造条件促使一批优秀的创业型企业家、技术型管理人才向

风险投资家转型，发展本土风险投资机构；扩大风险投资的资金来源，吸引一些长期导向投资者例如基金会、捐赠机构等参与风险投资活动；设立一批基金带动本土风险投资基金的成长，形成风险投资机构多元化的产权结构；建立以市场为基础的风险投资退出机制，扩展风险投资的退出通道；引进一批国内外知名风险投资机构，带动风险投资行业的整体发展。

浦东的开发开放极大地促进了上海的经济社会发展。在上海历次的重大发展战略中，浦东一直充当着主战场、核心区的角色。未来一段时间，浦东"金融中心""航运中心"的建设将进一步深入、自由贸易区建设将全面展开，浦东有能力在多年创新型城区建设经验的基础上，继续在建设具有全球影响力的科技创新中心中充当主战场、核心区的角色，引领上海新一轮的改革与发展。

参考文献

程新章：《全球生产网络视角下上海创新型城市转型——基于创新系统的研究》，中国经济出版社，2014。

路甬祥：《创新的启示——关于百年科技创新的若干思考》，中国科学技术出版社，2013。

王国全：《科技创新思路与方法——兼议未来50年科技发展热点》，知识产权出版社，2013。

候伟强：《科研体系与科技创新》，《科技管理研究》2014年第5期。

刘小玲：《从韩国创造型经济谈上海科技创新中心建设》，《华东科技》2014年第10期。

B.10
公共服务人才均衡配置问题研究与前景展望

陆沪根　王志航*

摘　要： 公共服务是涉及民生的重要议题。在"十二五"规划的总体布局和要求下,浦东新区始终将公共服务事业的发展作为改善民生、为百姓谋取福祉的重要一环。在服务规模和服务水平取得重大提升的同时,公共服务人才配置不均衡的问题也逐步凸显。新区公共服务事业的发展现状如何,人才数量、结构和配置有哪些特点,人才配置不均衡问题的原因和解决途径在哪里,未来将出现怎样的趋势,本文将通过对现状的研究和分析,对这些问题做出一个初步的回答。

关键词： 公共服务　人才　均衡配置

公共服务是指政府利用公共权力,动用公共资源向公民提供的各种服务。主要包括教育、卫生等多个领域,其中以教育和卫生最具有代表性。构建新型的社会公共服务体系,是我国通过改革建设创新型社会的重要环节,也是改善民生,提升居民生活质量的重要标志。在公共服务领域工作的人才,除了具有一定的本领域的知识或专门技能之外,还需要进行创造性的劳动,努力为社会

---

* 陆沪根,教授,中共浦东新区区委党校经济研究中心主任,上海市领导科学学会副会长、上海市社会心理学会副会长、《企业与法》杂志主编,研究方向为领导学、人力资源开发等;王志航,法学硕士,中共浦东新区区委党校助教,研究方向为人才管理、政府治理与政府行政。

的发展、人民生活质量的提高做出突出的贡献。在公共服务领域，格外强调人才的服务意识和奉献精神。

"十一五"以来，浦东新区始终重视公共服务事业的发展，大力推进相关领域的人才引进和培养工作。新区的公共服务事业呈现良好的发展态势，人才集聚效应初步形成。

一 公共服务人才的现状

"十一五"以来，新区的公共服务事业不断推进。2009年浦东和南汇两区合并以后，新区政府加快了公共服务对接的步伐，制定了南北地区统一的民生保障标准，农村新型合作医疗筹资水平从2010年的人均700元提高到2012年的人均1080元。基础教育和社区公共卫生服务实施基本实现了全区统筹管理，一批重大项目和设施先后建成并投入使用。随着新区经济实力的增强，政府对公共服务领域的资金投入力度也逐年增加。2006～2012年，新区财政总收入从2006年的587.47亿元增加到2013年的2762.84亿元，年均增幅约为24%，财政收入增长了超过4倍。在公共服务领域的支出上，新区以改善民生为根本出发点，不断优化财政支出结构，加大在卫生事业和教育领域的资金投入。教育和卫生投入在地方财政预算内分别实现了年均27.8%和30.1%的高速增长（见表1）。

表1　2006～2012年浦东新区教育和医疗卫生支出情况

单位：亿元，%

年份	教育支出	增幅	医疗卫生支出	增幅
2006	21.08	—	5.53	—
2007	26.94	27.8	8.20	48.3
2008	30.91	14.7	12.18	48.5
2009	42.64	37.9	19.39	59.2
2010	49.40	15.9	26.01	34.1
2011	69.20	40.1	28.68	10.3
2012	91.76	32.6	26.77	-6.7
年均	—	27.8	—	30.1

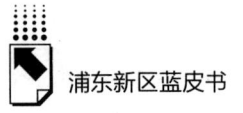

（一）公共服务人才的数量与结构

"十二五"规划以来，浦东新区在教育、卫生领域的公共服务人才建设初见成效。在教育领域，新区政府全力推进教育体制改革，完善师资队伍建设，逐步建立了一支"高素质、高学历、年轻化"的教师队伍。在稳步推进素质教育发展的同时，带动了基础教育、特殊教育、职业教育、成人教育和高等教育"百花齐放"的发展格局（见表2）。截至2012年底，浦东新区基础教育单位共有教职员工3.74万人，专职教师3.03万人，具体分布见表3。基础教育规模在全市各区县中居于首位，约占全市的1/4。与2009年相比，教职员工数量增加了0.28万人，专任教师增加了0.25万人，增长率均在10%左右。教育规模占全市的比例从1/5增加到1/4，教育大区的发展目标初步实现。在教育人才的结构方面，新区重视人才结构的优化工作，从考核和培养两方面入手，着力打造一直高素质的教育人才队伍。2012年，全区完成了对2325名新区基地主持人、学科带头人、骨干教师、优秀青年教师的考核工作，考核优良率达85%。全区有特级校长11人，校长培训基地9个，名师培训基地35个。8名教师成为第三期上海市名校、名师基地主持人，普教系统有20名校长和113名教师被选拔为"双名工程"后备人才。为了进一步提升教师的教学水平，浦东新区实施了"外教进课堂"项目，惠及将近200所学校，学生超过7万人次。200余名教师在学校与国内机构的合作培训过程中获得了双语教师资格，数十名骨干教师赴英美等国家研修，拓展了国际视野。

表2 2012年浦东新区全日制学校及在校学生统计

单位：所，万人

院校类型	高等学校	中等专业学校	职业学校	普通中学	普通小学	特殊教育学校
学校数量	27	7	7	149	165	3
在校学生数	17.15	1.17	1.90	13.97	18.31	0.08

资料来源：根据《浦东年鉴2013》整理得出。

表3 2012年浦东新区基础教育教职员工分布

单位：万人

普通小学	普通中学	职业学校	中等专业学校	特殊教育学校	幼儿园
1.20	1.37	0.11	0.11	0.02	0.93

资料来源：根据《浦东年鉴2013》整理得出。

在医疗卫生领域，新区积极贯彻落实卫生事业"十二五"发展规划，推进医疗卫生体系改革，提高基本医疗和公共卫生服务的能力，加快医疗卫生服务人才的队伍建设，全面推进医疗卫生领域的各项工作。"十二五"以来，新区政府着力解决与民生息息相关的医疗改革问题，以全科医生进家庭的全新模式提升医疗人才的工作能力，改善医患关系，解决人民群众"看病难"的问题。在加大农村新型合作医疗保障力度的同时，扩大保障范围，努力实现"应保尽保"的政策目标。与此同时，新区有序推进公立医院改革和卫生信息化工作，持续改进和提高医疗卫生服务水平，提升公共卫生服务人才的业务能力和专业水平。截至2014年9月，新区有社区卫生服务中心45所，社区卫生服务站111所，村卫生室313所。初步建立了涵盖全区医疗卫生公共服务体系。截至2012年底，新区医疗机构共有床位1.82万张，卫生人员3.01万人。其中卫生技术人员2.45万人、管理人员1415人、其他技术人员1514人、工勤人员2631人。卫生技术人员中，执业（助理）医师9230人、注册护士1.04万人、药师（士）1423人、技师（士）1412人、其他卫生技术人员2010人。

（二）公共服务人才的主要分布领域

1. 教育领域

浦东新区政府一贯注重教育的全方位均衡发展。浦东是开放的前沿，人口流动的大区，这就决定了浦东教育大区的角色定位。新区政府在一方面发挥公办学校优势的同时，努力扶持民办学校的发展，着力解决进城务工子女的"就学难"的问题。时至今日，新区已经初步形成了基础教育、特殊教育、职业教育、成人教育和高等教育"齐头并进"的良好发展局面。

（1）基础教育

2012年以来，新区基础教育规模稳步扩大。在总计586所基础教育类学校中，民办学校超过1/4，达151所。教育经费支出74.91亿元，其中包括区级支出74.27亿元，镇级支出6367.7万元。根据教育部的法定增幅口径，达到高于新区地方性财政收入增幅的要求。在教育人才的待遇、培训和分配方面，教师的待遇逐年提高，培养机制日益完善。2012年，教职员工人均收入比上年增长1.98%。同年9月，浦东新区对中小学、幼儿园首次任教的教师实施了为期一年的规范化培训。首批1194名教师分布在4个教育署的70所规范化培训基地学校,由420名导师带教。与此同时,新区推出七项举措,加强德育干部、班主任队伍建设和德育科研工作,深化传统文化教育,通过对教师的培训,加强中小学生心理健康教育。在农民工子女入学方面,新区一方面通过提高班额、盘活资源、扩建校舍等方式改善硬件环境,另一方面通过教师柔性流动,增配教职员工等手段增加软件投入,切实保障了农民工子女的就学权利,也推动了教师的流动和教学资源的匀质化分配。

(2) 特殊教育

截至2012年,浦东新区共有3所特殊教育学校,1所特殊教育幼儿园。特殊教育工作者212人,随班就读学生1482人,分布于175所学校。为了帮助残障学生恢复健康,实现正常生活,新区政府和教师做了大量工作。各教育署分管老师、咨询师和儿童医学专家与每位随班就读的学生进行了细致有效的交流。参与的教师、学生、家长达750人次。针对需要送教上门的147名学生,新区为每位学生配发系列教具,由特教康复指导中心为学生设计教程参考。送教上门的教师及志愿者多达60余人。

(3) 职业教育

2012年,浦东新区共有16所中等职业技术学校,设置各类专业72个,改建、扩建了15个实训基地。中职教师的师资数量变化不大,但教师的专业水平有所提高。专业教师中的"双师型"教师比例超过60%。新区强化了12个职业教育重点专业建设,实行"工学结合、校企合作和顶岗实习"的人才培养模式,以办学特色和专业品牌为发展立足点,努力培养更多的优秀职业人才。同年2月,新区人保局、教育局和商飞公司三方合作,在航空服务学校建立了高技能人才基地。3月和6月,临港集团职工培训中心和新区高技能人才培训基地先后成立。职业教育朝着全方位、多维度的方向有序发展。新区政府还组织了多项技能大赛,提高了职业教育教师的研究水平和学生的创新热情。

(4) 成人教育

迄今为止,浦东新区成人教育已经实现了对社区的全覆盖。2012年,全区有市级教育示范街镇12个,全国教育示范街镇10个。街镇社区成人学校37所,居民委员会学习点1159个。形成了"点、线、面"全面发展的良好教育格局。新区学校资源向社区开放学校257所,校区287个,年累计开放天数达

4万多天。上海市老年大学浦东分校校园一期、二期工程如期完成。作为市级爱国主义教育基地的张闻天故居、黄炎培故居和南汇博物馆以及其他4个场馆全年向学生免费开放。新成立开放大学3所,《社区教育丛书》作为市民社区学习的读本和课程教材,成了社区教育的先驱。不过,除了开放大学和老年大学具有一定的指导性教师以外,社区教育人才相对匮乏。居委会和街道的社区学习多以自学的方式展开,相关的专业技能学习多为与职业学校合作培训的模式,相关人才资源有待开发。

(5) 高等教育

浦东新区共有高等院校28所,其中公办高等院校17所,民办高等院校9所,中外合作办学2所。2012年,驻新区的高等院校教职员工共有1.24万人,专任教师7771人,其中正副教授为3170人,有研究生学历的为4731人。区内高校在校学生17.8万人,其中研究生为1.01万人,本、专科生为13.14万人,成人本、专科生为3.65万人。新区充分利用区域内的高效优势,通过与高校合作办学等方式提高全区的教育教学水平。以北蔡中学与上海海事大学的合作模式为例,2010年,北蔡中学与上海海事大学合作,中学利用高效的教育优势和先进的教育理念,结合学校自身的特点,有效地提升了学校的办学品质。高校将中学作为其先进研究成果的孵化基地,最终实现了互利双赢的教育目标。双方通过共建合作机构,定期沟通互访等固定机制,为北蔡中学开发了具有自身特色的"航海文化教育"模式。在北蔡中学方面,重点选择地理、政治等容易与航海知识结合的课程,对相关的学科热点加以开发,拓展课程的广度与深度,丰富教师的教学内容,全面贯彻素质教育的基本要求,增加了学生的学习兴趣,改善了学生的知识结构。在海事大学方面,基本实现了教学理论与教学实践相结合。利用海事大学的理论优势和北蔡中学的实践优势,双方共同开发了校本教材《劈风斩浪话航海》。2012年,经过研究,双方进一步拓展合作领域,先后在北蔡中学开设了"航海主题与介绍""海洋研究与开发"两门精品课程,由海事大学的研究生担任课程的主讲。全新的课程与全新的教师风貌,一方面拓展了中学教师的教学视野,增强了学生的学习兴趣;另一方面又帮助大学解决了理论与教学实践的并轨问题,提升了大学教育的针对性。

2. 医疗卫生服务领域

浦东新区紧紧围绕"十二五"规划的相关政策要求,优化医疗资源布局，重视人才培养和引进工作，重点推进重大医疗卫生项目建设，全面提升了医疗卫生服务领域的服务能力和管理能力。健康城区建设稳步推进，科教兴医和配套的人事管理工作初见成效。经过20多年的不懈努力，全区各项主要健康指标继续保持全国领先水平，部分指标达到发达国家和地区的水平。

（1）医疗卫生服务

新区医疗服务工作紧紧围绕医疗卫生体制改革的统一规划，按照市、区医疗卫生工作的整体要求，完善医疗体系，加强监督管理、持续改善服务质量，提升服务水平，保障医疗安全，积极探索新的医疗卫生服务模式和人才培养战略，全面推进医疗卫生服务行业的健康有序发展。新区在市区县卫生局医政管理工作考核中多次被评为"优秀"。2012年，新区财力投资7.59亿元，完成卫生项目规划。东方医院南院和六院东院先后落户浦东，自助医疗服务系统建设稳步推进。在人才建设培养方面，科教兴医带动了医疗服务人才规模的扩大，聚集效应开始显现。2012年，在区级人才培养层面，31人被列入"浦东新区卫生系统医学人才培养计划"，其中领先人才6名、学科带头人16名、优秀青年医学人才39名。在国家和市级层面，新区入选教育部新世纪优秀人才支持计划1人、上海"千人计划"1人、上海市领军人才2人、上海市优秀学术带头人1人、上海市浦江人才计划2人、上海市青年科技启明星计划2人、上海市公共卫生海外人才留学项目1人，18人入选上海市卫生局青年医师培训资助计划。

（2）公共卫生服务

根据《浦东新区公共卫生体系建设第三轮公共卫生3年行动计划（2011～2013年）》，新区进一步完善了政府主导、多部门协作的慢性病综合防控工作组织体系，规范开展了慢性病危险因素监测，慢性病报告、综合干预和评估等工作，努力探索新的长效管理模式。通过健康宣传和健康教育，以多种形式为慢性病管理人员提供服务。卫生部门坚持认真做好传染病防控工作，对公共卫生突发事件做好计划免疫工作，全区总体免疫接种率达99%。新区在开展"新生儿疾病筛查""农村妇女叶酸发放预防神经管缺陷"等重大公共卫生服务项目的同时，完成了重点疾病防治、重性精神疾病管理及治疗、孕产妇管理、高血压、糖尿病管理等一系列工作。援疆公共卫生"三降项目"、家庭医生移动信息化工程顺利完成。根据"2012年市政府实施舒缓疗护项目"的要求，迎博社区规划了350平方米的相对独立区域，设置10张病床，配备3名医师和4名护士，并对其进行岗位培训。初步探索居家和住院相结合的舒缓医疗服务，也为培养相关领域的服务人才奠定了基础。2012年12月27日，浦东新区获得"国家慢性病综合防控示范区"称号。

（三）公共服务人才的引进、培养和配置情况

1. 人才引进政策

2010年11月9日，由人力资源和社会保障部、上海市人民政府共建的"中国上海人力资源服务产业园区"正式揭牌，这是上海人才政策一项制度性创新举措。产业园区定位于"聚集产业、拓展服务、孵化企业、培育市场"四大功能，是上海人才引进战略的重要一环。新区认真落实中央和上海市及新区人才工作的重大部署，依托配套政策优势，紧紧围绕国际人才创新试验区建设的具体要求，不断加大人才引进力度，努力打造完善人才政策体系，进一步优化人才发展综合环境，为浦东"创新驱动、转型发展"提供人才智力支持。截至2012年底，浦东新区共有中央"千人计划"专家111人，上海市"千人计划"专家96人，浦东"百人计划"专家23人。新区通过开通浦东国际人才网，建设浦东国际人才城等措施，及时发布人才信息和权威人才资讯，为各类人才提供综合性服务，全力打造上海市人才高地的品牌地位，将浦东变为中国人才的"集聚之城"。

2. 高级人才的数量和结构

截至2012年底，浦东新区共有前八批中央"千人计划"专家110人，占全市的26%，其中创业人才41人，占全市的70%；创新人才69人，占全市的19%。前两批上海"千人计划"专家94人，其中教育类人才2人，均出自于高等教育领域；医疗卫生服务领域1人。在教育领域中，新区有196名教师获上海市园丁奖，601名教师获新区园丁奖。在医疗领域中，有上海市领军人才2人、上海市优秀学术带头人1人、上海市浦江人才计划2人、上海市青年科技启明星计划2人。

3. 公共服务人才的培养情况

新区政府始终重视公共服务人才的培养和梯队建设工作。在积极引进高层

次人才的同时，始终把公共服务领域自身的"造血功能"放在人才政策的优先位置。截至2012年，全区基础教育系统共有校长培训基地9个，名师工作室（培训基地）35个。20名校长和113名教师入选第三期上海市"双名工程"后备，1名校长和3名教师入选上海市"影子校长"和"影子教师"培训项目。为了拓展教师的视野，新区通过与国内机构联合培养和赴英美研修等手段，为数百名教师提供了进修和去英美研修的机会。

在"科教兴医"战略的指引下，医疗卫生领域的人才培养也取得了丰硕的成果。2012年，新区共有61人列入了"浦东新区卫生系统医学人才培养计划"，其中领先人才6人、学科带头人16人、优秀青年医学人才39人。举办国家级继续医学教育培训项目25项，市级继续医学教育培训项目7项，举办Ⅱ类学分继续医学教育培训项目350多个班次，培训人数近6万人次。东方医院10个学科，公利医院1个学科分别获得"上海市住院医师规范化培训基地"称号，7家社区卫生服务中心获得"全科医学规范化培训基地社区基地"称号，9家医院27个科室获得"上海市住院医师规范化培训教学基地"称号。

4. 公共服务人才的配置情况

在教育方面，新区实现了"统一拨款标准、统一硬件配备水平，统一信息平台、统一提供教师培训与发挥机会"的基本目标，在发挥优质教育资源示范辐射作用的同时，加大对郊区和南部地区的教育资源倾斜和师资培训力度，全面提高郊区的教育发展水平。2012年，新区组织"结对帮扶"学校45所，双方通过互派教师、骨干教师带教、共同组织教师培训、开展教师间交流协作等方式，提高远郊地区和民办学校师资队伍的素质。在教师流动帮扶的同时，公办学校派出有管理经验的相关人员对帮扶学校输出办学理念、校园文化、管理制度和经验方法，指导远郊和民办学校提升教学管理水平，努力实现教育人才的均衡有序配置。

在医疗卫生方面，全区实现了社区卫生服务中心财政补贴统一定额标准，初步建立了中心医院对基层卫生院的业务指导扶持机制、医疗服务双向转诊机制、医疗设备等资源共享机制以及人员双向交流培训等机制，实现了区域医疗资源的合作共享，促进了公共基本医疗卫生服务人才的均等化配置，保障了医疗卫生服务人才的有序流动和专业技能培训。

二 公共服务人才在配置中所凸显的问题

(一) 人才数量不足

2012年初,浦东的人才总量达98.7万人,人才密度为15.7%,超过全市的平均水平。但直到2012年底,教育系统的专任教师也只有3.03万人。虽然与2009年的2.75万人相比,人才绝对数量有所增加,不过仍然只占浦东人才总数的3%,且有限的教育人才主要集中于公办和市区学校,远郊和民办学校的专任教师亟待增加。目前,全区的公办小学和公办幼儿园均满负荷运行,局部地区甚至超负荷运行,从事民办教育和为外来人口提供教育工作的人才极度稀缺。同样的情况也出现在医疗卫生系统,截至2012年底,医疗卫生系统共有卫生人员总数为3.01万人,其中卫生技术人员有2.45万人,占浦东新区人才总数的2.5%左右。全区医疗机构共有床位1.82万张,占全市总数的20.2%。每千人口卫生资源配置水平,如每千人口床位数、每千人口卫生技术人员数、每千人口执业医师数、每千人口注册护士数等,均低于全市平均水平。公共服务人才综合总量约占全区人才总量的5%,平均为每百人提供公共服务的人才不足1人,总人数与全区汽车制造业的从业人数大致相当。

(二) 公共服务领域自身分布不均衡

从公共服务的具体领域来看,在教育方面,基础教育和学前教育资源严重不足,民办教育的发展任重道远。根据已统计的资料,相关从业人员主要集中在高等教育领域和公办学校。目前,新区公办小学和公办幼儿园随着人口的增长及外来人口的增加早已不堪重负,民办学校和远郊学校又急缺教育人才。原本以户籍人口基数配置教育资源、安排教育人才的做法已经难以适应新的形势。在公办学校满负荷运行的情况下,如何配置外来务工人员、流动人口的教育资源,保障子女的受教育权利,是实现教育人才均衡配置不可回避的核心问题。

从医疗卫生方面来看,新区医疗卫生服务机构总量不足,从业人员主要

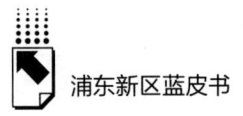

集中于医院和主要医疗卫生机构，社区服务站和村卫生室的医疗卫生人才严重不足。2012年，在全区2.45万卫生技术人员当中，职业（助理）医师达9230人，主要分布在35所医院和111所门诊部等主要医疗卫生机构。其他卫生技术人员2010人，主要分布在319所村卫生室等基层医疗卫生机构。按照每5万～10万常住人口设置一所社区卫生服务中心的通行标准，新区至少应设50家社区卫生中心，截至2014年6月只有44家。预计到"十二五"末期，新区人口将达到或超过550万，至少需要新增社区卫生服务中心10家。不过从现有的医疗条件和基层服务人才的现状来看，实现这一目标可谓任重道远。

（三）公共服务人才的地域分布不均衡

新区城乡之间、南北区域之间的多重二元结构矛盾依然非常突出，公共卫生服务人才的均衡优质配置面临着很大的压力。从地域来看，新区南片和北片的公共卫生服务水平有着较大的差距。原南汇地区在教育、医疗卫生等公共服务领域的保障水平明显低于北部。此外，城乡之间的公共卫生服务水平也存在显著的差异。城市化程度高的区域，发展水平高，公共服务也相对完善，存在一定的富集效应。而农村地区发展水平低，公共财政保障不足，公共服务水平亟待提高。目前，新区的教育资源和医疗卫生资源大多集中于城区，城乡教育和医疗卫生服务水平存在明显差距，人才配置的不均衡性非常突出。截至2014年上半年，全区6所市实验性示范高中和6所市示范性幼儿园几乎都在城区，而郊区学校受制于区域边缘的地理位置、交通不便等因素，整体办学水平不高，相关教育人才匮乏。同样，医疗卫生资源也呈现出城镇优于远郊的局面。全区9所三级医院大多集中在沿江街镇，而地域广袤的南部地区只有位于临港的一所三级医院（六院东院，2012年底开张），城郊地区尚无一所三级医院，医疗卫生人才难以配置到城郊地区。在城郊地区学校、医疗卫生机构硬件设施水平大幅提升的同时，受制于地域差别和实际发展情况，高学历高层次的公共服务人才不愿意到偏远城郊学校和社区卫生服务中心工作，造成了人才分布不均衡，远郊地区招人难、留人难的现实困境。

（四）公共服务人才的配套服务不足

公共服务人才的引进和培养受到政策条件和新区实际情况的限制，配套服务存在不足的情况。公共卫生服务人才在沪发展或多或少会受到户籍、学历、职称等问题的制约。如师范类大学除了华东师范大学外，上海师范大学等教育类院校多为非"211"院校，这在户籍评分问题上会受到不小的限制。同样的情况出现在医疗卫生领域，上海中医药大学、上海医科大学等专门医学类学校都不具备户籍评分加分的资质。同时，根据现在的人才政策，可以从事基础教育和基层卫生公共服务的本科以及专科学历人员很难获得上海户籍。而居住证政策不够简便、灵活。居住证办理时间过长，手续不便；与社保接口不合理，办理相关手续往往需要前往公安局、人才中心、居委会等多个机构，手续烦琐，材料庞杂，耗时过长。

在公共服务人才的生存环境方面，新区的服务机制和国际通行规则相比仍有一定差距。人才中介服务不够发达，人才资源配置能力有待加强，各类中介机构还处于起步阶段。公共服务人才本身的居住、医疗、子女教育问题尚未得到妥善解决。在与国际大型人才集聚城市配套设施的接轨方面，还有很大的进步空间。

三 公共服务人才配置不均衡的原因

（一）地域发展不平衡

浦东新区的地域发展水平呈现"北强南弱"的特点。在教育、医疗等保障水平方面，南部明显低于北部地区。2011年浦东新区的25个镇中，财力规模在5亿元以上的镇有6个，数量占24%，资金量占41%，均位于老浦东地区；财力规模在3亿~5亿元的镇有9个，数量占36%，资金占38%，其中有6个位于老浦东地区，3个位于原南汇区；财力规模在3亿元以下的镇有10个，几乎都位于原南汇地区，数量占40%，资金占21%。财力最丰厚的川沙新镇是财力最贫乏的六灶镇、老港镇可安排财力的8倍（见表4）。

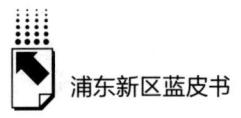

表4 2011年浦东新区各镇财力情况

单位：亿元

镇	可安排财力	镇	可安排财力
川沙新镇	8.8	康桥镇	4.3
高桥镇	4.3	新场镇	1.8
北蔡镇	6.1	祝桥镇	2.5
合庆镇	2.9	宣桥镇	1.5
唐镇	4.3	航头镇	3.0
曹路镇	4.5	大团镇	1.8
金桥镇	5.6	惠南镇	3.5
高行镇	5.5	周浦镇	5.0
高东镇	4.0	书院镇	2.3
张江镇	4.1	万祥镇	1.4
三林镇	6.6	泥城镇	3.5
老港镇	1.1	芦潮港镇	2.9
六灶镇	1.1	各镇平均	3.7

资料来源：根据内部资料《浦东政研动态》总第955期，2014年6月9日。

从人均财力来看，各镇平均水平为0.28万元/人，最高的芦潮港镇为0.99万元/人，是最低的惠南镇0.17万元/人的5.8倍。由此可见，各镇财力之间的差别非常巨大，尤其是北部各镇相较南部各镇的财力优势非常巨大，这直接导致人才吸引能力和留住人才能力的巨大差距，地区发展的不均衡所导致的人才配置不均衡问题显得格外突出。

（二）公共服务领域内部差异明显

在收入和社会地位上，公共服务领域内部存在显著差异。

1. 收入方面

公办学校教师由于具有国家公职人员身份，可以享受稳定的收入和多种福利待遇。除了工作期间有收入和福利的保障外，退休之后的养老负担也相对较轻。这也直接导致了教育领域中重视编制，重视编制内教师身份的情况依然非常突出。与此相比，民办学校的教师和代课教师难以享受国家相应的福利，工资水平不够稳定，这些问题都导致公办学校的师资和教育人才富集程度远高于民办学校。从全市的整体情况来看，普陀等区已经开始着力改善这一问题。普陀区田家炳中学作为全市知名的民办学校，在2014年的教师招聘中就打出了"收入高于公办学校教师"的招牌。而浦东新区的民办学校除了英伦等国际学校的教师有着丰厚的收入和相对较高的福利水平外，远郊地区民办学校，尤其是打工子弟学校的发展和引进师资工作可谓举步维艰。

医疗卫生领域的收入差距问题同样非常突出。2013年，参加规范化培训毕业的住院医师，如果到农村社区卫生服务中心工作，收入约为7.5万元/年，其中包括1500元或者2000元两个档次的奖励资金。而在市二级甲等医院工作的同级别医师年收入可达14.5万元，将近社区卫生服务中心医师收入的两倍，加上地处偏远，交通不便，子女教育和配偶工作问题难以解决，基层医疗卫生服务机构很难对人才形成吸引力。

2. 社会地位方面

由于旧有积习和传统观念的制约，社会舆论和社会风气中对于"有编制""体制内"工作人员的倾向程度依然很高。普通民办学校教师和代课教师等"体制外"人员往往受到大环境的歧视，在就业、选择配偶、社会认可度等问题上面临着不公平的待遇和旧有的成见，难以获得与其能力相匹配的社会地位。时至今日，教育领域内的"考编制"依然火热，高校师范类毕业生对公办学校教师的青睐程度有增无减。如果不能树立正确的人才观念，教育领域"公强民弱"的人才分配局面很难获得根本改善。

同样的问题也体现在医疗卫生服务领域。社会对于"编制内"医生和护士的认可程度明显高于没有编制的医疗卫生工作人员。即使职称和业务水平旗鼓相当，缺乏编制保障的医护人员也无法获得同样的社会认可。除了编制的差距之外，医疗机构内部的工作环境也造就了社会地位方面的差距。在三甲医院以及城区医院工作的医生明显比在基层以及城郊地区医院工作的医生有着更高的社会地位，社会对大医院医生和社区卫生服务中心医生的认可程度可谓是"天壤之别"。这一方面导致了在基层医疗机构工作的医生工作热情不高，提升专业技术水平动力不足的问题；另一方面也阻碍了医疗卫生服务人员向基层的流动，从而加剧了医疗卫生服务人才配置不均衡的问题。

（三）政策扶持力度不足

在"四个中心"核心功能区建设政策的指导下，浦东新区金融、贸易、

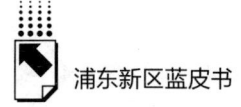
浦东新区蓝皮书

航运等产业飞速发展,人才集聚效应初步显现。截至2011年,浦东新区金融、贸易和航运业人才为40余万人,占全区人才总数的近一半。根据"十二五"规划的具体要求,上海将在未来5~10年当中引进600名金融、航运、战略性新兴产业等领域的国际高端人才,继续深化新区"四个中心"核心功能区的建设步伐。在新区已经出台的30多项人才相关政策中,涉及高层次人才的共有12项,多聚焦于与"四个中心"建设相关的产业领域,金融、航运、高新科技等产业得到了大力扶持。而无论从发展目标还是政策倾斜层面,有关公共服务人才的法律法规和优惠政策相对匮乏,政策导向力度有待加强。

在人才培养方面,教育和医疗卫生领域普遍重视高素质、高学历、高影响等"三高"人才的培养,虽扶持了高端人才的成长和发展,但忽视了一般公共服务人才的培养和选拔。虽然2012年基础教育中研究生学历人员的比例达3%,但这也是总体从业人员的少数。对总数多达3.5万的基础教育人才来说,如何培养大多数人成为教学中的中坚力量才是提升教育水平的关键。为不具有学历优势的教师提供更多的发展机会,才能建立一支高效有质量的教师队伍。加大对小学和民办学校教师的培养力度,重视提升一般教师的教学技能,同样是发展教育事业的重点。从医疗政策来看,新区将政策的立足点聚焦于高端卫生人才,构建了卫生人才培养的高端平台。"十二五"期间,浦东计划培养20名卫生领域领军人才,引进和培养100名学科带头人。对基层医疗工作者的培养和政策支持力度相对不足。

浦东开发20多年来,始终重视人才的引进工作,取得了丰硕的成果。2012年,新区正式启动"1116"引才计划,预计在五年内聚集100名以上中央"千人计划"人才,100名以上上海"千人计划"人才,100名以上浦东"百人计划"人才,以及600名以上金融、航运和战略新兴产业以及高新技术产业领域的创新人才。引才力度不可谓不大,计划不可谓不周。不过在教育卫生领域,引进人才的层次和匹配程度不足的问题始终存在。在"聚焦张江"政策的指引下,医疗卫生领域引进的人才主要集中于生物制药和医疗器械研发等领域,对推动公共服务事业的发展,改善民生福祉的直接作用不够明显。高端教育人才的引进也主要集中于高等教育和相关的研究领域,对提升公共教育水平的作用不能很好地发挥出来。人才层次的不匹配导致公共服务事业发展的不均衡,一般民众对公共服务的需求依然得不到有效满足。

四 公共服务人才均衡配置的建议与前景研判

在上海建设成为国际化大都市的背景下,浦东正努力成为上海人才集聚的重要枢纽。建设一支高素质的公共服务人才队伍,使浦东成为上海公共服务事业的"排头兵",充分发挥公共服务人才在民生服务、社会发展方面的作用,是公共服务人才工作的总体目标。

"十二五"开局以来,新区以基本公共服务均等化为目标,优化公共服务结构,调控人才分布格局,有力推动了公共服务能力的提高和人才的均衡配置工作。截至 2014 年 6 月,新区已经有国家"千人计划"专家 148 人,人才总数达 121 万人,其中第三产业人才占到 62%,包括港澳台在内的国际人才超过 3 万人。在人才基数扩大的同时,新区通过人才"柔性流动",收入鼓励等政策协调了城郊发展步伐,人才均衡化配置工作取得阶段性成果。

(一)注重地域发展平衡

针对地域和城乡之间公共服务配置不均衡的问题,公共服务事业的发展政策需要更加注重地域性平衡,发展的重点应当向南部地区和远郊地区倾斜,以此来带动公共服务人才的均衡流动。

1. 均衡教育、医疗的南北布局

要统筹全区的教育经费,实现南北均等的教育经费标准和供给方式。实现"统一拨款标准、统一硬件配备,统一信息平台、统一教师培训和发展机会"。① 在全区建成统一的学前教育体系,努力为资源相对匮乏的南部地区提供优质的学前教育服务,使全区优质幼儿园教育服务总体比例达 70%。促进义务教育均衡优质发展,推动素质教育,促进教育的多样化和特色化发展。整合教育资源,通过与大学合作等方式,使全区就读市、区级示范性高中的学生比例达 75%。根据"十二五"规划的统一布局,南汇新城将会依托海事大学、海洋大学和上海中学的办学优势,打造新的教育资源集聚地,这将大大推动全区教育人才向南部地区的流动。

---

① 《浦东新区国民经济和社会发展第十二个五年规划纲要》,2011。

改善卫生资源的配置,建立南北统一的医疗卫生资源格局是促进医疗卫生人才流动的有效措施。根据《浦东新区医疗机构设置规划(2011~2015年)》,东方医院南院、六院东院于2012年落地浦东。其中六院东院就位于南部的临港地区。南汇新城也把"围绕六院分院,打造区域性医疗服务中心"作为"十二五"阶段的发展重点。根据全区的统一规划,将在全区范围内建立以社区卫生服务中心为基础、二级公立医院为主导的医疗服务网络,实现统一标准的医疗卫生服务,推动南部地区医疗卫生人才的服务水平的提升。

2. 实现城乡一体化的公共服务格局

城乡发展的不均衡使得城乡间的公共服务水平出现较大差距,人才配置不均衡的情况格外突出。浦东开发以来,城市建设多集中在城区范围内,建设失衡较为明显,外环线以外的郊区建设速度明显滞后。

教育方面,首先要优化教育设施布局,满足居民对优质、多样教育的需求。促进教育资源向郊区流动,提升郊区办学水平。鼓励教师的双向流动和柔性流动,实现教育事业的城乡并轨。制定激励机制,发挥名校长、骨干教师、学科带头人、高级教师和特级教师的示范辐射作用,逐步提升郊区教师队伍的专业素质和能力。扶持郊区学校的师资队伍建设,积极探索城郊办学联合体等委托管理模式,促进教学资源向郊区的富集,着力解决外来务工人员子女的就学问题,实现外来务工人员子女100%接受免费义务教育,促进教育人才向紧缺地区的均衡流动,开拓城乡一体化的教育新格局。

医疗卫生方面,按照"十二五"规划要求,浦东新区将强化社区卫生服务城乡一体化建设,强化社区"六位一体"的服务功能,推进全区医疗卫生工作的一体化管理。2015年,全区将会根据标准统一配置区域内医疗中心、社区卫生服务中心或分中心、社区卫生服务站、村卫生室,以及二甲、三甲医院,实现医疗资源的城乡匀质化。同时,新建或迁建5所二级公立医院,新建10所左右的社区卫生服务中心或分中心,推动有条件的村卫生室向社区卫生服务中心站转化,提升郊区的医疗卫生服务水平。通过"统一布局,重点扶植"的发展战略,推动医疗卫生人才在城乡间的均衡配置。

(二)调整人才的收入差距

公共服务人才的收入水平受到区域发展和服务单位的影响,呈现较为明显的收入差距。虽然浦东新区公办学校的教师收入实行"阳光工资"标准，但受到传统因素的影响，社会重视编制，人才倾向于到公立学校从事具有国家编制工作的情况依然得不到彻底改善。在一些私立学校和国际学校打出"高薪"的引才品牌之后，郊区的学校依然因为教师收入不高而难以受到教育人才的青睐。除此之外，民办学校，尤其是打工子弟学校由于待遇一般、没有编制，对教育人才的保障能力不强，导致教师安全感比较差，教学水平和教育能力迟迟得不到提高，难以对教师形成有效的吸引力。"十二五"期间，新区制订了教育均衡化发展的总体目标，加大了对民办学校的扶持力度。通过教师流动和帮扶培训等措施缓解了人才配置不均衡的情况。在下一阶段中，应当将工作重点放在提升城郊和民办学校教师教学水平方面。为了加强边远地区对教育人才的吸引力，在实行同工同酬，按劳分配的薪酬制度同时，对在条件艰苦地区从事教育工作的人才给予必要的资金补助势在必行。

根据"十二五"规划对医疗卫生事业的总体部署和安排，新区将通过调整收入的途径促进医疗卫生人才的均衡配置。具体包括推进镇村卫生机构的一体化管理，加强社区卫生服务中心（包括村卫生室）的人员培训和业务指导，对在乡村服务的全科医生给予职称晋升、经济待遇等政策倾斜。根据2014年出台的《关于进一步加强农村卫生人才队伍建设的暂行办法》规定，到边远地区农村工作的住院医师年收入可达14.5万元，约为2013年的2倍，达到新区二级甲等医院的平均收入水平。同时，该规定还在收入上对到农村工作的优秀大学生、返聘人员等进行了倾斜，同时为解决农村卫生人才住房困难等问题制定了相应政策。只有实现农村地区的卫生优秀人才"引得进、留得住"，才能切实提高远郊地区的医疗卫生服务水平，实现医疗卫生人才配置的均等化目标。

（三）实现公共服务领域均衡发展

以公共服务领域内部的均衡发展，来带动公共服务人才的均衡流动，改善全区公共服务的整体状况，是"十二五"工作的重要目标之一。在教育领域，要立足普惠、优质的教育目标，实现各类教育水平的全面提升和均衡发展。2012年，新区教育局提出了6种教育模式，采取委托管理、与高校合作、城郊结对、集团办学、成立办学联合体、局镇合作的方式,全面推进基础教育、成人教育、特殊教育、职业教育、高等教育的同步有序发展,提高人才培养、科学研究和社会服务的整体水平。同时,通过教育国际化发展的有效路径,努力提升整体教育水平。根据区教育工作的具体部署,"十二五"期间新区将在多个具体教育领域与国际知名办学机构展开合作,促进学生的国际交流,提升对多元文化的理解。增设和扩展国际学校、中小学国际部,鼓励不同国家的高校合作。在提升教育人才水平的同时,促进五大教育门类齐头并进,均衡发展。既扩大了人才的总体基数,又完成了教育人才均衡配置的总体目标。

在医疗卫生领域,公共卫生服务应该满足城乡居民多层次的医疗服务需求,缩小不同层次医疗机构的发展差距。加大对基层医疗机构和基础卫生服务事业的支持力度,增强这类机构对人才的吸引力,保障全区居民享有公平、优质、方便和负担得起的基本医疗服务和基本公共卫生服务,形成"保基本、全覆盖"的总体医疗格局,缓解看病难、看病贵的问题,使居民的整体健康指标达到世界先进水平。医疗卫生服务既要高端化,又要平民化;既要实现高端人才的引进培养和集聚,又要建立保障基层医疗卫生服务人才的成长和培养机制。只有"重视高端,扶持基层",才能保证医疗卫生服务人才在总量扩大的同时,在领域内实现均衡配置。

(四)完善人才政策

实现公共服务人才的均衡配置,如何制定有效政策吸引和留住人才是工作的关键。根据《上海市中长期人才发展规划纲要(2010-2020年)》的要求,上海要在2020年培养和集聚一批世界一流人才,发挥各类人才在支撑和引领社会经济发展中的关键作用,将上海建设成为中国的人才高地。同时,上海提出了"建立上海浦东国际人才创新试验区"的重要任务,立足浦东发展的实际情况,将浦东的人才队伍建设上升到一个新的高度。公共服务人才作为全区人才工作的重要领域,提供配套的吸引和培养人才政策势在必行。现有的"千人计划""浦东百人计划"等人才计划覆盖面过窄、总量控制过紧、申请要求过高,区内能够享受该类人才政策的人并不多。针对这种情况,应该进一步完善人才培养和引进政策,扩大政策覆盖面,加强公共服务领域对人才的吸引力。

现阶段，公共服务人才的专业化水平和结构布局还不能满足人们日益增长的教育和医疗卫生服务要求。在教育和医疗服务紧缺地区人才缺乏和储备不足的状况依然严重。在领军人才和高端人才匮乏的同时，基础公共服务人才的综合素质和能力也难以达到浦东公共服务事业的总体要求。公共医疗卫生和基础教育、特殊教育人才缺口较大，急需配套政策的鼓励扶持。

（五）加大财政扶持

"十二五"期间，浦东新区对公共服务事业的财政扶持政策已经初见成效，政府充分发挥了"四两拨千斤"的撬动作用，积极引导社会资金、人才、资源聚集到公共服务领域。但全面建设公共服务财政的道路是一个漫长且任务繁重的过程。特别是随着改革的深入推进，一些深层次矛盾逐步暴露，公共服务财政投入不足的问题依然突出。在开支方面，目前政府支出的两个主要部分依然是"经济建设"和"政府行政管理费用"，财政投入与公共服务的总体需求仍然存在矛盾。一方面，我们需要加大资金投入，确保公共服务的各项资金投入及时到位，不能留有缺口，不能出现资金挪用。另一方面，新区应健全公共财政制度，为公共服务事业的投入提供制度保障。坚持资金直达原则，减少中间阶层和中间主体的资源配置空间与权限，保障资金如数到位。合理调整公共服务资金的分配比例，在建设硬件设施的同时重视提高公共服务人才的待遇，做到"感情留人、待遇留人"，真正将人才配置到需要的岗位上。通过待遇倾斜的方式鼓励人才向急需领域和地区流动，最终实现公共服务人才均衡配置的总体目标。

参考文献

浦东新区第四届人民代表大会第四次会议通过《浦东新区国民经济和社会发展第十二个五年规划纲要》，2011年1月14日。

中共上海市浦东新区委员会研究室、上海市浦东新区人民政府研究室编：《新区政研动态》2014年第22期。

上海市浦东新区人民政府办公室：《上海市浦东新区人民政府公报》2014年第3期。

21世纪教育研究院编:《中国教育发展报告(2013)》,社会科学文献出版社,2013。

上海市人民政府发展研究中心、上海经济年鉴社:《2013上海经济年鉴》(中英文对照版),2013。

上海市浦东新区地方志编纂委员会办公室:《浦东年鉴2013》,浦东年鉴编辑部,2013。

《中国人力资源发展报告(2013)》,社会科学文献出版社,2013。

B.11

浦东新区城乡一体化体制创新的现状、问题与趋势

徐全勇*

摘　要： 2005年浦东获批国家综合配套改革试点以来，推进城乡统筹，建设城乡一体化的体制机制成为浦东改革与发展的重点任务。经过近10年的改革，浦东城乡分割的二元经济社会结构的差异已经显著缩小，城乡公共服务均等化、经济社会管理一体化等方面体制机制建设也取得了很大进展，但是距离实现城乡一体化目标的差距仍然较大。今后，要以城乡一体化的产权改革为核心，持续推进城乡一体化规划、管理、财政、社会管理等方面的体制机制建设。

关键词： 城乡一体化　浦东综合配套改革　农村产权

一　浦东新区城乡一体化的现状

（一）浦东新区城乡一体化发展的成就

1. 农村经济改革与发展步伐加快

自浦东开发开放以来，在广大的农村地区崛起了几大开发区，在开发区的带动和辐射作用下，浦东农村地区经济虽然取得了较快发展，但这种以极点为中心的区域开发模式，也扩大了城乡之间经济社会的差距。随着2005年浦东

---

* 徐全勇，博士，中共浦东新区区委党校副教授，研究方向为城乡统筹、农村经济。

综合配套改革试点以来，消除城乡二元经济社会结构成为浦东体制改革的一项重点任务，2009年南汇划入浦东以后，浦东实施了一系列区域联动发展的政策措施，两区合并的整体效应开始发挥作用，农村的经济发展与改革步伐加快。2013年，浦东镇域实现工业生产产值2314亿元，财政收入412亿元，分别占新区当年总量的6.8%、10.0%。近年来，政府对农村的投入持续增加，重点投在农业生产、农村基础设施建设、改善民生等方面；与此同时，城乡体制创新的成效逐渐开始释放，农村经济发展速度加快，浦东新区出现了连续5年农村居民可支配收入增速快于城镇居民可支配收入局面，扭转了城乡二元经济结构持续扩大的趋势（见图1）。

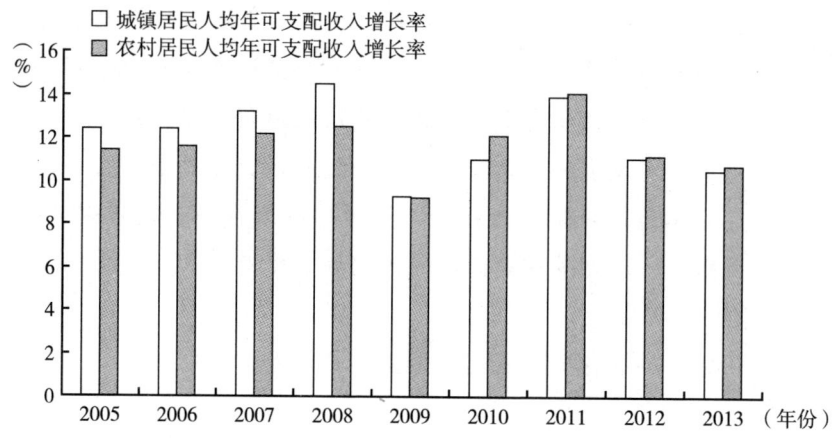

图1 浦东新区城乡居民可支配收入增长趋势比较

资料来源：《上海浦东新区统计年鉴2014》，中国统计出版社，2014。

2. 城乡教育卫生服务一体化建设成效显著

随着浦东经济发展水平的迅速提高，政府财力也不断增强，政府对农村公共服务的投入加大，农村的教育、卫生等公共服务水平逐步提高，城乡之间公共服务的差距开始出现缩小的趋势，城乡公共服务一体化制度的基本构架初步形成。2003年开始，浦东率先进行了城乡教育管理体制调整，将原来13个镇的86所镇办中小学，全部划入区统一管理，实现了城乡教育"四个统一"，即统一硬件配备水平、统一拨款标准、统一信息平台和统一提供教师培训与发展机会。2004年浦东撤销了原有的18个学区，成立了教育署，按照区域统筹协调各区域的学校管理，建成了统筹城乡教育发展的管理机构，并且推动了一系列城乡教育资源均衡化的机制建设。

2005年浦东综合配套改革试点以来，浦东新区医疗卫生管理体制也逐步实现了城乡二元并轨。到2011年，城乡卫生实施一体化管理体制已经初步形成，原浦东和南汇各社区卫生服务中心人、财、物等实行区级统一管理；二级医院预算安排口径实现了全区统一，公共卫生经费调整为按常住人口58元/人统一投入；新型农村合作医疗基金的筹资水平也实现了全区筹资水平的统一；农村居民使用新农合社保卡可以在村卫生室及社区卫生服务中心实现医疗费用实时结算；等等。政府根据城乡人口分布状况加大了卫生的投入，新建、迁建、改扩建了一批二级医疗机构，对所有社区卫生服务中心（分中心）、社区卫生服务站、村卫生室分批进行了标准化建设。

3. 城乡统一的就业和社会保障制度框架基本形成

政府改善农村的就业培训体制，增加农业就业的市场竞争力。浦东大力推广"企业下单、培训机构接单、政府埋单"的订单式定向培训模式，并积极扶持企业、中高级职业院校、职业培训机构建立实训基地，以不断提高农村劳动力的职业技能和就业竞争力，引导农民向产业工人转型。为了解决就业困难人员的就业，政府建立起政府提供就业补贴、企业提供外包业务、街镇提供工作场所的制度，解决就业困难户的就业问题。

逐步完善覆盖城乡的保障"安全网"：一是征地农民保障机制已全面建立。浦东开发以来累计有40多万农民通过征地安置进入城保和镇保。对于新征地人员则实行"即征即保"。二是率先实现农村养老保险和合作医疗的全区统筹，合作医疗基金筹集标准统一为每年700元/人。2009年正式实施《浦东新区农村社会养老保险办法》，形成了农保区级统筹机制、财力补贴个人账户机制和养老金适度合理增长机制。在此基础上，两区合并以来，实施农民保障区级标准一体化。浦东农村社会养老保险已做到"应保尽保"，参保人数占农村人口比例不断提高。三是逐步拓展城镇社会保障的范围，开展了老年农民进镇保试点。按照依法、自愿、有偿原则，男性满60周岁、女性满55周岁的老年农民可自愿退出承包地，由新区土地控股公司等征地主体把退出的承包地征为国有农用地，并为老年农民缴纳镇保费用。目前，新区已经基本形成了包括城保、镇保、农保、低保、综保以及合作医疗等在内的较为完善的农村社

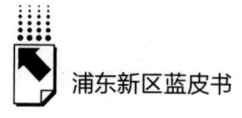

会保障体系。

4. 农村经济管理体制改革持续推进

浦东新区农村曾经是一个集体企业（乡镇企业）、集体经济较为发达的地区，经过多年的发展，集体企业和集体资产有了大幅度的增加。在多年的改革探索过程中，浦东的乡镇集体企业管理体制改革取得了重要进展。一是集体资产法人化。镇集体企业改制分离出来的不动产、股权等资产，经镇集体资产管理委员会批准后纳入镇集体资产公司，并办理法人登记手续。二是资产监管规范化。合理界定集体资产管理委员会的管理权和集体资产公司经营权。三是经营主体企业化。按自主经营、自负盈亏的要求改造镇集体资产公司。四是产权改革以股份合作为主要形式，以清产核资、资产量化、股权设置、股权界定、股权管理为主要内容，建立"归属清晰、权责明确、利益共享、保护严格、流转规范、监管有力"的农村集体经济组织产权制度。五是资产运作市场化。在不动产租赁、股权管理、资产处置、投资建设、成本控制等资产经营方面，都按市场规则办事。同时，浦东在村级集体资产管理体制改革上，按照规范管理、保值增值的要求，根据各镇、村不同特点，分别实施村资联管、村资镇管、股份制改造、撤制处置等改革。

5. 农村基础设施建设加快

随着政府的投入加大，浦东加快村镇公路标准化建设和农村危桥改造，同时所有行政村全部接通有线电视信号，村文化活动室、便民农家店等农村生活服务设施实行集中布局，郊区农村就医环境大大改善，农村居民获得基本卫生服务的可及性大大提高。浦东围绕生态文明建设的总体要求，大力推进自然村归并与改造，积极开展农村环境整治，通过环保三年行动计划的滚动实施，大力推进骨干河道、黑臭河道和中小河道整治工程，农村整体水环境质量明显改善。

6. 开发区与周边农村管理体制建设积累了丰富经验

浦东开发之初，就提出了"整体规划、分步推进"的开发思路，规划了以国家级开发区和港口、机场等功能枢纽为中心的"多心组团"的城市发展布局。为了改变城乡分割的管理体制，开发开放的初期，浦东新区建立了开发区党委与周边乡镇党委联合的党委，联合党委对开发区与乡镇一体化发展的规划、建设、社会管理等问题进行协商。2005年以来，浦东新区开始探索开发区与周边地区一体化的管理体制建设，即以四个国家级开发区和浦东空港、世博园区为依托，形成六个功能区域。功能区域负责开发区与周边乡镇对区域经济社会发展、重大项目建设和城市管理等方面的统筹协调、统筹发展、整合资源。功能区域打破了开发公司、街镇各自为政的格局，建立了"一个品牌、统一招商、联合开发、利益共享"的产业联动发展机制，把开发区的品牌、管理、产业优势和各镇的土地、成本优势结合起来。推动开发区的产业功能向周边地区延伸和拓展，整合开发区、街镇规划的基础上，编制了区域发展规划，把城乡人口、产业、基础设施、社会事业等统一纳入区域整体规划，同时建立城市管理综合执法大队，推进网格化管理。浦东在川沙新镇率先试点"镇管社区"模式，引入地方治理理念，通过建立社区委员会等基层共治组织，完善社区市民共商、共决、共治的民主决策机制，将地区性、公益性、群众性、社会性事项转移到社区，探索行政管理和社区自治有机结合的共治机制，形成了较为成熟的"镇管社区"模式。总之，经过多年的探索，浦东初步积累了城乡一体化管理体制的经验。

（二）浦东新区城乡一体化发展存在的问题

1. 城乡二元经济结构仍然显著

城镇居民收入与农村居民收入的绝对差距仍然较大，2013年城镇居民可支配收入为45199元，农村居民可支配收入19529元，两者的比为2.31∶1，但低于全国城镇居民可支配收入与农村居民可支配收入之比（3.03∶1）。

2. 城乡公共服务水平差距依然较大

城乡教育、卫生等公共服务的差距依然较大，表现为优质的教育、卫生资源的城乡差距比较大，特别是农村地区教育、卫生人才资源城乡逆向流动趋势没有遏制。在教育方面，城区学校的教学质量明显高于郊区学校，90%以上的城区学校达到规范标准，而郊区还有一大批学校处于合格水平，新区80%的示范类学校集中在城区；全区6所市实验性示范性高中和5所市示范幼儿园都位于城区，义务教育阶段老百姓心目中的"好学校"大多集中在城区。虽然城乡教师的学历率和职称率差距不大，但是有经验、教学水平较高的教师大都集中在城区的学校。在医疗方面，从医疗卫生机构分布看，新区城市化地区与农村地区相比，拥有更多的大型和优质医疗机构，优质医疗资源主要集中于城区，导致城区居民与村民在就医首选医院上具有差异性，城镇居民偏向三级医院（47.3%），而农村居民则偏向二级医院（40.8%）。新区城乡不同区域医疗机构、卫技人员中高级职称占比、硕士（含）以上学历人数占比等存在较大差距，农村地区吸引高素质的医疗人才困难。在养老方面，郊区与城区比较呈现"两低"特征。郊区"每万人日托机构数"和"每万人老年人助餐点数"比城区分别低0.10个/万人和2.34个/万人。另外，农村养老机构服务功能单一，人员专业护理技能不足，需高级别护理的高龄、痴呆、全护理老年人难觅去处。

3. 城乡居民的保障水平还存在一定差距

城乡居民在医疗、养老保险等方面仍然实行"二元化"制度，城乡之间的社会保障水平还有一定差距，农村与城市的同类保障标准还有一定差别。例如，2013年城镇居民月最低生活保障标准为640元，而农村居民月最低生活保障标准为500元。2011年开始，合作医疗筹集标准实现浦东南区与北区统一，提高到900元，农民参保率达99.8%，农保最低基础养老金标准实现南北对接，月最低养老金为485元，月平均养老金531.5元，参保缴费者有6.3万人，但是农民的医疗保障水平显著低于城市居民的医疗保障。

4. 城乡建设面貌差距仍然较大

农业基础设施长期落后、资金投入不足、设备老化失修等问题，严重制约着农业综合生产能力的提高。农业基础设施建设滞后，不能适应农业和农村经济的发展，不能满足提高农民收入的需要，成为制约农民生活水平提高的一个瓶颈。

5. 农村集体资产增值保值活力不强

为农民增加收入的作用还没有得到充分发挥。截至2013年底，浦东新区有24个镇、371个行政村，农村集体净资产（不包括集体土地）大约200亿元，增值潜力巨大。农民财产性收入占可支配收入的比例仅为9%，工资性收入占了69.7%。集体资产进行市场化改革覆盖面还不广，资产股份化的基础工作量巨大，对集体资产经营、监管、收益使用等各个环节的管理，依然存在一些制度性问题，目前的税收、管理等制度环境等对集体资产的改革还存在一些约束。

二 浦东新区城乡一体化存在的制度瓶颈

（一）城乡一体化的规划不完善

当前的城市规划体系主要还是服务浦东大规模开发时形成的，这造成了城乡一体化规划体系的不完善，农村村镇规划相对薄弱。首先，规划的覆盖面有限。土地利用规划和城市控制性详细规划只覆盖城镇区域，而部分农村地区的村庄规划和布点规划都缺失。由于规划未能实现农村全覆盖，对农村产业发展、土地流转和宅基地置换的导向不明确。其次，各类规划之间协调性差。城市规划、土地规划、产业发展规划与公共服务体系规划之间相互协调性不够，开发区与周边农村规划不协调，公共服务体系规划滞后于产业发展规划，造成郊区人口集聚区的公共服务发展滞后。农村地区规划系统性较差，不能够为城乡综合全面发展提供稳定的预期，造成许多地方只考虑短期利益，导致项目落地与空间实际情况不相匹配，现今调整的难度较大。例如，"104地块"以外的粗放型高污染工业企业，① 按照现有政策对其只能要求减量化发展，进行升级转型的协调难度大。最后，规划的实施与监督机制不健全。由于规划的实施与监督机制不健全，规划的实施与落实过程中还存在种种困难，各类规划对城乡产业发展与公共服务的引领性作用未能够发挥。

（二）农村土地与资产产权制度创新滞缓

首先，对农村农民财产赋予的权利不够多。第一是农民承包地的权能：农村承包地除了要赋予地占有、使用、收益、流转权外，"承包经营权抵押、担保权能"等尚未形成相关的政策与操作办法。第二是农民住宅的权能"农民住房财产权抵押、担保、转让权"等尚未开始改革试点。第三是农村集体建设用地的权能"农村集体经营性建设用地与国有土地同等入市、同权同

---

① 上海市为了推进集约式发展，规划了104块工业发展用地，主要是开发区、产业基地、城镇工业地块。104块以外且在规划集中建设区范围内的现状工业用地，主要发展方向是转型升级，发展生产性服务业；位于104块工业区外且在规划集中建设区范围外的现状工业用地，土地面积合计约为198平方公里，主要发展方向是减量化，并逐步实施整理复垦。

价"的政策措施没有跟上。征地留用地已经开始试点,但是未形成完善可推广的实施办法。重庆、成都等地区在这些方面已经进行了许多有效探索,并形成了一些地方性政策规范。其次,农村各类产权交易市场与运作规则不健全,农村产权的市场交易与流动不活跃。由于产权权能运作规则缺乏,产权市场建设落后,农民的土地、宅基地、房屋、村集体资产等市场交易不活跃。在实际中产生了一些具体的表现:农民对将耕地集中流转的积极性不高,耕地流转规模不大,农业规模化经营水平不高;农村集体建设用地流转已在合庆镇开展试点,但是集体建设用地流转缺乏价格评估机制,农村建设用地的市场供给与需求主体未形成,造成有价无市;集体建设用地出让营业税和契税缺乏扶持政策,因此集体建设用地流转的规模不大;宅基地流转方面缺乏相关的操作规则与政府扶持,宅基地流转和退出机制不健全,置换成本大、资金平衡难、实际操作难度大,仅能试点而未能推广。最后,农村产权市场运作的组织发育不充分。现行政策允许农民以承包经营权入股发展农业产业化经营,但是缺乏相关政策,农村股份合作制发展不够,造成农村土地产权确权后,产权流动与收益实现困难。

总之,农村产权赋予、确立、交易、运作等一系列产权改革制度滞后,限制了农村经济发展与农民收入增加。此外,农村资产在市场经济下具有较大增值潜力的诱惑,诱发了一些农民的非法违规实现产权收入的途径,例如:非法搭建房屋,获取出租收入;造假或者高价索取征地动迁费用;等等。

(三)集体资产市场化运作不够规范

首先,对农村集体经济组织成员资格的认定缺乏法律依据,也没有出台集体资产产权清晰化的政策规范,同时村集体资产产权的历史、地缘关系较复杂,导致农村集体经济组织成员和股份分配对象的界定依据不够清晰,厘清集体资产产权关系的任务艰巨,因此集体资产产权改革进展不快,许多集体资产处于"集体所有,人人所有,又人人没有"的产权主体虚置状态。其次,集体资产市场化运作的政策环境不完善。现阶段法律法规对于集体经济组织股权登记、税收政策以及经营资质都没有明确规定,影响了集体经济组织股份化改革的推进。比如,股份化改革后,集体经济组织成员分红所得需要缴纳20%的个人所得税,影响成员参与股份化改革的积极性。村集体经济资产运作的组织建设滞后。农村经营管理人才不多，缺乏集体资产运作的现代化管理团队，加上外来资产参与村集体资产合资、合作改造村集体资产的典型案例不多，导致了村集体经济资产一般由村委会代为运作。这种管理方式造成了村集体资产承担了村管理与服务的部分支出，从而导致了集体经济组织成员分红减少，反过来影响了农民参与集体资产股份化的积极性。

（四）农村公共服务的投入与发展机制不健全

目前，浦东村委会的职能主要有公共管理、综合治理、经济发展引导，还包括各条线工作，例如农业、治保调节、安全生产、环保、妇女工作等。同时，农村大量外来人口的涌入也增加了村公共管理任务，由于村委会承担了过多的管理事务，增加了村委会的支持负担。与此同时，农村公共服务财政投入的机制不健全，农村公共服务的收入得不到保障。由于没有统一明确的农村公共服务的财政投入机制，农村公共服务资金来源主要通过区政府"以奖代补"方式来进行的，因此行政村收支情况直接决定了村基本公共服务供给的质量，造成农村内部村与村之间的公共服务差异也较大。另外，农村公共服务的市场化机制引入不够。公共服务投入缺乏社会资本参与投融资的机制；同时，农村基本公共服务市场供给的模式较为单一，社会组织参与农村基本公共服务偏少，不仅影响了公共服务的硬件水平，而且造成了农村公共服务人才吸引力差。

（五）农村基层治理仍需完善

随着浦东新区郊区城市化步伐加快，近年来浦东积极探索"镇管社区"管理模式，取得了一定成效，但是镇域范围内城市化地区的社区管理体制不够完善，例如人员配备标准不确定、条块关系有待理顺、社区协同互动不够、配套支撑有待完善，等等。农村基层自治的制度化、规范化和民主化水平有待提高。比如说，随着群众民主意识、法制观念的不断增强，传统行政化、简单化、粗放型、依靠村干部"能人"的管理方式不能适应现实需求；群众参与村务管理的愿望日益迫切，但在村民享有知情权、参与权、管理权、决策权、监督权等方面的制度设计有待完善。农村自治组织（村委会）的经济职能依然存在，影响其基层社会管理工作的发挥，亟须探索"村经分离"管理体制。同时，村委会职能过多、工作繁杂，但管理人员配备和资源配置不足，造成村务管理工作水平较低。同时,外来人口大量涌入导致社会管理压力倍增。农村社会组织发育不充分(主要以各类志愿者队伍为主),且资金来源单一(主要依靠村委会补助),独立性较差;其组织的松散性、人员组成的单一性、规模的小型化,导致其作用发挥仍然属于较低水平。

(六)农村基础设施建设体制不完善

从城乡景观上看,城乡一体化不是要消灭城乡差别,而是要扩大具有鲜明地域特征的城乡生态景观的差异化。它需要新型城镇化具有"三味",即"城镇有城味"、"农村有乡味"和"各地有风味"。浦东新区历史上农业生产发达,区域文化积淀较为雄厚,自然地域特色鲜明,为做大城乡景观识别差异提供了更为广阔空间。但是,浦东开发区的植入式开发模式直接剥离原有的农村景观,在较为严谨规划与高标准的基础设施建设下,开发区的现代化城市景观的设计与建设较为完善。在原有城乡分割的管理体制下,农村地区的基础设施与景观打造没有得到较好的规划与建设,开发区不可能将规划和建设延伸至周边的农村地区,统筹考虑与建设周边地区的农村景观设计与建设;开发区周边的乡镇的管辖范围只包括自己的镇域范围,基础设施建设资金不足,镇政府大多只能局限于自己的镇域搞规划和建设,造成了开发区与农村地区基础设施不协调,农村地区基础设施的规划起点低,农村道路、水系、历史文化设施、废弃物处理设施等不配套,农村人居环境改善较慢。

浦东目前建成区城市景观的基本要素(包括路、区、边缘、标志、中心点五项)比较健全,道路、区、边缘、标志和中心点等城市图像的骨架较为现代化,城市已经创造出新的、鲜明的景观,能够激起人们对整个城市的想象。但是在浦东大规模的开发过程中,原有农业社会的农村景观逐渐消失,现代农村景观特色不鲜明,有的出现盲目地追求西方元素的"洋气"。

三 推进浦东新区城乡一体化体制建设的思路

(一)顶层设计方案与具体的实施细则相结合

城乡一体化是一项系统工程,需要长期艰巨的努力才能取得成效。首先,必须站在城乡全面科学发展的高度,制定包括推进农村的经济发展、公共服务、资产管理、农村自治、民生改善、生态环境以及相关的体制改革的总体方案,全面统筹城乡一体化建设。其次,要大力推进城乡一体化专题建设的实施细则或者实施办法,稳步推进城乡一体化专项建设。例如,2003年以来,宁波市制定了统筹城乡的意见与规划纲要,以此为依据逐步推出了100多项有关统筹城乡具体措施与办法。①嘉兴市全面实施开展了以优化土地使用制度改革为核心的"十大改革"。②最后,适时调整和完善城乡一体化规则与制度。改革是试点,是创新,每一项改革措施的出台经过一段时间实验后,对新情况、新问题、新任务必须及时地加以总结,并完善、修改、补充规则。

(二)以农村产权改革为重点和突破口

消除城乡二元经济社会结构必须破除二元的体制机制,其中最为基础的是经济体制,完善农村产权体制又是当前城乡一体化体制改革的重点与难点,只有建立产权清晰、责权明确、交易规范、保障有力的产权权利规则体系,市场机制在城乡资源配置中的决定作用才能得以发挥,农村经济发展的动力才能激发出来。同时,只有抓住农村经济体制改革基础,才能协调推进城乡分割的其他体制改革。目前,农村土地、资产、住宅等数量都比城市居民多,特别是在浦东大规模开发的背景下,农村各项资产增值的潜力巨大,但是由于农村的产权改革滞后,农民无法通过市场实现其资产与产权的价值,不但抑制了农村经济社会的发展,而且诱发了农民通过非法渠道来实现其价值,例如,乱搭乱建进行各种经营,过高索取征地费用等。综观成都、重庆、苏州、嘉兴等地改革的成功之处,无不是在完善农村产权,提高农民资产收益,提高农村自身的发展能力上下功夫。③ 因此,加快浦东农村各类资产的确权,建立产权与资产的交易市场,明确交易规则,确保农民能够以合法的产权权利享受浦东开发开放的巨大收益,是当前城乡一体化的重点与难点。

---

① 鲁慧军:《宁波市统筹区域发展的成效与实践》,《宁波经济》2008年第1期。
② 徐勇:《嘉兴统筹城乡改革发展的创新实践》,《温州农村探索》2011年第2期。
③ 北京大学国家发展研究院综合课题组:《还权赋能:奠定长期发展的可靠基础——成都市统筹城乡综合改革实践的调查研究》,北京大学出版社,2010。

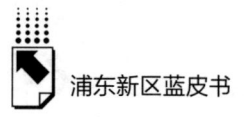

（三）发挥规划对城乡一体化发展的引导作用

打破城乡二元的规划体制，创新规划实施与监督机制是保证城乡一体化建设与发展的前提。从城乡一体化发展高度明确土地利用类型、产业的发展方向、基础设施与公共服务规模与等级，为农村的经济发展提供稳定的预期，为实施城乡统筹发展的政策与措施提供导向。建议借鉴宁波、成都等地经验，建立"四规融合"统筹工作格局。积极推进经济社会发展规划、土地利用规划、城乡规划、生态保护规划之间的融合，以新区各项总体规划为指导，加快村镇规划编制。发挥土地储备计划要在城市规划指导下引导重点发展区块、重点建设项目顺利落地。建立"三分离"的城乡规划管理体系，以规划决策、执行、监督三分开为原则，形成政府决策规划、城乡规划主管部门组织编制规划并负责监督规划实施、其他部门执行规划的规划管理体系。强化规划在实施过程中的刚性执行，并进一步加强规划实施的监督检查。

（四）建立改革的联动机制

现行城乡分割的管理体制是长期计划经济体制的遗留问题，并且在改革开放的 30 多年中演变出新的特点，其体制具有顽固性，且改革的涉及面广，必须要着眼于城乡各个方面的综合配套改革。例如，2005 年上海市曾经出台有关征地留用地问题的意见方案，应该说，这个方案能够较大提高农民的收益，减少征地困难，但是我国目前规定国有经营性建设用地必须采取招标、拍卖、挂牌等方式出让，而征地留用地征为国有，再协议或低价转让给村集体，则与该规定违背，并且由于开发区是征地留用地的利益受损者，所以其积极性显然不高，所以上海市曾经出台的征地留用地改革方案在实际中效果不佳。当前统筹城乡的每一个改革事项牵涉的利益主体多、管理部门都十分复杂，因此要加强专项改革事项方案的系统设计，建立联动机制。从重庆的"地票"制度这一专项改革来看，任何一个环节的实施不周全，任何一个部门的工作不落实，都可能阻碍改革的顺利推进。因此，建议增强统筹城乡部门权威性，加强对专项改革事项的联动机制建设，系统设计、推动专项改革事项，加快改革的步伐，并在实施过程中及时评估改革的成效，适时调整政策。

（五）建立多渠道的农村投入机制

城乡一体化需要巨大的投入，例如农业的支持，农村基础设施、公共服务建设，农村各类产权市场建设，各类改革的政府启动资金和扶持资金，以及大量公共行政服务费用等。首先，要加大城乡统筹的财力支持。据研究，2003~2008年，成都、重庆是我国大城市城乡差距缩小的仅有的两个城市，其特点之一是政府财政投入力度大。其次，通过产权改革和制度创新提高农民分享土地增值的收益。例如"地票收入"、建设用地股份化收入、征地留用地收入、村集体资产运作收入，等等。最后，创新银行支持农村发展的金融产品。比如，重庆已经开始运营土地银行，农民将土地存入土地银行可以获得稳定的利息。①

（六）加强领导体制和考核监督机制建设

城乡一体化是一项综合系统的工程，对其成绩的考核必须要有系统的考核体系，才能够利于加强对城乡一体化的管理。还要加强对城乡一体化的领导。各地成功的经验表明，加强对城乡一体化管理机构的建设非常重要。例如苏州市构建立了城乡一体化专门工作机构，为推进城乡一体化发展畅通了工作通道；其建立四套班子领导联系试点区的工作机制，强化了领导职责，并明确了相关部门工作任务，形成了整体推进的工作格局。

四 浦东新区推进城乡一体化体制建设的建议

（一）加强浦东新区城乡一体化方案的顶层设计

根据《国家新型城镇化规划（2014—2020年）》等文件精神，制定浦东新区推进农村的经济发展、公共服务、资产管理、农村自治、人民生活、生态环境等城乡一体化发展总体方案与实施意见，明确城乡一体化的长期目标与分阶

---

① 北京大学国家发展研究院综合课题组：《还权赋能：奠定长期发展的可靠基础——成都市统筹城乡综合改革实践的调查研究》，北京大学出版社，2010。

段目标，提出具体措施，全面统筹城乡一体化建设。要大力推进城乡一体化重点专题改革实施细则的制定与实施，稳步推进城乡一体化专项建设。加大制定与实施完善郊区基本公共服务资源配置机制、培育新型农业经营主体、产权制度建设、农村土地制度改革实施办法等专项改革事项的政策措施，逐步推进城乡一体化进程。建立全面系统的城乡一体化的考核体系，加强对城乡一体化进程的检查与考核，建立每年城乡一体化的定期考核、督察机制。

（二）完善城乡统一的规划体系

研究提出优化城镇和村庄的布局结构、相对稳定的规划总体思路和操作依据，使城镇规划体系更好地发挥在城市整体功能优化提升和城乡发展一体化中的作用，为形成前瞻性、稳定性的规划提供支撑和依据。综合考虑浦东新区的各个区域的人口、城镇功能、用地、公共服务设施、环境、民生发展的新趋势和新要求，在总规修编确定的综合片区的城镇体系基础上，按照大市镇、特色小城镇、限制并转型发展的城镇等三大类进行分类规划，对个别城镇在体系中的定位进行调整，提出分类指导方向。积极推进经济社会发展规划、土地利用规划、城乡规划、生态保护规划之间的融合，以新区各项总体规划为指导，加快村镇规划编制。发挥土地储备计划在城市规划指导下引导重点发展区块、重点建设项目顺利落地的作用。建立"三分离"的城乡规划管理体系，以规划决策、执行、监督三分开为原则，形成政府决策规划、城乡规划主管部门组织编制规划并负责监督规划实施、其他级部门执行规划的管理体系。强化规划在实施过程中的刚性执行，并进一步加强规划实施的监督检查。

（三）加快农村产权制度改革

制定浦东新区集体资产确权登记的管理办法，推进以确股为基础，确权不确地方式，有条件的以镇为单位进行确股。深入细致开展镇、村级集体资产调查、厘清、评估和造册工作，创新进行确权登记方法，为集体资产股份化和收益分配改革提供依据和凭证。进一步完善"村经分开"管理办法，推进集体资产管理体制改革，试点引进社会资本参与改造村集体资产办法，发展适合不同村集体资产特点的组织形式，推动村、镇根据具体情况制定集体资产股份制改革的具体方案。加快制定浦东农村承包地、宅基地、建设性用地产权交易的可操作性的具体办法，并推进各类产权与资产的交易市场，或者利用同类市级交易市场的途径，探索国有土地和农村土地"两种产权、同一市场、统一管理"的新途径，确保农民能够以合法的产权权利享受浦东开发开放的巨大收益。探索解决集体经济组织收入分红税负问题，完善集体收益分配机制，调动农民参与股份化改革的积极性。建议对新组建的农村社区股份合作社采取如下措施，除了享受农民专业合作社的税收政策外，还要把农产品生产、加工、运销以外的经营所产生的各种税收，以及其地方所得部分返回社区合作社。对于农村社区股份合作社成员分配的个人所得税，建议分红所得在国家个人所得税起征点以内的，免除征税，超过部分再酌情征税。同时，区级财政要建立专项资金，对农村集体产权制度改革进行奖励，对社区股份合作社发展过程中的贷款项目实行贷款贴息等支持。通过探索拓展土地补偿费使用范围，增加集体经济组织的资产资本。继续完善征地补偿机制，完善征地留用地、征地留用房方案。探索农民承包地的经营权抵押、担保权能具体办法，推进农民住房财产权抵押、担保和转让试点。编制农村土地利用规划，优先列入农村集体建设用地市场流转的试点范围，优先给予享受征地留物业等支持政策；在推进村庄改造过程中，允许通过规划整合一些土地资源，如通过对闲散土地的整理置换一定数量的集体建设用地，为村级集体争取一些发展空间。

（四）建立多渠道的农村投入机制

要完善以政府财政投入为主导，加大农村基本公共服务投入的体制机制。根据基本公共服务均等化的要求，建立完善农村公共服务、基层治理的均衡保障机制和区镇分担机制，探索对农村公共服务与管理的范围、标准和支出责任进行统一界定与安排，梳理、优化区镇财力结算体制和镇级财力对村级管理服务的支持保障办法。统一村级公共服务基本保障范围和标准，包括村卫生室经费、村公用设施类、公共活动类、村庄环卫经费和村联防费用、村级组织管理经费。村党支部的管理经费按支部成员分工及交叉任职情况，分别纳入村委会和村集体组织的管理费用核算范围。进一步明确农村财政投入的责任主体，按照"两级政府、两级管理"的要求，以及"财权与事权相一致"的财政体制，镇人民政府是加强农村公共服务和基层治理财政保障的第一责任主体。农村公共服务和基层治理经费应纳入镇财政预算范围，由镇人民政府按照以事定财原则和基层组织实际情况，统筹安排并保障基层组织履行职能所需的经费。优化区级财力对农村基层治理的财政保障机制，按照各镇的经济发展实际和资源配置状况，从服务对象、覆盖水平、保障标准、支出责任等四个方面进一步明确区镇两级财政之间的事权责任和分担机制。进一步加大对镇级财政的转移支付力度，规范一般性转移支付资金及专项转移支付的安排，要围绕区委、区政府工作要求，进一步突出重点。加强农村综合帮扶工作：对经济相对薄弱的村，加强金融支持和服务新型农业经营主体，深化银社合作和银企合作，加大对区级以上农业龙头企业、农业技改项目、示范农民合作社和家庭农场金融扶持；创新农村贷款担保抵押方式，鼓励各级金融机构对于实力强、资信好的新型农业经营主体给予一定的信贷授信额度，实行优惠贷款利率；鼓励金融机构针对规模经营主体、订单农户、大型农业机械设备、土地经营权等进行抵押贷款。

（五）制定城乡一体化公共服务标准

分析郊区各镇的人口规模结构和管理服务幅度，确定不同类型镇的管理事权、资源配置。根据区位和功能定位差异，探索在相对独立发展的镇，以自我配套为主实现基本公共服务合理配置，在集中连片发展的镇，以"部分自我配套＋部分借助周边优质资源"的方式合理配置。研究完善撤制镇社区功能的可行性方案。深化城乡一体化的教育、卫生行业人事制度改革，建立考核奖励、职称评定、人才培养、住房保障等方面的综合保障激励办法，鼓励引导教育和医疗卫生人才到远郊地区工作，构建教育、卫生人才的城乡交流长效机制，促进城乡之间基本公共服务的均衡发展。合理配置教育、卫生资源，重点向农村地区倾斜。研究用"城乡居民基本养老保险＋商业保险"模式，以同等保障水平替代镇保解决农民身份转换的可行性，完善农村最低生活保障制度，稳步提高农村最低生活标准，逐步完善城乡统一的社会保障体系。加强乡镇综合文化站等农村公共文化和体育设施建设，提高文化产品和服务的有效供给能力，丰富农民精神文化生活。探索利用已撤制镇的集建区，适量配置农村建设用地流转和增减挂钩指标，适当强化居住和服务配套功能，促进农村人口就近集中居住和获得便捷服务。

着力解决农村地区基本公共服务人才缺口问题。加强农村教育卫生等公共服务人的编制动态管理,适时动态调整教育、卫生编制,引导支持加大对农村地区教育、卫生编制分配的倾斜。加大人才引进力度,对引进农村地区工作的高层次和紧缺公共服务人才给予奖励,用提高农村地区教育卫生人才的奖励标准,优先聘任职称等方法鼓励人才引进。继续实施与高校合作为农村社区卫生服务中心培养紧缺卫生人才的制度。健全完善退休返聘制度,以更大限度地发挥人才的效用。继续采取向农村倾斜的人才柔性流动措施,鼓励城区教师和卫生技术人员支援农村教育卫生事业。完善农村地区基本公共服务人才的成长和事业发展政策,在农村地区教育、卫生人才进编、职称评定、绩效考核、落户、家属随迁、租赁房屋等方面实行适度的倾斜政策。

(六)推进农村经济社会组织现代化

坚持家庭经营在农业中的基础性地位,推进家庭经营、集体经营、合作经营、企业经营等共同发展的农业经营方式创新。制定鼓励土地承包经营权在公开市场上向专业大户、家庭农场、农民合作社、农业企业流转,发展多种形式规模经营的具体办法。继续大力扶持农民专业合作社、专业协会的发展。积极发展农民股份合作,赋予农民对集体资产股份占有、收益、有偿退出及抵押、担保、继承权。加快农业保险产品创新和经营组织形式创新,完善农业保险制度。鼓励和引导工商资本到农村发展适合企业化经营的现代种养业,向农业输入现代生产要素和经营模式。探索建立全区经济薄弱村经济联合发展平台。鼓励经济薄弱村对集体经营性建设用地和宅基地进行整理复垦,探索相关指标向开发区和镇集建区集中,在符合用途和规划管制的前提下进行开发,形成浦东经济薄弱村经济联合发展平台运作的可操作性办法及试点项目方案。进一步明确"镇管社区"的覆盖范围,设立社区的资源配置基本标准,规范"镇管社区"管理体制。抓好以村党组织为核心的村级组织配套建设,领导和支持村委会、集体经济组织、共青团、妇代会、民兵等组织和乡镇企业工会组织依照法律法规和章程开展工作。明确党组织负责"三务一监督"(党务、政务、服务和监督)、自治组织回归到社会事务管理、集体经济组织负责经济管理权利义务。构建由党组织领导、村民(代表)会议决策、村委会执行村行政事务、集体经济组织成员(代表)会议决策、集体资产管理委员会执行集体经济事务,村务监督委员会监督、其他经济社会组织广泛参与的充满生机活力的新型村级治理机制。继续发挥开发区对城乡一体化的促进作用,完善开发区与镇政府之间的职能分工,明确各自开发建设职能、经济管理职能、行政审批职能、社会管理职能与城市管理综合执法机制,完善财力机制与考核机制。

(七)推进农村发展方式集约化

发挥浦东农村大都市郊区的特点,制定大力发展都市休闲农业、旅游农业、设施农业、都市生态农业等都市现代农业发展规划。制定鼓励和引导工商资本到农村发展适合企业化经营的现代种养业的政策。统筹规划建设农产品市场流通网络布局,加快推进农产品零售市场建设,加快发展农产品电子商务,降低流通费用。强化农产品商标和地理标志保护。加强农田水利设施建设和土地整理复垦,加快中低产田改造和高标准农田建设。按照转变发展方式的要求,大力提升农村工业与服务业的集约化水平。深入分析农业经营结构与特点,研究目前三种主要的新型农业生产经营方式(家庭农场、"合作社+农户"、"农业企业+农户")的适用范围。修改和完善农村土地承包经营权流转补贴政策,进一步强化对基本农田生态保护的政策聚焦,建立基本农田巡查、监管、奖补机制。扶持和打造"三大体系"(农技服务、农产品安全监管、农机服务)和"一化"(农业标准化)农业服务平台建设,继续推进为农服务中心、保鲜中心、烘干中心、示范农机合作社的布点和创建。探索研究浦东新区农业区域调整和农业专项调整的办法措施,加快成片区域和全行业调整。

(八)加强对城乡一体化工作的领导

城乡一体化必须完善一套有效的工作机制。浦东新区政府制订了浦东新区城乡一体化发展综合配套改革方案和三年规划,明确了改革发展的方向和任务。建立了城乡一体化专门工作机构,协调部门之间,上下之间动作,为推进城乡一体化发展畅通了工作通道。建立四套班子领导联系试点区的工作机制,强化了领导职责。明确了相关部门工作任务,加强城乡一体化工作任务安排与督促检查,形成了整体推进的工作格局。

参考文献

《上海浦东新区统计年鉴2013》，中国统计出版社，2013。
《上海浦东新区统计年鉴2014》，中国统计出版社，2014。
鲁慧军：《宁波市统筹区域发展的成效与实践》，《宁波经济》2008年第1期。
北京大学国家发展研究院综合课题组：《还权赋能：奠定长期发展的可靠基础——成都市统筹城乡综合改革实践的调查研究》，北京大学出版社，2010。
聂高民、孙长学：《中国经济体制改革顶层设计研究》，人民出版社，2012。
徐全勇：《浦东综合配套改革的理论与实践》，上海人民出版社，2010。

B.12
浦东新区生产性服务业产业集群的发展现状、问题和建议

周海成*

摘 要： 本文结合生产性服务业集群发展的理论内涵、国际经验，分析回顾了浦东新区六个较为典型的生产性服务业集群的发展现状和原因。在此基础上，全文梳理了当前制约浦东新区生产性服务业集群进一步发展所面临的瓶颈问题，并据此提出了相应的对策建议：一是推进制造业与服务业的融合和互动，以产业链提升促服务业集聚；二是破除体制机制的制约，为生产性服务业集聚打造宽松政策环境；三是营造创新氛围，提高各生产性服务业集群的"知识竞争力"；四是加强配套服务体系建设，营造利于集群建设的区域优势；五是提供多样化的融资方式，缓解服务业企业融资难问题。

关键词： 浦东新区 生产性服务业 产业集群

20世纪80年代以来，世界经济呈现从工业经济向服务经济转型的大趋势。与此同时，服务经济在内部结构上呈现生产性服务业增长较快、在空间布局上呈现集群化发展的特征。与发达国家和地区相比，我国的生产性服务业发展仍然滞后。2014年7月，国务院出台《关于加快发展生产性服务业促进产业结构调整升级的指导意见》（国发〔2014〕26号），指出生产性服务业是"全球产业竞争的战略制高点"，并特别提出我国生产性服务业发展要坚持

---

* 周海成，硕士，中共浦东新区区委党校讲师，主要研究方向为金融和外汇管理。

"集聚发展"的原则，实现规模效益和特色发展。近年来，浦东新区加快推进"四个中心"核心功能区建设，不断提升城市的综合服务功能。因此，作为城市服务功能的核心的生产性服务业增长强劲，并形成了若干个生产性服务业的产业集群。

一 生产性服务业产业集群的内涵与国际经验

（一）生产性服务业产业集群的内涵

"产业集群"一词来源于美国哈佛商学院的"竞争战略之父"迈克尔·波特（Michael E. Porter）教授。1990 年他在《国家竞争优势》（*The Competitive Advantage of Nations*）一书中提出，产业集群是一国之内的优势产业以组群的方式，借助各式各样的环节而联系在一起，而不是平均分散在经济体中[①]。1998 年，波特在他的《集群与新竞争经济学》（*Clusters and the New Economics of Competition*）一文中，进一步阐释产业集群是"特定产业中互有联系的公司或机构聚集在特定地理位置的一种现象"，[②] 并认为产业集聚从以下三个方面影响企业的竞争力：一是提高产出效率，二是引领创新方向并提高创新速度，三是促进新的有活力的企业的建立和进入。

生产性服务业是指生产过程中的中间投入服务，即为生产、商务活动和政府管理提供而非用于最终消费的服务，它的特征就是中间投入性、产业关联性、知识密集和技术密集性。正如波特在《集群与新竞争经济学》中的论述，经济结构越复杂，知识和技术含量越高，企业就越需要实现在地理位置上的集聚。因此，生产性服务业的产业集聚从而形成产业集群，一般是企业在市场经济环境下为形成竞争优势的一种自发的市场行为，但是在产业集群形成的过程中，也需要政府政策的引导和支持。

---

① 〔美〕迈克尔·波特（Michael E. Porter）：《国家竞争优势》，李明轩、邱如美译，华夏出版社，2002，第 124 页。
② Michael E. Porter, "Clusters and the New Economics of Competition", *Harvard Business Review*, 1998, 76 (6): 77 - 90.

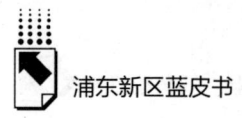

（二）发达国家生产性服务业产业集群发展的经验

生产性服务业涉及农业、工业等产业的多个环节，具有产业融合度高、产业带动作用显著的特点。尤其是对于大城市和中心城市，生产性服务业集群的发展，既能够加强产业竞争优势，提高城市经济发展水平，又能够提升城市的服务能力，打造现代化都市的产业基础。世界上大多数重要的国际性大都市都有自己发达的生产性服务业的产业体系。

1. 纽约：发展以金融服务业为代表的产业集群

20世纪50年代以来，纽约市政府积极加强产业结构调整，在大力发展电子、通信等高科技产业的同时，强化金融、商务服务等生产性服务业的主导地位。2010年的数据显示，纽约服务业占GDP比重超过90%，其中金融业占据40%左右。纽约的生产性服务业集聚于曼哈顿，举世闻名的华尔街就位于曼哈顿的老城（Downtown），在这条仅500多米长的街道上，集结了近3000家国际金融和外贸机构。曼哈顿作为纽约的中心区，总面积仅占纽约市总面积的7%，经济增长总量却占纽约经济增长总量的80%以上。因此纽约属于典型的以金融商务服务业为主导产业的集群发展模式。①

2. 东京：依托其高度发达的制造业带动生产性服务业的聚集

20世纪50年代之后，日本经济开始腾飞，东京则成为日本最大的制造业中心。但是随着世界经济向服务型经济的转型，日本政府通过多次的都市圈空间规划和配套政策，既有效地疏散了中心城的制造业，同时又吸引了一批附加值高的高新技术产业和生产性服务业。如在东京的内城中就保留以大田区机械工业集聚区为代表的制造业，并使其发展成为以创新为特征的日本机械工业中心。同时制造业的高度发展带动了服务业的有效集聚，工业逐步向服务业拓展，实现产、学、研的深度融合。随着商业保险、金融服务、教育咨询等不断集聚，东京形成了市中心区不断扩展、外围地区多点支撑的"多核多圈层"结构，包括市中心区、8个周边副中心区（含新宿、临海）、9个外围特色新城（含幕张、横滨）组成的完整体系，如金融、信息等服务业集中分布在千代田区，工业技术创新、研发设计等服务业集中分布在大田区为代表的技术创

---

① 张伟：《纽约"华尔街"靠什么崛起》，《经济日报》2012年4月9日。

新核心区，媒体、经营服务、流行时尚相关产业集中在新宿区，有效提升了东京的国际金融和商务中心的地位。

3. 伦敦：城市中心、内城区、郊外新兴商务区的金融服务业集群多点发展

伦敦大都市区可以分为伦敦城、内伦敦和外伦敦地区。作为历史悠久的国际金融中心，长期以来伦敦商务区一直集中于伦敦城和内伦敦的西敏寺区。20世纪80年代以来，为了应对不断膨胀的金融商务区挤占居民社区，保护伦敦的历史风貌，伦敦制定了"限制性分区"政策，将商务活动分区限制在伦敦城和西敏寺区等传统的CBD区域内。另外，积极打造以伦敦码头区（London Docklands）为代表的新兴开发区，并形成了金丝雀码头等著名的伦敦金融后台办公区。因此，现在的伦敦既有传统的金融商务区（金融城），又有伦敦码头区等新的金融服务业集群区，呈现市中心、内城区、新兴商务区的金融服务业集群多点发展模式。作为与纽约齐名的世界最大的国际金融中心，伦敦拥有金融从业人员约325000人（2007年），约占全市总人口的4.3%。有一半以上的英国百强公司和100多个欧洲500强企业均在伦敦设有总部。伦敦还是世界上最大的国际外汇市场，每年的外汇成交总额可达3万亿英镑，每年大约30%以上的全球外汇交易在伦敦进行。伦敦证券交易所是世界上最重要的证券交易中心之一。伦敦还是世界上最大的国际保险中心，共有保险公司800多家，其中170多家是外国保险公司的分支机构。[①]

此外，伦敦还建设了完善的航运服务集群，虽然伦敦港航道和水深等"硬"条件不佳，但依靠航运服务"软"实力保持了全球公认的航运服务中心地位。20世纪40年代，伦敦通过港区分离的模式，将港口硬件设施外移到离市中心以东40公里的提尔伯里和沿河下游，积极拓展航运相关的服务产业，如航运融资、海事保险、海事仲裁等。今天的伦敦拥有数千家航运服务企业，世界上大约有一半的船只交易业务在此成交，聚集着国际海事组织总部、国际海运联合会、国际货物装卸协调协会、波罗的海航运交易所、波罗的海和国际海事公会等国际航运组织。

从以上主要的一些国际化大都市发展生产性服务业集群的经验和做法看，可以总结发现，一是"优二退二进三"是经济结构演化的一般规律。中心城

---

① 百度百科相关材料，http://baike.baidu.com/subview/27242/5044115.htm#7。

市的制造业发展到一定阶段后，要用先进科学技术进行改造，使传统产业现代化，同时将部分制造业疏散到其他地区，中心城区集中发展现代的服务业。二是政府的规划和引导不可或缺。政府的产业政策要为生产性服务业营造良好的环境，做好合理的产业空间布局规划，并培养和吸引优秀的服务业人才集聚。三是服务业集群有利于提高区域的竞争力。生产性服务业不断聚集形成规模，逐渐专业化、国际化，就会打造成城市的"金招牌"，形成"软实力"的竞争优势。

二 浦东新区生产性服务业集群的发展现状

浦东开发开放20多年来，积极推行金融贸易和高技术产业先行的产业方针，形成了以服务业为主体的产业结构。浦东服务业增加值比重由1993年的28.6%提高到2013年的64.4%，服务业产值20年间年均增长20%，其中生产性服务业发展势头更为迅猛，成为支持浦东服务业高速增长的主要力量。交通运输、仓储和邮政业、信息传输、计算机服务和软件、金融业、批发和零售业等代表性生产性服务业的生产总值由2005年的624亿元，占全部服务业的60%，上升到2013年的生产总值2918亿元，占比70.3%。特别是一些新兴生产性服务业，如计算机服务和软件业产值由73亿元增长为420亿元，8年间增长了近5倍。同时，浦东一直注重产业集群的培育，结合区域经济的特点和优势，形成了一批各具特色的生产性服务业集群。

（一）集群在空间布局上依托"一轴三带"多点分布

按照《浦东新区国民经济和社会发展第十二个五年规划纲要》的规划，浦东要优化"一轴三带"的区域发展布局。与此相适应，浦东新区当前已经相对成熟、有代表性的生产性服务业集群有6个，分别位于：陆家嘴金融贸易区、金桥经济技术开发区、上海张江集电港、上海康桥国际医学园区、上海南汇工业园区、上海张江高科技产业东区。这6个生产性服务业集群正是多点分布在"一轴三带"上，其中中部产业发展带是生产性服务业集群最密集的承载带：金桥经济技术开发区、康桥国际医学园区、南汇工业园区都位于中部产业发展带，张江集电港位于"一轴"即上海市从虹桥机场到浦东国际机场城市发展主轴的浦东段，陆家嘴金融区位于沿黄浦江综合发展带，张江高科技产业东区则位于上海城市发展主轴与浦东滨江沿海发展带的交汇处。通过科学规划、合理分配城市空间，浦东各个生产性服务业集群在各自的区域进行联动发展，并共同提高区域的综合服务功能和产业的核心竞争力。

（二）集群在功能定位上各具特色、相互补充

浦东新区的各生产性服务业集群的功能定位有一些重复的地方，但总体上是根据各自的城市空间区位、自然禀赋、地理条件和发展基础，各有不同的侧重点，相互补充、相互倚靠。陆家嘴金融贸易区重点发展中外银行、保险、证券、资产管理等相关专业的生产性服务业，是上海国际金融中心建设的核心功能区、上海核心中央商务区的重要组成部分。金桥开发区主要发展总部经济、研发设计、服务外包、商贸营运四大生产性服务业重点行业。张江集电港生产性服务业功能区重点发展集成电路、信息技术、软件等相关产业。康桥国际医学园区的生产性服务业主要聚焦发展现代医疗服务业，打造高端医疗服务平台。南汇工业园区重点发展为光电子光伏产业、装备制造产业配套的研发设计、商务咨询、技术服务、金融服务以及企业总部等。张江东区着力打造光电子和医疗器械的研发、中试、培训、认证和市场营销等服务业。

（三）生产性服务业集群集聚程度较高、效益明显

陆家嘴金融贸易区是"金融和总部的黄金走廊"。从1.7平方公里的陆家嘴中心区（即俗称的浦东"小陆家嘴"地区），沿世纪大道一路向东至花木行政文化区，陆家嘴金融贸易区被比喻成一条"金融和总部的黄金走廊"。这条面积不足浦东新区总面积0.5%的"黄金走廊"，金融集聚功能突出：700多家传统银行、证券、基金、保险等持牌金融机构进驻，2014年1~6月金融业增加值504亿元，占上海全市的36.4%；期末认定跨国公司地区总部86个，占上海全市18.2%；已建8层以上商办楼宇达225幢，地上建筑面积超过1100万平方米。区域内每幢楼宇就是一个"站着的"金融街，特别在陆家嘴中心区，1.7平方公里内有500余家中外资银行、证券、保险、基金等金融机构，从业金融白领约20万人，平均每幢楼宇入驻企业在60家以上。传统金融业集聚的同时，一些新型的金融业态也加速涌入，陆家嘴集聚的互联网金融机

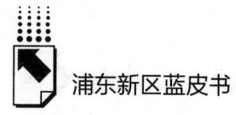

构、融资租赁、财富管理、VC、PE、商业保理、信用评级等新型金融机构近2000家。

金桥开发区依托强大的先进制造业向"金桥智造"转型。建成土地面积5.9万平方公里，入驻的生产性服务业企业513家，占全部企业的84%，从业人员逾3万人。2012年生产性服务业营业收入达484亿元，同比增长46%；实现利润24亿元，同比略下降1.5%；上缴税收9.9亿元，同比增长94.5%。开发区的主导产业是商贸营运、商务服务（含地区总部）、信息服务、研发设计，主导产业的营业收入、企业数量占比分别达94%和90%。金桥开发区的特点是注重优化产业能级，依托强大的先进制造业发展基础，通过加大载体建设、招商引资、政策优惠等方面的投入，从基本"制造"向高端"智造"转变，在此基础上促进工业向生产性服务业延伸，实现了产业融合、成链、增值，使生产性服务业成为金桥经济增长的新引擎、产业发展的制高点。

张江集电港以"研发创新"和"商业模式创新"双轮驱动打造ICT魅力之都。张江集电港全称张江集成电路产业区，目前建成土地面积为2.5平方公里，入驻生产性服务业企业205家，占全部企业的94%，从业人员近2.5万人。2012年生产性服务业营业收入达174亿元，同比增长20%；实现利润14.6亿元，同比增长21%；上缴税收8.2亿元，同比增长19%。园区的主导产业就是ICT产业，主导产业的营业收入、企业数量占比分别达95%和88%。目前已形成"芯片、模组、终端产品、服务"的产业链，国家RFID产业基地也落户集电港，未来将形成智能手机、数字电视、汽车电子、智能卡等特色垂直产业链。

康桥国际医学园区以医为本打造"产学研医"全产业链。目前建成土地面积为0.3平方公里，入驻生产性服务业企业126家，占全部企业的97%，从业人员近1.3万人。2012年生产性服务业营业收入达71.7亿元，同比增长26%；实现利润8.9亿元，同比增长19%；上缴税收2.6亿元，同比增长18%。园区生物医药（重点在医疗器械、生物制药及研发外包）和医疗服务两大核心产业的营业收入、企业数量占比均高达97%。

南汇工业园区由新能源产业、先进装备制造业与两大产业形成的生产性服务业"双轮驱动"。目前建成土地面积为1.4平方公里，入驻的生产性服务业企业94家，占全部企业的56%，从业人员6000余人。2012年生产性服务业营业收入达24亿元，同比增长8%；实现利润2亿元，同比增长178%；上缴税收0.9亿元，同比下降10%。园区的主导产业的营业收入、企业数量占比分别达59%和56%。

张江高科技产业东区围绕光电子和医疗器械两大高新产业发展生产性服务业。目前建成土地面积为0.3平方公里，入驻生产性服务业企业44家，占全部企业的34.3%，从业人员近3000人。2012年生产性服务业营业收入达21亿元，同比增长33%；实现利润1.6亿元，同比增长45%；上缴税收1.2亿元，同比增长15%。园区的主导产业的营业收入、企业数量占比分别达90%和84.7%。

三 浦东新区生产性服务业集群快速发展的原因分析

（一）浦东新区先进制造业发展和结构升级对服务业的需求拉动

国际化大都市普遍都经历了制造业发展到一定阶段后逐步外迁和疏散，中心城区的生产性服务业不断聚集的过程。浦东作为上海重要的制造业基地，先进制造业发展迅速，已经形成了"三大三新"的产业体系：以电子信息产品制造、汽车制造和成套设备制造为主的"三大"千亿级规模的产业，与以生物医药制造、航空航天器制造和新能源制造为代表的"三新"产业。这些先进制造业的复杂化程度不断提高，对信息、研发等技术服务需求不断增加，原先大而全、小而全的组织结构不能适应生产的要求，内部的生产性服务业逐步分离化、外部化，形成独立的专业生产性服务行业。比如金桥出口加工区涌现出一批专业技术服务外包机构，象禹华通信的终端设计、莲花汽车、同济同捷的汽车工程设计，李斯特的汽车技术检测等，就是企业内部的设计研发部门分离出来以后，向专业的工业设计研发机构转化，形成了通信与半导体研发集群、汽车及零部件工业研发集群等。

（二）浦东开发开放的大环境有效对接服务业的国际转移大潮流

一方面浦东开发开放，本身就是中国参与经济全球化的一个综合平台，也是承接国际资本流动和产业转移的内在需求。另一方面，在经济全球化的大背景下各经济主体的联系不断加深,跨国公司要在全球配置资源,加上发达国家服务业占GDP比重较高,自身有将生产性服务业向其他国家转移的需求。浦东第三产业的实际吸收外资金额于2003年开始就超过第二产业,此后两者之间的差距不断拉大,2013年第三产业实到外资占新区全部实到外资的比例高达89.1%。在第三产业吸收外资项目中,生产性服务业的比重也不断上升,如浦东新区2013年仅租赁和商务服务、批发零售、交运仓储、金融等代表性生产性服务业吸收外资合同金额就占服务业吸收外资总金额的85%。2013年8月,国务院批准设立中国(上海)自由贸易试验区,进一步优化了投资环境,实施负面清单管理制度,进一步开放了服务业投资,必将有利于浦东生产性服务业的持续发展和集聚。

(三)浦东优越的地理位置和制度环境有利于培育和发展生产性服务业

浦东位于中国东部弧形海岸线的正中心位置、长江入海口的交汇处,亚欧大陆东端、太平洋西侧,背靠基础雄厚的上海老城区,地理位置优越,并且水陆空交通运输网络十分发达。地理优势加上完备的基础设施十分有利于运输、物流等生产性服务业发展。更重要的是,上海长期打造的公平有序、鼓励创新的制度环境是培育生产性服务业的关键要素。服务活动具有信息不对称、事后评价的特点,服务提供的同时就完成了消费,因此尤其需要规范、严格的商业规则和服务标准,高效、公平的法治环境。2001年国务院就明确上海要建成国际经济、金融、贸易、航运中心,这里的金融、贸易、航运都属于生产性服务业。十多年来上海在"四个中心"建设中实施了一系列改革创新和制度安排,在法律制度及执行、市场准入、外汇管理、海关监管、工商登记、信用管理制度等方面都先行先试,为生产性服务业的发展打造了全国领先的制度基础。比如上海率先开展的营业税改增值税试点,就适应了现代化大生产"迂回生产"的要求,使企业内部的生产性服务业外部化的成本降低,推动了生产性服务业的发展和聚集。

(四)优秀人力资本的集聚营造了生产性服务业集聚的人才条件

生产性服务业具有知识(智力)密集性、高度专业性的特征。现在不但新兴服务业需要大量的人力资本和知识资本，就是传统的商贸、运输等服务业也要运用新技术、新知识进行改造升级，这些都需要大量的高端人才。上海自身教育资源丰富，又海纳百川，拥有来自全国甚至全球的各类高端人才。而浦东自2003年起实施的"千人回归"工程，更成功吸引了千名海外高层次人才，形成了一个高层次的智力群体，为浦东的高端生产性服务业提供了人才保障。如张江高新技术产业开发区就有国家和市级人才示范基地31个，两院院士165名，425名国家级"千人计划"特殊人才，11人拥有人均十项以上的国际专利，他们带领的企业拥有国内批准专利336项，国外批准专利238项。人才集聚与生产性服务业的产业集聚实现了有效结合、良性循环。

四 浦东新区生产性服务业集群发展存在的问题

（一）生产性服务业"为集群而集群"导致提升竞争力的效应不明显

产业集群形成的根本动力应该是增强企业的竞争力和竞争优势。根据波特的产业集群理论，由于集群内企业的空间临近性，可以更好地传播各种显性的和隐性的知识，并深化专业分工与协作，从而提高企业产出效率；可以指明创新方向和提高创新速率，增强企业创新能力；可以吸引新企业的进入，实现优胜劣汰。而浦东新区尽管已经形成一些较有规模的产业集群，但一些企业只是看中了政府税收、土地的政策优惠以及劳动力价格等方面因素而进入。这种迎合政府招商引资需求"为集群而集群"的行为，导致区域内的企业往往缺乏产业关联和技术关联，企业之间的知识传播、分工协作的深化等作用不明显，难以提高产出效率。除了集成电路、生物医药等少数产业集群，其他生产性服务业集群对于引导和激励创新作用不大，一些生产性服务业仍处于模仿性开发和常规生产技术的阶段，处于价值链的中低端。比如临港新城的物流园区吸引了大量的国际航运企业，但主要以货代、船代为主业，产业能级低。尽管上海港集装箱吞吐量早已经是全球第一，却不能跻身世界一流的航运服务中心之列。反观伦敦，其港口吞吐量排名在100名以外，远远落后于上海，却是无可争议的国际航运中心，就是因为其拥有发达的航运服务集群，提供的金融、保险、法律、管理、检验、信息、海事服务等具有极强的竞争力。此外，浦东新区生产性服务业集群的创新能力总体仍然薄弱，尤其是产学研融合机制、科研成果快速转化等都存在不少的障碍，如张江高科技园区从一开始就没有上海的高校驻扎，目前看与高校的联系也不够密切。

（二）生产性服务业集聚发展面临较多的体制机制约束

1. 外汇管制

尽管我国目前资本项目可兑换进程正在推进，但出于风险防范的考虑，监管部门仍然对国内居民和非居民的资本跨境流动保留相当程度的管制。金融是经济的核心，如果货币资金不能自由流动，就不可能实现真正的投资和贸易的便利化，一些高端的金融贸易投资活动难以开展，相关的优秀服务企业也不可能真正地集聚和发展。

2. 行业管理多头审批

我国行政审批制度改革尽管取得了很大的成效，但一些长期存在的问题尚未得到根本解决。生产性服务业门类广，发展快，存在政出多门、交叉执法等问题。比如咨询服务业，有工商、质监、财政、税务等十多个部门审批，信息服务业涉及通信管理、文化传播、新闻出版、知识产权等部门。前置性的审批阻碍了市场进入，也导致生产性服务业集群通过吸引新的关联企业进入、提高市场竞争力的功能难以发挥。

3. 缺乏对服务业集群的针对性扶持政策

从国家、上海到浦东区政府都十分重视生产性服务业的发展，但实质性地扶持生产性服务业产业集群的政策阙如。比如先进制造业主辅分离后，新企业办理各种证照，以及固定资产过户，需要重新缴费，并且主辅分离相关资质不能自动转移到新企业。还有如金桥开发区等一开始定下所有产业用地属于工业用地（M），但部分企业转型为生产性服务业的研发服务业，其用地不允许改变土地性质，导致企业"半违法"经营。在资源价格方面，服务业的用电、用水价格仍然高于工业。这些都为生产性服务业集群发展设置了障碍。

（三）人才、土地等服务业要素资源瓶颈越来越突出

1. 高端人才依然稀缺

生产性服务业具有知识密集和智力密集的特征，人才是核心的竞争力。目前浦东尽管人才密度超过上海全市的平均水平，在全国也处于领先，但引领产业的管理人才、高端人才仍然缺乏。据对原上海综合保税区的一份调查，营运中心中有34%的企业经营管理人才紧缺。其他高层次人才也很匮乏，仅张江高科技园区的国家级软件园——浦东软件园就缺少软件开发人员4000多人。

2. 劳动力成本不断上升

上海的平均工资一直是全国最高（香港、澳门、台湾除外），浦东作为改革开放的最前沿，劳动者平均工资又在上海属于高水平。如2013年，浦东新区职工年平均工资100361元，比上海同期的平均数60435元高66%。而生产性服务业作为智力、技术密集型行业，其劳动力更属于"高大上"一族：2013年浦东新区科研与技术服务业、租赁与商务服务业、软件和信息技术服务业、金融业这些主要的生产性服务业从业人员的年平均工资分别达18万元、16.7万元、18.8万元和14.8万元，远远高出一般的制造业。

3. 城市空间利用效率不高，土地资源紧张

生产性服务业产业融合度高、创新活跃，需要人口与经济活动的高度聚集。浦东新区一方面存在中心城区人口与产业高度集中，导致地价高昂、交通拥堵、环境污染，生产性服务业的成本极高，发展空间也极为受限，如寸土寸金的陆家嘴金融城就急需扩容；另一方面郊区的人口与产业则过于分散，如临港新城等区域综合服务功能不足，导致人口不足，不利于生产性服务业进一步集聚和升级。

（四）生产性服务业融资难

科技研发类的生产性服务业最宝贵的资产是智力和知识，而这项资产难以评估、无法抵押，再加上创新成败存在不确定性、信息不对称等问题，在我国以国有大银行为主体、间接融资为主要方式的金融环境下，这类企业在初创期几乎无可避免地存在融资难的问题。如据2010年对张江高科技园区98家初创型科技企业的一份问卷调查，其资金来源83%以上靠自然人股东筹集，仅8%

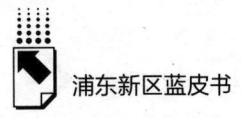

来自贷款，而60.8%的被调查企业反映有较紧迫的贷款融资需求。企业反映其他的融资渠道也很难走通，如民间借贷利率过高无法承受，政策性信贷机构的扶持资金杯水车薪，天使投资难以寻觅……初创期的生产性服务业尤其是科研类企业融资难问题比较严重。

五 浦东新区生产性服务业集群进一步发展的展望和建议

从国家的宏观政策环境看，2014年7月国务院《关于加快发展生产性服务业 促进产业结构调整升级的指导意见》（国发〔2014〕26号）明确将生产性服务业定位为产业竞争的战略制高点，支持生产性服务业的政策导向十分清晰。从世界上国际化大都市的发展经验和产业发展轨迹，以及从浦东近年来形成的服务业融合产业发展的态势来看，生产性服务业已经并越来越成为浦东经济最重要的增长点。更难得的是，2013年设立的中国（上海）自贸区就在浦东新区，未来几年，浦东新区将作为自贸区优先辐射区域，为生产性服务业的发展提供更适宜的环境。而充分发挥产业的集聚效应，支持浦东新区的生产性服务业集群的形成和壮大，则是提高服务业自身以及前后关联的第一、第二产业的竞争力的重要途径。未来几年，浦东新区的生产性服务业集群将会不断扩大和增加，呈现多点式、网络式发展。陆家嘴、金桥、张江及张江东区、南汇园区、康桥的集聚效应不断增强，还有世博－花木国际会展聚集区、唐镇的电子商务创新港、临港现代物流园区等不断成熟和发展。

（一）推进制造业与服务业的融合和互动，以产业链提升促服务业集聚

突出生产性服务业的重要作用，绝不意味着就可以放弃或取消制造业。2008年美欧发生的金融危机已经证明了离开实体经济过度倚重服务业的弊端。当前浦东应该积极推进先进制造业和服务业的深度融合和协同集聚，生产性服务业要通过新的信息、技术、管理手段推进制造业的高端化，而制造业则通过向"微笑曲线"的两端延伸提升自己在产业链上的定位，同时又能带动生产

性服务业的发展和集聚。更重要的是，由先进制造业向研发、设计、营销、品牌等服务业延伸，这是基于企业发展的内在需求而产生的内在动力，由此形成的产业集群能促使市场、技术和专业知识更好地传播和积累，激励和引导创新，从而提高区域内企业的竞争力。这就形成一个良性的自我实现的过程：竞争力提升、效益提高又会吸引新的企业进入，使得服务业集群内的企业优胜劣汰、越做越大。因此，浦东应坚持培育战略性新兴产业，重点培养浦东的优势产业如生物医药、高端装备等。制造业可以说是生产性服务业的服务对象，先进制造业的发展必然促使服务业逐渐"靠拢"，以为制造业提供"贴身"服务，集群就逐渐形成。同时政府通过统筹规划，做好生产性服务业集群的基础设施建设及其布局优化，加强与制造业基地的衔接配套。

（二）破除体制机制的制约，为生产性服务业集聚打造宽松政策环境

在外汇管理方面，中国（上海）自由贸易试验区设立以来，央行等监管部门已经陆续出台了《关于金融支持中国（上海）自由贸易试验区建设的意见》《中国（上海）自由贸易试验区分账核算业务实施细则》等法规。这是对资本项目可兑换的实质性探索，新规之下自贸区企业的跨境资金收付已经极为便利和快捷，而企业在自贸区设立分支机构并没有什么障碍，这也就为上海特别是浦东的企业提供了一个与国际市场接轨的良好金融环境。浦东要充分利用自贸区改革的溢出效应，随着分账核算业务的不断成熟和推广，让一些外向度较高的生产性服务业集群获得更好的金融服务、实现更快的发展。在服务业的行政审批制度方面，浦东新区要以自贸区的设立为契机和倒逼机制，加大审批制度改革，不断精简行政审批事项，进一步放开生产性服务业领域市场准入。如推广"管办分离""一门式办结"等服务模式，做到"投资自由化、贸易便利化、服务人性化"，促进浦东成为企业登记注册最容易、市场监管最有效、公共服务最优质的地区。在服务业的扶持政策方面，要完善产业用地机制，将生产性服务业用地与制造业用地及时划分，适当增加生产性服务业用地比例；要通过财政扶持、税收改革等鼓励引导制造业企业向研发、品牌等服务环节延伸；加快落实生产性服务业用电、用水、用气与工业同价。

（三）营造创新氛围，提高各生产性服务业集群的"知识竞争力"

1. 发挥企业作为技术创新主体的作用

要继续完善对企业的创新扶持政策，对认定为高新技术企业的科技服务企业，减按15%的税率征收企业所得税。财政安排的专项奖励资金，不仅支持制造业企业，也要支持服务业企业的技术改造，重点扶持一批具有自主知识产权和核心专利的技术密集型的生产性服务业龙头企业。

2. 支持商业模式的创新

正如上海市市长杨雄在2013年上海市第十四届人大常委会会议上说的，新模式是许多大型跨国公司的立身之本，也是产业升级的重要途径。因此浦东要把握服务经济发展新特点、新趋势，依托信息化平台，推动互联网金融、网络购物等新业态加快发展。

3. 加强服务业企业与科研院校的联系

努力实现大学与企业的互动、学习、共赢。借鉴美国硅谷的成功经验，要鼓励企业的员工参加学校的学术活动、社团活动，支持大学的师生建立各种创业俱乐部或创业创新项目，允许学校的教师在完成本职任务的前提下到企业兼职、从事研发工作。

（四）加强配套服务体系建设，营造利于集群建设的区域优势

生产性服务业是知识密集型的行业，其从业人员中高智商、高素质的精英人才很多。他们在为生产企业提供高品质服务的同时，自身必然追求高品质的生活。因此，浦东新区应进一步做好公共服务的供给，如发达的通信设施、便捷的交通网络、优美的居住环境、完备的娱乐休闲健身场所以及先进的教育、卫生服务等。这样才能筑巢引凤，吸引人才集聚的同时也吸引现代服务业的集聚。同时，在传统经济不断向服务型经济转型的背景之下，浦东一些传统的工业园区逐渐转型为生产性服务业集聚区，这一过程中要重视商业配套服务的建设，包括建立园区的企业协会，加强与政府部门的政策沟通，密切园区内企业之间，与其他园区、学术团体的交流；设立各类中介服务组织，为生产性服务业提供服务，比如服务于企业的项目申报、人才引进和培训、法律、管理咨询、会计税务、物管保安等中介组织。

（五）提供多样化的融资方式，缓解服务业企业融资难问题

发挥政府的扶持和导向作用，对发挥区域竞争优势、促进生产性服务业集约化发展的项目与企业给予重点支持。可建立贷款风险补偿资金，对给予中小型高新技术企业的贷款发放增幅较大的金融机构一定的风险补偿。发挥初创企业孵化器的功能，推进孵化器、天使投资、风险投资、银行及担保公司相衔接，支持初创期的科技型服务业的资金需求。构建多样化、多层次的融资体系：私募和公募基金协同，扩大风险投资；直接融资和间接融资互补，扩大资金来源；股权融资和债权融资并举，打通更多融资渠道。鼓励商业银行金融创新，开发适合生产性服务业特点的各类金融产品和服务，积极发展商圈融资、供应链融资等融资方式，支持节能环保服务项目以预期收益质押获得贷款，探索利用知识产权质押、仓单质押、信用保险保单质押、股权质押、商业保理等多种方式融资的创新举措。

参考文献

《浦东新区国民经济和社会发展第十二个五年规划纲要》，2011年1月14日。
《上海浦东新区统计年鉴2013》，中国统计出版社，2013。
《上海浦东新区统计年鉴2014》，中国统计出版社，2014。
叶振宇、宋洁尘：《国际城市生产性服务业的发展经验及其对滨海新区的启示——以纽约、伦敦和东京为例》，《城市》2008年第9期。
杨亚琴、王丹：《国际大都市现代服务业集群发展的比较研究》，《世界经济研究》2005年第1期。
《上海浦东经济发展报告（2013）》，社会科学文献出版社，2013。
刘健：《生产性服务业发展的政策障碍与制度创新》，《中国浦东干部学院学报》2011年第5期。
居敏敏：《科技金融支持种子期企业发展的研究——以张江高科技园区为例》，硕士学位论文，上海交通大学，2013。
高洁、鲁雁南：《陆家嘴"金融黄金走廊"渐成形》，《新民晚报》2014年8月8日。

实证案例篇

Reports on Specific Issues

B.13
浦东新区在线教育产业的发展与展望

王 畅*

摘 要： 在线教育这一新兴业态是在互联网运用降低企业跨界竞争壁垒的背景下，融合传统教育与线上教育、催生在线教育产业的发展、促进在线教育产业链成熟的产业发展新常态。以科技创新手段与互联网工具来推动教育进步已经成为在线教育新业态的主要特征。沪江网是浦东新区在线教育产业的龙头企业，也是浦东布局"四新"经济发展的一个跨界融合的成功案例。浦东新区应抓住机遇，调整相关政策，打造优良环境，促进在线教育产业发展，这既是引导教育产业的转型升级，也是培育发展战略性新兴产业的重要举措。

关键词： 新业态 在线教育 沪江网

---

* 王畅，硕士，中共浦东新区委员会党校助教，主要研究方向为人文外交、文化体制改革。

信息技术的创新发展在推动人类进入信息化社会的同时,信息化进程也为教育行业的改革与发展提供了一个强大的动力。伴随着互联网科技的高速发展与广泛运用,教育产业呈现出高度信息化、市场拓展化、资源多元化等新态势。在这种背景下,现代互联网在线教育(E-Learning)作为一个新兴产业应运而生。但是在过去的二十年中,教育行业并未因为互联网工具与传统教育内容的结合而触动根基,也没有引发互联网教育行业的革命。这种情况,被近年来方兴未艾的互联网在线教育,如"慕课"(MOOC,超大规模在线开放课程)的海外风靡与强势来袭所打破,引起了教育格局的强烈震动与教育模式的重新洗牌。这既为传统教育产业带来挑战,同时也提供了产业融合与创新的宝贵机遇。

一 浦东新区在线教育发展脉络

在线教育属于现代远程教育行业的一个完整的新业态体系,并不简单是传统教育的网络化,也不仅是一种手段。随着科技进步与互联网大规模运用,企业跨界竞争的壁垒日益降低,在这一背景下,融合传统教育与线上教育、在线教育产业链的日益成熟已经成为远程教育产业发展新常态。它以科技创新为手段,以互联网技术为工具,来推动教育的普及与进步。教育新业态的主要特征表现为不受时间空间限制的教育条件、融合学生自学与师生互动的教育方式以及共享利用各种开放优质的教育资源。

(一)浦东新区在线教育的发展现状

第三次科技革命推动了远程教育现代化的新发展,即通过应用信息科技和互联网技术进行内容传播和资源共享。这种以计算机与互联网为媒介的远程教育形式即被称为"在线教育"(E-Learning)。它最初源于美国,在1998年后风靡世界。1999年,教育部启动我国现代远程教育试点高校网络教育,以高校建设网络学院为机制推出了学历教育的新平台。这意味着传统教育正通过科技手段的进步迈向信息化发展的步伐,教育信息化即将传统教育的内容"照搬"到线上,是实现 Offline to Online 的过程。

浦东新区是上海改革开放的龙头,在全国也率先迈开了基础教育信息化建设的步伐。2002年1月，浦东新区教育信息网的开通标志着浦东新区教育信息化进程的开端。它连接了全区下属200多所中小学内教学楼、办公楼、实验楼、图书馆等大量信息点，新区教育信息网通过推广互联网应用开展了学校管理、教育科研、电子教学、远程教育等多项业务，并依托浦东新区教育信息中心，为其所辖全部中小学各种多媒体服务。

浦东新区先后制订了《浦东新区基础教育信息化工作（2005～2007学年）行动计划（试行）》《浦东新区"十一五"教育信息化发展规划》《浦东新区教育信息化"十二五"发展规划（2011～2015学年）》来指导全区教育信息化工作，在以"应用引领发展"的指导思想下，力争打造具有浦东特色、国内一流、符合国际信息技术发展潮流的教育信息化环境。

经过十几年建设的推进，新区教育信息化基础设施日趋完善，教育信息化软件资源普遍应用，教育信息化培训体系初步形成，教师信息化应用能力普遍提升，学生信息素养普遍增强。新区在教育信息化建设所取得的成效显著：（1）教育信息网络基本覆盖，校园基础设施全面配置；（2）教育门户网站相继建成，管理信息系统逐步完善；（3）软件平台体系初步形成，教育教学应用稳步推进；（4）区域网络研修初显成效，校本研修应用丰富多样；（5）信息技术培训成效明显，教师应用能力普遍提升；（6）区域整体推进学校应用，组团模式促进均衡发展。浦东新区的教育信息化进入"应用阶段"。

由于教育行业的特殊性，它既具有面向社会的事业属性，又具有面向市场的产业属性。浦东新区的教育信息化进程既是落实国家和上海中长期教育改革和发展规划纲要精神的举措，也是落实《浦东新区教育事业"十二五"发展规划》对教育信息化的要求。因此，浦东在线教育发展分为事业与产业两条主线，其中在线教育事业化发展这一轨道，规划翔实、推进稳步，取得了基础教育领域信息化发展的显著成果。

（二）在线教育产业的发展趋势

正是因为教育具有面向市场的产业属性，尤其是党的十八届三中全会提出全面深化改革，使市场在资源配置中起决定性作用，在线教育产业迎来了面向市场的新的发展机遇。与基础教育信息化的不同，新兴在线教育产业，即在线教育新业态体现了学习方式的变革，标志性事件是以可汗学院（Khan

Academy）等为代表的大型开放式网络课程（MOOC）提供商的迅速崛起。2011年底，这一大规模在线课程掀起的风暴被誉为"印刷术发明以来教育最大的革新"，呈现"未来教育"的曙光。2012年甚至被《纽约时报》称为"慕课元年"，多家提供慕课平台的专业供应商纷起竞争，最具影响力的如Coursera、edX和Udacity等。在这场变革中，学生学习也可以更加自由化，师生的沟通互动可以超越时空，更重要的是为欠发达地区的人群提供了共享优质教育资源的机会，从而有助于减少数字鸿沟以缩小贫富差距。

传统的"教育信息化"过程表现为Offline to Online模式，然而在线教育新业态的根本性变革体现在其Online to Offline的创新，未来在线教育产业的O2O（线上与线下结合）模式为大势所趋，也成为被业界最为看好的商业模式：从内容上，互联网教育新业态体现出免费、开放这两个关键要素；在技术上，则依托大数据、组织流程再造等要素；在形式上，表现为O2O（Online to Offline）的应用。在线教育是固有教育方式的改变和创新，其产业水平在国内来看，并不落后，并且尚有很大的发展空间。据艾瑞咨询发布的数据预测，我国在线教育市场将保持每年20%左右的增速（见图1），到2015年规模将超过1190亿元。

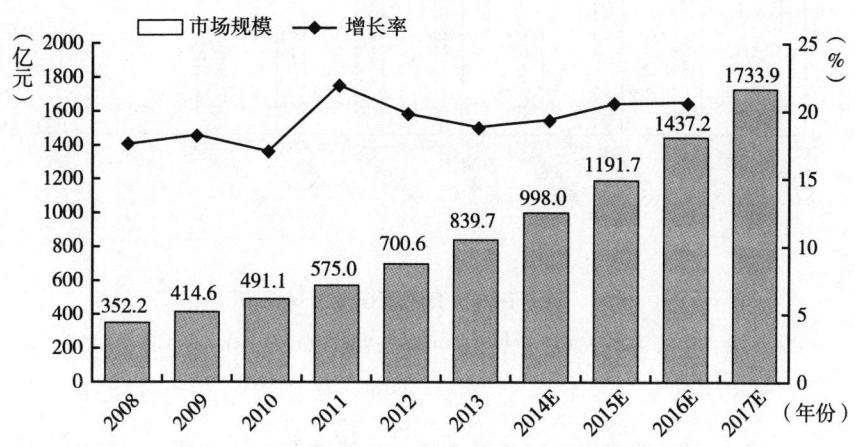

图1 2008~2017年中国在线教育市场规模（E表示为预测数据）

资料来源：艾瑞咨询：《2013~2014年中国在线教育行业研究》，2014。

在线教育的细分市场可以划分为：学前在线教育、中小学在线教育、高等学历在线教育、在线语言培训、职业在线教育、企业E-Learning，其中前两者可统称为"K12"(从幼儿园到高中毕业)。根据既有的在线教育产业发展数据来看,能够成功运作融合互联网与教育产业的主体机构有:面授培训机构、门户网站或有互联网背景的企业、网络教育网站、图书出版机构、体制内的学校或政府背景的企业。移动学习资讯网针对"哪个领域最可能运作成功并盈利"的问题展开调研(见图2)并得出结论:"考试类培训"领域高居榜首;K12、企业培训、外语培训均受关注,其中K12、外语培训有相当大的部分属于考试类培训。考试是"刚需",应试培训市场非常大,也是在线教育市场的命脉;与此相反,大规模公开课(MOOC)若不能颁发学历证书,则在中国处于公益运营状态;高等教育因其属于体制内的国民教育体系,高校管理针对市场相对封闭,企业涉足门槛较高。

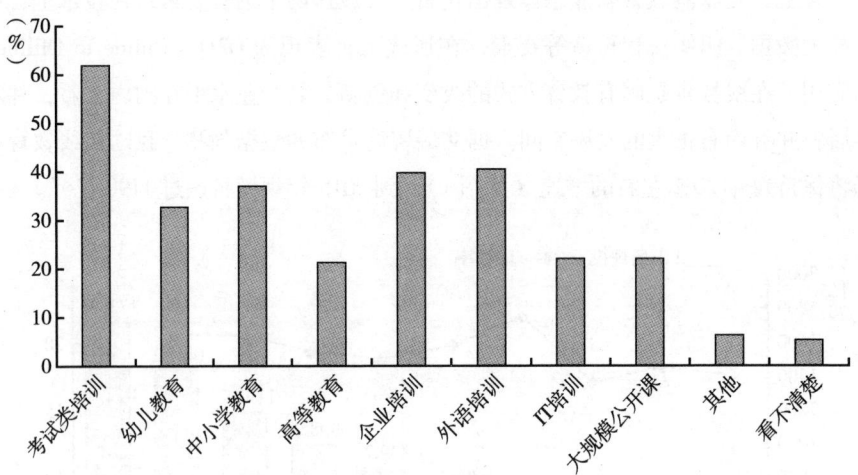

图 2　针对在线教育领域投资前景调研

资料来源:移动学习资讯网,转引自中国经济网,http://edu.ce.cn/zg/201311/18/t20131118_1212477.shtml。

就2015年在线教育的发展趋势来说,在线教育与云计算、大数据的结合已经成为一种发展的必然,它为师生提供了个性化人性化的学习环境,并且带来了大量的高质量跨学校跨地区的数据以供分析;第三方教育产品市场的崛起,供应商之间开放式API和公共开发平台的普及,则为在线教育的发展提供了坚实的资源基础,并且开创了新的商业模式;学习的智能化、个性化、移动化、游戏化的发展，以其低廉的成本，简单的获取方式，抓住了学生的兴趣点，对不同学生具有针对性地做出了学习规划，提升了学习质量和学习效率。

因此，对浦东新区来说，在线教育产业发展前景广阔，既是对教育事业信息化的必要补充，也是适应教育行业市场化改革以推进创新发展、培育新业态经济增长点的一大机遇。

二 浦东新区在线教育产业发展概况

对浦东新区来说，发展在线教育产业是推动"四新"经济发展的重要举措。在浦东新区内注册的上海互加文化传播有限公司运营的沪江网，是国内互联网教育的龙头企业之一，也是规模最大的互联网学习平台。目前，在线教育产业在新区内沪江网一家独大，尚未形成百花齐放的规模经济，产业集聚效应蓄势待发，未来的发展空间广阔。

（一）搭建平台推动"四新"经济发展

在全上海加快经济结构调整优化的大背景下，浦东新区大力支持"四新"产业（新产业、新技术、新模式、新业态）发展，依托高新科技园区不断搭建创新创业平台，许多创业者的参赛项目不仅在科技创新上，也在涉及新业态、新模式的项目上有所突破。

2013年12月19日，首届"互联网教育创业者大会"高峰论坛在上海浦软大厦拉开帷幕，由沪江网与上海张江集团联合主办，近20位行业领军人物汇聚一堂，共话未来在线教育的发展之路。2014年8月8日，"创业在上海"创新创业大赛决赛的举行。8月5日的张江赛事、8月6日的临港赛事，让浦东再次成为创新创业者的集聚地。第二届"2014全球互联网教育创业者大会"于2014年9月25~26日举行。互联网教育创业者大会由企业与政府合作，共同搭建平台，旨在为向广大在线教育创业者们提供充分展示的舞台，同时，第二届大会亦设立了创业之星大赛，发掘互联网教育优质创业项目。

与此同时，为践行助推产业发展的理念，第二届全球互联网教育创业者大会还成立了全国首个互联网教育产业发展联盟——iEDU教育联盟。该联盟由

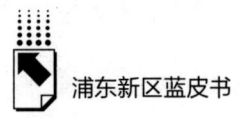

上海市经信委、上海市教委、上海信息服务业行业协会等政府部门担任指导单位,沪江网担任理事长单位,目前已汇聚千名互联网教育创业者、投资人,以及高校、出版社、中小学等多方领军人物。

(二)营造环境促进细分领域增长

推进创新驱动、转型发展是浦东新区当好改革开放排头兵和科学发展先行者,落实中央和市委要求的必然要求。加快培育社会服务业、文化创业产业等新的增长点是提升重点产业的关键。浦东推进产业升级是站在全球科技革命、产业革命的最前沿,要对"四新"经济保持高度敏感,要提前布局,抢抓机遇,营造其产业发展的良好环境。

根据现有浦东产业基础和发展趋势,目前至少有五大行业有望成为新的重要经济增长点:投资租赁、股权投资、电子商务、软件信息、旅游会展。《浦东年鉴2013》指出:浦东新区业态模式创新要有新发展。重点是抓好平台经济和平台企业。要跟踪电子商务(B2B、B2C、C2C、B2M)等多种平台经济发展模式的最新态势,聚焦商品交易、金融支付、数字内容和社交网络等重点领域,加大对平台企业的扶持、培育、引进力度,争取更多平台企业总部落地成长,更好体现浦东跨区域资源配置、整合产业链和价值链的功能。①

就在线教育的产业链来看(见图3),分为内容提供、平台聚合、技术与工具(辅助)等方面六大环节的内容,其中各个细分领域都有较大发展空间。

在线教育产业的细分跨度大、市场范围广:"K12"教育市场、高等学历在线教育市场、在线语言培训市场、职业在线教育市场、企业 E - Learning 培训市场,在全国乃至全市来说,浦东新区的在线教育产业细分市场的占有率并不大。《中共中央关于全面深化改革若干重大问题的决定》指出,"构建利用信息化手段扩大优质教育资源覆盖面的有效机制,逐步缩小区域、城乡、校际差距。加快现代职业教育体系建设,深化产教融合、校企合作,培养高素质劳动者和技能型人才。创新高校人才培养机制,促进高校办出特色争创一流。推进学前教育、特殊教育、继续教育改革发展"。党中央、国务院做出的重大战略部署,对于深入实施创新驱动发展战略,创造更大人才红利,加快转方式、

---

① 浦东年鉴编辑部:《浦东年鉴2013》,2013。

在线教育的产业链架构	=内容提供方	+ 平台/工具提供方	+ 教学运营提供方	+ 网络教育提供方	+ 渠道提供方	+ 最终用户
	是在线教育内容资源的提供方,不仅可以是企业,也可以是个人,如为各个网校提供授课、课件服务的教师等。内容提供方是在线教育服务的主体,是各大在线教育企业的必争之地。业界内的典型代表:沪江网校、新东方在线、东大正保、邢帅学院等	是提供实施在线教育使用的教学软件平台企业,包括点播教学平台、直播教学平台等。国内专门提供平台的企业有:传课网、能力天空、一号教室等。工具提供方主要指,提供课件制作、课件录制服务的工具软件的企业,包括Articulate、iSpring、Lectora、移动学习资讯网等	是面向学习者,提供在线教育的企业。需要注意的是,很多运营性的网校,都是自主开发内容和平台的,因此内容提供方、平台/工具提供方、教学运营提供方,此三者在很多情况下都是同一家公司。国内较为有名的教学运营提供方有:学而思网校、沪江网校、东大正保旗下的各个网校	主要是提供服务器及宽带资源的互联网IDC。将网络服务提供方列入产业链中,主要是因为在线教育运营所需要的大量带宽以及服务器成本,占有在线企教育企业大约10%~15%的支出,所以是一项不可忽视的链条环节。国内主要的提供商有:阿里云、西部数码、CC视频等	是如何将产品与服务推广和销售给目标客户的独立企业,主要分为百度、新浪、网易、搜狐、腾讯、360、淘宝等各大门户的网络推广服务提供商,以及代理各类在线教育产品的代理商、加盟商,还有运营方自己建立的推广和销售渠道等三种	从在线教育企业中购买所需产品和服务的群体

图 3 在线教育的产业链架构

资料来源:根据资料整理而得。

调结构、促升级具有十分重要的意义。因此,促进细分领域增长应是浦东新区发展在线教育产业的重要目标。

(三)围绕龙头实现产业融合创新

浦东新区本土的网络化教育培训企业中最成功的非沪江网莫属。它是国内最大的互联网学习平台,也是互联网教育新业态发展的典型案例。在浦东的在线教育产业中,沪江网占有领军企业的地位,也是获得政企各界认可的龙头。作为国内最大的外语学习门户网站,沪江网提供国内领先的全套互联网教育服务:网络学习平台——沪江网校、B2C 电子商务中心——沪江网店、外语交流SNS 社区——沪江部落等。在执行终身教育和全民学习理念的基础上,它还将升学就业、能力培养和趣味学习相结合,吸引了超过 2 亿人的受众群体和近千万的注册用户。

在2013年首届"互联网教育创业者大会"高峰论坛上，全国首支互联网教育专项产业基金在浦东发布，在线教育产业获得资本市场的广泛认可。"互联网教育专项产业基金——互元基金"是全国首支专门支持互联网教育行业发展的基金。通过龙头企业依托高新科技园区的模式，在线教育首先在投资融资上引起新的一轮热潮，加速了教育产业与互联网产业的跨界融合与创新。

2014年6月，互联网教育产业发展联盟在浦东启动。首批联盟成员达20余家，涵盖在线教育产业链的各方面，如平台方、内容提供商和技术公司等，已吸引51Talk、日本村、济才教育等行业精英企业加入。其中，在线教育龙头企业沪江网，其运营模式既体现了对教育产业与互联网技术的跨界融合，也实现了在业务内容、平台提供等多方面的创新。作为"四新"经济的重要组成部分之一，浦东在线教育中小型与创业型企业积极依托龙头企业的示范带动效应，这无疑将帮助互联网教育创业项目成长壮大，并将促进教育产业快速健康发展。

三　浦东在线教育的龙头企业：沪江网

（一）沪江网的发展概况

沪江网是上海市唯一一家获得由国家教育部直接颁发现代远程教育资质的互联网教育企业，也是以新技术应用为支撑的新业态、新模式企业。它始创于2001年，历经5年公益化运营后，自2006年开始公司化运营，现已成为影响力辐射2亿受众、7000万用户、300万学员的大型互联网教育企业，在行业居于龙头地位（见图4）。它作为全国最大的互联网学习平台，专注于提供专业、高效的互联网学习服务。旗下业务包括教育门户网站、网络SNS社区、教育电商平台以及国内首创的在线互动教学平台沪江网校等。2008年沪江网正式搬入张江，依托张江的发展，实现飞跃性的增长。随着企业发展壮大，沪江网坚持"终身教育全民学习平台"的建设。

2010年之后沪江网驶入企业发展快车道：成立党支部、入驻张江园区核心地带浦软大厦、注册用户突破600万人；2011年沪江网党支部当选2011浦东新区两新党建工作示范点，沪江网荣获"第五届上海市优秀网站"，并成功主办第一届互联网学习者大会并且携手上海慈善基金会，组建沪江慈善公益项目；2012年沪江网获"上海市最受关注安全网站"称号；2014年Coursera首访沪江网，探讨中国MOOC的发展方向，成功举办首届互联网教育创业者大会推出中国首支互联网教育产业基金——互元基金，并成立全国首个互联网教育创业基地。2014年开办互联网教育黄埔军校以"全建制"培养互联网教育人才、成功举办《中国互联网教育蓝皮书（2005~2014）》发布会暨"日语十年"高峰论坛、首发《中国互联网教育用户行为分析报告》、并荣获"上海现代服务业联合会突出贡献奖"。

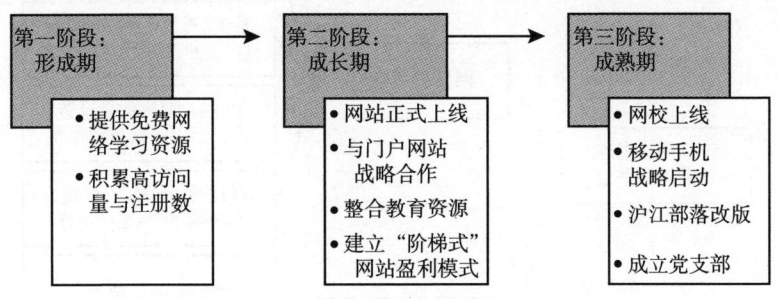

图4　沪江网发展阶段流程

资料来源：根据资料整理而得。

随着沪江网开始迈入高速发展阶段，其教学内容也在由语言培训向多个门类不断向外扩展。学习内容涵盖10多种语言教育培训、中小学教育、亲子启蒙、职场技能、艺术兴趣等，产品覆盖电脑端、平板端、手机端及电视端，为3~70岁的人群提供全方位的学习服务。

（二）沪江网盈利模式分析

在业态创新上，首创网络学习平台，"平台服务+教育内容+网络技术"，成为国内外领先的网络教育平台。[①] 在模式创新上，沪江网目前营收业务的模式多元化，B2C和B2B业务兼顾：B2C主要是在线教育（沪江网校）和电子

[①] 曹莹：《为互联网教育产业提供更多支持——上海互加文化传播有限公司的调查》，《浦东开发》2014年第9期。

商务服务，以收取学费和教育相关的软硬件交易为盈利模式；B2B主要是面向企业的广告销售和企业培训。目前沪江网的营收来自三部分：第一种来源沪江网校，主营业务收入占40%；第二种来源是电子商务，即销售图书和在线课程也在营收中占有一席之地——沪江充分开发并利用了自己的平台属性；第三种营收模式即广告收入。这种组合型销售模式的优势可以规避季节等因素对单一业务产生影响（见图5）。

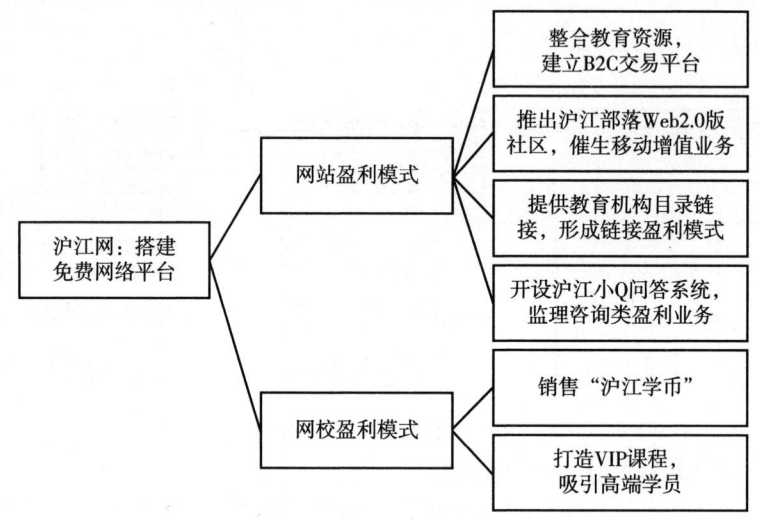

图5　沪江网盈利模式示意

资料来源：根据资料整理而得。

沪江网成功的关键在于其免费网络平台的搭建，在拓展业务过程与企业发展中，积累高访问量和注册数成为网络教育产业盈利的基础。2004年以前，沪江网的前身沪江语林网依靠其在英语教育方面的资源优势，向用户提供免费的网络学习资源，使其在短短几年内实现注册人数超过百万，成为同类网站中的佼佼者。基于此，沪江网不仅与重大门户网站建立合作模式，达成英语教学专栏的合作协议；还侧重与线下语言培训机构合作，实现师资共享、合作共赢。

一方面，沪江网建立了有效的"阶梯式"网站盈利模式，充分挖掘网络分销渠道的盈利点，并且依据它们与网络资源的关联程度，划分出盈利业务的阶梯，实现整合教育资源的目的。第一，平台服务。沪江网借助网络平台，建立针对交易双方收取一定交易费用的 B2C 交易费用模式。在这一模式中，沪江网不拥有数字内容的版权，而是由合作者对内容的原创性和质量负责，也规避了其自身在知识产权方面的法律风险。第二，增值业务。如网络社区沪江部落的升级，为移动增值模式提供了更加易用、有效的内容服务模式，从而催生移动增值业务。手机用户在社区互动时，沪江网可与移动运营商就流量收取的费用进行利润分成。第三，链接服务。沪江网以页面链接的形式提供其他培训教育机构、电子词典生产商等目录链接，在与其他教育机构的链接合作中抽取佣金并且成为词典厂商官方授权网络销售渠道。同时，还开创了各个培训机构的教育点评模式，与广告商进行战略合作。第四，咨询业务。为了增进与用户间良好、有效的互动，维系高访问量，沪江网开设沪江小 Q 问答系统，建立咨询服务系统，拓展咨询类盈利业务，提升了网络教育的互动性与个性化。[①]

另一方面，沪江网还推出了多媒体在线教育平台——沪江网校，打造持续性"网校盈利模式"。第一，企业充分利用网校平台，销售"沪江学币"这一有价虚拟货币。在这一过程中企业与支付宝等第三方支付平台建立合作关系，以确保网络交易的安全性。第二，企业通过打造"个性化"与"交互化"的VIP 课程来吸引高端学员，通过在线客服系统实现教师与学生的全方位交流，同时也提供在线客服系统 24 小时的答疑服务。因此，通过网站盈利与网校盈利二者有机结合的"双向阶梯"式盈利模式，沪江网既能保持短期盈利多元化，又能实现长期盈利稳定化，为其作为该产业龙头企业做大做强打下了坚实的物质基础。

（三）"沪江模式"对在线教育产业模式的启示

在线教育产业图谱，按照客群年龄来划分，可以分为母婴、学前、少儿外语、中小学、大学、研究生、留学、职业考试、职业技能、成人外语、兴趣辅导、综合其他等类；按照主营业务来划分，可分为内容、工具、服务、综合等类；按照商业模式来划分，无论是 B2C、C2B，还是 B2B、C2C，都可以通过多元化渠道获得盈利。

---

① 朱艳艳、叶军：《沪江网：从免费到盈利》，《企业管理》2012 年第 10 期。

沪江网为在线教育产业盈利模式提供了很好的借鉴，每个产业图谱中不同定位的企业可以根据自身特点与市场定位，采取多元性模式经营，从而获得盈利。具体经验如下（见图6）：风投模式、中介模式、入驻费模式、会员服务模式、付费课程模式、佣金费模式、广告模式、后续费模式、优惠模式、众筹模式等。

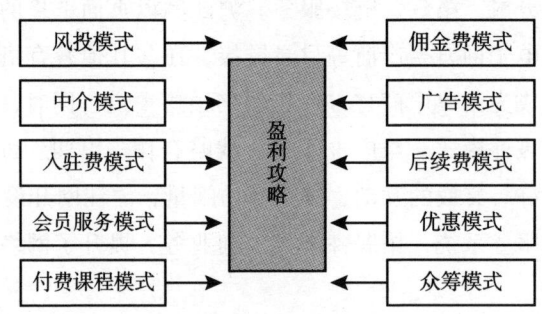

图6 在线教育企业盈利模式

资料来源：根据资料整理而得。

四 浦东在线教育产业的困境

（一）尚未形成产业集聚效应

两区合并之后，浦东新区占地1210平方公里，新区教育体量更趋庞大，浦东教育信息化服务对象具有数量大、分布广等特点。2012年，浦东新区有中学、小学、幼儿园、职业中学、工读和特殊教育学校等各类教育事业法人单位586所，在校学生44.62万人，均占上海基础教育总量的约1/5。驻浦东新区的高等院校有28所，其中公办高校17所、民办高校9所、中外合作办学2所，驻区高校在校学生17.80万人。上海开放大学分校3所、社区学院1所、上海老年大学分校1所、街镇社区成人（社区）学校37所、居（村）委居民学习点1159个。① 浦东新区的在线教育事业迎来了新的机遇，《上海市教育

---

① 浦东年鉴编辑部：《浦东年鉴2013》，2013。

"十二五"规划纲要》中明确提出要建设以教育信息化公共服务平台为重点的数字教育工程。浦东教育信息化应用不断深入,以满足管理者、教师、学生、家长、社区居民等各类教育群体的不同需求。[①]

与面向社会的在线教育事业(教育信息化)蓬勃发展形成鲜明对比且遗憾的是,浦东面向市场的在线教育产业尚未形成规模性的集聚效应,仅仅有沪江网一家知名互联网教育企业,也面临着"二次创业"的诸多限制。因产业规模效应不够,在线教育新业态培育的组织形式还呈现出小而散的状态,特别是民营企业基本上还处于小规模的经营状态。目前浦东具有较大规模、较强竞争力和品牌效应的新兴在线教育产业集团太少,尚未形成有实力的支柱性新兴产业,如何走浦东互联网教育产业特色化发展道路还值得研究。

首先,在浦东的互联网文化教育产业龙头企业均面临发展后劲不足的困境,有的甚至控制权已经转移外地,比如 PPTV 已经被苏宁实际控股,大众点评被腾讯收购 20% 的股权。其次,上海并未抢占在线教育产业的"大本营",老牌培训机构、上市企业、教育创业企业多集中在北京,这意味着上海并未在这一领域占据制高点。最后,浦东新区对于发展在线教育产业的敏锐性与前瞻性尚未领先,在打造产业高地的意识上未及杨浦区。2014 年 9 月杨浦区率先发布了九条互联网教育产业政策,而浦东新区的支持政策尚未落地。

(二)政策资金支持不足

对于浦东的在线教育企业来说,制约产业发展的最大瓶颈就是融资难的问题。由于资金的限制,无论是龙头企业,还是中小型企业,都很难通过购并和引进人才,实现更大规模的发展。这不仅是浦东企业面临的难题,对上海乃至全国的在线教育企业来说,都在努力通过战略调整,寻求与当地政府、线下培训机构、门户网站与广告商的合作,力求获得当地政府政策上的支持,以及来自多元化渠道的投资融资机遇。

---

① 上海市浦东新区教育局:《浦东新区教育信息化"十二五"发展规划(2011~2015 学年)》,2011 年 11 月 16 日。

企业在线教育业务难以摆脱亏损困境。"学而思"集团是教育中概股的第二大企业,仅在线教育业务这块,每年亏损额已达数千万元。公司财务报表上显示,网校贡献了集团3%的营收,却承担了一半以上的亏损,"今年,学而思网校的目标是盈利1元钱,如果这个目标能达到,将会具有非常强的标志意义",其董事长在接受采访时如是说。学而思所面临的问题在当前浦东在线教育现状中同样突出。目前,浦东在线教育产业仍然处于成长初期,尚未出现成熟的商业模式,盈利前景并不明朗,投资巨大且入不敷出成为当下诸多浦东在线教育网站共同面对的问题。究其亏损原因而言,作为一种新兴产业的在线教育,属于资金密集型产业,只有当拥有一定程度数量的在线注册学生的时候,每个在线注册学生的平均成本才会比传统学校学生的平均成本低。而当学生数量保持在一个低额稳定状态,并且难以出现爆炸性剧增的情况下时,现代远程教育产业通常不能在短期内给予投资者以经济利益的回报。其实,在线教育早期的巨额技术和设备的购置款以及课程开发,教师薪酬等必要费用的投入,都很难在短期内从学生的学费中全部收回。①

一方面,创业者踌躇志满,另一方面,投资者却处于观望。单就投资者而言,投资会因利益回报与盈利前景的考量而格外谨慎。需求大量的预备资金,投资回报期又比较长远,盈利模式的不清晰等原因让投资者姗姗来迟。面对这种情况,如何大规模集资融资,已经成为浦东在线教育发展道路上所必须解决的问题。

(三)产业链衔接粗糙不精细

浦东新区的张江高新科技园区孕育了中国互联网教育产业的领军企业,但是由于园区为整个产业规模的限制,在投融资和发展空间的支撑等方面,网络教育企业缺乏发展线下物理空间与线上虚拟空间的双重空间的支持。尽管在线教育产业已经初具规模、产业链初步形成,然而,就浦东的在线教育来说,还处于初始阶段,产业化资源缺乏、产业链粗糙不精细等问题,都在一定程度上阻碍了浦东在线教育产业的发展。产业化资源包括产业化土地空间、推进机构、人才、相关机制等。浦东张江的商务成本日益攀升,劳动力、土地等

---

① 陈园园:《在线教育的困境与机遇》,《互联网周刊》2013年第15期。

"硬成本"价格居高不下,也导致部分创新创业的中小企业因无力承担高商务成本而外迁、技术外流,本地创新成果难以产业化。

浦东新区不仅面临着在线教育产业布局和发展规划尚未成熟,同时还不得不面对国内其他省市地区强势发展的竞争压力。一是在线教育企业龙头大多集中在北京,上海无论是品牌优势还是市场份额都不具竞争优势。二是上海市内其他区县对互联网教育产业的重视和投入程度远高于浦东,甚至是在充分借鉴浦东在线教育企业发展的经验与教训,站在更高的起点进行规划发展(如杨浦区的九条政策),浦东面临的竞争态势十分严峻。

就产业链而言,浦东在线教育产业链仍处在一个原始单纯的商业结合的程度上:进行教育研究的学校、老师,即我们通常所说的内容提供商,将他们的课程资料等交给网络平台提供商,由平台提供商进行开发,转化为视频教材等,再由学生去学习。在这个过程中,平台提供商的技术人员缺乏对相关课程的认识和理解,而内容提供商则只管提供资料,他们缺少与开发人员的交流,这直接导致了做出来的视频教材死板呆滞,完全不能凸显出在线教育的灵活、多变、趣味、生动等特点,让学生学习起来枯燥无味,打击了学习热情。面对这种情况,如何改变产业链中各方关系,让教育资源整合到商业模式之中,使课程鲜活生动,并能加入游戏、互动、社交、竞争等元素,让学生获得高质量的学习内容,已经成为当前浦东在线教育所必须面对和探讨的课题。

五 浦东新区发展在线教育产业的展望

(一)构建传统事业与新兴产业耦合发展

浦东新区的教育事业与在线教育产业这一战略性新兴产业的关系是相辅相成的,应形成双轨并行,综合发展的局面。仅从教育事业角度来说,教育信息化的进程也伴随着在线教育产业市场的扩大化,而使传统教育体系受到前所未有的挑战。浦东新区教育局在《浦东新区教育信息化"十二五"发展规划(2011~2015学年)》中,设计规划了14个具体项目来推进教育信息化基础设施、教育公共服务平台与数字化未来校园的建设(见表1)。

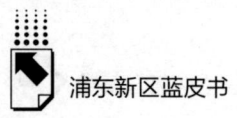

表1　《浦东教育信息化十二五规划》主要任务一览*

任务		主要作用	具体项目	实施时间
（一）信息化基础设施的建设		硬件环境支撑	项目①浦东教育宽带网络	2011~2012年
		系统技术支撑	项目②浦东教育云计算数据中心	2012~2014年
（二）三大教育公共服务平台的建设与应用	（1）课堂教学与教师发展公共服务平台——"数字化教师工作坊"	服务于教师教学的全过程	项目③教学诊断与指导系统	2011~2013年
			项目④教师网络教研（区域+校本）与培训系统	2011~2013年
			项目⑤教师专业发展档案管理与教学资源管理系统	2012~2013年
	（2）终身学习公共服务平台——"数字化终身学习港"	服务于各类学习者的学习	项目⑥开放课程服务系统	2012~2013年
			项目⑦中小学数字化开放课程	2012~2015年
			项目⑧职业教育理实一体数字化实训课程	2012~2015年
			项目⑨社区教育数字化学习课程	2012~2014年
	（3）教育管理公共服务平台——"数字化管理服务站"	服务于教育管理和社会公众	项目⑩各类教育管理服务系统和网站的完善与整合	2012~2014年
			项目⑪学校门户网站和家校互动网站的建设	2012~2014年
（三）数字化未来校园的推进		未来校园的硬件环境	项目⑫基于新型学习空间未来校园的架构	2012~2014年
		学生学习方式的变革	项目⑬基于移动终端个性化学习的探索	2013~2015年
		课堂教学模式的变革	项目⑭学科性软件工具与教学资源的课堂应用	2012~2014年

注：上海市浦东新区教育局：《浦东新区教育信息化"十二五"发展规划（2011~2015学年）》，2011年11月16日。

资料来源：根据《浦东教育信息化十二五规划》资料整理而得。

科技进步使得互联网产业与教育产业之间的吸附性加强，传统作为社会事业的教育行业与战略性新兴产业的融合，催生了在线教育产业新业态，不仅可以增加教育产业的科技含量，还能延伸在线教育产业链，提高附加值。现代技术的数字化、全息化及交互性三大特点让教育产业与互联网产业之间的产业边界通过技术创新逐渐消融，主要价值活动获得识别后，浦东新区应推出政策、营造环境，助力行业生产技术和工艺流程的不断升级，从技术层面消除两大产业间的进入"壁垒"，进一步突破模糊的产业边界，将两大产业的核心价值活动进行重组、整合与创新，形成新的产业价值链和业务流程，最终实现产业融合，形成在线教育产业新业态。[1]

（二）加大产业布局力度

在线教育产业需要以更加长远的目标进行整体布局，以适应大浦东教育发展的整体需要、迎合更加细分的教育市场需求。加快形成浦东新区在线教育产业合理的产业布局，有利于在更大规模平台上，充分发挥合力。这需要依托"物联网"和"云计算"为代表的新兴网络技术的发展，将在线教育产业重新布局，形成优质教育资源集聚区。

建立互联网教育企业培育工程。着力在每一年度中重点培育在线教育领域的"专精新特"企业，聚焦重点、整合资源，助推企业加速成长，并且建立梯度转移基地机制。针对信息不畅的情况，浦东新区应搭建一个企业与政府的沟通平台，抓好信息服务体系建设，有效提高政府对企业的调控和产业政策制定效率，同时互联网教育企业也有了反映自身诉求的通道。

浦东具有全国首个互联网教育创业基地，这也为小微型教育机构创业者提供了一个很好的创业平台与环境。新区应加大对互联网教育产业创业企业的培育力度，对经过认证的创业企业、行业协会、中介组织提供相关的低成本甚至"零成本"的孵化服务。如规划建立互联网教育企业孵化基地或互联网学习产业孵化基地，支持由在线教育龙头企业牵头开发并招商，政府在土地、物业和政策方面给予支持，在浦东创立互联网教育的"学习之城"。

加大在线教育成长性企业支持力度。支持互联网教育企业在浦东根植发展，在各项补贴、经营性奖励、绩效奖励等方面予以相关政策支持。尤其是对

---

[1] 周娇：《技术创新推动文化产业新业态发展研究》，硕士学位论文，湖南大学，2013。

国际国内具有较高影响力的在线教育龙头企业（总部企业）或对区域经济发展做出重大贡献的企业，在开办费、办公用房补贴、经营性奖励、高管奖励等方面应予以政策支持。

（三）集聚企业互补创新资源

针对融资难的问题，一方面浦东新区可建立互联网教育产业投资基金与互联网教育发展专项资金；另一方面抓好信用与融资担保体系建设，多措施并举以优化产业经营环境，缓解创新创业型企业资金难题。第一，充分发挥市区两级引导基金的支持引导作用，鼓励专业机构、产业资本等发起设立互联网教育创业投资基金和股权投资基金，扶持互联网教育企业创新创业发展。第二，加大对互联网教育产业资金支持力度，成立专项资金用于支持在线教育产业的载体建设、公共服务平台、人才引进和培养、技术模式创新、环境营造等项目。第三，加快建立浦东新区中小企业信用信息库与信用管理体系建设，实现政府部门、金融机构对中小企业信用评价的协调联动和信息交流共享；完善担保机构建设，加快建立担保机构风险补偿机制，打通在线教育创新创业中小型企业的融资路径。

针对创业难的问题，一方面浦东新区培育创业孵化基地并建设创业辅导体系；另一方面支持建立全国性互联网教育产业联盟，旨在通过成员间的优势互补，集聚产业创新资源，构建国内外企业的友好合作平台。新区将整合互联网教育产业资源，建立政府支持、企业为主体的全国性产业联盟，推进同业、异业、产业链、金融、社会资本对接，并促进共同打造具有国际、国内影响力的互联网教育论坛，创新发展路径，强化行业自律，实现在线教育产业链上中下游的合作共赢、协同发展。通过产业集聚，在线教育企业可以实现优势互补，通过互联网教育产业的众多精英从业者的集聚效应，可以实现企业之间的资源互通、人才培养，并推动互联网教育市场的快速发展。

（四）提升浦东在线企业市场占有率

《中国互联网教育蓝皮书（2005~2014）》指出，自2008年之后，互联网教育一直保持着超过20%的增长速度，2014年互联网教育市场已经突破千亿元规模。因为在线教育打破了传统教育的时间、地点限制，以更低廉的成本与更快捷的方式传递优质的教育资源，满足各类用户人群的受教育需求，另外，充分利用在线多媒体资源进行教育互动活动，将改善教育环境，有助于提升教学效果。

从各个细分领域的市场占有情况来看（图7），2014年，学前教育市场规模为29亿元，中小学教育为283亿元，高等教育（学历教育）为564亿元，职业教育为352亿元，其他各类教育市场规模为110亿元，除了体制内教育体系，即高等教育之外的市场广阔，各细分市场的发展要更主动化、标准化、批量化。

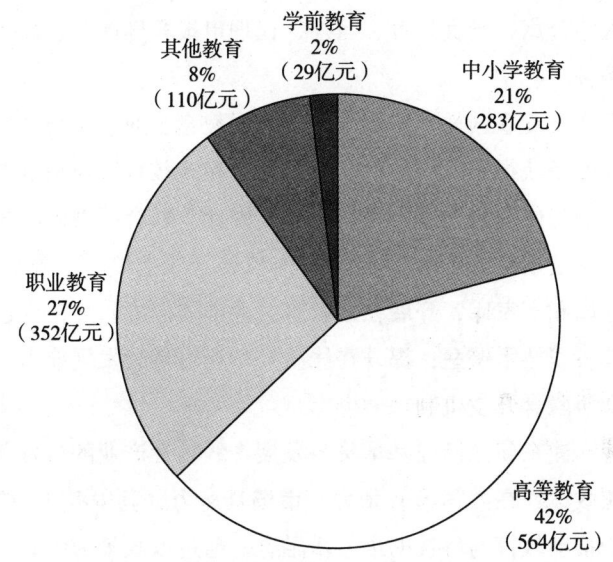

图7　2014年在线教育细分市场规模

资料来源：《中国互联网教育蓝皮书（2005~2014）》

成人教育市场将占比最大，基础教育（K12）和职业教育市场具较大潜力。因此，针对不同的市场需求，可以制定对应的政策措施加强支持，鼓励企业通过差异化营销来积极参与国内国际竞争。在线教育行业未来发展趋势将聚焦教育个性化和定制化，学习产品多样化。这需要以市场需求为导向，树立全新的市场营销观念，通过扩大细分市场，来提高在线教育课程的市场覆盖率，提升浦东的在线教育产业市场占有率。

（五）形成产学研联合开发机制

在线教育产业是"以人为本"的智力密集型产业，其发展的关键是人才。建立人才培训及技术人员服务体系建设，也是在线教育产业这一个系统工程中不可或缺的一大环节。支持高等院校、专业机构与在线教育企业共同开展互联网、教育领域专业人才培养和培训，对人才培养和培训费用给予适当补贴。支持互联网教育企业高级管理人才和高级技术人才的引进和培养，鼓励互联网教育高端人才申请千人计划、3310、领军人才等有关人才的资助项目。支持互联网教育重点企业的高端人才享受重点企业人才服务政策，包括高端人才落户、租房补贴、人才公寓、子女教育、医疗、代理申报职称评定、社会保障手续办理等专业化服务。

新区可以建设互联网教育发展中心。在线教育企业获取智力资源和技术来源的重要途径便是获得研发中心的支持，提升在线教育产业集群的技术创新能力的关键之一是与研究机构进行密切合作。因此，联合区域内院校、企业共同建设互联网教育发展中心，可以促进校内校外、线上线下教育资源的有效对接，建立人才库和专家库，开展在线教育行业准入标准研究，推进研究成果转化，进而突破各项技术壁垒，提升在线教育产业可持续发展能力，形成一套行之有效的产学研联合开发机制。

综上所述，浦东新区已经基本具备发展在线教育产业的良好条件，接下来重点在于聚焦政策，在"需求有张力、市场具潜力、竞争存压力"的平台上，让政策有助于推动教育与科技的进一步融合。通过以政策为引导，以资本为纽带，以优势互补为原则，对产品、技术和市场等相关联的在线教育产业企业从横向和纵向上进行整合，浦东新区进一步聚焦新产业、新技术、新模式、新业态，充分发挥资源禀赋，争做在线教育产业的先行者、排头兵，打造全国在线教育产业高地。

参考文献

《互联网教育产业发展联盟启动》，《浦东时报》2014年7月16日。

曹莹：《为互联网教育产业提供更多支持——上海互加文化传播有限公司的调查》，《浦东开发》2014年9月8日。

上海市浦东新区教育局：《浦东新区教育信息化"十二五"发展规划（2011～2015学年）》，2011年11月16日。

浦东年鉴编辑部：《浦东年鉴2013》，2013。

朱艳艳、叶军：《沪江网：从免费到盈利》，《企业管理》2012年第10期。

周娇：《技术创新推动文化产业新业态发展研究》，硕士学位论文，湖南大学，2013。

B.14
临港地区开发对当地农村城镇化的影响
——以浦东新区泥城镇为例

谢华育　周佳雯[*]

摘　要：	临港地区原为浦东远郊农村地区，临港开发给这些地区城镇化发展注入了巨大活力，使临港地区农村在城镇形态、产业经济、人民生活方面都获得了跨越式发展，但是临港各镇如何适应快速的城镇化发展，在城镇化发展过程中做出正确的选择，成为临港各镇需要面对的问题。本文在总结临港各镇城镇化发展的基础上，以泥城镇为例，对临港地区镇级经济发展和城镇化发展的路径选择进行了分析。
关键词：	城镇化　临港地区　土地利用

　　临港地区位于浦东新区东南部，地处长江口和杭州湾交汇处。随着2004年以来上海对临港地区的开发，临港地区成为承接浦东开发开放的重要地区。2013年中国（上海）自由贸易试验区成立，这为临港地区的发展进一步注入了活力。在临港地区开发的同时，该地区原有的农村面貌、产业特征也发生了巨大的改变，农民生活水平随着城乡形态的转变也相应提高。临港地区开发加速推进了该地区城镇化发展的速度。

---

[*] 谢华育，博士，上海社科院经济研究所助理研究员，研究方向为城镇化、经济思想史；周佳雯，上海社会科学院经济研究所在读硕士研究生。

一 临港地区开发历程与现状

临港地区开发建设与上海国际航运中心建设紧密相关。21世纪初上海开启了洋山深水港和浦东国际机场建设,而临港地区恰好上启浦东国际机场,下承洋山深水港。依托临港地区理想的地理区位优势,发展与航运相关的高端装备制造业,并进而丰富整个产业链,成为开发临港地区最好的理由。

(一)临港地区开发历程

2004年临港地区开发以来历经了十余年时间,尽管发展时间与上海其他地区相比并不长,但是依然可以将之划分成三个时段,在这三个不同时段中,临港地区建设的规划思想、建设任务、发展重点略有不同。

1. 2004~2009年——城市雏形形成阶段

实际上临港地区的规划早在2004年就已经开始。1995年中央有关领导提出建设上海国际航运中心的想法以后,逐步形成了"港为城用,城为港兴"的战略思想。临港新城的建设随之与上海洋山深水港建设联系在一起。根据《上海市城市总体规划(1999~2020年)》,当时称为"上海临港新城"的临港地区要建设成为洋山港的陆域腹地和主要的集疏运基地,同时也要成为优美的生活区和高效的产业区。所以随着2002年洋山深水港区一期开发开始,2004年1月上海市人民政府批准了《上海市临港新城总体规划(2003~2020年)》,同时临港新城建设正式启动。

其实从临港地区建设的最初构想看,临港地区建设的目的主要是服务于上海国际航运中心建设,特别是呼应洋山深水港建设。所以在初期建设中,主要重点在于适应航运业发展的基础设施建设以及物流业发展上,主要是在衔接洋山深水港海港基础设施方面,做到桥通、路通。在产业引进方面,主要发展了大型船舶制造、新能源装备、汽车整车和零部件生产、海洋工程设备、现代物流业等方面。在产业和相关基础设施建设以外,与其他城市功能相关的建设项目也逐步落地,其中包括大学园区、海洋博物馆及商务楼宇建设等。

这一阶段,临港地区建设主要围绕城市物理形态发展进行,特别是与产业功能相关的城市建设。城市发展的硬件环境逐步成型。

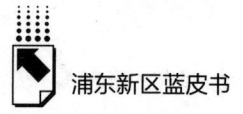

2. 2010~2012年——城市功能发展阶段

这一阶段，临港地区城市服务功能建设逐步展开。随着大型工业项目落地，产业工人在临港集聚，他们对生活配套服务的要求促使临港地区加强城市服务功能。为了适应这一状况，临港地区管理体制也进行了几次调整。2010年，临港主城区划归浦东新区管理，建立申港街道，属于浦东新区派出机构管理。2012年，芦潮港镇和申港街道合并，建立南汇新城镇，为副局级镇。

在城市服务功能建设方面。产业区开始为企业配套公租房，老城镇开发了一批商业、娱乐、办公服务设施。主城区城市服务功能，特别是公共服务功能也逐渐提高，住房、教育、医疗等城市配套设施逐步引入。与此同时，临港地区产业功能进一步加强。在汽车制造方面，我国拥有完全知识产权的荣威550、MG6、MG3及发动机实现量产；在海工制造方面，临港地区具备年产2座自升式钻井平台、2座半潜式钻井平台、50多个船用上层模块的能力；在船舶制造方面，临港产业区成了全国规模最大、配套最完善的船用柴油机基地。到2012年底以前，临港地区已经形成高端制造业集聚、航运功能逐步加强的发展局面。

3. 2013年以来——城市功能加速提升阶段

洋山保税港区被纳入自贸试验区范围内，港区陆域部分（约6平方公里），即东海大桥位于原芦潮港登陆点周围，紧邻临港重装备产业园区和临港主城区的区域也被纳入自贸区范围内。自贸区建设也将刺激临港地区经济产业和城市功能大幅提升。2013年4月上海市政府发布《临港地区中长期发展规划》，规划着力解决临港地区10年发展过程中存在的一些根本问题。其中包括产城融合程度不高、城市公共服务功能欠缺、产业发展高层次人才缺乏、现代服务业特别是适应上海国际航运中心和国际贸易中心建设的服务业领域缺乏的问题。未来临港新城将成为国家新型工业化产业示范基地，上海国际航运中心和国际贸易中心建设的重要载体，海洋经济发展的示范基地以及功能多元、产城融合程度较高的滨海新城。

（二）临港地区空间布局

上海临港地区规划面积315平方公里，根据《上海市临港新城总体规划（2003~2020年）》，临港新城布局由重装备产业区、物流园区、主产业区、综合区、主城区等功能区组成，临港新城的建设基本围绕这一构想开展（见图1）。就目前临港地区建设情况而言，大致可以分为四个板块。

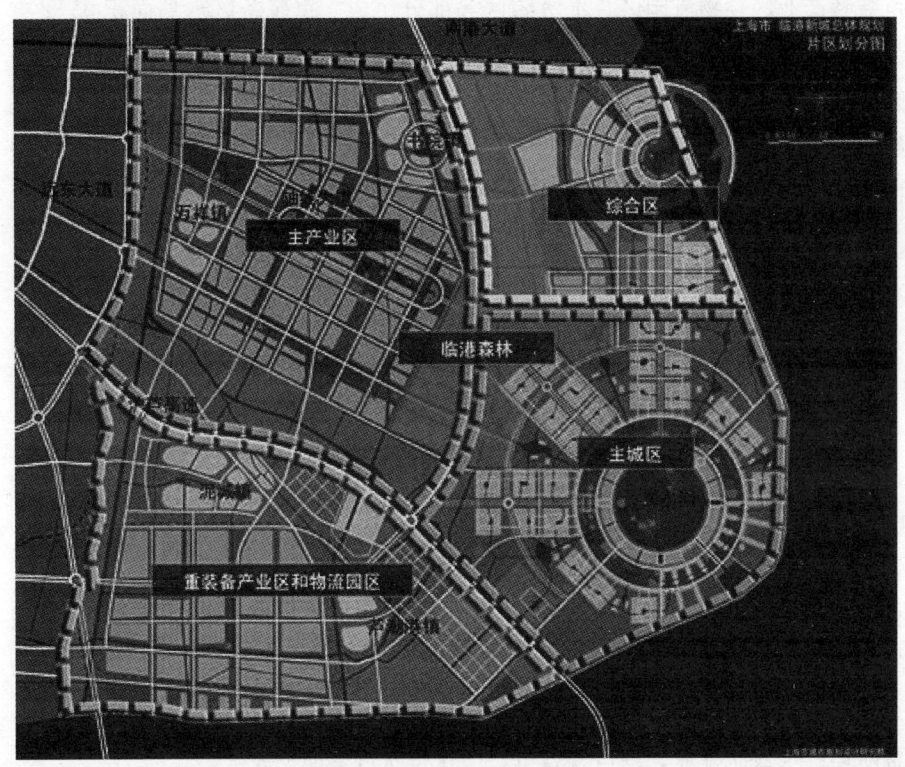

图1　临港新城规划片区划分

资料来源：上海港城开发（集团）有限公司。

（1）南汇新城。即原临港新城主城区。规划面积68平方公里，以5.6平方公里滴水湖为中心，呈现"一湖三环"的城市发展格局，即围绕滴水湖，城市区域由三个圈层构成。南汇新城承担临港地区主要城市综合服务功能。

（2）主产业区。规划面积108平方公里，包括浦东新区万祥镇和书院镇部分区域。主产业园区主要发展民用航空、新能源等战略性新兴产业和生产性服务业。

（3）综合区。规划面积41平方公里，位于主产业区东侧，在产业发展上较为多元，主要发展以研发为主的生产性服务业和轻型制造业，包括电子通信、光电子、信息技术，以及为主产业区服务的航空配套等产业。

（4）重装备产业区和物流园区。这一板块规划面积98平方公里，主要由重装备产业区、物流园区、奉贤园区等部分组成。重装备区规划面积65平方公里，包括泥城镇部分区域，主要产业为高端制造业和战略性新兴产业。物流园区规划面积16平方公里，由于涵盖洋山保税区陆域区域，所以主要定位是综合物流枢纽，发展港口物流、产业物流、特种物流。奉贤园区，规划面积17平方公里，位于奉贤区境内，发展目标是建设制造业、服务业兼备的现代化综合型园区。

（三）发展前景分析

在未来的发展中，临港地区面临一系列发展机遇。其中自贸区建设、上海城市经济创新转型、我国海洋发展战略都将使临港地区发展迎来重大契机。

2013年9月，中国（上海）自由贸易试验区正式成立，身处上海乃至中国向外进一步开放的最前沿的临港，也被认为是自贸区的直接腹地，将在下一轮的角力中大有作为。特别是临港地区被认为是自贸区扩区最先波及的区域。自贸区作为利率市场化、金融对外开放的交易场所，提供税率优惠与行政便利的"软实力"服务，为临港打造先进制造业与服务业高效联动提供可持续动力。同时，临港将承接自贸区的产业衍生功能，大力发展先进装备制造业、金融航运等现代服务业，港口、城市、产业将获得全面发展。

除借力自贸区外，临港地区也被认为在上海市先进制造业发展中可以大有作为。结合上海的城市发展，上海的制造业已到了需要空间上的调整和迁移的时候。在上海最初的"退二进三"政策中，制造业被放在上海城乡接合部的郊区中，伴随着城市的发展，当时的郊区已经或将发展成为上海的中心城区，临港也可借这波产业升级浪潮中得到产业调整发展。

作为杭州湾北岸先进制造业集聚带的核心区域，临港通江达海，海洋资源相对集中，海洋产业已具备一定基础，有条件打造成一座真正意义的海洋城，推动上海从"大江时代"逐步走向"大海时代"。作为我国经济中心城市和重要沿海城市，上海拥有良好的海洋科技基础。如果临港能充分利用两面环海的区位优势和领先的海洋科技实力，把国内外研究、制造、市场几方面进行直接整合，就能实现升级发展。

二 临港地区各镇城镇化发展情况

从行政区域看,目前临港地区包括了南汇新城镇、泥城镇、书院镇、万祥镇。除了南汇新城镇是以原临港新城主城区为主体建设的新市镇,其他三镇都是传统的农村地区,分析这三个镇的城镇化发展,对研究临港地区建设对当地农村地区城镇化发展的影响有着重要意义。

(一)经济发展情况

从经济发展情况看,临港地区开发对当地农村经济带动情况较为明显。以下围绕泥城镇、书院镇、万祥镇经济增长数据,分析临港地区开发对当地农村经济发展的影响。

1. 整体经济实力大幅增强

从财政收入的情况,大致能看出镇级经济发展的情况。泥城镇、书院镇、万祥镇三镇财政收入从2008年以来都大幅增加,三镇财政收入总和从2008年的7.58亿元,上升至2013年的22.71亿元,整体上涨了近200%(见图2)。其中,万祥镇财政收入增幅最大,2008~2013年,增幅达276.98%,其后是泥城、书院两镇。

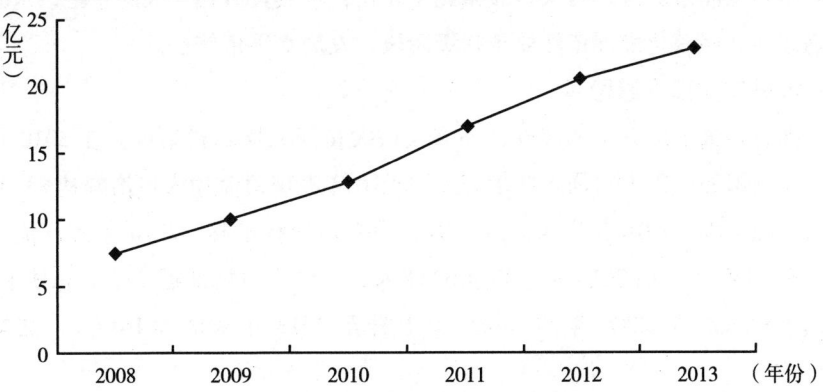

图2　2008年以来泥城镇、万祥镇、书院镇三镇财政收入总和增长情况

资料来源:历年《上海浦东新区统计年鉴》。

2. 工业化水平逐步提高

2013年，泥城镇、书院镇、万祥镇三镇工业生产总值为56.85亿元，比2008年上涨17%。临港地区开发以来，万祥镇工业化速度最快，2008年万祥镇工业总产值为9.52亿元，2013年工业总产值为22.95亿元，增幅为141.07%。如果以农业总产值与工业总产值的比值看工业对地方经济贡献，可以发现泥城镇、书院镇、万祥镇这一比值分制为1:2.71、1:6.98、1:16.16，说明万祥镇工业化发展水平最高，其次为书院镇。

3. 农业在经济中的作用依然重要

从耕地占镇域面积的百分比看农业对经济的作用，泥城镇、书院镇、万祥镇所占比重分别为31.30%、39.56%、39.92%，这说明农业在地方经济中的地位依然重要。特别是泥城镇，从2013年数据看，其农业总产值与工业总产值的比例与其他两镇相比，相对较高，农业发展在经济中的作用依然重要。

（二）人口发展

1. 户籍人口城镇化比例大幅提高

2013年泥城镇、书院镇、万祥镇户籍人口城镇化率为74.41%、53.08%、66.67%，2010年这一数据分别为73.6%、51.18%、65.83%。泥城镇户籍人口城镇化率相对最高，而近年来书院镇的户籍人口城镇化率提高较快。但是与上海市乃至浦东新区户籍人口城镇化率相比，依然具有相当大的差距，这是由于临港地区城镇化发展依然处于初级阶段，发展水平依然不高。

2. 外来人口大量导入

随着临港地区开发的展开，外来人口大量涌入原农村地区。在2010年以前，泥城镇的外来人口涌入数量最大。2010年泥城镇流动人口增幅达81.4%，随后小幅下降。2010年以来，万祥镇流动人口增幅迅猛，2010年万祥流动人口仅有3440人，而2013年上升至6754人，流动人口增加近一倍。总体上看，三镇流动人口从2009年的28635人上升至2013年末的58101人，涨幅为102.9%。

3. 人口集聚水平有所增加

随着外来人口的导入，三镇人口密度有所增加。如果将户籍人口密度和外来人口密度相加可以粗略地看出临港原农村地区人口集中的情况。2009年末，三镇人口密度约为1207.8人/每平方公里，2013年末为1420.48人/每平方公里。虽然人口密度有所增加，但是可以看出，人口集中度依然与上海市整体水平有很大差距。

4. 贫困人口数量减少

贫困人口数量是人口福利水平的一个指标，2010年泥城镇、书院镇、万祥镇贫困人口数量分别为400人、1155人、199人，2013年下降为233人、447人、140人。这从一个侧面反映出农村居民福利水平的提高。

（三）城市建设水平大幅提高

1. 城市化用地面积大幅增加

在现有的数据中，我们可以从农业耕地下降的情况，看出城镇化地区城市建设和城市扩张的水平。2010年，泥城镇、书院镇、万祥镇耕地面积分别为3169.9亩、3565.9亩、1462.7亩，到2013年分别为1861.6亩、2646.9亩、921.1亩。从下降幅度看，泥城镇耕地下降幅度最大，达41.27%，其次为万祥镇，达37.03%，书院镇耕地面积下降达25.77%。

2. 城市配套服务功能逐步提高

泥城镇、书院镇、万祥镇原镇区成了临港地区建设的分城区，临港建设在各分城区建设了一批商业服务、职工公寓、文化中心、培训中心、娱乐休闲为主的配套服务设施。临港在确保市级产业资源有序生产的同时，也着力于分城区开发，注重分城区基础设施与主要功能区块的衔接。

（四）总结

从临港原农村地区城镇化发展水平看，目前这些地区依然处于城镇化发展初级阶段，由于依托临港地区高水平开发，城镇基础设施水平大幅提高，城镇形态日益显现。但是与临港地区开发建设的问题相对应，人口集聚水平依然不高，人口内生动力较为缺乏。当然，这些地区发展空间和发展潜力十分巨大，借助市级产业资源导入，如何提高城镇化水平，并实现跨越式发展，成为这些地区所面临的问题。泥城镇、书院镇、万祥镇在面对城镇化重大机遇时，也进行了各自的探索，走出了适合自身发展的道路。

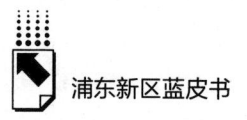

三 泥城镇城镇化发展

泥城镇位于临港地区西南部,全镇区域面积为61.5平方公里。全镇辖有11个村、9个居委会和1个社区服务中心。户籍人口为5.76万人,2013年末流动人口为2.79万人。泥城镇是典型的农村地区,与临港地区内其他镇一样,泥城城镇化受到临港地区开发的极大影响,在研究临港开发对当地城镇化的影响方面,具有典型意义。

(一)临港开发对泥城镇发展的总体影响

2004年以后临港地区整体开发完全改变了泥城镇发展的命运。从总体看,在没有市级资源介入的情况下,泥城城镇化发展呈现自发性的特点,但城镇化发展速度较为缓慢。1994年泥城镇撤乡建镇以后到2001年,工业产值的年均增幅为4.6%(见图3),税收收入年均涨幅为9.14%。[①] 从产业发展角度看,在临港开发以前,泥城镇的工业企业主要集中在纺织服装和机械机床领域,企业规模小,经营不稳定。从城镇建设来看,2001年泥城镇集镇面积仅为0.31平方公里,有商业店铺160多家,企事业单位30多家,新村近20个,城镇居民2154人(含非常住镇区居民),建筑面积8万平方米,镇区常住人口3200多人。

临港开发改变了泥城镇的发展路径。泥城镇作为临港地区的组成部分,其未来发展规划完全交由临港开发相关管理机构制定。这使得泥城镇彻底改变原有的城镇化发展路径。对于原先的典型农村地区来说,城镇化发展路径的改变,既是机遇又充满了挑战。从有利的方面看,首先,临港地区开发大幅提升了泥城镇的基础设施建设水平,城镇物力形态的发展水平迅速提高。临港开发确定了涵盖原泥城镇集镇在内的7.12平方公里土地建立临港泥城分城区,泥城城镇形态依托泥城分城区迅速向城市靠拢,城镇功能也得以快速提高。其次,虽然泥城镇为临港开发贡献了大量土地资源,但是由于获得市级资源的扶

[①] 2002年,当时的南汇区将泥城镇和彭镇镇合并,所以从数量上,我们无法对当时泥城镇工业发展情况和临港开发以后泥城镇工业发展情况进行比较,但是从发展速度上,我们依然能了解当时临港地区发展的大体状况。

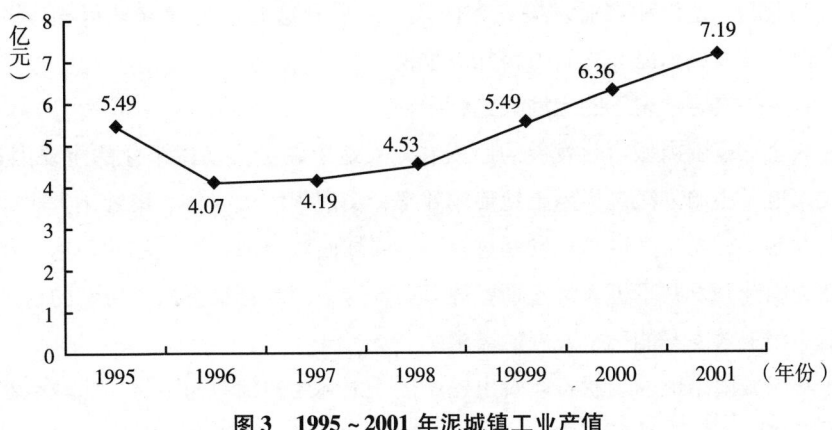

图 3 1995～2001年泥城镇工业产值

资料来源:《泥城镇镇志》。

持,离土农民迅速城市化。与万祥镇、书院镇相比,虽然泥城镇的失地农民安置任务更重,但是市级配套措施的完善,使得这批离土农民迅速获得了非农户口,因此泥城镇的人口城市化率在临港地区较高,达73.6%。再次,市级产业资源的导入毕竟可能具有某种溢出效应,它需要就近获得某种产业配套,这为泥城镇镇级经济发展提供了潜在动力。最后,临港地区建设是享受特定政策优惠的,这些政策使泥城镇经济产业发展具有一定竞争优势。

从临港开发带给泥城镇的挑战来看,一是泥城镇的自主发展空间减少了。根据规划,临港地区重装备产业区和物流园区位于泥城镇镇域内。泥城镇36平方公里被规划为临港装备产业区用地,用于承接一批市级产业资源。二是由土地征用而导致的农民离土问题。这一问题并非通过给予住房和社保就一劳永逸地解决了,还需要通过镇级经济的发展促进离土农民就业,使之在身份上向市民、在职业上向工人转变。

尽管如此,泥城镇依然保留巨大的发展资源。一方面泥城镇依然保留有1861.9公顷耕地,另一方面泥城镇依然保留了5.4平方公里的工业用地,用于产业园区建设。面对临港地区开发这一重大机遇时,如何结合临港地区的政策和发展优势,发挥自身资源优势,是泥城镇走好城镇化之路的关键。

(二)泥城镇城镇化发展的路径选择

泥城镇以临港地区开发为依托,在选择自身城镇化道路时,着重从土地利用、产业园区建设和农业发展三方面入手。尽管这些设想尚未取得相应的成果，但是其发展思路和方式值得加以重视。

1. 生态文明建设下的土地集约利用

从全球范围内城市化发展的原因看，人地矛盾是推动城市化的主要因素。解决人地矛盾的办法是提高土地使用效率，实现集约化居住、集约化生产、集约化发展。在泥城镇城镇化发展过程中，同样面对土地资源不足的问题，特别是在为临港开发共享了大量土地资源以后，这一问题更加突出。用地的紧张更折射出用地效率不能满足发展的需求。

从泥城镇用地的现状可以看出泥城镇土地利用的优势与不足。泥城镇农用地数量庞大，占土地面积的52.79%。在农用地中，除了大量的耕地以外，还包括大量林地。主要是由于在镇区西侧有大片公共绿地和生产防护绿地，在临港泥城分城区与重装备产业区以及镇属物流园区之间也有成片公共绿地。这些绿地的存在使泥城镇生态文明发展有坚实的基础。但是泥城镇建设用地利用存在的缺陷较多。首先建设用地资源有限。建设用地在土地总面积中的占比为36.88%，低于农业用地。其次，建设用地的利用水平不高。在建设用地中，农村宅基地和工矿仓储用地的占比最高，分别占建设用地的29.05%和29.49%。农村宅地基在镇域范围内的分布较为分散，不利于土地的集中开发，也不利于城市形态的完善，更不利于农民享受舒适便利的生活。工矿仓储用地的土地经济效益低下。最后，商贸服务用地和公共建筑用地占比过小，对于产业发展而言，不利于镇级经济向现代服务业转型发展，对社会发展而言，不利于公共服务供给水平的提高，对于整个临港地区发展而言，不利于配套服务功能的构建。

在明确自身土地利用的短板以后，泥城镇明确提出针对宅基地和低效率工业用地进行"减量化"。在宅基地减量化方面，主要是通过宅基地归并的方式，将已经撤编的村进行搬迁，将农民搬迁到类集建区居住，所谓类集建区是指邻近集中建社区，但是不属于基本农田保护范围内的土地。通过宅基地归并，达到节省土地的减量化效果。通过将农民搬迁至类集建区，使农民可以享受集建区较好的基础建设设施和便利的公共服务。在工业用地减量化方面，通过淘汰高能耗、高污染、低效益的工矿企业，节约出土地，然后对土地进行改造。

在减量化以后，泥城镇将对用地结构进行调整，将结余出的土地，主要用于公共服务和商贸服务。这些公共服务和商贸用地将配合泥城镇大面积的生态绿地，一方面提高农民生活水平，另一方面大力发展休闲、旅游、度假等服务业。

实际上泥城镇通过调整土地利用结构，对镇区发展进行了充分规划，提出了"一心两轴四区三园"。所谓"四区"，包括临港重装备产业和物流园区、泥城社区所在的临港泥城分城区、镇属物流园区，以及位于北部大片耕地区域内部、用于搬迁农民居住的类集建区。三园包括镇区西侧的田园生态示范园，镇区北部的田园生活示范园，以及镇区中部将泥城分城区、重装备产业区和镇属物流园区分割开的郊野生态休闲园。

从这样的布局看，泥城镇的城镇化构想非常明晰。一方面让位于北部大片耕地内类集建区的搬迁农民享受高质量的绿色生态生活，另一方面利用郊野生态休闲园发展以绿色生态为主题的休闲、度假、商务等经济功能。

2. 工业园区建设与科技创新

实际上，泥城镇做足"绿色生态"的文章并非放弃工业发展，相反这一做法恰恰提升了产业发展的环境，为吸引优质企业营造氛围。在临港地区开发，特别是存在中国（上海）自由贸易试验区向临港地区扩围可能的情况下，重复传统的劳动密集型制造业发展之路已经没有意义。特别是在泥城镇南部的重装备产业区产业发展水平较高的情况下，应该利用重装备产业区的形象优势，同时等待装备产业园区产业辐射和带动效应的逐渐显现。

尽管泥城镇对低端工业用地采取减量化的措施，但是泥城镇依然保留了泥城分城区西侧5.4平方公里的土地进行产业园区建设。目前产业园区引入企业的规模还不够大，但是这些企业发展潜力巨大。如产业园区内引入的宏锐新材料科技公司，主要进行MO源的研制，该项技术是集极端条件下的制备、超纯纯化、超纯分析、超纯灌装等于一体的现代高新技术。产品用于微电子光电子相关的军工航天等关系到国计民生的重要行业。宏锐公司是全球第六家进行此类新材料生产的企业，尽管公司规模不大，但是由于公司产品在市场上具有较为理想的价格优势，其发展前景是可期的。又比如园区内的史威福电子科技（上海）有限公司是苹果公司的高级供应商，为iPhone手机提供听筒及受话器的关键零部件。

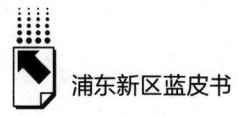

由于临港地区是上海经济创新转型的重要支撑性区域,所以能吸引一批创新研发能力强的小微企业。泥城产业园区建设应该明确自身的定位,提升自身对这些特定企业的服务功能,积极承接创新企业落地,使园区成为符合上海国际科技研发中心建设的前沿区域。

3. 现代农业之路的选择——特色农业还是规模农业

上文已经提到,泥城镇农业发展在镇区经济中占有重要位置。泥城精品农业发展历来具备较高水平,拥有8424西瓜、青扁豆、浦东三黄鸡等知名产品。但是在临港地区开发背景下,农业应该如何更好发展,是一个值得认真思考的问题。

从规划看,临港地区将成为未来上海新型工业的发展基地,同时也是上海国际航运中心和国际贸易中心的重要组成部分。随着临港城市功能逐步完善,临港地区对农业发展的要求不会是简单的生活服务配套,随着临港地区建设水平的不断提升,临港地区更需要原有农村地区提供全方位的服务,这促使临港地区农业发展除了保持现有特色,还要积极寻求与第二、第三产业联动发展,形成农业"接二连三"的发展局面。

从泥城镇农业发展特点看,泥城镇属于典型的江南水乡,农业区域内部水道纵横。在这样条件下是不利于将大机器使用于农业生产的,也就是说农业规模化经营有一定的障碍。相反,这样的特点加之泥城土壤条件较好,使得一些特色经济作物能够较好生长,这是泥城镇历来以精品农业、特色农业著称的原因。因此,在农业现代化发展过程中,应该选择更适应泥城地域特点的现代化方式。

比如,泥城的青扁豆生产,开始向农业全产业链化、生产标准化方向靠拢。依托"红刚青扁豆生产标准菜园",在生产过程中设立青扁豆生产标准,对青扁豆质量进行严格把关。在巩固传统农产品生产的同时,进一步延伸发展保险加工、冷链物流。又比如把握南方水乡特色和精品农业特色,开发农业休闲旅游业。这些都是未来泥城农业可以尝试的发展方向。

在农业生产过程中,采取"公司+基地+农户"的模式,利用公司的市场信息优势,利用基地在农业生产中的技术优势,促进农民投入生产,并使农产品在有效的市场营销下,确保农产品收益,进而造福农民。在农业现代化发展的同时让农民受益。

（三）泥城镇城镇化面临的问题

泥城镇根据自身农村经济发展的特点，借助临港开发带来的机遇，对自身城镇化发展进行了合理构想，并制定了翔实的方案。但是在泥城镇发展的过程中依然会面对一些问题有待解决。

1. 经济自主发展遇到的难题

临港地区开发在短时期内改变了泥城镇城镇化发展水平，这种被动式的城镇化发展容易造成两方面的问题。一是农村自主发展受到挤压，二是由于发展速度过快，从镇级范围看，无论是政府工作人员、经济主体领导者都难以在短时期内迅速提高自身素养，适应发展的新局面，应对发展中的新问题。

从目前泥城镇经济发展中存在的问题看，主要存在于工业和农业两方面。从工业看，目前泥城镇发展的工业与临港开发之前农村乡镇企业发展的工业已经有天壤之别。这些工业企业对焦临港地区在科技创新方面的前沿特质，将一批高科技项目带入泥城镇进行发展。这些高科技项目在产业化过程中，会遇到一些问题，探索如何扶持这些科技创新企业，不仅仅是泥城镇遇到的问题，而是全上海都存在的问题。在思想观念上，泥城镇政府工作人员和部分领导应该意识到自己的工业发展正在和全上海创新转型的步伐相衔接，自己正在面对较为前沿的经济发展领域。在高新技术产业化方面，一是要积极帮助这些企业实现技术创新的产业化，在金融、财政、企业服务上给予帮助，而这些既需要政府适当的制度创新，也需要产业园区开发主体提升自身能力。于是这两方面的瓶颈就可能显现出来，一是泥城镇作为镇级政府是否有足够的制度资源进行制度创新，二是泥城工业开发推进机构是否能通过产业配套服务或者在孵化企业能力上的提升帮助创新类小微企业实现华丽的转身，并使自身在小微企业培养成优质产业资源的过程中受益。

从农业看，泥城镇农业发展虽然拥有坚实的基础。但是泥城镇农业发展的特点与目前浦东新区层面推进农村工作的一些做法并不相符。比如浦东新区目前正在推进家庭农场建设工作，上海家庭农场的做法主要借鉴松江区家庭农场的成功实践。但是家庭农场更适合在整块平原地区推广；泥城镇作为典型的南方水乡地区，水道多，土地被水道分割，在推广采用高效农机进行大规模经营的家庭农场时，会遇到许多问题。泥城镇能否发挥自身农业特点，加强农业现代化，这是需要面对的问题。

2. 临港开发对农村社会生活的影响

临港开发给泥城镇发展带来了许多机遇，但是必须处理好临港长期开发和农民短期利益之间的矛盾。

临港开发从2002年就已经开始筹备，因为对土地已经进行规划，在已规划土地上进行建设被视为违法或违规。这些已规划土地包括了部分农村宅基地，但是宅基地拆迁时至今日并未进行，在10多年时间里，农民许多用地需求被抑制，比如农民无法通过宅基地上自建住宅的改造或者扩建进行住房条件的改善，更无法新建住宅以满足包括子女成婚在内的正当住房需求。可以说，这些做法使当地农民无法分享临港开发带来的成果，甚至激化了农村社会矛盾。对于已拆迁、实现户籍城镇化的失地农民，其就业保障主要由镇级政府承担，但是镇政府在促进就业上面临一定压力。

3. 区镇协调机制有待进一步完善

临港地区开发曾设想建立区镇联动机制，临港各镇与产业区以资本为纽带联合成立了开发主体，在动迁安置、分城区开发、重大基础设施建设、社会事业等方面进行了相互沟通，合理解决了当地居民（特别是农民）的动迁安置和就业问题。

但是对于周边镇域经济社会发展中的新问题、新现象，开发区建设推进主体较为忽视。这些问题主要体现在：一是观念上没有认识到周边镇域发展也是临港地区整体发展的一部分，只考虑周边镇域对临港主要功能区域的配套服务，而忽视其自身发展需求。二是临港地区开发建设推进主体较多，临港经济发展（集团）有限公司下属多家公司分别负责不同领域的开发，责权划分并不明晰，这使镇区点对点沟通协作遇到困难。

四 政策建议

（一）进一步加强区镇联动，强化区对镇的扶持

一是进一步完善区镇联动机制，充分考虑镇在发展中遇到的各类问题，临港地区开发建设管理委员会和相关开发公司应明确责权划分，充分与镇进行对接。二是落实临港地区整体开发统筹协调机制。应该切实将临港地区各镇发展也纳入临港地区整体发展中，对镇域经济，特别是先进制造业和现代服务业发

展给予金融、财政扶持,积极引导各镇提升自身服务经济发展能力。二是进一步强化临港各镇对临港产业园区的配套力度。通过各镇自身完善镇域内的产业配套服务、基础设施建设、公共服务,促进产城融合水平提升。

(二)尊重各镇按照自身特点发展镇级经济

一是因地制宜推进农业现代化。应在更大行政区划范围内进行特定的农村现代化促进工作。比如对基本粮食生产指标,可以参照耕地占补平衡指标出让的办法,提高适合粮食生产地区的生产指标,而适当减轻适合发展经济作物地区的粮食生产任务。经济作物产区可以适当补贴粮食作物产区因为提高生产粮食指标而在发展中提高的机会成本。二是大力扶持发展生态经济。临港地区开发应该注重生态文明建设,生态发展应该成为临港地区的一张名片。应鼓励临港各镇以绿色生态做文章,特别是将绿色生态融合到城区建设、产业园区建设中,积极扶持各镇利用生态资源发展休闲、旅游、会务、商贸等产业功能。

(三)积极减轻临港开发对各镇社会发展的负面影响

一是妥善处理发展长期性和农民短期利益之间的矛盾。可以探索在给予待征地农民公租房试点,满足待征地农民拆迁以前的住房需求,当农民征地结束以后,公租房可以收回用作产业工人居住配套。二是充分考虑城镇化过程中社会保障问题解决的长期性。除了妥善处理好失地农民的住房、社会保障问题以外,应培养失地农民的职业能力,特别是对青年农民,在职业培养上应提高其对新技术的掌握,使其成为新一代产业工人。三是积极应对外来人口流入问题。随着临港开发的进一步升级,外来人口导入数量将进一步增加。应该吸取上海其他地方在外来人员管理上的经验,使外来人员管理能够有序、稳定、安全进行。临港各镇也应该针对外来人员强化公共服务配套能力,加快外来人口适应临港地区的生活生产方式。

参考文献

何建木:《上海新城建设的发展、创新与转型——以临港新城为例》,《上海市经济管理干部学院学报》2011年第6期。

胡庆谷：《上海临港产业区的发展及其基本经验》，《港口经济》2013年第7期。

李贞：《上海临港地区产业集聚与城市化发展互动关系研究》，《城市研究》2014年第1期。

盛亚飞、韩红根、章黎东：《让农民利益随临港新城开发"水涨船高"——上海临港新城泥城分城区村企合作开发机制调查》，《上海农村经济》2005年第6期。

《泥城镇志》，方志出版社，2005。

B.15
国民基础养老金制度改革研究

——以浦东新区为例

肖严华*

摘　要： 浦东开发开放和两区合并以来，浦东新区社会保险改革取得了巨大的成就，基本形成了体现浦东特点的社会保障体系，社会保障覆盖面不断提高，社会保障水平也逐年提高，但也同时存在一些问题。针对这些问题，建议浦东新区抓住上海自贸区建设所带来的制度创新机遇，率先在浦东试点"国民基础养老金制度改革"，以期形成试点经验后，向全国推广。

关键词： 浦东新区　社会保险　制度创新

浦东开发开放以来，经济建设、城市面貌、社会事业等各个方面都取得了翻天覆地的变化。随着2009年4月24日国务院批准南汇区行政区域划入浦东新区，5月6日上海市人民政府正式宣布两区合并，浦东新区行政体制发生了重大变化。近年来，自由贸易试验区启动实施，临港、迪士尼、世博等重点地区开发建设步伐加快，大批外来人口流入浦东。截止到2013年底，浦东新区常住人口达540.9万人，流动人口达266.8万人。伴随着这场大变革、大建设和大发展，浦东新区有一大批农业人口离开了土地。截止到2013年底，浦东新区户籍人口达283.79万人，其中非农业户籍人口达255.37万人，农业人口达28.42万人；从业人员达290.6万人。其中，从事第一产业的有13.39万人，从事第二产业的有155.51万人，从事第三产业的有121.7万人；职工人

---

* 肖严华，博士，上海社会科学院经济研究所副研究员，研究方向为社会保障。

数有152.84万人。近年来，浦东新区对在岗职工、城乡居民、外来流动人口、征地农民等的社会保障力度不断加强，社会保障覆盖面不断扩大，取得了长足的进步。党的十八大报告提出社会保障是保障人民生活、调节社会分配的一项基本制度，要坚持全覆盖、保基本、多层次、可持续方针，以增强公平性、适应流动性、保证可持续性为重点，全面建设覆盖城乡居民的社会保障体系，要建立兼顾各类人员的社会保障待遇确定机制和正常调整机制。为此，我们有必要分析浦东新区社会保障制度改革的现状，分析其存在的主要问题，从而提出相应的制度创新。

一 浦东新区社会保险制度改革的现状

（一）体现浦东特点的社会保障体系基本形成

目前浦东新区基本形成包括城保、城居保、新农保、镇保等在内的覆盖全体居民的社会保险体系。一是农村社会养老保险事业取得积极进展。浦东新区在全市率先制定了《浦东新区农村社会养老保险试行办法》，启动完善农村社会养老保险制度的试点工作。同时，按照城乡协调发展和公共服务均衡发展的要求，新农保制度在设计上与现行的城保制度相一致，为以后城保、镇保、农保三种制度之间顺利衔接打下基础。新制度的实施提高了农村人口参保的积极性，社会保障覆盖面进一步扩大，新区农村社会养老保险事业蓬勃发展。二是小城镇社会保险有序稳步推进。新区结合区域特点，积极稳步推进小城镇社会保险，基本形成符合市场经济体制要求的征地安置办法，各项保障措施落实到位。同时利用镇保平台，对新的土地换保障方式进行了多次有益的探索，为今后进一步深化土地换保障制度的改革，特别是落实农村人口城市化过程中的保障措施，积累了有益的经验。

（二）社会保障覆盖面不断提高

两区合并后，浦东新区社会保障体系覆盖面不断扩大，基本上覆盖了全体居民（见表1）。2011年新区全面实施城居保，保障人群实现应保尽保。城居保政策使16~60周岁，没有参加原有各类养老保险制度的政策范围中的人，都有机会参加社会养老保险,从而补齐了养老保险制度的短板,基本实现了城镇养老保险制度的全覆盖。按照《上海市人民政府贯彻国务院关于开展城镇居民社会养老保险试点指导意见的实施意见》沪府发〔2011〕88号文件内容,城居保的资金筹集凸显政府责任,采用个人缴费和政府补贴相结合的模式,实现社会统筹和个人账户相结合,与家庭养老、社会救助、社会福利等其他社会保障政策相配套,保障城镇居民老年基本生活。

表1 浦东新区社会保障覆盖面不断提高

单位:人,人次

年份	2010	2011	2012	2013
农村社会养老保险期末参保人数	91947	227053	137884	134321
农村社会养老保险期末享受人数	58423	68444	69465	71652
农村居民低保人数	11119	9140	5160	4974
城镇居民低保人数	72424	66289	41121	37006
失业保险发放人数	294180	250161	264834	244535
征地劳动力安置就业	29310	5313	7272	4328
期末城镇登记失业人数	43453	44848	45331	43963

资料来源:上海市浦东新区统计局编,《上海浦东新区统计年鉴2014》《上海浦东新区统计年鉴2013》,中国统计出版社。

(三)社会保障水平逐年提高

根据浦东新区2014年9月26日出台的《关于从事社区"四保"工作享受的岗位补贴、社会保险费补贴标准》,社会保险费补贴标准从2013年10月到2014年3月的620元/月提高到2014年4~9月的666元/月。根据2014年2月12日出台的《关于2014年浦东新区征地养老人员增加生活费的通知》,自2014年1月1日起,新区本区征地养老人员每人每月增加130元生活费;根据《关于征地养老人员养老待遇有关事项的通知》,浦东新区征地养老人员管理中心集中管理纳入镇保的征地养老人员,经2014年养老待遇调整后,月养老金为1293元;根据《关于2014年元旦春节期间对浦东新区农村养老人员发放一次性生活补贴的通知》,2014年元旦、春节期间对新区农村养老人员给予一次性生活补贴每人50元;根据《关于2014年元旦春节期间对浦东新区征地养老人员发放一次性生活补贴的通知》，2014年元旦、春节期间对征地养老人员给予一次性生活补贴每人50元；根据《关于2014年元旦春节期间对家庭生活困难的征地养老人员发放一次性补助的通知》，对家庭生活困难的征地养老人员给予一次性困难补助费每人500元（见表2）。

表2　浦东新区社会保障标准水平逐年提高

单位：元

年份	2010	2011	2012	2013
职工月最低工资标准	1120	1280	1450	1620
城镇居民月最低生活保障标准	450	505	570	640
农村居民月最低生活保障标准	300	360	430	500
农村社会养老保险金月最低标准	—	485	555	625

资料来源：上海市浦东新区统计局编，《上海浦东新区统计年鉴2014》《上海浦东新区统计年鉴2013》，中国统计出版社。

2013年底，新区新农保养老金平均水平提高到674元/月，高于全市平均水平（580元），城居保平均提高到544元/月。2013年浦东新区社会保障和就业支出42.19亿元，主要用于人员经费和机构经费及行政事业单位养老保险缴费、离退休人员经费等支出9.60亿元；用于优抚救济、镇保、促进就业、低保补助、帮困助学等支出26.62亿元。

（四）就业人员收入水平不断提高

2014年新区继续推进"万千百十计划"，加强高技能人才队伍建设。2014年计划资助区级首席技师60名、首席技师工作室18个，完成"高师带徒"2000对，组织市、区两级比武竞赛项目60个。加大宣传力度，营造尊重技能人才、人人岗位成才的良好社会氛围。

根据浦东新区2014年9月26日出台的《关于调整本区万人就业项目公共服务类队伍等公益性岗位从业人员收入标准及协管员队伍工资指导标准的通知》，2014年新区实行全日制的万人就业项目公共服务类队伍，在现有收入标准的基础上，每人每月增加200元，从业人员月收入标准调整为每月1940元；协管员队伍从业人员在现有的基础上，每人每月增加200元，工资指导标准为每人每月1940元。

(五)两区合并后归并统一征地人员的社会保障

2009年两区合并后,新区南北两片农村养老保险制度差异和征地安置成本差异较大:2009年农保最低养老金水平,南片为210元,北片为380元,二者相差170元;人均征地安置成本,南片为9.8万元,北片为15.5万元,二者相差5.7万元。2003年上海市小城镇社会保险制度出台,明确小城镇社会保险制度是以被征地人员为参保对象的一项社会保险制度。对征地农民形成了落实社会保障、市场化就业的安置模式。2005年上海市进一步出台了《关于本市征地养老人员参加小城镇社会保险相关规定》(沪镇保办发〔2005〕1号)。此后,原南汇与原浦东根据该文精神,分别制订了各自的征地养老人员(包括提前养老人员)参加小城镇社会保险的办法。

原南汇:原南汇区人民政府根据文件精神,制订了《关于二〇〇五年推进小城镇社会保险工作的意见》(南府发〔2005〕17号),确定了征地养老人员参加镇保的办法,相应待遇为一次性缴纳15年的镇保基本养老、医疗保险费和3%的补充门急诊医疗保险费;征地单位在缴费后与原管理的征地人员将不再具有管理义务,被征地人员到达领取养老金年龄即男性60周岁、女性55周岁的,到社保领取镇保养老金。办法对完全丧劳征地提前养老人员规定,由征地单位向社保一次性缴纳生活补贴费,缴纳标准按当时的征地养老人员生活费标准乘以征地人员领取镇保养老金前的实际月数计算。完全丧劳征地提前养老人员在到达领取镇保养老金年龄前每月从社保实际领取的生活费标准等同于征地当时的征地养老生活费标准。

原浦东:2007年,浦东新区出资把区县管理的存量征地养老人员也纳入了镇保体系,对征地养老人员形成了"15年镇保+2万元补充养老+门急诊新区统筹""15年镇保+5万元补充养老""30年镇保"三种安置模式,由征地养老人员根据自身实际进行选择。其中选择"15年镇保+5万元补充养老""30年镇保"安置办法的征地提前养老人员在到达法定退休年龄前每月从社保实际领取的生活费标准等同于征地当时一次性缴纳的生活费标准;而选择"15年镇保+2万元补充养老+门急诊新区统筹"办法的征地提前养老人员,在到达法定退休年龄前每月继续从征地养老金中领取的生活费标准定期调整。浦东新区征地丧劳人员均选择"15年镇保+2万元补充养老+门急诊新区统筹"办法。

两区合并后归并统一的安置办法。浦东新区于2011年2月出台了征地安置新政策。征地安置新政策明确征地完全丧劳人员的安置标准为"15年镇保+5万元补充养老"。在到达法定退休年龄前的每月生活补贴费，由新区人力资源和社会保障局定期公布，由征地养老基金列支。该规定对原浦东征地养老人员三种安置模式进行了归并，并提高了原南汇征地养老人员的安置标准。对征地安置新政策落实安置待遇的征地完全丧劳人员的生活补贴费标准建立了定期调整机制。

（六）外来农民工社会保障水平大幅提高

截止到2013年底，浦东新区外来流动人口达266.8万人。从2011年7月起，上海市逐步取消实行了近10年的外来从业人员综合保险（以下简称综保），实行综保转城保，保障水平大幅提升。在养老保险方面，从每缴满1年综保可一次性获得1000元左右的养老补贴，升级为可按月领取2000元左右的养老金。外来人员综保转城保还解决了社保的异地接续问题。外来农民工社会保障从老家转到上海市，从"农保"转至"城保"，保障水平大幅提高，如在上海市领取养老金，可由老家的每月几十元（少数人可达百元）提高到千元以上。

二 浦东新区社会保险制度改革存在的主要问题

（一）城乡居民社会养老保险待遇偏低

浦东新区的城居保待遇在同样的缴费标准前提下要低于新农保待遇，而相反城市的生活成本要比农村高出很多，暴露了相关政策的失衡性。同时，城乡居民社会养老保险待遇比其他群体的养老金待遇都要低，按最低档缴费满15年，由于浦东新区对参加新农保人员有185元过渡性养老金补贴，虽然基础养老金比城居保少了30元，但总额反而高出了155元，而2013年的镇保最低月养老金已达1093元，更是最低缴费档次城居保养老金的近两倍（见表3）。根据上海市城乡居民基本养老保险待遇测算办法，一位参保人即使按照最高档次 2300 元的年缴费标准缴纳养老保险费,他能够领取的养老金合计仅为 775 元。

表3 各类养老保险待遇对比

单位:元/月

年份	城居保	新农保	镇保	城镇职工
2012	476	631	963	1496
2013	546	701	1093	1725.9

资料来源:《浦东新区劳动保障学会:城镇居民社会养老保险政策分析——以陆家嘴街道为例》,http://www.pdldxh.cn/Portal/LaborAcademy/CommonArticleDetail.aspx?type=200&id=688。

(二)近几年来城保、镇保、农保之间的待遇差距逐渐扩大,导致社会保障体系的公平性问题凸显

近几年来,国家连续每年提高养老金待遇,但由于养老金计发缺乏灵活体制,在每年养老金的增加额方面,镇保约是城保的一半,而农保约是镇保的一半,这样导致城保、镇保、农保之间的待遇差距逐渐扩大,从而导致基础养老金的公平性问题凸显。

随着镇保和城保待遇差距的不断扩大,新区征地人员对于提高镇保待遇的呼声也越来越强烈,历史遗留矛盾化解压力进一步增大。

(三)近几年来城保、镇保、农保之间只能单向转移,导致社会保障体系的流动性发生问题

目前国家出台了有关城乡居民社会保障转移衔接办法的讨论稿,导致城保、镇保、农保之间可以从上往下转移,但不允许从下往上转移,这是一种单方向的转移,即城保可折算为镇保或农保,但镇保或农保不可折算为城保。一般将近郊的被征地人员纳入城居保,不愿将其纳入城保,而城保和城居保的基础养老金待遇标准相差很大,从而导致被征地人员的社会稳定性产生问题。

(四)养老保险缴费率太高,不利于基础养老金的全国统筹

多年来新区养老保险企业缴费比例高达22%,虽然2013年降低到

21%，但仍高于20%的全国平均水平，与外地相比较，这就增加了本地的企业负担，影响了本地企业的竞争力。尤其是将综保、镇保从低水平的社会保险缴费率转入城保的高水平缴费率，这一缴费的高门槛使许多劳动密集型的企业（尤其是中小企业）和非正规就业人员难以跨越，这将给原综保从业人员的企业带来巨大成本压力，可能导致相当部分企业逃缴，甚至可能会导致相当部分劳动密集型制造业和传统服务业的企业外迁，导致本地服务业价格上升，进一步推高本地的生活成本和商务成本。如果未来发生这种情况，这对新区经济增长是相当不利的，因为这部分群体规模比较大。

三 浦东新区社会保险制度改革的展望与制度创新

（一）不断提升各类人群社会保障水平

遵循"保基本、广覆盖、可持续"的基本要求，按照国家和本市社会保障制度的发展情况，根据城乡经济发展的特点，针对企业职工、城镇老年居民、农民、支援外地建设退休（退职）回沪定居人员等不同人群的保障需求，加强分类指导，纳入相应的社会保障制度，确保各类人群应保尽保，实现社会保障制度全覆盖。配合本市完善城镇职工养老保险制度的工作安排，做好各类保险的转续衔接等工作。

目前，新区已基本完成外来农民工综保转城保改革，这是农民工社会保障市民化的一大飞跃。但外来农民工加入的城保与本地市民城保仍有差距。一是保险种类不同，市民城保包含5种保险而外来农民工职保只包含医疗、养老、工伤3类保险，缺少生育、失业保险。二是参保基数和参保比例有所不同。2011~2015年（过渡期）外来农民工参保基数仅为市民水平的40%~55%，过渡期以后，外来农民工医疗保险的缴费比例仍为市民缴纳水平的一半。建议依照国务院批转的《社会保障"十二五"规划纲要》关于"逐步提高社会保障水平，逐步缩小相关群体的保障水平差距，使广大人民群众平等共享经济社会发展成果"的要求，加快改革步伐，尽快有序实现外来农民工社会保障的同城待遇，提高外来农民工社会保障水平。

（二）合理确定城保、镇保、农保之间的待遇折算办法，提高社会保障体系的公平性

建议为人们提供一个可供选择的通道，采用转移衔接办法，将镇保或农保折算为城保，如将一定年限的镇保或一定缴费额的农保折算为一年城保，同时提供政策出台的过渡期和可供选择的方案。

（三）合理制定城保、镇保、农保之间的双向转移办法，提高社会保障体系的适应流动性

建议合理建立城保、镇保、农保之间可上可下的折算制度，即不仅城保可折算为镇保或农保，而且镇保或农保也可折算为城保。如果镇保或农保不能折算为城保，那么至少维持现状，确保前后衔接，左右衔接。

（四）适当降低缴费率，建议浦东新区向中央申请成为建立国民基础养老金的试验区

目前，在面临人口老龄化加速、收入差距扩大、未来经济增长下滑、亟须转变经济发展方式的国内环境下，面对解决大量就业问题的众多中小企业的成本压力和经营困难，现在到了降低企业缴费率的时候了，将城保养老保险的企业缴费率先降至20%，并向中央申请成为建立国民基础养老金的试验区。只有降低缴费率，才能使低收入群体包括农民工和城镇非正规就业人员都参加进来，清除了将镇保、综保转入城保的"与高缴费率水平靠拢"的困难与障碍，将大幅度降低企业逃缴率。降低强制性的养老保险缴费率，不但有利于扩大养老保险的覆盖率，还有利于尽快提高统筹层次，实行养老保险的全国统筹，才有可能顺利地将综保、镇保转入城保，扩大覆盖面，真正实现"广覆盖、保基本、多层次、可持续"的目标。

四 建议浦东新区试点国民基础养老金的具体方案

中国（上海）自贸区的设立旨在按照经济发展的规律推进深化、完善和拓展相关试点任务，形成可复制、可推广的经验。自由贸易试验区成立以来，

在党中央、国务院领导下，以制度创新为核心，以形成可复制、可推广经验为要求，取得了一系列新成果。最近在中央全面深化改革领导小组第六次会议上，习近平总书记要求对试验取得的可复制、可推广的经验，能在其他地区推广的要尽快推广，能在全国推广的要推广到全国。借助上海浦东自贸区建设推进制度创新的契机，我们建议率先在浦东试点"国民基础养老金制度改革"，以期形成试点经验后，向全国推广。

（一）我国基础养老金全国统筹面临的问题

1. 我国基础养老金全国统筹进展缓慢

近年来我国许多重要政策和法律文件（如党的十八大报告、"十二五"规划纲要和社会保险法）都明确指出要逐步实现基础养老金的全国统筹。基础养老金实现全国统筹不但对于完善我国的社会养老保险体制、提高养老保险的公平性、效率和财务可持续性意义重大，也对减少我国劳动力市场分割和形成全国统一的劳动力市场意义重大。但迄今为止，实现全国统筹的进程进展缓慢。造成这种情况的主要原因有两个：一是基础养老金的强制缴费率过高，高缴费率大大增加了实现全国统筹的过程中协调不同地方利益的难度，而且高缴费率不符合"广覆盖，保基本"的原则；二是全国统筹需要中央政府部门发挥主导性作用，但是迄今中央相关部门尚未提出有关全国统筹的具体方案。

2. 基本养老保险的强制缴费率过高增加了全国统筹的难度

目前我国社会保险缴费率已高居世界各国前列。根据我国的统计，目前我国雇主单位和职工个人"五险"（养老、医疗、失业、工伤和生育保险）的缴费率合计达41%，排在法国和德国之后位列第三。大大高于日本（合计26.98%）、美国（合计17.35%）等发达国家。五险加住房公积金的缴费率更高达51%，居全球首位。

国际劳工组织（ILO）认为，高缴费率的国家往往企业逃缴社会保险费的情况也比较严重；高缴费率使企业缺乏参保积极性，同时也使雇员的当前收入下降，影响他们的参保意愿。我国情况正是如此。由于城镇基本养老保险的强制缴费率过高，我国城镇从业人员中还有大量农民工和城镇非正规就业人员没有参保。2012年国家统计局发表的调查报告《2011年我国农民工调查监测报告》指出，雇主或单位为农民工缴纳养老保险的比例仅为13.9%、低于缴纳工伤保险（23.6%）和医疗保险（16.7%）的比例。根据2012年度《人力资源社会保障事业发展统计公报》披露的信息，2012年全农民工总量达26261万人，其中外出农民工16336万人，但是截至当年末参加基本养老保险的农民工人数为4543万人，占全部农民工的17.3%，占外出农民工的27.8%。扩大基本养老保险的覆盖面是实现全国统筹的基础，为了加快实现基础养老金全国统筹的目标，首先应该考虑降低基本养老保险的强制缴费率。

3. 实现全国统筹的总体方案、路线图和时间表有待明确

基本养老保险实现全国统筹的路径，原来考虑较多的是先实行省级统筹，然后再进一步实现全国统筹。基于这样的改革路径，在省级统筹缺少实质性进展的情况下，全国统筹也就无从谈起了。

实际上，我国的一个基本国情是，不同省市之间的经济社会发展水平、社会平均工资，以及基本养老保险的缴费率、替代率和基本养老保险的财务状况都存在很大差异。根据郑秉文主编的《中国养老金发展报告2012》提供的数据，2011年全国城镇基本养老保险征缴收入扣除基金总支出后的积余为1191亿元。值得指出的是，这里的"积余"并不足以将个人账户"做实"，反而是"空账"继续扩大。在全部省级单位中，养老金当期征缴收入（不计财政补贴）大于支出的有18家，收不抵支的有14家。不但各省之间的差异较大，各省内部各地市之间的差异也很大，如江苏省的苏南与苏北地区，广东省的珠江三角洲地区与粤西和粤北山区之间的人均收入和养老金账务状况都存在显著差异。这种地区之间的差异显然增加了全国统筹的难度和阻力。实际上，采取现收现付的社会统筹养老金的强制缴费率越高，推动全国统筹的难度也就越大。

我国中青年劳动力从中西部向东部省份的迁移对地方养老金格局产生了重要影响。在全国32个省级单位中，积余最多的五个省即广东（积余518.58亿元）、浙江（294.11亿元）、江苏（293.32亿元）、北京（233.92亿元）和山东（205.73亿元）全部位于人口净流入的沿海地区。其中前三家的积余约等于全国的总积余。

面对这样一个基本国情，先实行省级统筹再实行全国统筹的做法费时太长，而且经过两次转型陡然增加了操作的复杂性。所以从改革的路线图来看，直截了当地实现全国统筹反而会更简单一些。当然，实现全国统筹是一个复杂的系统工程，需要一个深思熟虑的顶层设计。一方面全国统筹需要一个适用于

全国各地的统一的基本规则；另一方面，也需要至少在较长时间的过渡期内，承认各地目前的差异，并按"帕累托改良"的原则，兼顾不同地区和不同人群的当下利益和未来改革的大方向。为此，同时要充分调动中央与地方的积极性，形成推动改革的合力。

由于目前碎片化的养老保险体制存在诸多的问题，及其对我国形成全国统一的劳动力市场和推动新型城镇化等重大宏观目标带来的负面影响，实现基础养老金全国统筹的时间表宜早不宜迟，应该尽快启动并力争在"十二五"期末（2015年）完成这一重大举措。在充分学习借鉴世界各国社会养老保险有关理论和政策实践的基础上，结合我国的实际情况，我们提出了关于基础养老金实现全国统筹的如下原则性构想和可操作性建议，希望对实现我国基础养老金的全国统筹的相关决策有一定参考价值。

（二）实现基础养老金全国统筹的框架构想

1. 国民基础养老金的强制缴费率

如前所述，目前我国基础养老金的强制缴费率明显偏高。所以，我们建议建立一个强制缴费率门槛较低、各类劳动者均能参加的"国民基础养老金"（简称为"国民养老金"）。为了降低强制缴费率门槛，我们建议将国民养老金的强制缴费率定为工资的12%，与《城镇企业职工基本养老保险关系转移接续暂行办法》（国发办〔2009〕66号文）规定的参保人员跨地区流动时转移接续的缴费率相衔接。所有工资劳动者应当参加基本养老保险，用人单位必须为他们向国民养老金缴纳相当于工资总额12%的基础养老金。个体经营和非正规就业人员可以（自愿）参加基本养老保险，向国民养老金缴费，政府可给予一定补贴。他们的缴费基数，可按社会平均工资的一定比例（如60%、80%和100%三个档次）自行选择确定。国民基础养老金的收缴工作，可由中央社保部门负责，委托地方政府执行；也可考虑由税收部门统一征缴。

由于在城镇地区就业的所有工资劳动者，包括机关、事业单位职工和各类企业雇员全部强制参加全国统筹的国民基础养老金，广受诟病的养老金"双轨制"问题自然也就迎刃而解了。后面我们还将对这个问题进行进一步的讨论。

2. 国民基础养老金的替代率

对于实现"现收现付"的国民基础养老金来说，如果基金养老金支出与基金的征缴收入相平衡，即

$$平均养老金 \times 退休人员人数 = (平均工资 \times 缴费率) \times 缴费职工人数$$

等式两边同时除以平均工资和退休人员人数，可得

$$平均养老金 \div 平均工资 = 缴费率 \times (参保职工人数 \div 退休人员人数)$$

定义等式左边即为替代率，等式右边括号内项目（参保职工人数÷退休人员人数）即为支持比，上式可改写为

$$替代率 = 缴费率 \times 支持比$$

对于国民基础养老金来说，这是一个非常重要的等式，后面我们还会多次用到。上式的直观的解释是，如果支持比为3，即三位在职职工负担一位退休人员；缴费率为12%，即每人缴纳工资的12%，那么平均每位退休人员就可实现12%×3=36%的养老金替代率。

近年来全国城镇基本养老保险基金的支持比稳定在3以上。目前农民工的人数远超过城镇职工人数，但是农民工的参保率较低，以较低的强制缴费率实现全国统筹后，可有力地推进农民工参保，从而大大提高基金的支持比。

我们建议国民基础养老金在收取12%的缴费率的同时，承诺提供40%的养老金替代率。实际上，只要全国统筹基金的参保劳动力与退休人员的支持比保持在3.33以上，就可以维持基金的收支平衡。在从事第二、第三产业的农民工纳入城镇基本养老保险后，基础养老金的支持比可达4以上，所以全国统筹养老金提供40%的替代率，还会产生相当数量的统筹基金结余，该结余可用于改革过渡时期对部分困难地区养老金的补助，也可作为迎接未来人口老龄化高峰的储备资金。

随着我国人口的老龄化，我国国民基础养老金的支持比将不断下降。为了应对人口老龄化的挑战，我国可借鉴其他国家的经验，通过逐步提高法定退休年龄，以及提高享受养老金的最低缴费年限等措施，来防止社会养老保险支持比下降过快。此外，还可增加公共财政对基础养老金的资助，以及必要时适当提高缴费率等措施来提高基础养老金的筹资水平。国民基础养老金还应出台具体办法，将个人的养老金待遇水平与缴费多少适当挂钩，鼓励劳动者积极参保。此外，我

们还可从节制生育的政策转向鼓励生育的政策,适当提高人口的出生率。

3. 过渡期中央与地方责任的分担:"中央保基数,地方补差额"

如上所述,在实现全国统筹后,中央建立全国统筹的国民养老金制度,所有参保企业须向全国统筹的国民养老金缴纳相当于企业工资总额12%的养老保险费(个体经营人员可自愿参加)。在他们满足领取退休金的规定条件并退休后,可由国民养老金发放替代率为40%的基础养老金。

实现基础养老金全国统筹可继续遵循"帕累托改进"的原则,在过渡期内维持各地平均替代率不会因为社会统筹而下降。为此,可采取"中央保基数,地方补差额"的办法。"中央保基数"是指全国统筹的国民养老金确保向这些已经退休或即将退休的人员发放平均替代率为40%的基础养老金;"地方补差额"是指如果在实现全国统筹前某地的替代率高于40%,则超过40%的替代率差额由地方负责补足。根据《中国养老金发展报告2012》,2010年各省(市、自治区)和新疆兵团共32个省级单位的企业部门城镇职工基本养老金的替代率平均为39.3%,其中替代率低于40%的有18个省,替代率高于40%的有14个省,后者需要补足差额。为此,建议让各地建立"地方过渡基础养老基金"(简称"地方过渡养老金"),用来承担过渡期内"地方补差额"。地方过渡养老金可在向国民基础养老金缴纳的12%以外,向部分企业和职工征收基本养老保险缴费。在后面关于过渡问题的讨论中,我们还会进一步具体讨论这个问题。

这里我们想指出的是,在上述替代率高于40%的14个省中,实际替代率超过40%的差额,8个省在10%以下,4个省在10%~20%,2个省在25%左右。从总体上看,地方补差额的压力不大。一般应可由地方过渡养老金解决。如果地方过渡养老金不足的话,可用地方政府掌握的国企分红、国有资产变现、公共财政补助解决;如果地方资源确实不敷支出的话,可申请通过全国社会保障基金或中央财政的转移支付来弥补。

(三)不同参保人群的过渡措施

在过渡期内,可考虑将参加城保的职工分为四部分:一是实现全国统筹时已经退休(称为"已退休人员");二是尚未退休,但参保时间已达15年或以上的职工(简称为"老人");三是实行全国统筹时已经参保,但参保时间不足15年的职工(简称为"中人");四是在实行全国统筹后参保的职工(简称为"新人")。

1. 对"已退休人员"和"老人"实行"老办法"

对于全国统筹时已经退休的老退休人员,可继续领取养老金,且养老金的替代率保持不变。只是其中 40% 的替代率由全国统筹的国民养老金发放,超过 40% 部分的替代率差额,由地方过渡养老金发放。

对于尚未退休的"老人"的缴费,企业 20% 的缴费率也维持不变,只是其中的 12% 向全国统筹基金缴纳,其余 8% 向地方过渡基金缴纳。"老人"继续缴纳相当于本人工资 8% 的个人账户养老金,也一起纳入地方过渡基金。放弃对这部分"老人"做实个人账户的目标,或者说,他们原来的社会统筹养老金与个人账户养老金将混合使用,全部实行现收现付。他们退休后,养老金替代率保持不变,其中 40% 的替代率由全国统筹的国民养老金发放,超过 40% 的替代率差额,由地方过渡养老金发放。

2. 对"中人"实行"新办法",全国统筹前的部分社会统筹缴费计入个人账户

"中人"将继续同时拥有社会统筹账户(第一支柱)与强制性个人账户(第二支柱)。他们所在企业须为他们向国民养老金缴纳相当于工资 12% 的缴费。"中人"须继续向自己的个人账户缴纳相当于本人工资 8% 的个人账户缴费,或在 4%~12% 的范围内选择个人账户缴费率。全国统筹前"中人"所在企业历年向社会统筹缴费超过 12% 的部分(一般社会统筹缴费率为 20%,超过部分为 8%),全部或部分按规定办法计入各人的个人账户。"中人"退休后的养老金由两部分构成,一部分来自替代率为 40% 的国民基础养老金,另一部分来自他们的个人账户的年金化收益。

要改革对个人账户管理模式,由地方政府分散化管理运作转为由若干家中央授权的全国性的养老金资产管理公司专业化管理运作。放宽对个人账户养老金的投资限制,在控制投资风险的情况下提高养老金投资回报率。让各地政府、企业或职工个人在加强基金管理公司相关信息披露的基础上,自行选择管理个人账户的基金管理公司。养老金资产可成为资本市场的重要机构投资者,对于我国进一步发展和完善资本市场也有推动作用。国家应成立专门机构,负责对每位参保人基础养老金和个人账户养老金的相关信息进行备份和管理。

对于"中人"个人账户中可能的"空账"或负债,须由地方政府将债权明确量化到每个"中人"个人,并制定具体偿还计划在未来 20 年内逐步偿还。偿还个人账户负债的资金来源,同样可包括地方过渡养老金、地方国企分红,以及地方各级财政补助等,以及最后必要时来自全国社保基金或中央财政的转移支付。

3. 对"新人"实行"新办法"

在实现全国统筹后参保的劳动者可称为"新人"。对"新人"完全实行全国统筹后的养老金体制,由他们所在企业向全国统筹的国民养老金缴纳相当于工资12%的基础养老金缴费,并在退休后从国民养老金获得平均替代率为40%的养老金。他们可以在不同地区和不同职业之间自由流动而不必由于这些空间流动或社会流动而失去自己在社会统筹养老金中的权益。他们个人还须缴纳个人账户养老金,但是他们有更多的选择权,如他们可以在本人工资4%~12%的范围内自愿选择自己的个人账户养老金缴费率,可以在了解相关信息的基础上,自主选择个人账户养老金资产管理公司,他们的个人账户养老金将拥有更大的投资组合空间,从而有效地提高养老金资产的投资回报率。他们还可自愿参加企业年金或职业年金等第三支柱养老金并享受相应的税收优惠。

实现全国统筹后,各类参保人的缴费和受益情况可归纳如表4。

表4 实行基础养老金全国统筹后各类参保人的缴费和受益

参保人类别	企业缴费	个人缴费	养老金受益(待遇)
已退休"老人"	—	—	维持原来的"目标"替代率不变,其中40%由全国统筹基金提供,不足部分由地方过渡基金提供
在职"老人"	向全国统筹基金缴纳12%,向地方过渡基金缴纳8%	向地方过渡基金缴纳本人工资的8%,个人账户余额全部纳入地方过渡基金	同上
"中人"	向全国统筹基金缴纳12%,全国统筹前历年由企业向社会统筹基金缴纳的超过12%的部分(包括本金和回报),部分或全部按规定办法计入个人账户	向个人账户基金缴纳个人工资的4%~12%	由全国统筹基金提供40%的替代率;由退休时个人账户基金余额提供年金化受益
"新人"	向全国统筹基金缴纳12%	向个人账户基金缴纳个人工资的4%~12%	同上

资料来源:根据资料整理所得。

（四）其他相关改革措施

1. 适当兼顾不同地区和不同人群的利益

如上所述，我国地区之间和不同人群之间的收入差别较大。某些收入较高的地区和人群可能对养老金全国统筹可能的再分配功能存在较多疑虑。为了确保改革的顺利进行，需要适当兼顾不同地区和不同人群的利益，使养老金全国统筹改革的再分配功能一方面能向低收入的地区和人群适当倾斜，另一方面又能适当保护收入较高的地区和人群的积极性。为此，我们可借鉴发达国家的相关经验，使个人的缴费水平与个人养老金待遇适当挂钩。可定义参保人 j 在年度 t 的基础养老金年度得分 $\beta_{j,t}$：

$$\beta_{j,t} = \frac{(1-\lambda)y_{j,t} + \lambda \bar{y}_t}{\bar{y}_t}, \lambda \in [0,1]$$

式中 $y_{j,t}$ 为参保人 j 在年度 t 的个人工资，$\bar{y}_t$ 为年度 t 的社会平均工资，λ 是在计算年度得分时社会平均养老金的权重，体现基础养老金的再分配强度，λ 越大则再分配功能越强。上式的分子是参保人 j 本人工资与社平工资的加权平均。上式定义的年度得分是个人工资与社平工资的加权平均（分子）与社平工资（分母）的比率。上式也可改写为：

$$\beta_{j,t} = (1-\lambda)\frac{y_{j,t}}{\bar{y}_t} + \lambda, \lambda \in [0,1] \tag{1}$$

如果 $\lambda = 1$，则 $\beta_{j,t} = 1$，参保人 j 在年度 t 的得分与个人缴费不相关，体现平均主义的养老金分配（称为"贝弗里奇模式"）。如果 $\lambda = 0$，则 $\beta = \frac{y_j}{\bar{y}}$，表示年度得分与个人缴费完全挂钩，体现没有任何再分配功能的极端情况（称为"俾斯麦状态"）；

参保人 j 从开始工作到退休的全部工作年限内各年度得分累积起来成为他的总得分 β_j：

$$\beta_j = \sum_t \left[(1-\lambda)\frac{y_{j,t}}{\bar{y}_t} + \lambda\right], \lambda \in [0,1], t \in T_W \tag{2}$$

这里 T_W 是参保人 j 全部工作年限的集合，如从 1970~2010 年。参保人 j 退

休后的养老金待遇 B_j 可由下式决定：

$$B_j = \frac{\beta_j}{100} \times \bar{y}_\tau, \tau \in T_r \qquad (3)$$

这里 T_r 是参保人 j 从退休到死亡各年度的集合。上式表明，如参保人 j 某年的缴费工资等于社平工资，即 $y_{j,t} = \bar{y}_t$，则由（1）式他在该年的年度得分 $\beta_{j,t} = 1$，所以他在该年的缴费可增加一个百分点的替代率。假定他在工作 40 年后退休，每年的年度得分均等于 1，则由（2）式他的总得分 $\beta_j = 40$，由（3）式可知他退休后各年的养老金为 40% 乘以该年的社平工资。

实际上，根据《国务院关于完善企业职工基本养老保险制度的决定（国发〔2005〕38 号）》第六款的规定，"退休时的基础养老金月标准以当地上年度在岗职工月平均工资和本人指数化月平均缴费工资的平均值为基数，缴费每满 1 年发给 1%"。这里养老金的发放基数是在岗职工的平均工资与（扣除通货膨胀影响后）本人缴费工资的简单平均值，所以在该文件中 $\lambda = 0.5$。文件并规定，缴费 15 年以后可领取社会统筹养老金，每缴费一年可增加相当于一个百分点的替代率。实现基础养老金全国统筹后，可首先对不同省市的养老金待遇影响进行测算，并在此基础上选定体现再分配强度的参数 λ。

实行基础养老金全国统筹后，全国各地采用统一的全国平均工资。原来高收入地区的社平工资会高于全国平均工资，中等收入地区的社平工资会相当于全国平均工资，而低收入地区的社平工资会低于全国平均工资，所以采用全国平均工资会对不同收入地区的基础养老金待遇产生不同影响。此外，由于实现全国统筹后大量收入较低的农民工参保，会在提高基础养老金的支持比的同时降低全国的社平工资。对于这方面的影响，要做具体的测算，并采取适当的措施，来兼顾不同地区、不同参保人群利益的适当平衡。那些影响较大的地区，原则上可首先由地方过渡养老金调节，必要时由国民养老金提供必要帮助。

2. 实现机关事业单位养老金与企业养老金"双轨制"的并轨

我国除上海等少数地区外，机关事业单位职工基本上没有参加城镇职工基本养老保险，而是继续由财政负担其养老保险。机关事业单位职工个人不缴费，但是退休后的养老金待遇远远高于对应的企业退休人员，形成广受诟病的养老保险体制的"双轨制"。政府有关部门领导已明确表示养老金双轨制终将实现"并轨"。我们认为,双轨制的并轨应该而且可以与实现基础养老金全国统筹的改革结合起来进行。

在实现基础养老金全国统筹后,全体机关事业单位工作人员必须全部参加基本养老保险体制。他们在全国统筹前的工作期间虽然没有缴费,但可"视同缴费",并按参加工作的时间长短,划分为"已退休人员""老人""中人"和"新人"。全国统筹后各类人员与城镇企业职工同等缴费,同等受益。

具体来说,由上述各类人员所在的机关事业单位缴纳相当于工资12%的国民基础养老金缴费,并为"老人"缴纳相当于工资8%的地方过渡养老金缴费(两者合计为20%,与全国统筹前社会统筹账户的缴费率相同)。这些缴费所需资金应纳入相关的各级财政预算。要根据"中人"在全国统筹前的工作年数和历年工资将他们工资的8%计入他们的个人账户并逐步做实。此外,"老人"与"中人"个人须缴纳相当于本人工资8%的个人账户养老金缴费,其中"老人"的个人缴费纳入地方过渡基金,他们的个人账户不再做实。为了避免由于实行个人缴费影响机关事业单位职工的可支配收入,可同时相应增加他们工资,使得他们在"新增"个人账户缴费后,实际收入可保持不变[①]。各类人员的基本养老保险待遇,也应与企业职工适用同样的制度。

但是原来公务员与事业单位的养老金水平,要显著高于企业单位,所以当养老金并轨后,如果没有其他举措,他们的养老金水平会有所下降。据有关报道,并轨的主要难度就是公务员担心并轨后养老金水平下降。实际上,可以通过两个相应的措施来避免并轨造成相关人员养老金水平下降。一是通过财政预算另行设立机关事业单位过渡养老金,使这种"制度性"差距在较长时间内(如20年内)逐步平滑地缩小乃至消除。这些过渡措施主要是针对"已退休人员"和"老人";对"中人"和"新人"不需要采取这类过渡措施。二是通过养老保险的第三支柱即职业年金来加以适当弥补,但是要补在明处,规范透明。

---

① 如果个人账户的缴费率为8%,则机关事业单位职工工资需增加到原来的108.7%(=1÷0.92);如果个人账户的缴费率为12%,则他们的工资需增加到原来的113.64%(=1÷0.88),这样在新增个人账户缴费以后,他们的工资收入可维持原来的水平。

养老金双轨制的并轨改革的方向是正确的，必须坚定不移地进行。但由于这项改革涉及利益较多，难度较大。为此，对于包括养老金并轨在内的养老金全国改革方案，应该在经过专门研究和测算后，由全国人大在充分听取各方意见的基础上通过法定程序审议通过，避免让政府行政部门在改革进程中承受过大的政治压力。

3. 实现不同养老保险的个人账户管理运作的整合

目前我国城居保和新农保除了由政府提供的每月55元或由地方政府资助的更高水平的非缴费型养老金外，还鼓励参保人自愿缴纳个人账户养老金。但是城居保和新农保的资金筹集和管理一般在县级或地级，造成管理成本较高、风险池较小且投资选择少，回报率较低甚至负实际回报率，城乡居民参保积极性不高等问题。实现全国统筹后，城镇职工基本养老保险的第二支柱管理与城乡居民养老保险的个人账户管理可以整合起来，由政府授权的养老金资产管理公司管理，并且在控制风险的情况下增加投资机会，提高投资回报率。

（五）简短的结论

实现基础养老金全国统筹是我国政府的既定目标，但是目前缺少可操作的路线图和时间表。本人在分析全国统筹进展缓慢的可能原因后，提出不经过省级统筹直接实现全国统筹，并通过"中央保基数，地方补差额"的分工来实现从碎片化的地方统筹向全国统筹的平滑过渡。本文还对实现全国统筹的过渡措施提出了可操作的框架。

实现基础养老金全国统筹后，企业为"老人"负担的缴费率没有变化，但是为"中人"和"新人"的缴费率从约20%下降为12%，使企业的社会保险负担和劳务成本有明显下降。而且全国统筹改善了人才和劳动力跨地区流动的制度环境，因此还改善了企业，尤其是创新型企业的用人环境。另一个重要的改革红利可推动我国的城乡一体化和新型城镇化。基础养老金以较低的缴费率实现全国统筹，可提高农民工（和他们所在企业）的参保积极性，从而大大推进全国社会保障体制一体化和劳动力市场一体化。此外，全国统筹养老基金覆盖了包括机关事业单位职工在内的全体国民，这样广受诟病的养老金"双轨制"问题也就自然而然地得到了化解。今后机关事业单位可通过多层次的养老保险制度来提高养老金受益水平。

参考文献

《2014 年浦东新区政府工作报告》。

上海市浦东新区统计局编《上海浦东新区统计年鉴 2014》，中国统计出版社，2014；《上海浦东新区统计年鉴 2013》，中国统计出版社，2013。

上海市浦东新区劳动保障学会编《劳动保障相关政策数据汇编 2014》。

B.16 后记

时光荏苒,自上海社会科学院经济研究所与中共上海市浦东新区委员会党校合作编撰的第一本浦东蓝皮书——《上海浦东经济发展报告(2012)》问世,转眼已四年有余。一路走来的每个成长脚印历历在目,今天,我们又在为《上海浦东经济发展报告(2015)》的新生做最后的准备。这期间有辛苦的付出,更有收获的喜悦,还有一如既往的不断完善提高的决心与努力。

《上海浦东经济发展报告(2015)》的编撰人员主要由上海社会科学院经济研究所青年科研人员和上海市浦东新区党校的青年教师组成。经过一年时间的反复研讨交流,最后确定了以"自贸试验区溢出效应与制度创新"作为本年度蓝皮书的主题,并将15个报告按内容和专题分为总报告、自贸试验区篇、制度创新篇、实证案例篇四个大篇。紧扣浦东特色,体现时代特征,反映发展前沿是《上海浦东经济发展报告(2015)》努力呈现的特点,也是我们以后努力方向之一。

值此《上海浦东经济发展报告(2015)》付梓之际,我们要真诚感谢上海社会科学院院长王战教授、党委书记潘世伟教授、中共浦东新区委员会党校主持工作副校长黄钟对本书的指导、关心和帮助。要感谢上海社会科学院智库科研处杨亚琴处长、陈建勋副处长对本书的鼓励和支持。要感谢浦东新区区委研究室、区府研究室和区发改委等相关单位为本蓝皮书提供的资料支持。上海社会科学院经济研究所沈开艳副所长、徐美芳博士、李双金博士、谢华育博士,浦东新区党校胡云华博士、邰鹏峰博士参与了本书的组稿、联系、统稿等事务性工作,在此一并感谢。

沈开艳

2014年11月30日于上海社科院

Abstract

Annual Report on Economic Development of Pudong (2015) consists of five parts, i. e. main report, reports on Free Trade Zone, reports on Institution Innovation, reports on Specific Issues, and 15 reports in total. By means of forecasting the international and domestic economic situation, this book leads to a conclusion that given the opportunities and challenges with which Pudong should be faced, the year 2015 is the conclusion of the Twelfth Five-year Plan, and the pivotal year to lay the foundation for the Thirteenth Five-year Plan. For that, Pudong should grasp the opportunities, have more courage to innovate and practice, insist on developing by reform, especially by institution innovation and interactive development with the Free Trade Zone, continue the Comprehensive Complement Reform, relieve the impetus of transformation and development, and take the lead in realizing the transformation of economic development mode.

The main report forecasts the tendency of economic growth and development of Pudong in 1915, after reviewing the situation and characteristic of that in 2014, the report concludes that the growth rate of Pudong economy is 9.3%. Meanwhile, the report considers the promotion of Pudong to accelerate the economic transformation is faced with lots of troubles, and puts forward that Pudong ought to accelerate the innovation of linkage mechanism with the reform of Free Trade Zone, especially the linkage mechanism between Comprehensive Complement Reform and that of Free Trade Zone, maximize the spillover effect of the Free Trade Zone, develop the "Four New Economies", foster new growth points, promote the integration of the urban and rural areas, push forward the regional equilibrium development.

Reports on Free Trade Zone focuses on the reform of the Free Trade Zone and its spillover effect. The first report of this part combs each innovation since the establishment of the Free Trade Zone, evaluates its innovation effect, and put forward policy suggestions. The next report investigates the negative list management, give a conclusion to six turn reforms of administration approval system, and then put forward to some prospective reform suggestion. The third report investigates the construction of headquarters economy, the function of finance and shipping from a perspective of function advancement, and forecast the reform of Free Trade Zone, the construction of kernel function zone of "Four Centres" in Pudong. The last reports further investigates the linkage mechanism between the reform of comprehensive complement and that of Free Trade Zone from the aspects of the financial innovation and the construction of the kernel function zone of shipping centre, and concludes that the demonstration effect of finance reform in Free Trade Zone has appeared, the reform should be continued in the aspects of supervision system, HR administration, and legal institution. Meanwhile from the prospective of interactive development with the kernel zone of shipping centre, this part of book forward some policy suggestion for Pudong to further promote the transport hub importance, the development level, regional and international significance of the kernel function zone of Shanghai international shipping centre.

Reports on Institution Innovation focuses on the reform driven by innovations, especially those of the crucial field of the economic transformation and development in Pudong. This part of the book gives a conclusion that since the beginning of the comprehensive complement reform, the governmental functions of Pudong New District have changed in many fields, in the future the reform should be continued in the administration approval system. This part also concludes that Pudong leads in the reform of supervision system, innovates the market supervision mode, and achieves much experience for the whole city of Shanghai in the aspect of "Four in One" reform, and that Pudong possess much advantage in scientific innovation in Shanghai, and should adhere to the system reform and innovation, leading the whole city to success in the new turn reform and development. This part draw a conclusion that the equilibrium distribution of the human resource of public services is helpful to improve people's livelihood, to construct new-style social public service system, the government should make innovations in the financial and HR policy. This part also concludes that Pudong should focuses on the property reform, continue to advance the integration of urban and rural areas by the institution and mechanism construction of planning, management, finance, social governance. The last report of this part give a conclusion that the development of the clusters of producer services should lay stress on the promotion of the industry chain, the breakthrough of the institution and mechanism restriction, and the optimization supporting service system.

Reports on Specific Issues give emphases on the specific practice issues. The first report analyses the online education industry in Pudong, focusing on the specific case of Hujiang. com, and concludes that Pudong government should adjust the relative polices, create favorable environments, give impetus to the development of Strategic emerging industries. The second report analyses the influence of the exploration of Lingang Area on its urbanization, and concludes that on the basis of the regional reality, the development of urbanization in Lingang Area should lay stress on the interactive development of the development zone and local town governments. The third reports investigates the problems in the reform of social security, and puts forward that Pudong should leads the reform of "National Basic Pension System" in the whole country, and gives some practicable suggestions.

Contents

B I Main Report

B.1 An Analysis and Forecast of Pudong Economic
Development in 2015   *Hu Yunhua* / 001

    1. An Analysis of the International and Domestic Macroeconomic
Backdrop in 2014   / 002

    2. An Analysis of the Tendency of Pudong Economic
Development in 2014   / 005

    3. The Problems of Economic Transformation in Pudong   / 014

    4. The Macroeconomic Background of Pudong Development in 2015   / 017

    5. The Tendency of Pudong Economic Development in 2015 and the
Relative Policy Suggestions   / 020

    Abstract: The report forecasts the tendency of economic growth and development of Pudong in 1915, after reviewing the situation and characteristic of that in 2014, the report concludes that the growth rate of Pudong economy is 9.3%. Meanwhile, the report considers the promotion of Pudong to accelerate the economic transformation is faced with lots of troubles, and puts forward that Pudong ought to accelerate the innovation of linkage mechanism with the reform of Free Trade Zone, especially the linkage mechanism between Comprehensive Complement Reform and that of Free Trade Zone, maximize the spillover effect of the Free Trade Zone, develop the "Four New Economies", foster new growth points, promote the integration of the urban and rural areas, push forward the regional equilibrium development.

    Keywords: Pudong's Economy; Transformational Development; Predictive Analysis

B II Reports on the Free Trade

B.2 China (Shanghai) Pilot Free Trade Zone: Innovations and Restrictions　　*Shen Guilong / 026*

Abstract: The first year of operation of the China (Shanghai) Pilot Trade Zone (SFTZ) has achieved positive progess in implementing the five major missions in the Framework Plan of the State Council, and has also provided valuable experience for deepening China's reforms and opening. From the perspective of institutional innovation, there are three types of reforms. The first type is the continuaiton of practices which have been tested in other regions in China. The second type is the broadening of reforms in zones which were part of SFTZ, such as the Waigaoqiao Free Trade Zone. The third type is innovation reforms which have not been done before in China. The last type is the highlight of SFTZ. While innovation reforms of the SFTZ have made progrese, four aspects need to be strengthened: The speed and pace of reforms are slower than expected; innovation measures are far behind international standard; innovations tend to be fragmented; and the operability of innovations need to be stengthened. Furthermore, deep-rooted underlying problems include bottlenecks in institution, in organizational mechanism, and in the legal system. Suggested remedies include the following: Establishing a FTZ leading Group at the national level; strengthening the coordination function of the SFTZ Leading Group in Shanghai; enhancing the solemnity and authority of the law; and letting more enterprises, industry associations and other social organiazations to paticipate in the reform process of the SFTZ.

Keywords: Experimental Free-trade Area; Innovation Reform; Bottleneck Restriction

B.3 Reform of Administration Approval System in the Mode of Negative List Management in Pudong　　*Mao Lixiong, etc / 042*

Abstract: The Negative-List management mode reform in China (Shanghai)

experimental Free-Trade Zone demands the government to deal with the relationship between government and market, utmost ground vacates the market space and stimulate the vitality of enterprises. Therefore, the government must further the reform of administrative examination and approval system, and form a set of management and control of market risk, safeguard market order system. In this paper, through the interpretation of the Negative-List management mode, clarifies the basic connotation and the core concept, analysis of the influence of Negative-List management mode of the administrative examination and approval system. Based on the summary of Pudong New Area's six round of administrative examination and approval system reform practice, we will put forward some prospective reform ideas.

Keywords: Negative List; Administrative Examination and Approval; Pudong New Area

B.4 An Investigation into the Function Advancement of
China (Shanghai) Pilot Free Trade Zone *Tang Juelan* / 063

Abstract: The construction Pilot Free Trade Zone (PFTZ) is an important measure to promote reform and expand open of China. It is also a historical opportunity for transformation development of Shanghai, a good opportunity to enhance the level of "four center" core functional area of Pudong District. The main functions of the PFTZ are enhancing the headquarters economy, pushing up international trade function, cultivating the international financial services, developping international shipping and logistics functions, as well as the expansion of other productive service function. The first anniversary of PFTZ operation has made greatachievements, but something must be done to promote the development of PFTZ, such as improving the attractiveness of headquarters, changing trade development mode, opening financial innovation field, enhancing shipping service function.

Keywords: Experimental Free-trade Area; Function Expansion; Four Center; the Core Functional Areas

B. 5 An Investigation into the Institution of Finance Opening-up in China (Shanghai) Pilot Free Trade Zone　　*Yan Yanming* / 078

Abstract: After the establishment of China (Shanghai) Pilot Free Trade Zone, China has made remarkable achievements in the reform and opening of financial area. This mainly embodied by acceleration of the new financial institutions' gathering speed, improvement of relevant legal system, steadily opening up of the initial formation of capital account controls, facilitation of cross-border investment and financing exchange, rapidly expand of usage of cross-border RMB, breakthrough of the interest rate market and so on. Which not only plays a positive role for the entity economy development both internal and external of free trade test area, but also do help to the formation of demonstration effect. Compared with the national strategic requirements and the international competitive environment, China still try to improve the financial supervision system, innovation and talent management system, the exploration of open capital project control, adjust the existing legal system at present.

Keywords: Experimental Free-trade Area; Financial Openness; Financial System

B. 6 An Investigation into the Construction of Pilot Free Trade Zone and the Function Promotion of the Kernel Function Zone of Shanghai International Shipping Center　　*Xu Meifang* / 095

Abstract: There are five advantages for Pudong to construct the kernel function zone of Shanghai international shipping centre: shiopping system and mechanism、port conditions and the advantage of location、morden system of port cargo、Industrial system and the international finance centre platform. this part forwards some policy suggestion for Pudong to further promote the transport hub importance, the development level, regional and international significance of the kernel function zone of Shanghai international shipping center.

Keywords: Experimental Free-trade Area; the Core functional Area; International Shipping Centre

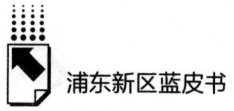

浦东新区蓝皮书

₿ Ⅲ Reports on Institution Innovations

B.7 Evaluations of the Governmental Function transformation in Pudong Comprehensive Complement Reform

Ye Qing, Shen Kaiyan, etc / 111

Abstract: As the first pilot zone for overall reform approved by the State Council, Pudong New District is located the main region for Shanghai to carry out the institution innovation and test rights on a higher start-point, a broader range and a higher level. According to the main points of standing committee of shanghai municipal people's congress, to inspect the promotion and safeguard of the overall reform is the main task of the committee. This report focuses on the inspection of the governmental function transformation by evaluation the implementation of the corresponding policies, and explores new thinking and approach for the whole city to advance the reforms by evaluation in order to play a part in the formation of experiences, reproducible and applicable.

Keywords: Synthetically Reform; Transformation of Government Functions; Evaluation

B.8 An Investigation into the practice and optimization of the "Four in One" mode of market supervision

Li Jiangping, Tai Pengfeng / 144

Abstract: At the third plenary session of the eighteenth central committee our party laid down that we would deepen the reform of market supervision system and implement a unified market supervision. It pointed out the direction for the reform of the system of market supervision. As the forefront of china's reform and opening-up Pudong has took the lead in the regulatory system reform. In the " four in one" reform practices, Pudong accumulated rich experience and will provide a useful reference for Shanghai.

Keywords: "Four Unity"; Market regulation; Structural Reform

B. 9 Thoughts and Suggestions on Pudong's Leading the Construction of Shanghai Scientific Innovation Centre　　*Li Shuangjin* / 166

Abstract: During years of playing vital roles in Shanghai's science and technology development, Pudong has formed good foundation and experience in implementing scientific innovation activities. But it also faces some obstacles such as the weak capability of resource integration, the stagnate development of innovation service organization, the backward system of selecting and cultivating innovation project. Pudong should further emancipate the mind and unify the understanding of market reform in the future. Pudong can lead the development of Shanghai's reform and development in the new era through taking steps including supporting the growth of innovational and newly established enterprises, fostering the service and incentive system of talent, pushing innovation cooperating through market, constructing excellent eco-system of finance, changing the government function. Enhancing the power of market is the key to all these steps.

Keywords: Leading; Technical Innovation; Innovation Center

B. 10 An Investigation into the Balanced Arrangement of HR Resource in Public Service　　*Lu Hugen, Wang Zhihang* / 182

Abstract: Public service is an important issue related to people's livelihood. As the overall layout and the requirements in the "Twelfth Five Year" planning, it is always an important part to represent the interests of the people, develop public service and improve people's livelihood in Pudong New Area. When we make significant promotion time in the scale of services and service level, the problem of the unbalanced distribution of public service personnel have emerged gradually at the same. This paper will research and Analysis on the current situation that the developing of public service career, personnel quantity, the characteristics of its structure and configuration, the causes of talent configuration and where is the solution, the tendency of future, try to make a preliminary answer to these questions.

Keywords: Public Service; Talent ; the Equilibrium Configuration

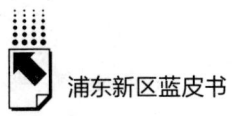
浦东新区蓝皮书

B.11　The Present Situation, Problems and Development Tendency of the integration of Urban and Rural Areas　*Xu Quanyong* / 203

Abstract: Since 2005 year, the institutional mechanisms for the construction of urban-rural integration become key tasks of reform and development in Pudong New Area, after nearly 10 years of reform, the difference of economic and social structure between urban and rural in Pudong has been significantly reduced, the great progress of has been made in system and mechanism integration of urban-rural integration, but the gap between urban and rural is still large distance. In the future, to seize the property reform of urban-rural integration as the core, continue to promote the integration of system and mechanism in urban and rural planning and construction, finance, social management etc.

Keywords: Integration of Urban and Rural Area; Comprehensive Reform of the Pudong New Area; Rural Property Rights

B.12　The Present Situation, Problems of and Suggestion on the Clusters of Producer Service Industry in Pudong

Zhou Haicheng / 222

Abstract: This article reviews the theories and international experiences of the development of producer services clusters, summarizes the status quo of the six producer services clusters in Pudong New Area, and analyzes several bottlenecks which constrain the further development of these existing clusters. It puts forward some countermeasures and suggestions. First, promote the integration of manufacturing industry and service industry. Second, create a relaxed policy environment for the development of producer services clusters. Third, enhance the producer services clusters "knowledge competitiveness". Fourth, strengthen the supporting service system construction for the clusters. Fifth, try to alleviate the service industry enterprise financing difficulties.

Keywords: Pudong New Area; Producer service; Industrial Cluster

B Ⅳ Reports on Specific Issues

B.13 E-Learning Industry in Pudong: Development Situation and Prospect *Wang Chang / 238*

Abstract: E-learning industry is a brand-new one that combines traditional and online education through the use of electronic educational technology on learning and teaching. The emerging and maturation of this new industry chain manifests that internet application could reduce enterprises crossover barriers through scientific and technological innovation and internet tools. As the market leader of e-learning industry in Pudong, Hujiang website is a successful crossover case that indicates the development of "Four New" economic strategies. Therefore, Pudong should seize the opportunity of promoting e-learning industry to adjust relative policies and create better environment. These measures could not only lead the transformation and upgrading of traditional education industry, but also cultivate and develop a strategic emerging industry.

Keywords: New Industry; E-Learning; Hujiang Website

B.14 Influence of the Exploration in Lingang Area on the urbanization of local rural areas
—an Example of Nicheng Town *Xie Huayu, Zhou Jiawen / 260*

Abstract: The exploration of Lingang Area gives great impetus of urbanization to this area which is the exurban region of Pudong before. Accordingly, Lingang Area obtained great-leap-forward development in the urban form, industry development, and living condition. The governments of the towns in this area, however, ought to face the problems such as how to adapt the accelerating change of urbanization and how to make correct choices in the proceeding of urbanization. On the basis of generalizing the urbanization of the towns in Lingang Area, this report analyzes the development of Nicheng as an example to explore the approaches to economic advancement and urbanization of the towns.

Keywords: Urbanization; Lingang Area; Land Utilization

B.15 An Investigation into National Basic Pension System Reform
—*An Example of Pudong*　　　　　　　　　*Xiao Yanhua* / 277

Abstract: Since Pudong new area's development and opening and Nanhui distract merged into Pudong new area, Pudong new area has achieved great achievement in the aspect of social insurance reform, has established social insurance system with Pudong's feature. Not only the coverage of Pudong's social insurance has constantly enlarged, but also the level of Pudong's social insurance has continuously enhanced. However, there is still existed some problems in the aspect of Pudong's social insurance. Therefore, we suggest that facing up with the opportunity of system reform with the development of China Free Trade Zone (Shanghai), Pudong new area take the lead in launching the pilot project of "Establishing National level Pooling of the Basic Pension", so as to form a pilot experience to promote the whole country.

Keywords: Pudong New Area; Social Insurance; Institution Innovation

B.16 Afterword　　　　　　　　　　　　　　　　　　　/ 298

皮书起源

"皮书"起源于十七、十八世纪的英国,主要指官方或社会组织正式发表的重要文件或报告,多以"白皮书"命名。在中国,"皮书"这一概念被社会广泛接受,并被成功运作、发展成为一种全新的出版型态,则源于中国社会科学院社会科学文献出版社。

皮书定义

皮书是对中国与世界发展状况和热点问题进行年度监测,以专业的角度、专家的视野和实证研究方法,针对某一领域或区域现状与发展态势展开分析和预测,具备权威性、前沿性、原创性、实证性、时效性等特点的连续性公开出版物,由一系列权威研究报告组成。皮书系列是社会科学文献出版社编辑出版的蓝皮书、绿皮书、黄皮书等的统称。

皮书作者

皮书系列的作者以中国社会科学院、著名高校、地方社会科学院的研究人员为主,多为国内一流研究机构的权威专家学者,他们的看法和观点代表了学界对中国与世界的现实和未来最高水平的解读与分析。

皮书荣誉

皮书系列已成为社会科学文献出版社的著名图书品牌和中国社会科学院的知名学术品牌。2011年,皮书系列正式列入"十二五"国家重点图书出版规划项目;2012~2014年,重点皮书列入中国社会科学院承担的国家哲学社会科学创新工程项目;2015年,41种院外皮书使用"中国社会科学院创新工程学术出版项目"标识。

中国皮书网
www.pishu.cn

发布皮书研创资讯，传播皮书精彩内容
引领皮书出版潮流，打造皮书服务平台

栏目设置：

- □ 资讯：皮书动态、皮书观点、皮书数据、皮书报道、皮书发布、电子期刊
- □ 标准：皮书评价、皮书研究、皮书规范
- □ 服务：最新皮书、皮书书目、重点推荐、在线购书
- □ 链接：皮书数据库、皮书博客、皮书微博、在线书城
- □ 搜索：资讯、图书、研究动态、皮书专家、研创团队

中国皮书网依托皮书系列"权威、前沿、原创"的优质内容资源，通过文字、图片、音频、视频等多种元素，在皮书研创者、使用者之间搭建了一个成果展示、资源共享的互动平台。

自2005年12月正式上线以来，中国皮书网的IP访问量、PV浏览量与日俱增，受到海内外研究者、公务人员、商务人士以及专业读者的广泛关注。

2008年、2011年中国皮书网均在全国新闻出版业网站荣誉评选中获得"最具商业价值网站"称号；2012年，获得"出版业网站百强"称号。

2014年，中国皮书网与皮书数据库实现资源共享，端口合一，将提供更丰富的内容，更全面的服务。

法律声明

"皮书系列"(含蓝皮书、绿皮书、黄皮书)之品牌由社会科学文献出版社最早使用并持续至今,现已被中国图书市场所熟知。"皮书系列"的 LOGO( )与"经济蓝皮书""社会蓝皮书"均已在中华人民共和国国家工商行政管理总局商标局登记注册。"皮书系列"图书的注册商标专用权及封面设计、版式设计的著作权均为社会科学文献出版社所有。未经社会科学文献出版社书面授权许可,任何使用与"皮书系列"图书注册商标、封面设计、版式设计相同或者近似的文字、图形或其组合的行为均系侵权行为。

经作者授权,本书的专有出版权及信息网络传播权为社会科学文献出版社享有。未经社会科学文献出版社书面授权许可,任何就本书内容的复制、发行或以数字形式进行网络传播的行为均系侵权行为。

社会科学文献出版社将通过法律途径追究上述侵权行为的法律责任,维护自身合法权益。

欢迎社会各界人士对侵犯社会科学文献出版社上述权利的侵权行为进行举报。电话:010-59367121,电子邮箱:fawubu@ssap.cn。

社会科学文献出版社

权威报告·热点资讯·特色资源

皮书数据库
ANNUAL REPORT(YEARBOOK) DATABASE

当代中国与世界发展高端智库平台

皮书俱乐部会员服务指南

1. 谁能成为皮书俱乐部成员?
- 皮书作者自动成为俱乐部会员
- 购买了皮书产品(纸质书/电子书)的个人用户

2. 会员可以享受的增值服务
- 免费获赠皮书数据库100元充值卡
- 加入皮书俱乐部,免费获赠该纸质图书的电子书
- 免费定期获赠皮书电子期刊
- 优先参与各类皮书学术活动
- 优先享受皮书产品的最新优惠

3. 如何享受增值服务?

(1) 免费获赠100元皮书数据库体验卡

第1步 刮开附赠充值的涂层(右下);

第2步 登录皮书数据库网站(www.pishu.com.cn),注册账号;

第3步 登录并进入"会员中心"—"在线充值"—"充值卡充值",充值成功后即可使用。

(2) 加入皮书俱乐部,凭数据库体验卡获赠该书的电子书

第1步 登录社会科学文献出版社官网(www.ssap.com.cn),注册账号;

第2步 登录并进入"会员中心"—"皮书俱乐部",提交加入皮书俱乐部申请;

第3步 审核通过后,再次进入皮书俱乐部,填写页面所需图书、体验卡信息即可自动兑换相应电子书。

4. 声明

解释权归社会科学文献出版社所有

皮书俱乐部会员可享受社会科学文献出版社其他相关免费增值服务,有任何疑问,均可与我们联系。

图书销售热线:010-59367070/7028
图书服务QQ:800045692
图书服务邮箱:duzhe@ssap.cn

数据库服务热线:400-008-6695
数据库服务QQ:2475522410
数据库服务邮箱:database@ssap.cn

欢迎登录社会科学文献出版社官网
(www.ssap.com.cn)
和中国皮书网(www.pishu.cn)
了解更多信息

社会科学文献出版社 皮书系列

卡号:682790581200
密码:

S 子库介绍
ub-Database Introduction

中国经济发展数据库

涵盖宏观经济、农业经济、工业经济、产业经济、财政金融、交通旅游、商业贸易、劳动经济、企业经济、房地产经济、城市经济、区域经济等领域，为用户实时了解经济运行态势、把握经济发展规律、洞察经济形势、做出经济决策提供参考和依据。

中国社会发展数据库

全面整合国内外有关中国社会发展的统计数据、深度分析报告、专家解读和热点资讯构建而成的专业学术数据库。涉及宗教、社会、人口、政治、外交、法律、文化、教育、体育、文学艺术、医药卫生、资源环境等多个领域。

中国行业发展数据库

以中国国民经济行业分类为依据，跟踪分析国民经济各行业市场运行状况和政策导向，提供行业发展最前沿的资讯，为用户投资、从业及各种经济决策提供理论基础和实践指导。内容涵盖农业，能源与矿产业，交通运输业，制造业，金融业，房地产业，租赁和商务服务业，科学研究，环境和公共设施管理，居民服务业，教育，卫生和社会保障，文化、体育和娱乐业等 100 余个行业。

中国区域发展数据库

以特定区域内的经济、社会、文化、法治、资源环境等领域的现状与发展情况进行分析和预测。涵盖中部、西部、东北、西北等地区，长三角、珠三角、黄三角、京津冀、环渤海、合肥经济圈、长株潭城市群、关中-天水经济区、海峡经济区等区域经济体和城市圈，北京、上海、浙江、河南、陕西等 34 个省份及中国台湾地区。

中国文化传媒数据库

包括文化事业、文化产业、宗教、群众文化、图书馆事业、博物馆事业、档案事业、语言文字、文学、历史地理、新闻传播、广播电视、出版事业、艺术、电影、娱乐等多个子库。

世界经济与国际政治数据库

以皮书系列中涉及世界经济与国际政治的研究成果为基础，全面整合国内外有关世界经济与国际政治的统计数据、深度分析报告、专家解读和热点资讯构建而成的专业学术数据库。包括世界经济、世界政治、世界文化、国际社会、国际关系、国际组织、区域发展、国别发展等多个子库。

权威·前沿·原创

社会科学文献出版社
皮书系列
2015年

盘点年度资讯　预测时代前程

社会科学文献出版社 学术传播中心 编制

社会科学文献出版社
SOCIAL SCIENCES ACADEMIC PRESS (CHINA)

社会科学文献出版社成立于1985年，是直属于中国社会科学院的人文社会科学专业学术出版机构。

成立以来，特别是1998年实施第二次创业以来，依托于中国社会科学院丰厚的学术出版和专家学者两大资源，坚持"创社科经典，出传世文献"的出版理念和"权威、前沿、原创"的产品定位，社科文献立足内涵式发展道路，从战略层面推动学术出版的五大能力建设，逐步走上了学术产品的系列化、规模化、数字化、国际化、市场化经营道路。

先后策划出版了著名的图书品牌和学术品牌"皮书"系列、"列国志"、"社科文献精品译库"、"全球化译丛"、"气候变化与人类发展译丛"、"近世中国"等一大批既有学术影响又有市场价值的系列图书。形成了较强的学术出版能力和资源整合能力，年发稿5亿字，年出版图书1400余种，承印发行中国社科院院属期刊70余种。

依托于雄厚的出版资源整合能力，社会科学文献出版社长期以来一直致力于从内容资源和数字平台两个方面实现传统出版的再造，并先后推出了皮书数据库、列国志数据库、中国田野调查数据库等一系列数字产品。

在国内原创著作、国外名家经典著作大量出版，数字出版突飞猛进的同时，社会科学文献出版社在学术出版国际化方面也取得了不俗的成绩。先后与荷兰博睿等十余家国际出版机构合作面向海外推出了《经济蓝皮书》《社会蓝皮书》等十余种皮书的英文版、俄文版、日文版等。截至目前，社会科学文献出版社共推出各类学术著作的英文版、日文版、俄文版、韩文版、阿拉伯文版等共百余种。

此外，社会科学文献出版社积极与中央和地方各类媒体合作，联合大型书店、学术书店、机场书店、网络书店、图书馆，逐步构建起了强大的学术图书的内容传播力和社会影响力，学术图书的媒体曝光率居全国之首，图书馆藏率居于全国出版机构前十位。

上述诸多成绩的取得，有赖于一支以年轻的博士、硕士为主体，一批从中国社科院刚退出科研一线的各学科专家为支撑的300多位高素质的编辑、出版和营销队伍，为我们实现学术立社，以学术的品位、学术价值来实现经济效益和社会效益这样一个目标的共同努力。

作为已经开启第三次创业梦想的人文社会科学学术出版机构，社会科学文献出版社结合社会需求、自身的条件以及行业发展，提出了新的创业目标：精心打造人文社会科学成果推广平台，发展成为一家集图书、期刊、声像电子和数字出版物为一体，面向海内外高端读者和客户，具备独特竞争力的人文社会科学内容资源供应商和海内外知名的专业学术出版机构。

社长致辞

我们是图书出版者,更是人文社会科学内容资源供应商;

我们背靠中国社会科学院,面向中国与世界人文社会科学界,坚持为人文社会科学的繁荣与发展服务;

我们精心打造权威信息资源整合平台,坚持为中国经济与社会的繁荣与发展提供决策咨询服务;

我们以读者定位自身,立志让爱书人读到好书,让求知者获得知识;

我们精心编辑、设计每一本好书以形成品牌张力,以优秀的品牌形象服务读者,开拓市场;

我们始终坚持"创社科经典,出传世文献"的经营理念,坚持"权威、前沿、原创"的产品特色;

我们"以人为本",提倡阳光下创业,员工与企业共享发展之成果;

我们立足于现实,认真对待我们的优势、劣势,我们更着眼于未来,以不断的学习与创新适应不断变化的世界,以不断的努力提升自己的实力;

我们愿与社会各界友好合作,共享人文社会科学发展之成果,共同推动中国学术出版乃至内容产业的繁荣与发展。

社会科学文献出版社社长
中国社会学会秘书长

2015 年 1 月

社会科学文献出版社　皮书系列

❖ 皮书起源 ❖

"皮书"起源于十七、十八世纪的英国，主要指官方或社会组织正式发表的重要文件或报告，多以"白皮书"命名。在中国，"皮书"这一概念被社会广泛接受，并被成功运作、发展成为一种全新的出版形态，则源于中国社会科学院社会科学文献出版社。

❖ 皮书定义 ❖

皮书是对中国与世界发展状况和热点问题进行年度监测，以专业的角度、专家的视野和实证研究方法，针对某一领域或区域现状与发展态势展开分析和预测，具备权威性、前沿性、原创性、实证性、时效性等特点的连续性公开出版物，由一系列权威研究报告组成。皮书系列是社会科学文献出版社编辑出版的蓝皮书、绿皮书、黄皮书等的统称。

❖ 皮书作者 ❖

皮书系列的作者以中国社会科学院、著名高校、地方社会科学院的研究人员为主，多为国内一流研究机构的权威专家学者，他们的看法和观点代表了学界对中国与世界的现实和未来最高水平的解读与分析。

❖ 皮书荣誉 ❖

皮书系列已成为社会科学文献出版社的著名图书品牌和中国社会科学院的知名学术品牌。2011年，皮书系列正式列入"十二五"国家重点出版规划项目；2012~2014年，重点皮书列入中国社会科学院承担的国家哲学社会科学创新工程项目；2015年，41种院外皮书使用"中国社会科学院创新工程学术出版项目"标识。

经济类

皮书系列
重点推荐

经 济 类

经济类皮书涵盖宏观经济、城市经济、大区域经济，提供权威、前沿的分析与预测

经济蓝皮书
2015年中国经济形势分析与预测

李扬 / 主编　　2014年12月出版　　定价:69.00元

◆ 本书课题为"总理基金项目"，由著名经济学家李扬领衔，联合数十家科研机构、国家部委和高等院校的专家共同撰写，对2014年中国宏观及微观经济形势，特别是全球金融危机及其对中国经济的影响进行了深入分析，并且提出了2015年经济走势的预测。

城市竞争力蓝皮书
中国城市竞争力报告No.13

倪鹏飞 / 主编　　2015年5月出版　　估价:89.00元

◆ 本书由中国社会科学院城市与竞争力研究中心主任倪鹏飞主持编写，汇集了众多研究城市经济问题的专家学者关于城市竞争力研究的最新成果。本报告构建了一套科学的城市竞争力评价指标体系，采用第一手数据材料，对国内重点城市年度竞争力格局变化进行客观分析和综合比较、排名，对研究城市经济及城市竞争力极具参考价值。

西部蓝皮书
中国西部发展报告（2015）

姚慧琴　徐璋勇 / 主编　　2015年7月出版　　估价:89.00元

◆ 本书由西北大学中国西部经济发展研究中心主编，汇集了源自西部本土以及国内研究西部问题的权威专家的第一手资料，对国家实施西部大开发战略进行年度动态跟踪，并对2015年西部经济、社会发展态势进行预测和展望。

皮书系列 重点推荐 　经济类

中部蓝皮书
中国中部地区发展报告（2015）

喻新安／主编　　2015年5月出版　　估价：69.00元

◆ 本书敏锐地抓住当前中部地区经济发展中的热点、难点问题，紧密地结合国家和中部经济社会发展的重大战略转变，对中部地区经济发展的各个领域进行了深入、全面的分析研究，并提出了具有理论研究价值和可操作性强的政策建议。

世界经济黄皮书
2015年世界经济形势分析与预测

王洛林　张宇燕／主编　　2014年12月出版　　估价：69.00元

◆ 本书为"十二五"国家重点图书出版规划项目，中国社会科学院创新工程学术出版资助项目，作者来自中国社会科学院世界经济与政治研究所。该书总结了2014年世界经济发展的热点问题，对2015年世界经济形势进行了分析与预测。

中国省域竞争力蓝皮书
中国省域经济综合竞争力发展报告（2015）

李建平　李闽榕　高燕京／主编　　2015年3月出版　　估价：198.00元

◆ 本书充分运用数理分析、空间分析、规范分析与实证分析相结合、定性分析与定量分析相结合的方法，建立起比较科学完善、符合中国国情的省域经济综合竞争力指标评价体系及数学模型，对2013~2014年中国内地31个省、市、区的经济综合竞争力进行全面、深入、科学的总体评价与比较分析。

城市蓝皮书
中国城市发展报告No.8

潘家华　魏后凯／主编　　2015年9月出版　　估价：69.00元

◆ 本书由中国社会科学院城市发展与环境研究中心编著，从中国城市的科学发展、城市环境可持续发展、城市经济集约发展、城市社会协调发展、城市基础设施与用地管理、城市管理体制改革以及中国城市科学发展实践等多角度、全方位地立体展示了中国城市的发展状况，并对中国城市的未来发展提出了建议。

经济类　皮书系列重点推荐

金融蓝皮书
中国金融发展报告（2015）
李　扬　王国刚/主编　2014年12月出版　估价:69.00元

◆　由中国社会科学院金融研究所组织编写的《中国金融发展报告（2015）》，概括和分析了2014年中国金融发展和运行中的各方面情况，研讨和评估了2014年发生的主要金融事件。本书由业内专家和青年精英联合编著，有利于读者了解掌握2014年中国的金融状况，把握2015年中国金融的走势。

低碳发展蓝皮书
中国低碳发展报告（2015）
齐　晔/主编　2015年3月出版　估价:89.00元

◆　本书对中国低碳发展的政策、行动和绩效进行科学、系统、全面的分析。重点是通过归纳中国低碳发展的绩效，评估与低碳发展相关的政策和措施，分析政策效应的制度背景和作用机制，为进一步的政策制定、优化和实施提供支持。

经济信息绿皮书
中国与世界经济发展报告（2015）
杜　平/主编　2014年12月出版　估价:79.00元

◆　本书由国家信息中心继续组织有关专家编撰。由国家信息中心组织专家队伍编撰，对2014年国内外经济发展环境、宏观经济发展趋势、经济运行中的主要矛盾、产业经济和区域经济热点、宏观调控政策的取向进行了系统的分析预测。

低碳经济蓝皮书
中国低碳经济发展报告（2015）
薛进军　赵忠秀/主编　2015年5月出版　估价:69.00元

◆　本书是以低碳经济为主题的系列研究报告，汇集了一批罗马俱乐部核心成员、IPCC工作组成员、碳排放理论的先驱者、政府气候变化问题顾问、低碳社会和低碳城市计划设计人等世界顶尖学者、对气候变化政策制定、特别是中国的低碳经济经济发展有特别参考意义。

社会政法类

社会政法类皮书聚焦社会发展领域的热点、难点问题，提供权威、原创的资讯与视点

社会蓝皮书

2015年中国社会形势分析与预测

李培林　陈光金　张　翼/主编　2014年12月出版　定价:69.00元

◆ 本报告是中国社会科学院"社会形势分析与预测"课题组2014年度分析报告，由中国社会科学院社会学研究所组织研究机构专家、高校学者和政府研究人员撰写。对2014年中国社会发展的各个方面内容进行了权威解读，同时对2015年社会形势发展趋势进行了预测。

法治蓝皮书

中国法治发展报告No.13（2015）

李　林　田　禾/主编　2015年2月出版　估价:98.00元

◆ 本年度法治蓝皮书一如既往秉承关注中国法治发展进程中的焦点问题的特点，回顾总结了2014年度中国法治发展取得的成就和存在的不足，并对2015年中国法治发展形势进行了预测和展望。

环境绿皮书

中国环境发展报告（2015）

刘鉴强/主编　2015年5月出版　估价:79.00元

◆ 本书由民间环保组织"自然之友"组织编写，由特别关注、生态保护、宜居城市、可持续消费以及政策与治理等版块构成，以公共利益的视角记录、审视和思考中国环境状况，呈现2014年中国环境与可持续发展领域的全局态势，用深刻的思考、科学的数据分析2014年的环境热点事件。

反腐倡廉蓝皮书

中国反腐倡廉建设报告 No.4

李秋芳 张英伟/主编　2014年12月出版　定价:79.00元

◆ 本书抓住了若干社会热点和焦点问题，全面反映了新时期新阶段中国反腐倡廉面对的严峻局面，以及中国共产党反腐倡廉建设的新实践新成果。根据实地调研、问卷调查和舆情分析，梳理了当下社会普遍关注的与反腐败密切相关的热点问题。

女性生活蓝皮书

中国女性生活状况报告 No.9（2015）

韩湘景/主编　2015年4月出版　估价:79.00元

◆ 本书由中国妇女杂志社、华坤女性生活调查中心和华坤女性消费指导中心组织编写，通过调查获得的大量调查数据，真实展现当年中国城市女性的生活状况、消费状况及对今后的预期。

华侨华人蓝皮书

华侨华人研究报告 (2015)

贾益民/主编　2015年12月出版　估价:118.00元

◆ 本书为中国社会科学院创新工程学术出版资助项目，是华侨大学向世界提供最新涉侨动态、理论研究和政策建议的平台。主要介绍了相关国家华侨华人的规模、分布、结构、发展趋势，以及全球涉侨生存安全环境和华文教育情况等。

政治参与蓝皮书

中国政治参与报告（2015）

房　宁/主编　2015年7月出版　估价:105.00元

◆ 本书作者均来自中国社会科学院政治学研究所，聚焦中国基层群众自治的参与情况介绍了城镇居民的社区建设与居民自治参与和农村居民的村民自治与农村社区建设参与情况。其优势是其指标评估体系的建构和问卷调查的设计专业，数据量丰富，统计结论科学严谨。

行业报告类

行业报告类皮书立足重点行业、新兴行业领域，提供及时、前瞻的数据与信息

房地产蓝皮书

中国房地产发展报告 No.12（2015）

魏后凯　李景国 / 主编　　2015年5月出版　　估价:79.00元

◆ 本书汇集了众多研究城市房地产经济问题的专家、学者关于城市房地产方面的最新研究成果。对2014年我国房地产经济发展状况进行了回顾，并做出了分析，全面翔实而又客观公正，同时，也对未来我国房地产业的发展形势做出了科学的预测。

保险蓝皮书

中国保险业竞争力报告（2015）

姚庆海　王力 / 主编　　2015年12月出版　　估价:98.00元

◆ 本皮书主要为监管机构、保险行业和保险学界提供保险市场一年来发展的总体评价，外在因素对保险业竞争力发展的影响研究；国家监管政策、市场主体经营创新及职能发挥、理论界最新研究成果等综述和评论。

企业社会责任蓝皮书

中国企业社会责任研究报告（2015）

黄群慧　彭华岗　钟宏武　张蒽 / 编著
2015年11月出版　估价:69.00元

◆ 本书系中国社会科学院经济学部企业社会责任研究中心组织编写的《企业社会责任蓝皮书》2015年分册。该书在对企业社会责任进行宏观总体研究的基础上，根据2014年企业社会责任及相关背景进行了创新研究，在全国企业中观层面对企业健全社会责任管理体系提供了弥足珍贵的丰富信息。

投资蓝皮书
中国投资发展报告（2015）

杨庆蔚 / 主编　　2015年4月出版　　估价：128.00元

◆ 本书是中国建银投资有限责任公司在投资实践中对中国投资发展的各方面问题进行深入研究和思考后的成果。投资包括固定资产投资、实业投资、金融产品投资、房地产投资等诸多领域，尝试将投资作为一个整体进行研究，能够较为清晰地展现社会资金流动的特点，为投资者、研究者、甚至政策制定者提供参考。

住房绿皮书
中国住房发展报告（2014~2015）

倪鹏飞 / 主编　　2014年12月出版　　估价：79.00元

◆ 本报告从宏观背景、市场主体、市场体系、公共政策和年度主题五个方面，对中国住宅市场体系做了全面系统的分析、预测与评价，并给出了相关政策建议，并在评述2013~2014年住房及相关市场走势的基础上，预测了2014~2015年住房及相关市场的发展变化。

人力资源蓝皮书
中国人力资源发展报告（2015）

余兴安 / 主编　　2015年9月出版　　估价：79.00元

◆ 本书是在人力资源和社会保障部部领导的支持下，由中国人事科学研究院汇集我国人力资源开发权威研究机构的诸多专家学者的研究成果编写而成。作为关于人力资源的蓝皮书，本书通过充分利用有关研究成果，更广泛、更深入地展示近年来我国人力资源开发重点领域的研究成果。

汽车蓝皮书
中国汽车产业发展报告（2015）

国务院发展研究中心产业经济研究部　中国汽车工程学会
大众汽车集团（中国）/ 主编　　2015年7月出版　　估价：128.00元

◆ 本书由国务院发展研究中心产业经济研究部、中国汽车工程学会、大众汽车集团（中国）联合主编，是关于中国汽车产业发展的研究性年度报告，介绍并分析了本年度中国汽车产业发展的形势。

国别与地区类

国别与地区类皮书关注全球重点国家与地区，提供全面、独特的解读与研究

亚太蓝皮书

亚太地区发展报告（2015）

李向阳／主编　　2015年1月出版　　估价：59.00元

◆　本书是由中国社会科学院亚太与全球战略研究院精心打造的品牌皮书，关注时下亚太地区局势发展动向里隐藏的中长趋势，剖析亚太地区政治与安全格局下的区域形势最新动向以及地区关系发展的热点问题，并对2015年亚太地区重大动态做出前瞻性的分析与预测。

日本蓝皮书

日本研究报告（2015）

李薇／主编　　2015年3月出版　　估价：69.00元

◆　本书由中华日本学会、中国社会科学院日本研究所合作推出，是以中国社会科学院日本研究所的研究人员为主完成的研究成果。对2014年日本的政治、外交、经济、社会文化作了回顾、分析与展望，并收录了该年度日本大事记。

德国蓝皮书

德国发展报告（2015）

郑春荣　伍慧萍／主编　　2015年6月出版　　估价：69.00元

◆　本报告由同济大学德国研究所组织编撰，由该领域的专家学者对德国的政治、经济、社会文化、外交等方面的形势发展情况，进行全面的阐述与分析。德国作为欧洲大陆第一强国，与中国各方面日渐紧密的合作关系，值得国内各界深切关注。

皮书系列
重点推荐

国别与地区类

国际形势黄皮书
全球政治与安全报告（2015）
李慎明　张宇燕 / 主编　2014 年 12 月出版　估价 :69.00 元

◆　本书为"十二五"国家重点图书出版规划项目、中国社会科学院创新工程学术出版资助项目，为"国际形势黄皮书"系列年度报告之一。报告旨在对本年度国际政治及安全形势的总体情况和变化进行回顾与分析，并提出一定的预测。

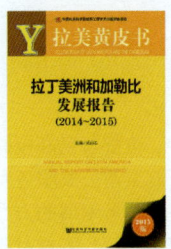

拉美黄皮书
拉丁美洲和加勒比发展报告（2014~2015）
吴白乙 / 主编　2015 年 4 月出版　估价 :89.00 元

◆　本书是中国社会科学院拉丁美洲研究所的第 14 份关于拉丁美洲和加勒比地区发展形势状况的年度报告。本书对 2014 年拉丁美洲和加勒比地区诸国的政治、经济、社会、外交等方面的发展情况做了系统介绍，对该地区相关国家的热点及焦点问题进行了总结和分析，并在此基础上对该地区各国 2015 年的发展前景做出预测。

美国蓝皮书
美国研究报告（2015）
黄　平　郑秉文 / 主编　2015 年 7 月出版　估价 :89.00 元

◆　本书是由中国社会科学院美国所主持完成的研究成果，它回顾了美国 2014 年的经济、政治形势与外交战略，对 2014 年以来美国内政外交发生的重大事件以及重要政策进行了较为全面的回顾和梳理。

大湄公河次区域蓝皮书
大湄公河次区域合作发展报告（2015）
刘　稚 / 主编　2015 年 9 月出版　估价 :79.00 元

◆　云南大学大湄公河次区域研究中心深入追踪分析该区域发展动向，以把握全面，突出重点为宗旨，系统介绍和研究大湄公河次区域合作的年度热点和重点问题，展望次区域合作的发展趋势，并对新形势下我国推进次区域合作深入发展提出相关对策建议。

皮书系列 重点推荐　地方发展类

地方发展类

地方发展类皮书关注大陆各省份、经济区域，提供科学、多元的预判与咨政信息

北京蓝皮书
北京公共服务发展报告（2014~2015）

施昌奎 / 著　2015年2月出版　估价：69.00元

◆ 本书是由北京市政府职能部门的领导、首都著名高校的教授、知名研究机构的专家共同完成的关于北京市公共服务发展与创新的研究成果。内容涉及了北京市公共服务发展的方方面面，既有综述性的总报告，也有细分的情况介绍，既有对北京各个城区的综合性描述，也有对局部、细部、具体问题的分析，对年度热点问题也都有涉及。

上海蓝皮书
上海经济发展报告（2015）

沈开艳 / 主编　2015年1月出版　估价：69.00元

◆ 本书系上海社会科学院系列之一，报告对2015年上海经济增长与发展趋势的进行了预测，把握了上海经济发展的脉搏和学术研究的前沿。

广州蓝皮书
广州经济发展报告（2015）

李江涛　朱名宏 / 主编　2015年5月出版　估价：69.00元

◆ 本书是由广州市社会科学院主持编写的"广州蓝皮书"系列之一，本报告对广州2014年宏观经济运行情况作了深入分析，对2015年宏观经济走势进行了合理预测，并在此基础上提出了相应的政策建议。

 文化传媒类 | 皮书系列 重点推荐

文化传媒类

文化传媒类皮书透视文化领域、文化产业，探索文化大繁荣、大发展的路径

新媒体蓝皮书
中国新媒体发展报告 No.5（2015）

唐绪军 / 主编　2015 年 6 月出版　估价：79.00 元

◆ 本书由中国社会科学院新闻与传播研究所和上海大学合作编写，在构建新媒体发展研究基本框架的基础上，全面梳理 2014 年中国新媒体发展现状，发表最前沿的网络媒体深度调查数据和研究成果，并对新媒体发展的未来趋势做出预测。

舆情蓝皮书
中国社会舆情与危机管理报告（2015）

谢耘耕 / 主编　2015 年 8 月出版　估价：98.00 元

◆ 本书由上海交通大学舆情研究实验室和危机管理研究中心主编，已被列入教育部人文社会科学研究报告培育项目。本书以新媒体环境下的中国社会为立足点，对 2014 年中国社会舆情、分类舆情等进行了深入系统的研究，并预测了 2015 年社会舆情走势。

文化蓝皮书
中国文化产业发展报告（2015）

张晓明　王家新　章建刚 / 主编　2015 年 4 月出版　估价：79.00 元

◆ 本书由中国社会科学院文化研究中心编写。从 2012 年开始，中国社会科学院文化研究中心设立了国内首个文化产业的研究类专项资金——"文化产业重大课题研究计划"，开始在全国范围内组织多学科专家学者对我国文化产业发展重大战略问题进行联合攻关研究。本书集中反映了该计划的研究成果。

经济类

G20国家创新竞争力黄皮书
二十国集团（G20）国家创新竞争力发展报告（2015）
著(编)者：黄茂兴　李闽榕　李建平　赵新力
2015年9月出版　估价：128.00元

产业蓝皮书
中国产业竞争力报告（2015）
著(编)者：张其仔　2015年5月出版／估价：79.00元

长三角蓝皮书
2015年全面深化改革中的长三角
著(编)者：张伟斌　2015年1月出版／估价：69.00元

城乡一体化蓝皮书
中国城乡一体化发展报告（2015）
著(编)者：付崇兰　汝信　2015年12月出版／估价：79.00元

城市创新蓝皮书
中国城市创新报告（2015）
著(编)者：周天勇　旷建伟　2015年8月出版／估价：69.00元

城市竞争力蓝皮书
中国城市竞争力报告（2015）
著(编)者：倪鹏飞　2015年5月出版／估价：89.00元

城市蓝皮书
中国城市发展报告NO.8
著(编)者：潘家华　魏后凯　2015年9月出版／估价：69.00元

城市群蓝皮书
中国城市群发展指数报告（2015）
著(编)者：刘新静　刘士林　2015年1月出版／估价：59.00元

城乡统筹蓝皮书
中国城乡统筹发展报告（2015）
著(编)者：潘晨光　程志强　2015年3月出版／估价：59.00元

城镇化蓝皮书
中国新型城镇化健康发展报告（2015）
著(编)者：张占斌　2015年5月出版／估价：79.00元

低碳发展蓝皮书
中国低碳发展报告（2015）
著(编)者：齐晔　2015年3月出版／估价：89.00元

低碳经济蓝皮书
中国低碳经济报告（2015）
著(编)者：薛进军　赵忠秀　2015年5月出版／估价：69.00元

东北蓝皮书
中国东北地区发展报告（2015）
著(编)者：马克　黄文艺　2015年8月出版／估价：79.00元

发展和改革蓝皮书
中国经济发展和体制改革报告（2015）
著(编)者：邹东涛　2015年11月出版／估价：98.00元

工业化蓝皮书
中国工业化进程报告（2015）
著(编)者：黄群慧　吕铁　李晓华　2015年11月出版／估价：89.00元

国际城市蓝皮书
国际城市发展报告（2015）
著(编)者：屠启宇　2015年1月出版／估价：69.00元

国家创新蓝皮书
中国创新发展报告（2015）
著(编)者：陈劲　2015年6月出版／估价：59.00元

环境竞争力绿皮书
中国省域环境竞争力发展报告（2015）
著(编)者：李闽榕　李建平　王金南
2015年12月出版／估价：148.00元

金融蓝皮书
中国金融发展报告（2015）
著(编)者：李扬　王国刚　2014年12月出版／估价：69.00元

金融信息服务蓝皮书
金融信息服务发展报告（2015）
著(编)者：鲁广锦　殷剑峰　林义相　2015年6月出版／估价：89.00元

经济蓝皮书
2015年中国经济形势分析与预测
著(编)者：李扬　2014年12月出版／定价：69.00元

经济蓝皮书·春季号
2015年中国经济前景分析
著(编)者：李扬　2015年5月出版／估价：79.00元

经济蓝皮书·夏季号
中国经济增长报告（2015）
著(编)者：李扬　2015年7月出版／估价：69.00元

经济信息绿皮书
中国与世界经济发展报告（2015）
著(编)者：杜平　2014年12月出版／估价：79.00元

就业蓝皮书
2015年中国大学生就业报告
著(编)者：麦可思研究院　2015年6月出版／估价：98.00元

临空经济蓝皮书
中国临空经济发展报告（2015）
著(编)者：连玉明　2015年9月出版／估价：79.00元

民营经济蓝皮书
中国民营经济发展报告（2015）
著(编)者：王钦敏　2015年12月出版／估价：79.00元

农村绿皮书
中国农村经济形势分析与预测（2014~2015）
著(编)者：中国社会科学院农村发展研究所　国家统计局农村社会经济调查司
2015年4月出版／估价：69.00元

农业应对气候变化蓝皮书
气候变化对中国农业影响评估报告（2015）
著(编)者：矫梅燕　2015年8月出版／估价：98.00元

经济类·社会政法类 — 皮书系列 2014全品种

企业公民蓝皮书
中国企业公民报告（2015）
著(编)者：邹东涛　2015年12月出版 / 估价：79.00元

气候变化绿皮书
应对气候变化报告（2015）
著(编)者：王伟光　郑国光　2015年10月出版 / 估价：79.00元

区域蓝皮书
中国区域经济发展报告（2015）
著(编)者：梁昊光　2015年4月出版 / 估价：79.00元

全球环境竞争力绿皮书
全球环境竞争力报告（2015）
著(编)者：李建建　李闽榕　李建平　王金南
2015年12月出版 / 估价：198.00元

人口与劳动绿皮书
中国人口与劳动问题报告（2015）
著(编)者：蔡昉　2015年11月出版 / 估价：59.00元

世界经济黄皮书
2015年世界经济形势分析与预测
著(编)者：王洛林　张宇燕　2014年12月出版 / 估价：69.00元

世界旅游城市绿皮书
世界旅游城市发展报告（2015）
著(编)者：鲁勇　周正宇　宋宇　2015年6月出版 / 估价：88.00元

西北蓝皮书
中国西北发展报告（2015）
著(编)者：张进海　陈冬红　段庆林　2014年12月出版 / 估价：69.00元

西部蓝皮书
中国西部发展报告（2015）
著(编)者：姚慧琴　徐璋勇　2015年7月出版 / 估价：89.00元

新型城镇化蓝皮书
新型城镇化发展报告（2015）
著(编)者：李伟　2015年10月出版 / 估价：89.00元

新兴经济体蓝皮书
金砖国家发展报告（2015）
著(编)者：林跃勤　周文　2015年7月出版 / 估价：79.00元

中部竞争力蓝皮书
中国中部经济社会竞争力报告（2015）
著(编)者：教育部人文社会科学重点研究基地
　　　　　南昌大学中国中部经济社会发展研究中心
2015年9月出版 / 估价：79.00元

中部蓝皮书
中国中部地区发展报告（2015）
著(编)者：喻新安　2015年5月出版 / 估价：69.00元

中国省域竞争力蓝皮书
中国省域经济综合竞争力发展报告（2015）
著(编)者：李建平　李闽榕　高燕京
2015年3月出版 / 估价：198.00元

中三角蓝皮书
长江中游城市群发展报告（2015）
著(编)者：秦尊文　2015年1月出版 / 估价：69.00元

中小城市绿皮书
中国中小城市发展报告（2015）
著(编)者：中国城市经济学会中小城市经济发展委员会
　　　　　《中国中小城市发展报告》编纂委员会
　　　　　中小城市发展战略研究院
2015年1月出版 / 估价：98.00元

中央商务区蓝皮书
中国中央商务区发展报告（2015）
著(编)者：中国商务区联盟
　　　　　中国社会科学院城市发展与环境研究所
2015年10月出版 / 估价：69.00元

中原蓝皮书
中原经济区发展报告（2015）
著(编)者：李英杰　2015年6月出版 / 估价：88.00元

社会政法类

北京蓝皮书
中国社区发展报告（2015）
著(编)者：于燕燕　2015年6月出版 / 估价：69.00元

殡葬绿皮书
中国殡葬事业发展报告（2015）
著(编)者：李伯森　2015年3月出版 / 估价：59.00元

城市管理蓝皮书
中国城市管理报告（2015）
著(编)者：谭维克　刘林　2015年10月出版 / 估价：158.00元

城市生活质量蓝皮书
中国城市生活质量报告（2015）
著(编)者：中国经济实验研究院　2015年6月出版 / 估价：59.00元

城市政府能力蓝皮书
中国城市政府公共服务能力评估报告（2015）
著(编)者：何艳玲　2015年7月出版 / 估价：59.00元

创新蓝皮书
创新型国家建设报告（2015）
著(编)者：詹正茂　2015年3月出版 / 估价：69.00元

15

皮书系列 2014全品种

社会政法类

慈善蓝皮书
中国慈善发展报告（2015）
著(编)者：杨团　2015年5月出版 / 估价：79.00元

大学生蓝皮书
中国大学生生活形态研究报告（2015）
著(编)者：张新洲　2015年12月出版 / 估价：69.00元

法治蓝皮书
中国法治发展报告No.13（2015）
著(编)者：李林　田禾　2015年2月出版 / 估价：98.00元

反腐倡廉蓝皮书
中国反腐倡廉建设报告No.4
著(编)者：李秋芳　张英伟　2014年12月出版 / 定价：79.00元

非传统安全蓝皮书
中国非传统安全研究报告（2015）
著(编)者：余潇枫　魏志江　2015年6月出版 / 估价：79.00元

妇女发展蓝皮书
中国妇女发展报告（2015）
著(编)者：王金玲　2015年9月出版 / 估价：148.00元

妇女教育蓝皮书
中国妇女教育发展报告（2015）
著(编)者：张李玺　2015年1月出版 / 估价：78.00元

妇女绿皮书
中国性别平等与妇女发展报告（2015）
著(编)者：谭琳　2015年12月出版 / 估价：99.00元

公共服务蓝皮书
中国城市基本公共服务力评价（2015）
著(编)者：钟君　吴正杲　2015年12月出版 / 估价：79.00元

公共服务满意度蓝皮书
中国城市公共服务评价报告（2015）
著(编)者：胡伟　2015年12月出版 / 估价：69.00元

公民科学素质蓝皮书
中国公民科学素质报告（2015）
著(编)者：李群　许佳军　2015年6月出版 / 估价：79.00元

公益蓝皮书
中国公益发展报告（2015）
著(编)者：朱健刚　2015年5月出版 / 估价：78.00元

管理蓝皮书
中国管理发展报告（2015）
著(编)者：张晓东　2015年9月出版 / 估价：98.00元

国际人才蓝皮书
中国国际移民报告（2015）
著(编)者：王辉耀　2015年1月出版 / 估价：79.00元

国际人才蓝皮书
中国海归发展报告（2015）
著(编)者：王辉耀　苗绿　2015年1月出版 / 估价：69.00元

国际人才蓝皮书
中国留学发展报告（2015）
著(编)者：王辉耀　苗绿　2015年9月出版 / 估价：69.00元

国家安全蓝皮书
中国国家安全研究报告（2015）
著(编)者：刘慧　2015年5月出版 / 估价：98.00元

行政改革蓝皮书
中国行政体制改革报告（2014~2015）
著(编)者：魏礼群　2015年3月出版 / 估价：89.00元

华侨华人蓝皮书
华侨华人研究报告（2015）
著(编)者：贾益民　2015年12月出版 / 估价：118.00元

环境绿皮书
中国环境发展报告（2015）
著(编)者：刘鉴强　2015年5月出版 / 估价：79.00元

基金会蓝皮书
中国基金会发展报告（2015）
著(编)者：刘忠祥　2015年6月出版 / 估价：69.00元

基金会绿皮书
中国基金会发展独立研究报告（2015）
著(编)者：基金会中心网　2015年8月出版 / 估价：88.00元

基金会透明度蓝皮书
中国基金会透明度发展研究报告（2015）
著(编)者：基金会中心网　清华大学廉政与治理研究中心　2015年9月出版 / 估价：78.00元

教师蓝皮书
中国中小学教师发展报告（2015）
著(编)者：曾晓东　2015年7月出版 / 估价：59.00元

教育蓝皮书
中国教育发展报告（2015）
著(编)者：杨东平　2015年5月出版 / 估价：79.00元

科普蓝皮书
中国科普基础设施发展报告（2015）
著(编)者：任福君　2015年6月出版 / 估价：59.00元

劳动保障蓝皮书
中国劳动保障发展报告（2015）
著(编)者：刘燕斌　2015年6月出版 / 估价：89.00元

老龄蓝皮书
中国老年宜居环境发展报告(2015)
著(编)者：吴玉韶　2015年9月出版 / 估价：79.00元

连片特困区蓝皮书
中国连片特困区发展报告（2015）
著(编)者：冷志明　游俊　2015年3月出版 / 估价：79.00元

民间组织蓝皮书
中国民间组织报告(2015)
著(编)者：潘晨光　黄晓勇　2015年8月出版 / 估价：69.00元

民调蓝皮书
中国民生调查报告（2015）
著(编)者：谢耘耕　2015年5月出版 / 估价：128.00元

社会政法类 — 皮书系列 2014全品种

民族发展蓝皮书
中国民族区域自治发展报告（2015）
著（编）者：王希恩 郝时远　2015年6月出版　估价：98.00元

女性生活蓝皮书
中国女性生活状况报告No.9（2015）
著（编）者：《中国妇女》杂志社 华坤女性生活调查中心
　　　　　 华坤女性消费指导中心
2015年4月出版　估价：79.00元

企业国际化蓝皮书
中国企业国际化报告(2015)
著（编）者：王辉耀　2015年10月出版　估价：79.00元

汽车社会蓝皮书
中国汽车社会发展报告（2015）
著（编）者：王俊秀　2015年1月出版　估价：59.00元

青年蓝皮书
中国青年发展报告No.3
著（编）者：廉思　2015年4月出版　估价：59.00元

区域人才蓝皮书
中国区域人才竞争力报告（2015）
著（编）者：桂昭明 王辉耀　2015年6月出版　估价：69.00元

群众体育蓝皮书
中国群众体育发展报告（2015）
著（编）者：刘国永 杨桦　2015年8月出版　估价：69.00元

人才蓝皮书
中国人才发展报告（2015）
著（编）者：潘晨光　2015年8月出版　估价：85.00元

人权蓝皮书
中国人权事业发展报告（2015）
著（编）者：中国人权研究会　2015年8月出版　估价：99.00元

森林碳汇绿皮书
中国森林碳汇评估发展报告（2015）
著（编）者：闫文德 胡文臻　2015年9月出版　估价：79.00元

社会保障绿皮书
中国社会保障发展报告（2015）
著（编）者：王延中　2015年6月出版　估价：79.00元

社会工作蓝皮书
中国社会工作发展报告（2015）
著（编）者：民政部社会工作研究中心
2015年8月出版　估价：79.00元

社会管理蓝皮书
中国社会管理创新报告（2015）
著（编）者：连玉明　2015年9月出版　估价：89.00元

社会蓝皮书
2015年中国社会形势分析与预测
著（编）者：李培林 陈光金 张翼
2014年12月出版　定价：69.00元

社会体制蓝皮书
中国社会体制改革报告（2015）
著（编）者：龚维斌　2015年5月出版　估价：79.00元

社会心态蓝皮书
中国社会心态研究报告（2015）
著（编）者：王俊秀 杨宜音　2015年10月出版　估价：69.00元

社会组织蓝皮书
中国社会组织评估发展报告（2015）
著（编）者：徐家良 廖鸿　2015年12月出版　估价：69.00元

生态城市绿皮书
中国生态城市建设发展报告（2015）
著（编）者：刘举科 孙伟平 胡文臻
2015年6月出版　估价：98.00元

生态文明绿皮书
中国省域生态文明建设评价报告（ECI 2015）
著（编）者：严耕　2015年9月出版　估价：85.00元

世界社会主义黄皮书
世界社会主义跟踪研究报告（2015）
著（编）者：李慎明　2015年3月出版　估价：198.00元

水与发展蓝皮书
中国水风险评估报告（2015）
著（编）者：王浩　2015年9月出版　估价：69.00元

土地整治蓝皮书
中国土地整治发展研究报告No.2
著（编）者：国土资源部土地整治中心　2015年5月出版　估价：89.00元

危机管理蓝皮书
中国危机管理报告（2015）
著（编）者：文学国　2015年8月出版　估价：89.00元

形象危机应对蓝皮书
形象危机应对研究报告（2015）
著（编）者：唐钧　2015年6月出版　估价：149.00元

医改蓝皮书
中国医药卫生体制改革报告（2015～2016）
著（编）者：文学国 房志武　2015年12月出版　估价：79.00元

医疗卫生绿皮书
中国医疗卫生发展报告（2015）
著（编）者：申宝忠 韩玉珍　2015年4月出版　估价：75.00元

应急管理蓝皮书
中国应急管理报告（2015）
著（编）者：宋英华　2015年10月出版　估价：69.00元

政治参与蓝皮书
中国政治参与报告（2015）
著（编）者：房宁　2015年7月出版　估价：105.00元

政治发展蓝皮书
中国政治发展报告（2015）
著（编）者：房宁 杨海蛟　2015年5月出版　估价：88.00元

中国农村妇女发展蓝皮书
流动女性城市融入发展报告（2015）
著（编）者：谢丽华　2015年11月出版　估价：69.00元

宗教蓝皮书
中国宗教报告（2015）
著（编）者：金泽 邱永辉　2015年9月出版　估价：59.00元

行业报告类

保险蓝皮书
中国保险业竞争力报告（2015）
著(编)者：王力　2015年12月出版 / 估价：98.00元

彩票蓝皮书
中国彩票发展报告（2015）
著(编)者：益彩基金　2015年10月出版 / 估价：69.00元

餐饮产业蓝皮书
中国餐饮产业发展报告（2015）
著(编)者：邢颖　2015年6月出版 / 估价：69.00元

测绘地理信息蓝皮书
智慧中国地理空间智能体系研究报告（2015）
著(编)者：徐德明　2015年1月出版 / 估价：98.00元

茶业蓝皮书
中国茶产业发展报告（2015）
著(编)者：杨江帆　李闽榕　2015年1月出版 / 估价：78.00元

产权市场蓝皮书
中国产权市场发展报告（2015）
著(编)者：曹和平　2015年12月出版 / 估价：79.00元

电子政务蓝皮书
中国电子政务发展报告（2014~2015）
著(编)者：洪毅　杜平　2015年2月出版 / 估价：79.00元

杜仲产业绿皮书
中国杜仲橡胶资源与产业发展报告（2015）
著(编)者：胡文臻　杜红岩　俞锐
2015年9月出版 / 估价：98.00元

房地产蓝皮书
中国房地产发展报告No.12（2015）
著(编)者：魏后凯　李景国　2015年5月出版 / 估价：79.00元

服务外包蓝皮书
中国服务外包产业发展报告（2015）
著(编)者：王晓红　刘德军　2015年6月出版 / 估价：89.00元

工业设计蓝皮书
中国工业设计发展报告（2015）
著(编)者：王晓红　于炜　张立群　2015年9月出版 / 估价：138.00元

互联网金融蓝皮书
中国互联网金融发展报告（2015）
著(编)者：芮晓武　刘烈宏　2015年8月出版 / 估价：79.00元

会展蓝皮书
中外会展业动态评估年度报告（2015）
著(编)者：张敏　2015年1月出版 / 估价：78.00元

金融监管蓝皮书
中国金融监管报告（2015）
著(编)者：胡滨　2015年5月出版 / 估价：69.00元

金融蓝皮书
中国商业银行竞争力报告（2015）
著(编)者：王松奇　2015年12月出版 / 估价：69.00元

客车蓝皮书
中国客车产业发展报告（2015）
著(编)者：姚蔚　2015年12月出版 / 估价：85.00元

老龄蓝皮书
中国老年宜居环境发展报告（2015）
著(编)者：吴玉韶　党俊武　2015年9月出版 / 估价：79.00元

流通蓝皮书
中国商业发展报告（2015）
著(编)者：荆林波　2015年5月出版 / 估价：89.00元

旅游安全蓝皮书
中国旅游安全报告（2015）
著(编)者：郑向敏　谢朝武　2015年5月出版 / 估价：98.00元

旅游景区蓝皮书
中国旅游景区发展报告（2015）
著(编)者：黄安民　2015年7月出版 / 估价：79.00元

旅游绿皮书
2015年中国旅游发展分析与预测
著(编)者：宋瑞　2015年1月出版 / 估价：79.00元

煤炭蓝皮书
中国煤炭工业发展报告（2015）
著(编)者：岳福斌　2015年12月出版 / 估价：79.00元

民营医院蓝皮书
中国民营医院发展报告（2015）
著(编)者：庄一强　2015年10月出版 / 估价：75.00元

闽商蓝皮书
闽商发展报告（2015）
著(编)者：王日根　李闽榕　2015年12月出版 / 估价：69.00元

能源蓝皮书
中国能源发展报告（2015）
著(编)者：崔民选　王军生　2015年8月出版 / 估价：79.00元

农产品流通蓝皮书
中国农产品流通产业发展报告（2015）
著(编)者：贾敬敦　张东科　张玉玺　孔令羽　张鹏毅
2015年9月出版 / 估价：89.00元

企业蓝皮书
中国企业竞争力报告（2015）
著(编)者：金碚　2015年11月出版 / 估价：89.00元

企业社会责任蓝皮书
中国企业社会责任研究报告（2015）
著(编)者：黄群慧　彭华岗　钟宏武　张蒽
2015年11月出版 / 估价：69.00元

行业报告类 皮书系列 2014全品种

汽车安全蓝皮书
中国汽车安全发展报告（2015）
著(编)者:中国汽车技术研究中心　2015年4月出版 / 估价:79.00元

汽车蓝皮书
中国汽车产业发展报告（2015）
著(编)者:国务院发展研究中心产业经济研究部
　　　　中国汽车工程学会　大众汽车集团（中国）
2015年7月出版 / 估价:128.00元

清洁能源蓝皮书
国际清洁能源发展报告（2015）
著(编)者:国际清洁能源论坛（澳门）
2015年9月出版 / 估价:89.00元

人力资源蓝皮书
中国人力资源发展报告（2015）
著(编)者:余兴安　2015年9月出版 / 估价:79.00元

软件和信息服务业蓝皮书
中国软件和信息服务业发展报告（2015）
著(编)者:陈新河　洪京一　2015年12月出版 / 估价:198.00元

上市公司蓝皮书
上市公司质量评价报告（2015）
著(编)者:张跃文　王力　2015年10月出版 / 估价:118.00元

食品药品蓝皮书
食品药品安全与监管政策研究报告（2015）
著(编)者:唐民皓　2015年7月出版 / 估价:69.00元

世界能源蓝皮书
世界能源发展报告（2015）
著(编)者:黄晓勇　2015年6月出版 / 估价:99.00元

碳市场蓝皮书
中国碳市场报告（2015）
著(编)者:低碳发展国际合作联盟
2015年11月出版 / 估价:69.00元

体育蓝皮书
中国体育产业发展报告（2015）
著(编)者:阮伟　钟秉枢　2015年4月出版 / 估价:69.00元

投资蓝皮书
中国投资发展报告（2015）
著(编)者:杨庆蔚　2015年4月出版 / 估价:128.00元

物联网蓝皮书
中国物联网发展报告（2015）
著(编)者:黄桂田　2015年1月出版 / 估价:59.00元

西部工业蓝皮书
中国西部工业发展报告（2015）
著(编)者:方行明　甘犁　刘方健　姜凌　等
2015年9月出版 / 估价:79.00元

西部金融蓝皮书
中国西部金融发展报告（2015）
著(编)者:李忠民　2015年8月出版 / 估价:75.00元

新能源汽车蓝皮书
中国新能源汽车产业发展报告（2015）
著(编)者:中国汽车技术研究中心
　　　　日产(中国)投资有限公司　东风汽车有限公司
2015年8月出版 / 估价:69.00元

信托市场蓝皮书
中国信托业市场报告（2015）
著(编)者:李旸　2015年1月出版 / 估价:198.00元

信息产业蓝皮书
世界软件和信息技术产业发展报告（2015）
著(编)者:洪京一　2015年8月出版 / 估价:79.00元

信息化蓝皮书
中国信息化形势分析与预测（2015）
著(编)者:周宏仁　2015年8月出版 / 估价:98.00元

信用蓝皮书
中国信用发展报告（2015）
著(编)者:田侃　2015年4月出版 / 估价:69.00元

休闲绿皮书
2015年中国休闲发展报告
著(编)者:刘德谦　2015年6月出版 / 估价:59.00元

医药蓝皮书
中国中医药产业园战略发展报告（2015）
著(编)者:裴长洪　房书亭　吴篠心　2015年3月出版 / 估价:89.00元

邮轮绿皮书
中国邮轮产业发展报告（2015）
著(编)者:汪泓　2015年9月出版 / 估价:79.00元

支付清算蓝皮书
中国支付清算发展报告（2015）
著(编)者:杨涛　2015年5月出版 / 估价:45.00元

中国上市公司蓝皮书
中国上市公司发展报告（2015）
著(编)者:许雄斌　张平　2015年9月出版 / 估价:98.00元

中国总部经济蓝皮书
中国总部经济发展报告（2015）
著(编)者:赵弘　2015年5月出版 / 估价:79.00元

住房绿皮书
中国住房发展报告（2014~2015）
著(编)者:倪鹏飞　2014年12月出版 / 估价:79.00元

资本市场蓝皮书
中国场外交易市场发展报告（2015）
著(编)者:高峦　2015年8月出版 / 估价:79.00元

资产管理蓝皮书
中国资产管理行业发展报告（2015）
著(编)者:智信资产管理研究院　2015年7月出版 / 估价:79.00元

19

皮书系列 2014全品种 文化传媒类

文化传媒类

传媒竞争力蓝皮书
中国传媒国际竞争力研究报告（2015）
著(编)者：李本乾　2015年9月出版 / 估价：88.00元

传媒蓝皮书
中国传媒产业发展报告（2015）
著(编)者：崔保国　2015年4月出版 / 估价：98.00元

传媒投资蓝皮书
中国传媒投资发展报告（2015）
著(编)者：张向东　2015年7月出版 / 估价：89.00元

动漫蓝皮书
中国动漫产业发展报告（2015）
著(编)者：卢斌　郑玉明　牛兴侦　2015年7月出版 / 估价：79.00元

非物质文化遗产蓝皮书
中国非物质文化遗产发展报告（2015）
著(编)者：陈平　2015年3月出版 / 估价：79.00元

非物质文化遗产蓝皮书
中国少数民族非物质文化遗产发展报告（2015）
著(编)者：肖远平　柴立　2015年4月出版 / 估价：79.00元

广电蓝皮书
中国广播电影电视发展报告（2015）
著(编)者：杨明品　2015年7月出版 / 估价：98.00元

广告主蓝皮书
中国广告主营销传播趋势报告（2015）
著(编)者：黄升民　2015年5月出版 / 估价：148.00元

国际传播蓝皮书
中国国际传播发展报告（2015）
著(编)者：胡正荣　李继东　姬德强
2015年7月出版 / 估价：89.00元

国家形象蓝皮书
2015年国家形象研究报告
著(编)者：张昆　2015年3月出版 / 估价：79.00元

纪录片蓝皮书
中国纪录片发展报告（2015）
著(编)者：何苏六　2015年9月出版 / 估价：79.00元

科学传播蓝皮书
中国科学传播报告（2015）
著(编)者：詹正茂　2015年4月出版 / 估价：69.00元

两岸文化蓝皮书
两岸文化产业合作发展报告（2015）
著(编)者：胡惠林　李保宗　2015年7月出版 / 估价：79.00元

媒介与女性蓝皮书
中国媒介与女性发展报告（2015）
著(编)者：刘利群　2015年8月出版 / 估价：69.00元

全球传媒蓝皮书
全球传媒发展报告（2015）
著(编)者：胡正荣　2015年12月出版 / 估价：79.00元

世界文化发展蓝皮书
世界文化发展报告（2015）
著(编)者：张庆宗　高乐田　郭熙煌
2015年5月出版 / 估价：89.00元

视听新媒体蓝皮书
中国视听新媒体发展报告（2015）
著(编)者：庞井君　2015年6月出版 / 估价：148.00元

文化创新蓝皮书
中国文化创新报告（2015）
著(编)者：于平　傅才武　2015年4月出版 / 估价：79.00元

文化建设蓝皮书
中国文化发展报告（2015）
著(编)者：江畅　孙伟平　戴茂堂
2015年4月出版 / 估价：138.00元

文化科技蓝皮书
文化科技创新发展报告（2015）
著(编)者：于平　李凤亮　2015年1月出版 / 估价：89.00元

文化蓝皮书
中国文化产业供需协调增长测评报告（2015）
著(编)者：王亚南　郝朴宁　张晓明　祁述裕
2015年2月出版 / 估价：79.00元

文化蓝皮书
中国文化消费需求景气评价报告（2015）
著(编)者：王亚南　张晓明　祁述裕　郝朴宁
2015年2月出版 / 估价：79.00元

文化蓝皮书
中国文化产业发展报告（2015）
著(编)者：张晓明　王家新　章建刚
2015年4月出版 / 估价：79.00元

文化蓝皮书
中国公共文化投入增长测评报告(2015)
著(编)者：王亚南　2015年5月出版 / 估价：79.00元

文化蓝皮书
中国文化政策发展报告（2015）
著(编)者：傅才武　宋文玉　燕东升　2015年9月出版 / 估价：98.00元

文化品牌蓝皮书
中国文化品牌发展报告（2015）
著(编)者：欧阳友权　2015年4月出版 / 估价：79.00元

文化遗产蓝皮书
中国文化遗产事业发展报告（2015）
著(编)者：苏杨　刘世锦　2015年12月出版 / 估价：89.00元

文学蓝皮书
中国文情报告（2015）
著(编)者：白烨　2015年5月出版 / 估价：49.00元

新媒体蓝皮书
中国新媒体发展报告（2015）
著(编)者：唐绪军　2015年6月出版 / 估价：79.00元

文化传媒类·地方发展类　　皮书系列 2014全品种

新媒体社会责任蓝皮书
中国新媒体社会责任研究报告（2015）
著(编)者：钟瑛　2015年10月出版／估价：79.00元

移动互联网蓝皮书
中国移动互联网发展报告（2015）
著(编)者：官建文　2015年6月出版／估价：79.00元

舆情蓝皮书
中国社会舆情与危机管理报告（2015）
著(编)者：谢耘耕　2015年8月出版／估价：98.00元

地方发展类

安徽经济蓝皮书
芜湖创新型城市发展报告（2015）
著(编)者：杨少华　王开玉　2015年4月出版／估价：69.00元

安徽蓝皮书
安徽社会发展报告（2015）
著(编)者：程桦　2015年4月出版／估价：79.00元

安徽社会建设蓝皮书
安徽社会建设分析报告（2015）
著(编)者：黄家海　王开玉　蔡宪　2015年4月出版／估价：69.00元

澳门蓝皮书
澳门经济社会发展报告（2015）
著(编)者：吴志良　郝雨凡　2015年4月出版／估价：79.00元

北京蓝皮书
北京公共服务发展报告（2014~2015）
著(编)者：施昌奎　2015年2月出版／估价：69.00元

北京蓝皮书
北京经济发展报告（2015）
著(编)者：杨松　2015年4月出版／估价：79.00元

北京蓝皮书
北京社会治理发展报告（2015）
著(编)者：殷星辰　2015年4月出版／估价：79.00元

北京蓝皮书
北京文化发展报告（2015）
著(编)者：李建盛　2015年4月出版／估价：79.00元

北京蓝皮书
北京社会发展报告（2015）
著(编)者：缪青　2015年5月出版／估价：79.00元

北京旅游绿皮书
北京旅游发展报告（2015）
著(编)者：北京旅游学会　2015年7月出版／估价：88.00元

北京律师蓝皮书
北京律师发展报告（2015）
著(编)者：王隽　2015年12月出版／估价：75.00元

北京人才蓝皮书
北京人才发展报告（2015）
著(编)者：于淼　2015年1月出版／估价：89.00元

北京社会心态蓝皮书
北京社会心态分析报告（2015）
著(编)者：北京社会心理研究所　2015年1月出版／估价：69.00元

北京社会组织蓝皮书
北京社会组织发展研究报告(2015)
著(编)者：李东松　唐军　2015年2月出版／估价：79.00元

北京社会组织蓝皮书
北京社会组织发展报告（2015）
著(编)者：温庆云　2015年9月出版／估价：69.00元

滨海金融蓝皮书
滨海新区金融发展报告（2015）
著(编)者：王爱俭　张锐钢　2015年9月出版／估价：79.00元

城乡一体化蓝皮书
中国城乡一体化发展报告（北京卷）（2015）
著(编)者：张宝秀　黄序　2015年4月出版／估价：69.00元

创意城市蓝皮书
北京文化创意产业发展报告（2015）
著(编)者：张京成　2015年11月出版／估价:65.00元

创意城市蓝皮书
无锡文化创意产业发展报告（2015）
著(编)者：谭军　张鸣年　2015年10月出版／估价:75.00元

创意城市蓝皮书
武汉市文化创意产业发展报告（2015）
著(编)者：袁堃　黄永林　2015年11月出版／估价:85.00元

创意城市蓝皮书
重庆创意产业发展报告（2015）
著(编)者：程宇宁　2015年4月出版／估价:89.00元

创意城市蓝皮书
青岛文化创意产业发展报告（2015）
著(编)者：马达　张丹妮　2015年6月出版／估价:79.00元

福建妇女发展蓝皮书
福建省妇女发展报告（2015）
著(编)者：刘群英　2015年10月出版／估价:58.00元

甘肃蓝皮书
甘肃舆情分析与预测（2015）
著(编)者：郝树声　陈双梅　2015年1月出版／估价:69.00元

21

皮书系列 2014全品种 — 地方发展类

甘肃蓝皮书
甘肃文化发展分析与预测（2015）
著(编)者:周小华 王福生 2015年1月出版 / 估价:69.00元

甘肃蓝皮书
甘肃社会发展分析与预测（2015）
著(编)者:安文华 2015年1月出版 / 估价:69.00元

甘肃蓝皮书
甘肃经济发展分析与预测（2015）
著(编)者:朱智文 罗哲 2015年1月出版 / 估价:69.00元

甘肃蓝皮书
甘肃县域经济综合竞争力评价（2015）
著(编)者:刘进军 2015年1月出版 / 估价:69.00元

广东蓝皮书
广东省电子商务发展报告（2015）
著(编)者:程晓 2015年12月出版 / 估价:69.00元

广东蓝皮书
广东社会工作发展报告（2015）
著(编)者:罗观翠 2015年6月出版 / 估价:89.00元

广东社会建设蓝皮书
广东省社会建设发展报告（2015）
著(编)者:广东省社会工作委员会 2015年10月出版 / 估价:89.00元

广东外经贸蓝皮书
广东对外经济贸易发展研究报告（2015）
著(编)者:陈万灵 2015年5月出版 / 估价:79.00元

广西北部湾经济区蓝皮书
广西北部湾经济区开放开发报告（2015）
著(编)者:广西北部湾经济区规划建设管理委员会办公室 广西社会科学院广西北部湾发展研究院
2015年8月出版 / 估价:79.00元

广州蓝皮书
广州社会保障发展报告（2015）
著(编)者:蔡国萱 2015年1月出版 / 估价:65.00元

广州蓝皮书
2015年中国广州社会形势分析与预测
著(编)者:张强 陈怡霓 杨秦 2015年5月出版 / 估价:69.00元

广州蓝皮书
广州经济发展报告（2015）
著(编)者:李江涛 朱名宏 2015年5月出版 / 估价:69.00元

广州蓝皮书
广州商贸业发展报告（2015）
著(编)者:李江涛 王旭东 荀振英 2015年6月出版 / 估价:69.00元

广州蓝皮书
2015年中国广州经济形势分析与预测
著(编)者:庾建设 沈奎 郭志勇 2015年6月出版 / 估价:79.00元

广州蓝皮书
中国广州文化发展报告（2015）
著(编)者:徐俊忠 陆志强 顾涧清 2015年6月出版 / 估价:69.00元

广州蓝皮书
广州农村发展报告（2015）
著(编)者:李江涛 汤锦华 2015年8月出版 / 估价:69.00元

广州蓝皮书
中国广州城市建设与管理发展报告（2015）
著(编)者:董皞 冼伟雄 2015年7月出版 / 估价:69.00元

广州蓝皮书
中国广州科技和信息化发展报告（2015）
著(编)者:邹采荣 马正勇 冯元 2015年7月出版 / 估价:79.00元

广州蓝皮书
广州创新型城市发展报告（2015）
著(编)者:李江涛 2015年7月出版 / 估价:69.00元

广州蓝皮书
广州文化创意产业发展报告（2015）
著(编)者:甘新 2015年8月出版 / 估价:79.00元

广州蓝皮书
广州志愿服务发展报告（2015）
著(编)者:魏国华 张强 2015年9月出版 / 估价:69.00元

广州蓝皮书
广州城市国际化发展报告（2015）
著(编)者:朱名宏 2015年9月出版 / 估价:59.00元

广州蓝皮书
广州汽车产业发展报告（2015）
著(编)者:李江涛 杨再高 2015年9月出版 / 估价:69.00元

贵州房地产蓝皮书
贵州房地产发展报告（2015）
著(编)者:武廷方 2015年1月出版 / 估价:89.00元

贵州蓝皮书
贵州人才发展报告（2015）
著(编)者:于杰 吴大华 2015年3月出版 / 估价:69.00元

贵州蓝皮书
贵州社会发展报告（2015）
著(编)者:王兴骥 2015年3月出版 / 估价:69.00元

贵州蓝皮书
贵州法治发展报告（2015）
著(编)者:吴大华 2015年3月出版 / 估价:69.00元

贵州蓝皮书
贵州国有企业社会责任发展报告（2015）
著(编)者:郭丽 2015年10月出版 / 估价:79.00元

海淀蓝皮书
海淀区文化和科技融合发展报告（2015）
著(编)者:孟景伟 陈名杰 2015年5月出版 / 估价:75.00元

海峡西岸蓝皮书
海峡西岸经济区发展报告（2015）
著(编)者:黄端 2015年9月出版 / 估价:65.00元

杭州都市圈蓝皮书
杭州都市圈发展报告（2015）
著(编)者:董祖德 沈翔 2015年5月出版 / 估价:89.00元

地方发展类

皮书系列 2014全品种

杭州蓝皮书
杭州妇女发展报告（2015）
著(编)者：魏颖　2015年6月出版 / 估价：75.00元

河北经济蓝皮书
河北省经济发展报告（2015）
著(编)者：马树强　金浩　张贵　2015年4月出版 / 估价：79.00元

河北蓝皮书
河北经济社会发展报告（2015）
著(编)者：周文夫　2015年1月出版 / 估价：69.00元

河南经济蓝皮书
2015年河南经济形势分析与预测
著(编)者：胡五岳　2015年3月出版 / 估价：69.00元

河南蓝皮书
河南城市发展报告（2015）
著(编)者：王建国　谷建全　2015年1月出版 / 估价：59.00元

河南蓝皮书
2015年河南社会形势分析与预测
著(编)者：刘道兴　牛苏林　2015年1月出版 / 估价：69.00元

河南蓝皮书
河南工业发展报告（2015）
著(编)者：龚绍东　2015年1月出版 / 估价：69.00元

河南蓝皮书
河南文化发展报告（2015）
著(编)者：卫绍生　2015年1月出版 / 估价：69.00元

河南蓝皮书
河南经济发展报告（2015）
著(编)者：完世伟　喻新安　2015年12月出版 / 估价：69.00元

河南蓝皮书
河南法治发展报告（2015）
著(编)者：丁同民　闫德民　2015年3月出版 / 估价：69.00元

河南蓝皮书
河南金融发展报告（2015）
著(编)者：喻新安　谷建全　2015年4月出版 / 估价：69.00元

河南商务蓝皮书
河南商务发展报告（2015）
著(编)者：焦锦淼　穆荣国　2015年5月出版 / 估价：88.00元

黑龙江产业蓝皮书
黑龙江产业发展报告（2015）
著(编)者：于渤　2015年9月出版 / 估价：79.00元

黑龙江蓝皮书
黑龙江经济发展报告（2015）
著(编)者：张新颖　2015年1月出版 / 估价：69.00元

黑龙江蓝皮书
黑龙江社会发展报告（2015）
著(编)者：王爱丽　艾书琴　2015年1月出版 / 估价：69.00元

湖北文化蓝皮书
湖北文化发展报告（2015）
著(编)者：江畅　吴成国　2015年5月出版 / 估价：89.00元

湖南城市蓝皮书
区域城市群整合
著(编)者：罗海藩　2014年12月出版 / 估价：59.00元

湖南蓝皮书
2015年湖南电子政务发展报告
著(编)者：梁志峰　2015年4月出版 / 估价：128.00元

湖南蓝皮书
2015年湖南社会发展报告
著(编)者：梁志峰　2015年4月出版 / 估价：128.00元

湖南蓝皮书
2015年湖南产业发展报告
著(编)者：梁志峰　2015年4月出版 / 估价：128.00元

湖南蓝皮书
2015年湖南经济展望
著(编)者：梁志峰　2015年4月出版 / 估价：128.00元

湖南蓝皮书
2015年湖南县域经济社会发展报告
著(编)者：梁志峰　2015年4月出版 / 估价：128.00元

湖南蓝皮书
2015年湖南两型社会发展报告
著(编)者：梁志峰　2015年4月出版 / 估价：128.00元

湖南县域绿皮书
湖南县域发展报告No.2
著(编)者：朱有志　2015年4月出版 / 估价：69.00元

沪港蓝皮书
沪港发展报告（2015）
著(编)者：尤安山　2015年9月出版 / 估价：89.00元

吉林蓝皮书
2015年吉林经济社会形势分析与预测
著(编)者：马克　2015年1月出版 / 估价：79.00元

济源蓝皮书
济源经济社会发展报告（2015）
著(编)者：喻新安　2015年4月出版 / 估价：69.00元

健康城市蓝皮书
北京健康城市建设研究报告（2015）
著(编)者：王鸿春　2015年3月出版 / 估价：79.00元

江苏法治蓝皮书
江苏法治发展报告（2015）
著(编)者：李力　龚廷泰　2015年9月出版 / 估价：98.00元

京津冀蓝皮书
京津冀发展报告（2015）
著(编)者：文魁　祝尔娟　2015年3月出版 / 估价：79.00元

经济特区蓝皮书
中国经济特区发展报告（2015）
著(编)者：陶一桃　2015年4月出版 / 估价：89.00元

辽宁蓝皮书
2015年辽宁经济社会形势分析与预测
著(编)者：曹晓峰　2015年1月出版 / 估价：79.00元

23

皮书系列 2014全品种 — 地方发展类

南京蓝皮书
南京文化发展报告（2015）
著(编)者：南京文化产业研究中心
2015年10月出版 / 估价：79.00元

内蒙古蓝皮书
内蒙古反腐倡廉建设报告（2015）
著(编)者：张志华 无极　2015年12月出版 / 估价：69.00元

浦东新区蓝皮书
上海浦东经济发展报告（2015）
著(编)者：沈开艳 陆沪根　2015年1月出版 / 估价：59.00元

青海蓝皮书
2015年青海经济社会形势分析与预测
著(编)者：赵宗福　2015年1月出版 / 估价：69.00元

人口与健康蓝皮书
深圳人口与健康发展报告（2015）
著(编)者：曾序春　2015年12月出版 / 估价：89.00元

山东蓝皮书
山东社会形势分析与预测（2015）
著(编)者：张华 唐洲雁　2015年6月出版 / 估价：89.00元

山东蓝皮书
山东经济形势分析与预测（2015）
著(编)者：张华 唐洲雁　2015年6月出版 / 估价：89.00元

山东蓝皮书
山东文化发展报告（2015）
著(编)者：张华 唐洲雁　2015年6月出版 / 估价：98.00元

山西蓝皮书
山西资源型经济转型发展报告（2015）
著(编)者：李志强　2015年5月出版 / 估价：98.00元

陕西蓝皮书
陕西经济发展报告（2015）
著(编)者：任宗哲 石英 裴成荣　2015年2月出版 / 估价：69.00元

陕西蓝皮书
陕西社会发展报告（2015）
著(编)者：任宗哲 石英 牛昉　2015年2月出版 / 估价：65.00元

陕西蓝皮书
陕西文化发展报告（2015）
著(编)者：任宗哲 石英 王长寿　2015年3月出版 / 估价：59.00元

陕西蓝皮书
丝绸之路经济带发展报告（2015）
著(编)者：任宗哲 石英 白宽犁
2015年8月出版 / 估价：79.00元

上海蓝皮书
上海文学发展报告（2015）
著(编)者：陈圣来　2015年1月出版 / 估价：69.00元

上海蓝皮书
上海文化发展报告（2015）
著(编)者：蒯大申 郑崇选　2015年1月出版 / 估价：69.00元

上海蓝皮书
上海资源环境发展报告（2015）
著(编)者：周冯琦 汤庆合 任文伟
2015年1月出版 / 估价：69.00元

上海蓝皮书
上海社会发展报告（2015）
著(编)者：周海旺 卢汉龙　2015年1月出版 / 估价：69.00元

上海蓝皮书
上海经济发展报告（2015）
著(编)者：沈开艳　2015年1月出版 / 估价：69.00元

上海蓝皮书
上海传媒发展报告（2015）
著(编)者：强荧 焦雨虹　2015年1月出版 / 估价：79.00元

上海蓝皮书
上海法治发展报告（2015）
著(编)者：叶青　2015年4月出版 / 估价：69.00元

上饶蓝皮书
上饶发展报告（2015）
著(编)者：朱寅健　2015年3月出版 / 估价：128.00元

社会建设蓝皮书
2015年北京社会建设分析报告
著(编)者：宋贵伦 冯虹　2015年7月出版 / 估价：79.00元

深圳蓝皮书
深圳劳动关系发展报告（2015）
著(编)者：汤庭芬　2015年6月出版 / 估价：75.00元

深圳蓝皮书
深圳经济发展报告（2015）
著(编)者：张骁儒　2015年7月出版 / 估价：79.00元

深圳蓝皮书
深圳社会发展报告（2015）
著(编)者：叶民辉 张骁儒　2015年7月出版 / 估价：89.00元

深圳蓝皮书
深圳法治发展报告（2015）
著(编)者：张骁儒　2015年4月出版 / 估价：79.00元

四川蓝皮书
四川文化产业发展报告（2015）
著(编)者：侯水平　2015年2月出版 / 估价：69.00元

四川蓝皮书
四川企业社会责任研究报告（2015）
著(编)者：侯水平 盛毅　2015年4月出版 / 估价：79.00元

四川蓝皮书
四川法治发展报告（2015）
著(编)者：郑泰安　2015年2月出版 / 估价：69.00元

四川蓝皮书
2015年四川生态建设报告
著(编)者：四川省社会科学院
2015年2月出版 / 估价：69.00元

地方发展类·国别与地区类

四川蓝皮书
四川省城镇化发展报告（2015）
著(编)者：四川省城镇发展研究中心
2015年2月出版 / 估价：69.00元

四川蓝皮书
2015年四川社会发展形势分析与预测
著(编)者：郭晓鸣 李羚 2015年2月出版 / 估价：69.00元

四川蓝皮书
2015年四川经济发展报告
著(编)者：杨钢 2015年2月出版 / 估价：69.00元

天津金融蓝皮书
天津金融发展报告（2015）
著(编)者：王爱俭 杜强 2015年9月出版 / 估价：89.00元

图们江区域合作蓝皮书
中国图们江区域合作开发发展报告（2015）
著(编)者：李铁 朱显平 吴成章 2015年4月出版 / 估价：79.00元

温州蓝皮书
2015年温州经济社会形势分析与预测
著(编)者：潘忠强 王春光 金浩 2015年4月出版 / 估价：69.00元

扬州蓝皮书
扬州经济社会发展报告（2015）
著(编)者：丁纯 2015年12月出版 / 估价：89.00元

云南蓝皮书
中国面向西南开放重要桥头堡建设发展报告（2015）
著(编)者：刘绍怀 2015年12月出版 / 估价：69.00元

长株潭城市群蓝皮书
长株潭城市群发展报告（2015）
著(编)者：张萍 2015年1月出版 / 估价：69.00元

郑州蓝皮书
2015年郑州文化发展报告
著(编)者：王哲 2015年9月出版 / 估价：65.00元

中医文化蓝皮书
北京中医文化发展报告（2015）
著(编)者：毛嘉陵 2015年4月出版 / 估价：69.00元

珠三角流通蓝皮书
珠三角商圈发展研究报告（2015）
著(编)者：林至颖 王先庆 2015年7月出版 / 估价：98.00元

国别与地区类

阿拉伯黄皮书
阿拉伯发展报告（2015）
著(编)者：马晓霖 2015年4月出版 / 估价：79.00元

北部湾蓝皮书
泛北部湾合作发展报告（2015）
著(编)者：吕余生 2015年8月出版 / 估价：69.00元

大湄公河次区域蓝皮书
大湄公河次区域合作发展报告（2015）
著(编)者：刘稚 2015年9月出版 / 估价：79.00元

大洋洲蓝皮书
大洋洲发展报告（2015）
著(编)者：喻常森 2015年8月出版 / 估价：89.00元

德国蓝皮书
德国发展报告（2015）
著(编)者：郑春荣 伍慧萍 2015年6月出版 / 估价：69.00元

东北亚黄皮书
东北亚地区政治与安全（2015）
著(编)者：黄凤志 刘清才 张慧智
2015年3月出版 / 估价：69.00元

东盟黄皮书
东盟发展报告（2015）
著(编)者：崔晓麟 2015年5月出版 / 估价：75.00元

东南亚蓝皮书
东南亚地区发展报告（2015）
著(编)者：王勤 2015年4月出版 / 估价：79.00元

俄罗斯黄皮书
俄罗斯发展报告（2015）
著(编)者：李永全 2015年7月出版 / 估价：79.00元

非洲黄皮书
非洲发展报告（2015）
著(编)者：张宏明 2015年7月出版 / 估价：79.00元

国际形势黄皮书
全球政治与安全报告（2015）
著(编)者：李慎明 张宇燕 2014年12月出版 / 估价：69.00元

韩国蓝皮书
韩国发展报告（2015）
著(编)者：刘宝全 牛林杰 2015年8月出版 / 估价：79.00元

加拿大蓝皮书
加拿大发展报告（2015）
著(编)者：仲伟合 2015年4月出版 / 估价：89.00元

拉美黄皮书
拉丁美洲和加勒比发展报告（2014~2015）
著(编)者：吴白乙 2015年4月出版 / 估价：89.00元

美国蓝皮书
美国研究报告（2015）
著(编)者：黄平 郑秉文 2015年7月出版 / 估价：89.00元

缅甸蓝皮书
缅甸国情报告（2015）
著(编)者：李晨阳 2015年8月出版 / 估价：79.00元

皮书系列 2014全品种 | 国别与地区类

欧洲蓝皮书
欧洲发展报告（2015）
著(编)者：周弘　2015年6月出版 / 估价：89.00元

葡语国家蓝皮书
葡语国家发展报告（2015）
著(编)者：对外经济贸易大学区域国别研究所　葡语国家研究中心
2015年3月出版 / 估价：89.00元

葡语国家蓝皮书
中国与葡语国家关系发展报告·巴西（2014）
著(编)者：澳门科技大学　2015年1月出版 / 估价：89.00元

日本经济蓝皮书
日本经济与中日经贸关系研究报告（2015）
著(编)者：王洛林　张季风　2015年5月出版 / 估价：79.00元

日本蓝皮书
日本研究报告（2015）
著(编)者：李薇　2015年3月出版 / 估价：69.00元

上海合作组织黄皮书
上海合作组织发展报告（2015）
著(编)者：李进峰　吴宏伟　李伟
2015年9月出版 / 估价：89.00元

世界创新竞争力黄皮书
世界创新竞争力发展报告（2015）
著(编)者：李闽榕　李建平　赵新力
2015年1月出版 / 估价：148.00元

土耳其蓝皮书
土耳其发展报告（2015）
著(编)者：郭长刚　刘义　2015年7月出版 / 估价：89.00元

亚太蓝皮书
亚太地区发展报告（2015）
著(编)者：李向阳　2015年1月出版 / 估价：59.00元

印度蓝皮书
印度国情报告（2015）
著(编)者：吕昭义　2015年5月出版 / 估价：89.00元

印度洋地区蓝皮书
印度洋地区发展报告（2015）
著(编)者：汪戎　2015年3月出版 / 估价：79.00元

中东黄皮书
中东发展报告（2015）
著(编)者：杨光　2015年11月出版 / 估价：89.00元

中欧关系蓝皮书
中欧关系研究报告（2015）
著(编)者：周弘　2015年12月出版 / 估价：98.00元

中亚黄皮书
中亚国家发展报告（2015）
著(编)者：孙力　吴宏伟　2015年9月出版 / 估价：89.00元

中国皮书网
www.pishu.cn

发布皮书研创资讯，传播皮书精彩内容
引领皮书出版潮流，打造皮书服务平台

栏目设置：

- 资讯：皮书动态、皮书观点、皮书数据、皮书报道、皮书发布、电子期刊
- 标准：皮书评价、皮书研究、皮书规范
- 服务：最新皮书、皮书书目、重点推荐、在线购书
- 链接：皮书数据库、皮书博客、皮书微博、在线书城
- 搜索：资讯、图书、研究动态、皮书专家、研创团队

中国皮书网依托皮书系列"权威、前沿、原创"的优质内容资源，通过文字、图片、音频、视频等多种元素，在皮书研创者、使用者之间搭建了一个成果展示、资源共享的互动平台。

自2005年12月正式上线以来，中国皮书网的IP访问量、PV浏览量与日俱增，受到海内外研究者、公务人员、商务人士以及专业读者的广泛关注。

2008年、2011年，中国皮书网均在全国新闻出版业网站荣誉评选中获得"最具商业价值网站"称号；2012年，获得"出版业网站百强"称号。

2014年，中国皮书网与皮书数据库实现资源共享，端口合一，将提供更丰富的内容，更全面的服务。

权威报告　热点资讯　海量资源

当代中国与世界发展的高端智库平台

皮书数据库 www.pishu.com.cn

皮书数据库是专业的人文社会科学综合学术资源总库，以大型连续性图书——皮书系列为基础，整合国内外相关资讯构建而成。包含七大子库，涵盖两百多个主题，囊括了近十几年间中国与世界经济社会发展报告，覆盖经济、社会、政治、文化、教育、国际问题等多个领域。

皮书数据库以篇章为基本单位，方便用户对皮书内容的阅读需求。用户可进行全文检索，也可对文献题目、内容提要、作者名称、作者单位、关键字等基本信息进行检索，还可对检索到的篇章再做二次筛选，进行在线阅读或下载阅读。智能多维度导航，可使用户根据自己熟知的分类标准进行分类导航筛选，使查找和检索更高效、便捷。

权威的研究报告，独特的调研数据，前沿的热点资讯，皮书数据库已发展成为国内最具影响力的关于中国与世界现实问题研究的成果库和资讯库。

皮书俱乐部会员服务指南

1. 谁能成为皮书俱乐部成员？
- 皮书作者自动成为俱乐部会员
- 购买了皮书产品（纸质书/电子书）的个人用户

2. 会员可以享受的增值服务
- 免费获赠皮书数据库100元充值卡
- 加入皮书俱乐部，免费获赠该纸质图书的电子书
- 免费定期获赠皮书电子期刊
- 优先参与各类皮书学术活动
- 优先享受皮书产品的最新优惠

3. 如何享受增值服务？
（1）免费获赠100元皮书数据库体验卡

第1步 刮开皮书附赠充值的涂层（右下）；

第2步 登录皮书数据库网站（www.pishu.com.cn），注册账号；

第3步 登录并进入"会员中心"—"在线充值"—"充值卡充值"，充值成功后即可使用。

（2）加入皮书俱乐部，凭数据库体验卡获赠该书的电子书

第1步 登录社会科学文献出版社官网（www.ssap.com.cn），注册账号；

第2步 登录并进入"会员中心"—"皮书俱乐部"，提交加入皮书俱乐部申请；

第3步 审核通过后，再次进入皮书俱乐部，填写页面所需图书、体验卡信息即可自动兑换相应电子书。

4. 声明
解释权归社会科学文献出版社所有

皮书俱乐部会员可享受社会科学文献出版社其他相关免费增值服务，有任何疑问，均可与我们联系。

图书销售热线：010-59367070/7028　图书服务QQ：800045692　图书服务邮箱：duzhe@ssap.cn

数据库服务热线：400-008-6695　数据库服务QQ：2475522410　数据库服务邮箱：database@ssap.cn

欢迎登录社会科学文献出版社官网（www.ssap.com.cn）和中国皮书网（www.pishu.cn）了解更多信息

皮书大事记

☆ 2014年8月，第十五次全国皮书年会（2014）在贵阳召开，第五届优秀皮书奖颁发，本届开始皮书及报告将同时评选。

☆ 2013年6月，依据《中国社会科学院皮书资助规定（试行）》公布2013年拟资助的40种皮书名单。

☆ 2012年12月，《中国社会科学院皮书资助规定（试行）》由中国社会科学院科研局正式颁布实施。

☆ 2011年，部分重点皮书纳入院创新工程。

☆ 2011年8月，2011年皮书年会在安徽合肥举行，这是皮书年会首次由中国社会科学院主办。

☆ 2011年2月，"2011年全国皮书研讨会"在北京京西宾馆举行。王伟光院长（时任常务副院长）出席并讲话。本次会议标志着皮书及皮书研创出版从一个具体出版单位的出版产品和出版活动上升为由中国社会科学院牵头的国家哲学社会科学智库产品和创新活动。

☆ 2010年9月，"2010年中国经济社会形势报告会暨第十一次全国皮书工作研讨会"在福建福州举行，高全立副院长参加会议并做学术报告。

☆ 2010年9月，皮书学术委员会成立，由我院李扬副院长领衔，并由在各个学科领域有一定的学术影响力、了解皮书编创出版并持续关注皮书品牌的专家学者组成。皮书学术委员会的成立为进一步提高皮书这一品牌的学术质量、为学术界构建一个更大的学术出版与学术推广平台提供了专家支持。

☆ 2009年8月，"2009年中国经济社会形势分析与预测暨第十次皮书工作研讨会"在辽宁丹东举行。李扬副院长参加本次会议，本次会议颁发了首届优秀皮书奖，我院多部皮书获奖。

皮书数据库
www.pishu.com.cn

皮书数据库三期

• 皮书数据库（SSDB）是社会科学文献出版社整合现有皮书资源开发的在线数字产品，全面收录"皮书系列"的内容资源，并以此为基础整合大量相关资讯构建而成。

• 皮书数据库现有中国经济发展数据库、中国社会发展数据库、世界经济与国际政治数据库等子库，覆盖经济、社会、文化等多个行业、领域，现有报告30000多篇，总字数超过5亿字，并以每年4000多篇的速度不断更新累积。

• 新版皮书数据库主要围绕存量+增量资源整合、资源编辑标引体系建设、产品架构设置优化、技术平台功能研发等方面开展工作，并将中国皮书网与皮书数据库合二为一联体建设，旨在以"皮书研创出版、信息发布与知识服务平台"为基本功能定位，打造一个全新的皮书品牌综合门户平台，为您提供更优质更到位的服务。

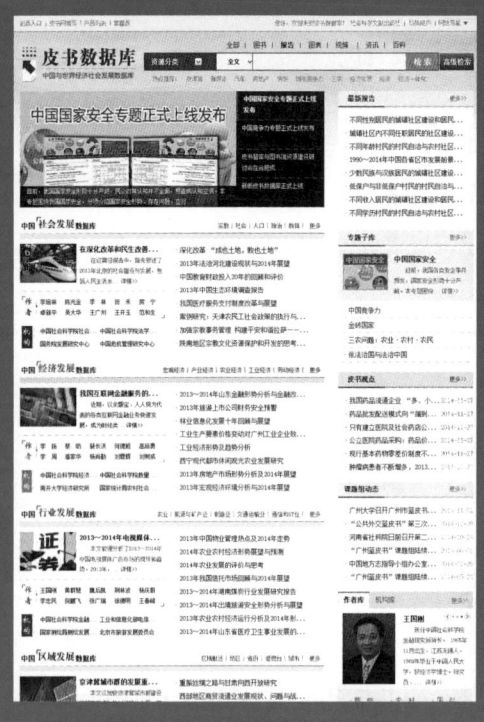

更多信息请登录

中国皮书网
http://www.pishu.cn

皮书微博
http://weibo.com/pishu

中国皮书网的BLOG [编辑]
http://blog.sina.com.cn/pishu

皮书博客
http://blog.sina.com.cn/pishu

皮书微信
皮书说

请到各地书店皮书专架 / 专柜购买，也可办理邮购

咨询 / 邮购电话：010-59367028 59367070　　　　邮　　箱：duzhe@ssap.cn
邮购地址：北京市西城区北三环中路甲29号院3号楼华龙大厦13层读者服务中心
邮　　编：100029
银行户名：社会科学文献出版社
开户银行：中国工商银行北京北太平庄支行
账　　号：0200010019200365434
网上书店：010-59367070   qq：1265056568
网　　址：www.ssap.com.cn   www.pishu.com